国家出版基金项目
NATIONAL PUBLICATION FOUNDATION

中国近代中学科学教科书研究

# 中国近代中学生物学教科书研究

◎付雷　著

广西科学技术出版社

**图书在版编目（CIP）数据**

中国近代中学生物学教科书研究 / 付雷著. —南宁：广西科学技术出版社，2021.5

（中国近代中学科学教科书研究）

ISBN 978-7-5551-1590-8

Ⅰ. ①中… Ⅱ. ①付… Ⅲ. ①中学—生物课—教材—研究—中国—近代 Ⅳ. ①G633.912

中国版本图书馆CIP数据核字（2021）第082512号

中国近代中学科学教科书研究

**中国近代中学生物学教科书研究**

付　雷　著

---

策　　划：黄敏娴　　　　责任编辑：方振发　程　思
责任校对：阁世景　　　　责任印制：韦文印
装帧设计：梁　良

出 版 人：卢培钊
出版发行：广西科学技术出版社
社　　址：广西南宁市东葛路66号　　　　邮政编码：530023
网　　址：http://www.gxkjs.com

印　　刷：广西壮族自治区地质印刷厂
地　　址：南宁市建政东路88号
邮政编码：530023
开　　本：787 mm×1092 mm　1/16
字　　数：315千字　　　　印　　张：24.5
版　　次：2021年5月第1版
印　　次：2021年5月第1次印刷
书　　号：ISBN 978-7-5551-1590-8
定　　价：68.00元

# 丛书序

16世纪末，欧洲天主教传教士来华，开启了中国科学史上的“西学东渐”时代。当时所译的欧洲科学著作，从徐光启和利玛窦合译《几何原本》前六卷（1607年），到《崇祯历书》《律历渊源》等明末清初的官译或御制著作，其中不乏数学和天文学教本。19世纪中叶以后，科学教科书伴随着西方科学传入中国而被翻译过来。上海墨海书馆、京师同文馆、江南制造局翻译馆，以及基督教新教组织的益智书会（英文名称是“学校教科书委员会”）等机构和组织都翻译或编译了不少科学教科书。但直至20世纪初，随着科举制的废除和新教育制度的全面推行，科学教科书才最终确立其在中国中小学教育中的主科教材地位，彻底改变了中国青少年的知识结构，成为中国现代新知识、新文化的重要源头。

中小学教科书的引入和发展，与近现代科学知识在清末民初的传播和中国近现代科学的发展有着密切的关系。教科书的编译、编撰，首先要解决名词术语的翻译和统一问题。我国的中小学科学教材，在20世纪前半叶，经历了从直接翻译日本和欧美国家教科书，到编译和自编教科书，再到最终实现教科书本土化的过程。

在“癸卯学制”实施的最初几年，各种翻译自日文的理科教科书占了中文教科书中的绝大多数。大量的留日学生成为教科书编译的主力军。他们将日本的教科书甚至自己所用的课堂讲义翻译为中文，送回国内出版或直接在东京印刷后运送到国内销售。这些新的译书不仅采用了大量的日译术语，而且一律采用铅印洋装（数学教材和辅导用书开始采用横排），从内容、语言到形式都进行了更新，使得19世纪后半叶那种以口译笔述结合翻译的科学教科书迅速成为明日黄花。

1906年，清末学部设图书编译局从事教科书的审定和教科书的编译工作。该局自行编译的教科书并不多，但经该局审定通过的教科书则有数百种之多。教科书的审定制度使直接编译的教科书逐步退出中小学和师范教育的主流市场，促进了普通教科书的本土化。至宣统年间，直接翻译的中小学教科书在官办中小学中已非常少见，取而代之的是国人自编或译编且经学部审定通过的教科书。

教科书的编撰者也从最初的教会学校出身的教师或归国留学生（如谢洪赉、伍光建等）和自学成才的教科书专业编者（如杜亚泉叔侄）等，过渡到以留日学生为主的编译者，直至五四运动前后形成了以在欧美国家学成归国的留学生为主的教科书编撰者群体的局面。至20世纪30年代，商务印书馆、文明书局、中华书局、科学书局、世界书局、开明书店等出版机构相继成为各种教科书的重要供应商。

科学教科书本土化的主要表现为教科书语言词汇实现了本土化。19世纪后半叶，采用口译与笔译相结合的翻译方法，主要由于其中的中国笔述者多不懂外语，因而没有很好地解决绝大多数科学术语和科学名词的翻译问题，教科书译本不得不作大量删节，或虽勉强翻译过来，但让人无法卒读、难以理解。20世纪初，由于日文与中文的特殊关系，留日学生大量借用日语中的汉字新词汇，解决了基本术语词汇的汉语翻译问题。19世纪末20世纪初，关注和从事科学术语翻译的主要是传教士等在华外国人，到了五四运动前后，由博医会组织的医学名词审查会发展成为科学名词审查会之后，归国留学生很快就取代外国人成为名词术语审定和统一工作的主力军。1932年国立编译馆成立后，成为国民政府教育部官方的名词审定机构，各学科的著名科学家参加名词术语的翻译审定工作，各科名词相继正式颁布，为教科书的编撰和科学名词术语的本土化打下了坚实的基础。总之，在辛亥革命至抗日战争全面爆发前的约四分之一世纪内，中国的理科教科书基本完成了本土化，形成了有我国特色的现代中小学科学教科书体系。

教科书具有丰富的知识与文化内涵。对于中国近代科学教科书的研究，涉及具体知识的传播、语言与术语词汇的翻译转换、近现代中文科学语言的创制和学术语言的形成、中西文化交流，涉及各科知识系统的组织和结构、基本知识的表征（如核心概念、话语分析、科学方法、科学本质的有关表述等）和科学实验的方法与技能，以及教科书的使用情况和教学的具体问题，等等。近 20 多年来，教科书的研究日渐受到重视，成为近代科学史、翻译史、语言词汇史、学术史和中外文化交流史的重要研究对象。特别是随着网络技术的发展，大量近现代中外教科书及相关资源都不再难以获得，极大地推动了对中国近现代中小学科学教科书的研究，使其逐步成为中国近现代教育史、语言文化史和科技史等领域中的一个研究热点。

当此之时，广西科学技术出版社邀请几位中青年科技史才俊编著《中国近代中学科学教科书研究》丛书，是颇具远见卓识的。本丛书第一辑包括了数学、物理学、化学和生物学四个主要学科，几位作者以科学史的研究方法为主要切入点，结合教育史、课程史、知识文化史等视角，探究教科书的编撰和使用情况，尤其是对中国近代一些有代表性的科学教科书进行了深入剖析，探讨了对国外优秀教科书的借鉴、科学知识的发展与教科书更新的关系、知识单元的组织、科学术语和教科书的本土化经验、科学家参与教科书的编纂和审定、科技史知识在教科书中的运用、教科书所蕴含的科学观念等一系列问题。这些著作不仅是中国近现代教科书研究的重要收获，也是中国近现代科技史研究的重要成果，对当前我国的中小学科学教科书的编纂有较高的参考价值。

记得 30 多年前，我初读清末民初的理科教科书，就感到其内容及深度都超过我在初中和高中时使用的教材。1994 年，在上海辞书出版社图书馆书库里，我偶然见到原中华书局收藏的种种清末和民国时期的教科书，堪称洋洋大观，进一步认识到教科书的研究不仅具有重要的学术价值，也很有现实意义。从那时候开始，我在不同的场合多次宣扬教科书研究的意义。2010 年，我曾与郭金海、王广超和何涓等青年朋友组织过短期的“中国近现代教科书读书班”。转眼间 10 多年过去了，现在包括他们的研究成果在内的丛书即将问世，我很欣喜地写下自己的一些浅显的认识和感想。

是以为序。

2021 年 5 月

（王扬宗，中国科学院大学人文学院科技史系主任，教授，博士研究生导师，中国科学技术史学会常务理事。）

# 前　言

中国近代中学生物学教科书是伴随着西学东渐而出现并发展起来的，在传播现代生物学方面发挥了重要作用，并从一个侧面见证了中国现代生物学的发展。本书聚焦于中国近代中学生物学教科书的发展史，探索中学生物学教科书的本土化历程，及其在传播现代生物学方面的特点。

本书所指的近代，指的是清朝末年到 20 世纪 40 年代；中学生物学教科书主要是普通中学（含初中和高中）的博物学、生物学、动物学和植物学教科书，暂不涉及生理卫生教科书。

全书共分为 5 章。前三章以时间为序，介绍不同历史时期的中学生物学教科书发展背景、编写与出版概况，并通过个案研究，剖析该时期典型教科书的特点。第四章分析教科书的结构及其在知识传播上的特点。第五章则从总体上概括近代中学生物学教科书的发展特点及其影响因素。

鸦片战争之后，第二次西学东渐之际，大量外国传教士进入中国，他们翻译、出版、印刷了一些介绍西方生物学的书籍和杂志，并成立了益智书会，负责学校教科书的编写。传教士编译的教科书内容简单，发行面窄，影响较小。其中，英国传教士艾约瑟编译的《植物学启蒙》和《动物学启蒙》是比较有代表性的教科书。

清政府施行“癸卯学制”后，各地兴办大量中学，民间书坊作为主导力量，编写出版了中学动物学、植物学和博物学教科书，其中译自日本的教科书占较大比重。清末民初，中国的生物学研究和高等教育萌芽，开始出现国人自编的生物学教科书，教科书中的内容逐渐本土化。这一时期的中学动植物学教科书具有博物学的特点。本书对于汉译日本教科书做了专节论述，分析日本教科书在汉译过程中的知识传播特点。这一时期的教科书作者既有出版社的编辑，也有留日学生，本书选取了曾在商务印书馆担任博物编辑的杜亚泉作为代表人物，并分析其教科书编写思想与特点。

1922 年，民国政府颁布“壬戌学制”，全面学习美国教育制度；在此前后留学欧美的生物学家陆续返回国内，中国的生物学走上建制化道路。在这两大因素的影响下，中学生物学教科书的编写和出版进入了黄金时期，自编教科书成为主流，我国生物学家的参与更促进了教科书的本土化。这一时期的中学生物学教科书完成了从“博物学”向“生物学”的过渡。本书在典型案例的选取上考虑了不同的作者群体及教科书类型，首先是作为我国生物学家深度介入教科书编写及其本土化、曾留学美国的遗传学家陈桢及其编写的生物学教科书，其次是偏重实用的王守成编写的《公民生物学》教科书，再次是具有留日背景的中学生物教师吴元涤编写的教科书，最后是作为一种现象的以英文作为文字的中学生物学教科书。

中学生物学教科书的编排，可分为知识系统、技能系统和认知系统，近代教科书的发展过程也是三大系统逐步完善的过程，反映了教科书的本土化历程。近代中学生物学教科书注重实用主义，插图的科学性和艺术性尚有不足，对实验没有足够的重视，生物学名词术语也没有统一，这使教科书的知识传播功能受到了一定影响。

总体看来，中国近代中学生物学教科书的发展，经历了从翻译到模仿再到自主的过程，是向西方国家和日本学习与移植的结果，在编写主体、出版发行和组织结构上呈现多元化，具有明显的实用主义特色，且有本土生物学家的参与。教科书的发展受到教育政策、生物学的发展、实用主义等新思潮、教科书编写者等因素的影响较多，但对中国传统博物学知识的吸收不足。在发展过程中，教科书的编写者、语言、材料逐渐实现本土化，但本土化并不彻底。就影响因素而言，中国现代生物学的发展是生物学教科书本土化的关键因素。

2020年6月

# 目　录

# 绪　　论

近代以来，伴随着西学的涌入，现代生物学知识也传入中国。国人起初接受现代生物学知识的途径，主要是阅读传教士编写的生物学书籍和报刊。教科书以其知识更系统、受众面更广、教育更基础的优势，在生物学知识的传播和普及中起到了其他媒介所达不到的作用。研究近代中学生物学教科书，是了解现代生物学知识及其相关思想、方法是如何传入中国并被国人所接受的重要途径，而生物学教科书是如何与中国的具体国情相结合进而本土化的，又如何影响到中国的生物学发展，也是非常值得探讨的话题，其中的经验教训可为当今的教科书编写提供有益的借鉴。

## 一、研究背景

中国古代没有近代意义上的生物学，更多的是博物性质的“鸟兽草木之学”，现代生物学是随着西学东渐的潮流传入中国的。它的引入、植根和发展，中学生物学教育的形成，教科书的演进，以及不同时段的特点，这些都是很值得探索的问题。

现代生物学传入中国的时间可以回溯到明末时期，当时的传教士在传教的同时，也介绍了一些西方的生物学知识，如《泰西人身说概》(邓玉函，1643)、《人身图说》（罗雅谷)、《进呈鹰论》（利类思，1679)、《狮子说》(利类思，1678）等。但这些书并不是教科书，影响也极其有限。鸦片战争以后，中国迎来了西学东渐的第二次浪潮，国人开始真正接受现代生物学知识。晚清时期，国人了解和学习现代生物学，有的是通过阅读当时的报纸杂志和通俗读物，有的是通过留学海外，有的是在与来华考察生物资源的西方人的交流过程中。在各种渠道中，通过学校接受系统的生物学教育，特别是通过生物学教科书，则是近代国人获取现代生物学知识最为基础和重要的途径。对于教科书的重要性，近代国人已有认识。光绪管学大臣孙家鼐就说过："学堂教育人才，首以书籍为要。"① 商务印书馆主事者认为："夫立国之本，在于教育，而教育之良否，教科书关系最巨。"② 中华书局的创办人陆费逵说得更直接："立国根本，在乎教育；教育根本，实在教科书。"③

近代的中小学教育体制，也是从西方传来的。中国最早的中学是由外国传教士创办的，其中登州文会馆、贝满女塾、徐汇公学等设立了中学课程；而天津中西学堂、上海南洋公学等，则是国人最早创办的包括中等教育在内的近代学堂，这些学校是普通中学在近代中国的萌芽。1902 年颁布的《钦定学堂章程》即"壬寅学制"，规定开设中学堂，这是政府首次确立中学教育制度。1904 年颁布的《奏定学堂章程》即"癸卯学制"是第一个正式实施的近代学制，其中规定中学堂学制 5 年，开设博物科，包括植物、动物、人身生理和矿物的教学内容，由此中学生物学教育正式纳入国家教育体制。1912 年中华民国政府成立，1913 年颁布《中学校课程标准》，规定中学学制 4 年，第一、第二学年的博物科包含植物、动物、生理及卫生的教学内容。1922 年，民国政府颁布《学校系统改革令》实行"壬戌学制"，规定中学校修业年限为 6 年，初级 3 年、高级 3 年，初中开设自然科（包括植物、动物、矿物等教学内容，生理及卫生方面的教学内容在体育科），高中开设生物学课程。1929 年，国民政府颁布《初级中学暂行课程标准》，

---

①朱寿朋编《光绪朝东华录》，中华书局，1958，第 4136 页。
②商务印书馆：《编辑共和国小学教科书的缘起》，《教育杂志》1912 年第 1 期。
③俞筱尧、刘彦捷编《陆费逵与中华书局》，中华书局，2002，第 430 页。

规定初中开设自然科和生理卫生学，其中自然科采取混合和分科两种形式，同年颁布的《高级中学普通科暂行课程标准》规定高中开设生物学。1932 年颁布正式课程标准的时候，初中改为完全的分科制，开设植物学、动物学和卫生学，高中开设生物学和卫生学。此后分别在 1936 年、1941 年和 1948 年又有几次变动，比如 1941 年初中改设混合的博物科，一些课时和教学内容略有变化①。

在“壬寅学制”之前，无论是教科书编写出版机构，还是各地的新式学堂，在编写和使用教科书的时候，都没有统一的标准。新学制颁布后，由于政府实行教科书编审制度，各地在编写和使用教科书的时候，大都会依照政府的制度行事，并随着课程标准的变化而变化。这也是各个出版机构在推销教科书时的一种策略。

教科书有时也被叫作“课本”“教科用书”“教本”等，顾明远等编的《教育大辞典：第 1 卷》认为，教科书是“根据各科教学大纲（或课程标准）编写的教学用书。教材的主体，是师生教学的主要材料，考核教学成绩的主要依据，学生课外扩大知识领域的重要基础。通常按学年或学期分册，划分单元或章节。主要由课文、注释、插图、实验和习题等构成。其中课文是最基本的部分”。② 教科书史研究专家石鸥认为，“现代意义上的教科书应该满足如下条件：第一，产生了现代学制，根据学制，依学年学期而编写出版；第二，有与之配套的教授书（教授法、教学法）或教学参考书，教授书内容要包括分课教学建议，每课有教学时间建议等；第三，依据教学计划规定的学科分门别类地编写和出版”③。这也是本研究采用的教科书的概念。

---

①课程教材研究所编《20 世纪中国中小学课程标准·教学大纲汇编：课程（教学）计划卷》，人民教育出版社，2001。

②教育大辞典编纂委员会编《教育大辞典：第 1 卷》，上海教育出版社，1990，第 283 页。

③石鸥：《最不该忽视的研究——关于教科书研究的几点思考》，《湖南师范大学教育科学学报》2007 年第 5 期。

从近代中学生物教育的发展来看，近代中学教育中的生物学，有的时候是分科的动物学和植物学，有的时候是混合的博物学或自然科学，还有综合的生物学。另外，生理学及卫生学的教学内容包括现代意义上的人体解剖学和生理学，以及人体保健和疾病防治的知识，有时候被包括在博物学或者自然科学中，有时候被单列出来。本研究暂不考虑生理学及卫生学教科书。

近代教育体制包括从幼儿园、小学、中学到大学和大学院（研究生院）的各级教育，其中中学阶段还有普通中学和商科、师范科、农科等职业中学，且在1922年后分为初、高两级。考虑到小学的生物学教育更像是常识的学习，不系统，而大学的生物学更专门化，且近代高等教育的入学率较低，可以说近代学校生物学教育集中在中学阶段。中学教科书具有其他媒介无法比拟的优势：传播的知识更权威，基本上都是获得科学界共识的、已成定论的知识，且都是核心知识；传播的知识更系统，按照一定的逻辑体系编排，使学习者得到较为系统的学科训练；受众面广，中学生的绝对人数较多，且处于学习科学知识的基础阶段，在小学的入门基础上有了进一步的深入和系统的学习，可为向更高层次的学习和研究做准备。因此，本研究聚焦于普通中学的生物学教科书，包括初中和高中两个阶段。

近代中学教科书的编写与出版，可以根据学制的变化大概分为三个阶段：1902年之前主要是外国传教士编译的教科书；1902—1922年的中学生物学教科书先是根据新学制、主要参考日本教科书编译而成的，后出现自编教科书，编写出版机构主要是民间书坊；1922年以后有了初、高两级的中学教科书，自编教科书开始占据市场主导地位，且主要受欧美教科书影响。

中国近代中学生物学教科书中的知识体系体现了现代生物学的发展，以及生物学在中国的本土化进程。一方面，生物学的最新研究成果不断被编入教科书，改变了教科书的知识体系；另一方面，随着留学海外的生物学家回国开展生物学研究，教科书中也有了中国生物学家的研究成果。教科书中的知识体系与名词术语的使用反映了现代生物学的本土化进程。

研究中国近代中学生物学教科书，是了解现代生物学知识在中国的传播、植根和形成，乃至中国生物学的体制化的重要环节，可以揭示其在培养人才方面的经验和教训，并为当代的中学生物学教科书编写提供借鉴。目前，这方面的研究还相当薄弱，系统全面的研究更是缺乏，面对当今生物科学和科学教育的迅猛发展，对该领域加以总结和探析显然是非常必要的。

## 二、学术史回顾

### （一）中国近代中学生物学教科书的搜集整理

要想研究近代中学生物学教科书，首先要找到这些教科书，并对其进行整理归类。尽管教科书是大量发行的出版物，但同时也是最不被人在意保存的出版物，一般民众往往意识不到其价值，用过之后就随意丢弃了，这就导致即便是大量印发的教科书，时隔几十年也难觅其踪。幸亏有一些图书馆及个人保存有一些教科书，为今天的研究工作提供了一定的资料来源。不过，由于收藏单位分散，查阅整理具有相当的难度。

#### 1. 教科书实物或数据库

人民教育出版社图书馆系统地收藏了国内各类中小学教材 16 万余册，包括清末和民国时期教科书 12000 余册，其中含 20 世纪 40 年代革命根据地的教科书 700 余册。这些藏书已按时代、学科、出版者、出版时间遴选、分类、编目、上架。该馆已完成的“中国百年中小学教科书全文图像库”，保存了清末至 2000 年间中国大陆出版的 5000 余册教科书的全文图像，其中清末至 1949 年的中学生物学教科书全文图像有 200 余册。

上海辞书出版社图书馆（前身为中华书局图书馆）收藏的清末和民国时期教科书在国内相对较为丰富，但是尚未整理完毕。上海辞书出版社图书馆机读MC数据库，收录了9000余种清末和民国时期教科书。北京师范大学图书馆收藏了清末和民国时期师范学校和中小学课程标准、教科书及教学参考书2000余种，各科教科书6000余册，并建有清末和民国时期教科书的数据库。这两家图书馆都收藏有大量的近代中学生物学教科书。

由国家投资，作为教育部“211”重点工程的大学数字图书馆国际合作计划（China Academic Digital Associative Library，CADAL）已经建设了百万册数字资源，该项目有浙江大学、中国科学院大学等高校参与，合作单位包括国内和美国、印度的多所大学。其中收录了大量的近代教科书，包括中学生物学教科书，并已经电子化，可以在成员馆内进行检索。

个人收藏较为丰富的有石鸥、詹洪阁藏本，据了解共有万余册。石鸥还出版了《百年中国教科书图说》（湖南教育出版社，2009）、《中国近现代教科书史》（湖南教育出版社，2012）。个人收藏虽不够系统，但收藏范围比较广泛，包含了不少中学生物学教科书。2016年，社会化投资建设的中国课本博物馆在山东淄博开馆，该博物馆也收藏并展示了大量的近现代教科书。

**2. 中国近代中学生物学教科书书目**

早在清末和民国时期，就有人编写出版了多种西学书目，其中不乏对新式教科书的收录和介绍，如傅兰雅的《益智书会书目》、梁启超的《西学书目表》、徐维则的《东西学书录》、赵惟熙的《西学书目答问》、顾燮光的《译书经眼录》等，其中都介绍了不少近代出版的动植物学教科书。1934年国民政府教育部编撰的《第一次中国教育年鉴》中有一节专论“教科书之发刊概况”，列举了从清同治六年（1867年）

到民国二十二年（1933年）间历年教科书政策及所刊出教科书①。

当代收藏教科书的主要机构和个人对其收藏的教科书进行了整理，并出版了教科书书目。这些书目都是综合性的，没有单独的生物学教科书书目。目前系统收录中小学教科书的书目主要有以下几种。

《民国时期总书目（1911—1949）·中小学教材》由北京图书馆（今中国国家图书馆）和人民教育出版社图书馆合编，主要收录后者收藏的教科书，并有部分北京师范大学图书馆馆藏教科书，包括中小学课程标准、课本、补充课本、教学指导书等，共计4000余种，给出了每本书的作者、出版单位、时间、版次等简要信息。作为附录，该书收录了600余种清末教科书②。

《北京师范大学图书馆馆藏师范学校及中小学教科书书目（清末至1949年）》收录的是北京师范大学图书馆馆藏的中国近代中小学及师范学校教科书，含课程标准、课本、教学参考书等，共计2616种，给出了各教科书的作者、出版单位、出版时间、版次、页数等简要信息③。

《中国近代中小学教科书总目》是迄今收录教科书数量最多的馆藏联合目录。该书收录上海辞书出版社图书馆、人民教育出版社图书馆、中国国家图书馆、北京师范大学图书馆、上海图书馆、台湾“国立编译馆”教科书资料中心等17个收藏单位的馆藏图书9149种，时间跨度从19世纪末到1949年9月，范围包括中小学教材、课程标准、教学参考书，师范学校、职业学校、函授学校、幼儿教育、民众学校和童子军教材。每种书后都标明了题名、责任者、版本、册数、页码、

---

①教育部中国教育年鉴编审委员会编《第一次中国教育年鉴·戊编》，开明书店，1934，第115-134页。

②北京图书馆、人民教育出版社图书馆编《民国时期总书目（1911—1949）·中小学教材》，书目文献出版社，1995。

③吴艳兰：《北京师范大学图书馆馆藏师范学校及中小学教科书书目（清末至1949年）》，北京师范大学出版社，2002。

馆藏信息等。根据该书的记载，目前已收藏的中学博物课本①有12种，中学生物学课本有32种，中学生物学实验课本有11种，中学植物学课本有80种，中学动物学课本有78种，中学生理、卫生课本有86种，另有多种混合自然科课本②。

## （二）近代中学生物学教科书研究现状

### 1. 近代中学课程与教科书综合研究

在一些综合性的关于中国近代教育、近代科学教育、近代课程与教学论、近代教科书等方面的研究中，会零星涉及近代中学生物学教科书。

关于教科书的发展脉络研究，王建军的《中国近代教科书发展研究》论述了教科书在清末民初的发展历程，从西方教科书的传入到自编教科书，介绍了各个阶段参与教科书编写、审定的主要机构及其主要成就，并结合当时的时代背景，较深入地剖析了教科书的近代化进程。不过该书讨论的时间范围仅限于近代（以1877—1922年为核心），没有涉及民国中后期（1925年以后）的教科书发展状况；主要侧重于国人自编教科书，对于近代译自西方国家和日本的教科书较少关注；只是对近代教科书的发展给出了一个大致的轮廓，没有深入到教科书的内容、与课程标准的关系、使用情况及其影响等③。吴洪成的《中国学校教材史》历数了中国从先秦到近现代各个时期的学校教材发展状况，在近现代部分，介绍了各个阶段学校教材编写的主要机构、审定制度、几种教材，还特别介绍了革命根据地的学校教材。该书是一本通史性的学校教材史，是对各个时期学校教材编写与使用情况的概括性描述，没有对具体学科和教科书的分析④。石鸥与吴小鸥的《中

①该目录中使用了“课本”的名称，其实有的并非教科书，而是教辅用书。

②王有朋：《中国近代中小学教科书总目》，上海辞书出版社，2010。

③王建军：《中国近代教科书发展研究》，广东教育出版社，1996。

④吴洪成：《中国学校教材史》，西南师范大学出版社，1998。

国近现代教科书史》是目前对教科书研究较为全面的著作，以1949年为界分上下两册，该书将研究范围放在了1840—2010年这样长达170年的时间尺度中，以时间为序，依次介绍了教科书发展过程中每个阶段的出版机构、代表性教科书，以及影响教科书编写和出版发行的各种因素，重点分析了各个时期典型教科书的特点，并对主要的教科书编者进行了介绍。此外，该书作者还关注了不同类型、不同地区的教科书，如女子教科书、伪满教科书、根据地教科书、乡土教科书、少数民族文字教科书等。不过该书并未对某一学科的教科书或者对教科书的具体内容进行分析，另外对于教科书的使用情况也由于资料匮乏而告阙如①。相关成果还有石鸥著《百年中国教科书论》（湖南师范大学出版社，2013）、《百年中国教科书忆》（知识产权出版社，2015）及相关研究论文若干。石鸥教科书研究团队已经出版的与近现代教科书有关的著作有多种，如《清末民国中小学英语教科书研究》（湖南师范大学出版社，2014）、《清末民国中小学体育教科书研究》（湖南师范大学出版社，2014）、《清末民初女子教科书文化特性》（知识产权出版社，2015）、《百年中国乡土教材研究》（知识产权出版社，2015）、《中国革命根据地教科书研究》（知识产权出版社，2015）等。自2013年起，他们还先后出版了《教科书评论》（首都师范大学出版社）多辑。

关于教科书及其对社会变革影响的研究，毕苑在《中国近代教科书研究》一文中认为，教科书是近代中国社会文化变迁的诞生物，并分析了教科书与近代文化的关系②。在其所著的《建造常识：教科书与近代中国文化转型》一书中，毕苑将教科书置于近代文化视野下系统考察，在梳理了近代教科书的产生与发展过程后，着重讨论了教科书编审制度的变迁、近代教科书与国民性改造、近代教科书与国人对

①石鸥、吴小鸥：《中国近现代教科书史》，湖南教育出版社，2012。
②毕苑：《中国近代教科书研究》，《教育学报》2007年第1期。

于政治体制认识的变化等；书中还专门以“花鸟虫鱼看世界：博物教科书与近代自然科学教育的发端”介绍了我国博物教科书的诞生、博物教科书与进化论的传播、博物教科书体现的自然观和近代自然教育的开端等内容。该书对于日译教科书、教科书对于社会意识的影响等关注较多，对于欧美教科书、科学教科书的影响，教科书的编写与使用情况等关注较少①。吴小鸥在《浸润与激荡——清末民国教科书对社会变革之影响》一文中，认为清末民初教科书是社会变革的策源地，并从教科书影响社会变革的途径与方式两方面加以阐述，提到了李善兰《植物学》（墨海书馆，1858）的影响②。在其著作《中国近代教科书的启蒙价值》中，吴小鸥简要分析了新式教育发展、教科书编著者和语言文化环境对近代教科书的影响，着重讨论了教科书在科学理性、民主政治、现代伦理精神、商品经济和文明生活方式等方面的启蒙价值。该书只关注教科书的启蒙价值，故此引用到的教科书也主要是小学教科书③。

关于教科书的编审制度研究，湖南师范大学王昌善研究了近代教科书的审定制度，并将1877—1949年的教科书审定分为三个阶段，分别为自由制、审定制和国定制，介绍了不同阶段主要的审定机构及其审定标准与程序，文后附有审定教科书的批语④。谢长法在《中国中学教育史》一书中，以“中学教育的近代化”为主线，梳理了近代中学教育进入中国之后的发展历程，着重考察了民国时期的中学教育宗旨、体制、政策、课程等，并对各个阶段中学教科书的编审做了简单

①毕苑：《建造常识——教科书与近代中国文化转型》，福建教育出版社，2010，第207－232页。

②吴小鸥：《浸润与激荡——清末民国教科书对社会变革之影响》，《湖南师范大学教育科学学报》2007年第5期。

③吴小鸥：《中国近代教科书的启蒙价值》，福建教育出版社，2011。

④王昌善：《我国近代中小学教科书编审制度研究》，博士学位论文，湖南师范大学教育学系，2011。

介绍①。关于教科书的审定有大量研究成果，如湖南师范大学曾艳华的硕士论文《国立编译馆之国定教科书：缘起、演进和评析》（2011），河北师范大学周海霞的硕士论文《清末民初中央教育行政机构对教科书的管理》（2008），吉林大学杨慧慧的硕士论文《晚清学部编审教科书的活动》（2006），吴洪成的《略论清末部编教科书及对教科书的审定》[《杭州大学学报（哲学社会科学版）》，1990]，张运君的《京师大学堂与近代教科书的审定》（《历史档案》，2009）、《略论清末总理学务处时期的教科书审定》[《青岛科技大学学报（自然科学版）》，2010，与朱鹰合著]、《晚清学部与近代教科书的审定》（《历史档案》，2011）等。

关于教科书的编写机构及其编写工作研究，在外国传教士和教会方面，尹文涓主编的论文集《基督教与中国近代中等教育》对中国近代基督教中等教育做了系统考察，既有综合性的研究，也有个案研究，对于基督教中学的课程与教材略有涉及②。吴洪成和丁倩的《试论近代中国的教会中学教育》详细介绍了教会中学教育的产生与发展、教育目的、课程设置、教材编译、教学管理和教育方法，分析了其在中国近代史上的两重性③。王宏凯的《清末"学校教科书委员会"史略》介绍了教会的"学校教科书委员会"的组织机构、工作机制等，认为该委员会的成立标志着近代教科书的诞生④。相关的研究还有黄新宪的《近代来华传教士编译出版教科书活动史略》（《江西教育研究》，1995）、陈剑的《近代外国在华传教士编写教科书的历史探究》[《宁波

①谢长法：《中国中学教育史》，山西教育出版社，2009。

②尹文涓：《基督教与中国近代中等教育》，上海人民出版社，2007。

③吴洪成、丁倩：《试论近代中国的教会中学教育》，《河北师范大学学报（教育科学版）》2007年第1期。

④王宏凯：《清末"学校教科书委员会"史略》，《首都师范大学学报（自然科学版）》1998年第3期。

大学学报（教育科学版）》，1998]、高黎平的《晚近教科书与在华美国传教士的翻译活动》[《福建省外国语文学会2006年年会暨学术研讨会论文集（上）》，2006] 等。在早期的新式学堂方面，吴小鸥分析了晚清新式高等学堂和普通学堂编译的一些教科书及其特点与影响①。张寅和彭泽平对其中的南洋公学做了进一步探讨②。关于个体方面的研究较少，如张运君的《严复与近代教科书的发展》介绍了严复在译介、编辑和审定教科书方面的一些工作③。

对于具体某个学科的教科书的发展状况，近年也有大量研究成果发表和出版，如刘正伟的《1901—1949年语文教科书发展研究》（《中学语文教学参考》，1997)、邹振环的《晚清西方地理学在中国——以1815至1911年西方地理学译著的传播与影响为中心》（上海古籍出版社，2000)、郭震的《化学与爱国——从近代化学教科书中看国情与爱国教育》（《教师博览》，2012)、闫苹和张雯的《民国时期小学语文教科书评介》（语文出版社，2009)、孙广平的《晚清英语教科书发展考述》(浙江大学，2013)、王广超的《中国近代物理教科书初步研究》（广东人民出版社，2019）等。由于这些研究主要集中于语文、数学、历史等教科书方面，在此不再列举。还有一些关于教科书的编辑、审定、出版及其影响因素方面的研究论文及专著④，由于其与生物学教科书关系不大，所以姑且不做介绍。

2010年，人民教育出版社启动了国家级研究课题“中国百年教科书整理与研究”，该课题由人民教育出版社、上海辞书出版社联合全国多所高校、科研院所等相关单位，系统整理研究中国百年中小学教科

①吴小鸥：《晚清学堂编译教科书之探析》，《课程教学研究》2012年第1期。

②张寅、彭泽平：《南洋公学与近代中小学教科书建设》，《教育学术月刊》2010年第5期。

③张运君：《严复与近代教科书的发展》，《历史教学问题》2009年第6期。

④吴小鸥：《近年来中国近代中小学教科书研究综述》，《湖南师范大学教育科学学报》2008年第3期。

书，下设22个子课题，共形成中国百年中小学教科书综录、珍本图鉴、变迁脉络研究、变迁专题研究、已发表成果等五大系列48卷研究成果，在结题后陆续出版。其阶段性成果，除发表在《课程·教材·教法》等杂志上外，还发表在《中华读书报》“学术随笔”专栏、《出版人》杂志“图说中国百年教科书”专栏，其中有不少是关于近代中学生物学教科书的研究。

**2. 近代出版史、翻译史研究**

近代出版业的发展对教科书的发展影响深远。中国近代的出版业从无到有，逐渐繁荣，与之相伴的是教科书的编辑出版和发行。早期的文明书局、商务印书馆都是以教科书的出版发行作为特色的，尤其是商务印书馆，更是揽下了近代教科书出版发行的半壁江山。民国初期的中华书局也是以教科书起家，后来的世界书局、开明书店、正中书局等都将教科书的出版发行作为重要业务。因此，对于中国近代出版史的研究，也必然会涉及教科书的出版发行。

宋原放编辑的《中国出版史料》（湖北教育出版社，2004）近代部分和现代部分各卷，以及张静庐编辑的《中国近代出版史料》（中华书局，1957）、《中国现代出版史料》（中华书局，1957）各编汇集了大量有关中国近现代出版业的原始档案、公文、报刊文章、回忆录等，既有原始文献，也有研究文献，其中有不少关于教科书出版发行的内容，但是没有专门介绍中学生物学教科书的文章。

专门研究方面，如汪家熔的《中国出版通史（7）：清代卷（下）》（中国书籍出版社，2008）、王余光和吴永贵的《中国出版通史（8）：民国卷》（中国书籍出版社，2008）、元青主编的《中国近代出版史稿》（南开大学出版社，2011）、吴永贵的《民国出版史》（福建人民出版社，2011）、冯志杰的《中国近代科技出版史研究》（中国三峡出版社，2008）都有专门章节介绍教科书的出版。关于出版社的研究方面，也有大量论著，其中不乏对出版社编辑出版教科书情况的论述。

《民族魂——教科书变迁》是一本关于出版史的著作，作者汪家熔曾在商务印书馆工作多年。该书简要回顾了晚清和民国时期教科书的变迁史，以国文、修身、常识为主要学科，以商务印书馆、中华书局、王云五为主要出版者梳理了教科书的发展历程①。有人专门研究了教科书出版机构在近代的教科书出版状况，如南京大学何瑶琴的硕士论文《中华书局中小学教科书出版研究（1912—1937）》（2012）、四川大学宋令军的硕士论文《近代商务印书馆教科书出版研究》（2004）、天津师范大学张梅的硕士论文《文明书局教科书出版研究》（2008）等（对世界书局、开明书店等出版机构的研究较少），喻永庆还关注了商务印书馆主办的《教育杂志》对于教科书编辑的作用②。这些研究主要是从图书出版的角度进行分析，着眼于出版社的动机、出版情况、经营策略、社会影响等方面，缺乏对具体的教科书内容和风格的分析。

由于早期的生物学教科书是由西方传教士传入的，后来的教科书也有很大一部分是译自西方国家或者日本，因此教科书的翻译也被纳入翻译史的研究范围中。一般的翻译史著作，都会安排专门的章节介绍近代对于西方自然科学书籍的译介，如李亚舒和黎难秋的《中国科学翻译史》（湖南教育出版社，2000）、李伟的《中国近代翻译史》（齐鲁书社，2005）、方华文的《20世纪中国翻译史》（西北大学出版社，2008）、冯志杰的《中国近代翻译史·晚清卷》（九州出版社，2011，其中有对生物类译著的专门介绍）等，但是这些著作对于生物学教科书的翻译大都没有专门的研究。

此外，有关中西科技交流史的研究，也会涉及西方生物学著作的译介。如李喜所主编的《五千年中外文化交流史·第三卷》（世界知识出版社，2002），李廷举和吉田忠主编的《中日文化交流史大系（8）：

①汪家熔：《民族魂——教科书变迁》，商务印书馆，2008。

②喻永庆：《近代教育期刊与教科书的发展——以〈教育杂志〉为例》，《湖南师范大学教育科学学报》2010年第2期。

科技卷》（浙江人民出版社，1996），彭斐章主编的《中外图书交流史》（湖南教育出版社，1998），潘玉田、陈永刚的《中西文献交流史》（北京图书馆出版社，1999），田正平主编的《中外教育交流史》（广东教育出版社，2004），方豪的《中西交通史：下》（上海人民出版社，2008，其中有一章专论明清之际生物学与医学的传入）。这些著作对于生物学译著的介绍均比较浅显，没有特别关注生物学教科书的翻译。

以上研究虽然没有专门关注生物学教科书，但提供了教科书出版的基本状况，是本研究的重要参考。

**3. 生物学史与中学生物学教科书**

对于中学生物学教科书在中国近代的发展状况，至今尚未有专门的著作，在一些介绍我国近现代生物学史的著作中偶有涉及。

汪子春在《中国近现代生物学发展概况》一文中主要介绍了从1851年到20世纪80年代我国生物学的发展脉络，侧重于生物学研究的发展状况，对于生物教育及生物学教科书的介绍比较简略①。刘学礼在《西方生物学的传入与中国近代生物学的萌芽》一文中主要介绍了从19世纪中后期到20世纪初西方生物学通过传教士和日本教科书等方式传入中国的过程，重点分析了生理解剖学、植物学、进化论和遗传学的传入过程②。曹育在董光璧主编的《中国近现代科学技术史》中回顾了西方生物学的传入与启蒙，以及中国现代生物学的建立过程，其中简单回顾了清末启蒙阶段的主要生物学书籍，但是对于教科书的介绍很少③。罗桂环和汪子春在《中国科学技术史·生物学卷》中有一章专论现代生物学的传入，介绍了西方生物学传入中国的概况及近

①汪子春：《中国近现代生物学发展概况》，《中国科技史料》1988年第2期。
②刘学礼：《西方生物学的传入与中国近代生物学的萌芽》，《自然辩证法通讯》1991年第6期。
③董光璧：《中国近现代科学技术史》，湖南教育出版社，1997。

代中国生物学教育与科研的发展，其中涉及中学生物学的内容较少①。罗桂环的《中国近代生物学的发展》介绍了教会学校对中国生物学教育的启蒙作用及清末民初的生物学教育，列举了主要的生物学教科书②。相关著作还有李亮恭的《中国生物学发展史》（中央文物供应社，1982），刘昭民的《中华生物学史》(台湾商务印书馆，1991)，汪子春等的《世界生物学史》（吉林教育出版社，2009 第二版）等。

在生物学各分支学科的历史研究方面，谈家桢等著的《中国遗传学史》简要介绍了遗传学人才早期培养阶段中国学者编写和使用的遗传学教材，以及中学的遗传学教学③。郭郛等编的《中国动物学发展史》提到 1914 年丁文江的《动物学教科书》是第一本中国动物学教科书④。中国植物学会编的《中国植物学史》在介绍近代植物学的传入时，提到了早期的植物学教科书，如李善兰翻译的《植物学》、傅兰雅编的《植物图说》、叶基桢编写的《植物学》讲义、马君武编译的《实用主义植物学教科书》等⑤。中国科学院自然科学史研究所的李昂在其博士论文《中国近代植物学发展特点的研究》中，通过分析教科书的编写和使用情况来看近代植物学的教育状况，其中有一节专门分析了中学植物教科书及来自日本的影响。该文还罗列了 1949 年以前出版的中学植物学教科书⑥。

**4. 中学生物学教科书专门研究**

李沧在《中学生物教材和教法》一书中分别述及清末和民国时期的中学生物学课程和教材，介绍了学制和课程标准对中学生物学课程

①罗桂环、汪子春：《中国科学技术史・生物学卷》，科学出版社，2005。
②罗桂环：《中国近代生物学的发展》，中国科学技术出版社，2014。
③谈家桢、赵功民编《中国遗传学史》，上海科技教育出版社，2002。
④郭郛、钱燕文、马建章编《中国动物学发展史》，东北林业大学出版社，2004。
⑤中国植物学会编《中国植物学史》，科学出版社，1994。
⑥李昂：《中国近代植物学发展特点的研究》，博士学位论文，中国科学院研究生院科学技术史系，2010。

的要求，并列举了不同时期的几种主要的生物学教科书，但只是简单介绍，没有深入分析①。周绍模、杭蕴华在介绍近代中学植物教育状况时提到了植物学教科书的情况②。冯振文在《我国早期中学生物学教学》一文中列举了近代几种有代表性的生物学教科书③。刘学礼在《近代中国科技教育的兴起——以生物学教育为例》一文中主要介绍了从19世纪70年代到20世纪20年代中国生物学教育的起步，以“壬寅学制”“壬子·癸丑学制”为界划分为三个阶段，简要介绍了各个阶段的大学和中学生物学教育概况，列举了几种主要教科书④。谭永平的《中学生物教科书的历史追溯与现实透视》提出，中学生物学教科书的诞生与“学科课程”的形成密切相关，着重分析了当时教科书在使用过程中的一些问题，在“历史追溯”方面比较简略，关注于1949年中华人民共和国成立之后的较多⑤。周丽威将1949年之后我国高中生物学教科书发展分为学习苏联、走自己的路、“文化大革命”时期、恢复与发展、面向21世纪的改革五个阶段⑥。人民教育出版社课程教材研究所编写了《新中国中小学教材建设史（1949—2000）研究丛书·生物卷》，对1949年之后各个历史时期的中小学生物教材编写的背景、主要的教科书及其特点进行了系统梳理⑦。类似的研究还有刘

①《课程·教材·教法》编辑部编《中学生物教材和教法》（第一集），人民教育出版社，1987，第166-195页。

②周绍模、杭蕴华：《我国近代中学植物教学的简单回顾》，《植物杂志》1992年第6期。

③冯振文：《我国早期中学生物学教学》，《生物学教学》1993年第1期。

④刘学礼：《近代中国科技教育的兴起——以生物学教育为例》，《广西民族大学学报（自然科学版）》2009年第2期。

⑤谭永平：《中学生物教科书的历史追溯与现实透视》，《教育科学论坛》2008年第4期。

⑥周丽威：《建国以来我国高中生物学教材的发展》，《生物学教学》2007年第4期。

⑦课程教材研究所编《新中国中小学教材建设史（1949—2000）研究丛书·生物卷》，人民教育出版社，2010。

丽群、吴雪燕的《新中国生物教科书 60 年之演进》①。李增娇和陆建身在《中西文化交融之下的清末中学生物学教材》一文中，从课文系统、图像系统和作业系统三方面梳理了清末中学生物学教科书的主要特点，并分析了这些教科书在传播爱国主义思想、体现生物学的应用价值、进化论对国人认识方式的影响等方面的教育价值②。

对具体的生物学教科书进行研究的并不多见。罗桂环在《我国早期的两本植物学译著〈植物学〉和〈植物图说〉及其术语》一文中，对清末的两本植物学教科书的结构、内容，特别是名词术语进行了分析介绍③。1952 年，《生物学通报》第一卷第二期曾经刊载了 2 篇评论陈桢《复兴高级中学教科书生物学》（商务印书馆）的文章，但是由于受到当时"李森科事件"的影响，文章的评价有失偏颇④⑤。相关研究还有潘克元的《鲁迅的生物教学浅析》⑥，金秋的《我国本世纪初的一本生物学教科书——〈动物学讲义〉》⑦ 等。

对于近代生物学教科书的内容分析，以进化论的传播为多，如南京大学齐旭的硕士论文《近代教科书中的进化论叙述》介绍了进化论在中小学生物（包括动物、植物、博物等）、常识、国文、地理、历史

---

①刘丽群、吴雪燕：《新中国生物教科书 60 年之演进》，《湖南师范大学教育科学学报》2011 年第 2 期。

②李增娇、陆建身：《中西文化交融之下的清末中学生物学教材》，《生物学通报》2014 年第 11 期。

③罗桂环：《我国早期的两本植物学译著〈植物学〉和〈植物图说〉及其术语》，《自然科学史研究》1987 年第 4 期。

④孟庆哲：《简评陈桢编著复兴高级中学教科书生物学修正本》，《生物学通报》1952 年第 2 期。

⑤周绍模：《评陈桢编著"复兴高级中学教科书生物学"修正本》，《生物学通报》1952 年第 2 期。

⑥潘克元：《鲁迅的生物教学浅析》，《生物学通报》1987 年第 6 期。

⑦金秋：《我国本世纪初的一本生物学教科书——〈动物学讲义〉》，《中国科技史料》1988 年第 1 期。

等教科书中的叙述①。相关研究还有人民教育出版社谭永平的文章《生物进化内容与我国中学生物教育》(《课程·教材·教法》,2004)、《进化论如何走进博物教科书》(《中华读书报》,2012)及《清末中学博物教科书中进化论内容的演变及其社会影响》(《课程·教材·教法》,2012)等。有些研究关注了细胞学、生态学、遗传学等内容在不同历史时期的生物学教科书中的变迁②。还有一些研究关注教科书中的插图和栏目设置。李肖依应用现代教育和传播学理论,选取了几种重要的教科书,分析了百年生物学教科书中插图的分类及其作用③。赵志军讨论了清末和民国时期典型高中生物学教科书的栏目设置变化及其影响因素④。天津师范大学的徐健对 1978 年以来不同时期、不同版本的高中生物学教科书中的栏目设置进行了比较,着重分析了不同时期栏目设置的特点及其背后的教育思想⑤。

张仲民列举了晚清时期出版的生理卫生书籍,通过梳理这些书籍在报刊上的广告分析其编写宗旨及意义,进而从这些书籍的读者中探讨生理卫生书籍对社会的影响⑥。这些生理卫生书籍大部分被用作各

---

①齐旭:《近代教科书中的进化论叙述》,硕士学位论文,南京大学历史学系,2011。

②如姜宇:《百年中学生物教科书中细胞学内容的变迁研究》,硕士学位论文,东北师范大学教育学系,2012。范微:《我国中学生物教科书中生态学内容的变迁研究》,硕士学位论文,东北师范大学教育学系,2012。刘玲:《百年中学生物教科书中遗传与进化内容的变迁研究》,硕士学位论文,东北师范大学教育学系,2013。张燕梅:《我国 30 年来人教版高中生物教科书内容现代化的变迁研究》,硕士学位论文,天津师范大学,2014。

③李肖依:《中国百年高中生物学教科书插图分类及发展趋势的初步研究》,硕士学位论文,北京师范大学,2012。

④赵志军:《清末和民国时期我国高中生物教科书栏目设置的变迁研究》,硕士学位论文,天津师范大学,2014。

⑤徐健:《我国 30 年来高中生物教科书栏目设置变迁研究》,硕士学位论文,天津师范大学教育学系,2012。

⑥张仲民:《晚清出版的生理卫生书籍及其读者》,《史林》2008 年第 4 期。

类学校的教科书。汤明珠在研究民国时期中小学校卫生教育时，也提到了生理卫生教科书中的卫生知识①。

人民教育出版社“中国百年教科书整理与研究”课题中的一个子课题就是“百年中学生物教科书的变迁研究”。该项目汇集了人民教育出版社、北京师范大学、东北师范大学等单位的编辑、教授和研究生等，计划完成对中国近现代直到2001年课改实施100多年间的中学生物学教科书的系统梳理，完善中学生物学教科书的编写理论，为今后的生物学教科书编写提供借鉴。该项目于2015年结题。截至2017年，该项目已经发表的文章有谭永平的《进化论如何走进博物教科书》、《清末中学博物教科书中进化论内容的演变及其社会影响》(《课程·教材·教法》，2012)、《不可讲？羞于讲？——百年中学生物教科书中“人的生殖”》(《中华读书报》，2013)，吴成军的《以自然为教本——清末民国课程标准中的生物学实验》(《中华读书报》，2013)、《清末、民国时期的生物学课程标准和教科书中的实验特点分析及启示》(《课程·教材·教法》，2014)，王荐的《亲近生物老教材》(《中学生物学》，2012)，陈香的《民国中学教科书中的青春期性教育》(《山西青年》，2014)，孙新的《回顾民国初中“自然科”教科书》(《中华读书报》，2013)，刘丹的《民国生物教科书中“基因”概念的演变》(《中华读书报》，2014)，包春莹的《中学生物教科书中免疫学内容的百年变迁研究》(《教育理论与实践》，2014)，冯永康的《胡先骕与中学生物学教科书》(《中华读书报》，2014)，课题组合写的《博物教科书中别样的生物界》(《出版人》，2014) 等。该项目的其他研究成果也在陆续出版中。

### （三）已有研究的评述

国内对于近代中学教科书的整理和研究已经有了一些成绩，包括

---

①汤明珠：《民国时期中小学校卫生教育研究（1912—1945）》，硕士学位论文，山东师范大学历史学系，2012。

整理了馆藏教科书目录并制作了电子数据库，启动了相关的大型研究课题，发表和出版了一些研究成果；港台地区也有对教科书史的研究成果发表和出版，但是笔者尚未见到关于近代中学生物学教科书发展的专门研究①。国外也有关于生物学教科书史的研究②，但是没有见到关于中国近代生物学教科书的研究。

就教科书的整理而言，目前主要收藏机构已经对大部分教科书进行了整理，上海辞书出版社图书馆馆藏原中华书局的教科书藏书仍未整理完成，该社已启动“中国近代中小学教科书丛编”项目。教科书的数字化已经做了大量工作，有的仅限于制作单位使用，还有一些教科书没有完成数字化。就目前整理的情况而言，基本可以满足近代教科书的研究工作，包括整体上的研究或者分学科、分阶段的研究。

就教科书的研究而言，从教育学、课程论角度出发的，主要研究近代的教育学发展过程、社会思潮对教育发展的影响、中学课程体系的发展沿革等，而对于专门的教科书研究相对较少；在教科书的专题研究中，综合性的教科书出版、影响因素的研究较多，主要集中在教科书的出版主体、编辑群体和审定、教科书与社会因素的互动等方面，而对于教科书的编辑、内容和使用情况的研究较少；在学科方面，对教科书的总体性研究和语文、英语、历史、数学等教科书的研究较多，而对生物学等自然科学教科书的研究较少；在研究的进路上，有的侧重于纵向分析每个历史阶段教科书的编写和出版情况、当时的教育政

---

①如“国立编译馆”蓝顺德对台湾地区1984—2004年272篇博士、硕士论文的分析，其中有几篇关于近代教科书的研究，但是没有关于近代中学生物教科书的研究；“国家教育研究院”出版的《开卷有益——教科书回顾与前瞻》，也没有关于近代生物学教科书的研究。

②如John Alcock研究了不同历史时期动物行为学教科书和普通生物学教科书中关于动物行为研究的描述，借此分析当科学研究模式发生变化的时候，不同时期的不同类型的教科书中相关的表述会有何变化。不过该作者研究的是大学教科书，而非中学教科书。参见John Alocok，*A textbook history of animal behaviour*，Animal Behaviour，No. 1（2003）.

策等历史背景、教科书的内容，有的则以专题的形式，横向研究教科书的不同方面；在时间范围上，对于1949年之后的教科书研究较多，对于近代的教科书研究较少。就近代生物学教科书的研究而言，研究近代生物学教育的总体发展概况及课程体系变化的较多，生物学教科书只是作为其中的一部分有所提及；在具体内容上，对于进化论和遗传学的研究较多，对于其他内容的研究相对较少；对于生物学科的进展、教育思潮和社会文化因素对生物学教科书的影响、生物学教科书的本土化、教科书中的实验、知识的来源与呈现方式等细致内容的研究只有零星讨论。

因此，对于近代中学生物学教科书的研究还有很多工作可以深入，包括生物学发展对生物学教科书编辑的影响，生物学教科书编著者渗透在教科书中的思想，生物学家与生物学教科书的编写，生物学教科书的本土化，生物学教科书与生物学名词的审定与统一，生物学教科书中生物学实验的设置，生物学主要内容的选取及其安排，生物学知识的来源、呈现方式及其表达，生物学教科书的使用情况及其影响等。

## 三、本研究的主要内容

本研究的时间范围限定在清末和民国年间，以1902—1903年清政府颁布“壬寅·癸卯学制”至1937年抗日战争全面爆发作为重点，根据近代学制变化和生物学在中国的发展状况，以1922年为界，将这段时间又分为两个时期，即1902年“壬寅学制”至1922年“壬戌学制”前、1922年“壬戌学制”后至1937年抗日战争全面爆发前。考虑到教科书发展的系统性与完整性，兼顾1902年之前与1937年抗日战争全面爆发至1949年中华人民共和国成立之前的时段。在地域上，本研究重点分析清政府、北洋政府、国民政府实际统治下的中国各地区，对于中国共产党领导下的各解放区和根据地、日本势力下的华北与汪伪政权、伪“满洲国”及港澳台地区，暂不做研究。当时，中国大陆出版的教科书，有不少也在南洋地区使用，本研究亦暂不关注。

本研究的对象为近代中学生物学教科书，由于不同历史时期学制与课程的变化，因此本研究包括了名称为动物学、植物学和生物学的教科书及生物学实验教科书；名称为博物学、自然科学的初中教科书也有所涉及；考虑到生理学和卫生学教科书与生物学有关系，也与医学有关系，在近代学制体系中相对独立，本研究暂不涉及。本研究主要针对普通中学的生物学教科书，包括初中与高中，与普通中学同等程度的农科、商科、师范科等生物学教科书偶有涉及，不作为重点；有些教科书主要是作为大学教科书出版的，但是被不少中学选作教科书，本研究亦有所关照。

本研究的主要内容是中国近代中学生物学教科书的发展历程、主要特点及影响因素。生物学教科书的发展受到多方面因素的影响，其中教育政策和生物学的发展影响最大，本研究以中国近代科学教育的发展与中国现代生物学的发展两条主线为背景。本研究的核心内容是近代中学生物学教科书的本土化历程，并关注生物学教科书在传播现代生物学知识中的作用。

**1. 本研究主要解决的问题**

（1）近代中学生物学教科书的发展脉络，各个历史阶段生物学教科书出版的背景、主要的出版机构、具代表性的生物学教科书及其特点。

（2）近代中学生物学教科书中生物学知识体系、知识来源、呈现方式、科学名词，生物学教科书在传播现代生物学知识中的作用。

（3）近代中学生物学教科书的本土化历程，表现形式及影响因素。

**2. 可能的创新点**

（1）首次全面梳理近代中学生物学教科书的发展脉络。

（2）从科学传播、知识传播的视角分析近代中学生物学教科书。

（3）将教科书研究纳入近代科学教育与生物学发展的大背景中审视、分析。

（4）着眼于近代中学生物学教科书的本土化历程。

（5）提出了教科书结构的知识系统、技能系统和认知系统“三系统”体系。

### （四）研究方法与文献来源

主要采用文本分析法和案例研究法，综合科学史、教育史、出版史、科学社会学、传播学、教育社会学等学科，研读近代主要的中学生物学教科书，将有代表性的教科书及其编者作为案例着重研究，分析近代与生物学教科书的编写、出版、教授、使用等相关的文件、论著、报刊文章等，梳理教科书发展历程，并探讨相关的社会政治、经济、科学与文化背景。

主要文献来源：①近代中学生物学教科书，包括动物学、植物学、生物学、生物学实验、博物学等；②各类报刊，如教育类《教育世界》《教育杂志》《中华教育界》等，生物学类《中学生物学》《生命科学》《生物学杂志》等，科学类《科学》《科学月刊》等；③各级政府出版的教育官报、公报、月刊、旬刊、周刊，与教育政策相关的各类档案文件；④与教科书相关的书目汇编、教育史资料汇编、出版史料、翻译史料等；⑤相关的文集、日记、回忆录等。

# 第一章
# 近代西方生物学的传入与教科书发端

动植物学，推其本原，可以考种类蕃变之迹；究其致用，可以为农学畜牧之资，乃格致中最切近有用者也。

——梁启超，《读西学书法》，1896 年

## 第一节　近代西方生物学的传入

现代生物学是随着西学东渐逐渐传入中国的。在介绍生物学教科书之前，有必要简单回顾一下西方生物学传入中国的历程。本节主要从西学东渐的视角，回顾早期传教士通过书籍和报刊传播的西方生物学知识的过程。

### 一、明末清初第一次西学东渐传入的生物学知识

明代万历年间来华传教士带来的一些书籍，传播了一些现代生物学的知识，主要是生理学方面的。据笔者所知，最早用汉语介绍生物学知识的是西班牙传教士高母羡（Juan Cobo）编写的刊刻于明万历二十年（1592 年）的《无极天主正教真传实录》①，该书共 9 章，其中第五至第九章介绍了很多欧洲的生物学知识②。明末清初传入的生物学知识大部分是关于生理学和医学的，如意大利传教士利玛窦（Matteo Ricci）的《西国记法》、艾儒略（Giulio Aleni）的《性学粗述》；比较

①高母羡曾在马尼拉传教，该书没有在中国大陆刊刻，可能仅流传于东南亚地区。
②方豪：《中西交通史》（下册），上海人民出版社，2008，第 551－552 页。

系统的如普鲁士传教士邓玉函（Johann Schreck）的《泰西人身说概》，后由毕拱辰润色刊行，意大利传教士罗雅谷（Jacques Rho）译述的《人身图说》，由传教士龙华民（Nicolas Longobardi）和邓玉函校阅。此外，像傅汎际（Franciscus Furtado）的《寰有诠》和《名理探》也有一些生理的知识。动物学方面，有意大利传教士利类思（Ludovicus Buglio）纂译的《狮子说》和《进呈鹰论》。外邦进献清政府狮子，由于中国历史上少见这样的生物，因此《狮子说》就是为了普及关于狮子的形体、性情等简单知识的；《进呈鹰论》主要是介绍鹰的习性和训练方法，是供那些达官显贵玩鹰参考用的。

明清之际传入的生物学知识中关于动植物的非常少，而且这些知识的传播面有限，似乎并未对中国社会产生什么影响。

## 二、晚清第二次西学东渐传入的生物学知识

两次鸦片战争之后，大量的欧美传教士进入中国，他们一方面传教，另一方面也参与中国的事务。借助西学进行传教，是他们的一种传教策略，但这在客观上起到了传播西学、促进近代科学在中国萌芽生长的作用。而在各种西学中，生物学也是其中的一部分。

西方传教士在传播生物学知识的时候，并没有“生物学”的概念，而是使用了中国传统意义上的“鸟兽草木之学”或者动物学、植物学、博物学等概念。早在明清之际，传教士艾儒略在《西学凡》中介绍了西方的学科体系，包括文科、理科、医科、法科、教科、道科等6科，其中理科第二年要学习的“费西加”（即自然哲学）就包括了生物学的知识①。伟烈亚力（Alexander Wylie）在西学杂志《六合丛谈》创刊号“小引”中将动植物学描述为“一为鸟兽草木之学，举一骨，即能

①艾儒略：《西学凡》，载《天学初函》（第一册），台湾学生书局，1978，第21-60页。

辨析入微，知全体形状之殊异，植群卉，即能区别其类，知列国气候之不同”①。艾约瑟（Joseph Edkins）在《格致启蒙·西学略述》卷七“格致”中介绍了各种自然科学，其中包括动物学、身体学（主要是解剖学）、较动物体学、身理学（主要是生理学）、植物学、医学等②。

对于生物学知识的传播，西方传教士采用了书籍、杂志等形式。他们成立了近代出版机构，出版西学书籍，发行报刊。由于很多生物学书籍被选作教会学校的教科书，本书将另节专论，因此本节只关注比较重要的几本生物学书籍和报刊中的生物学知识。

### （一）传教士出版机构及其出版的生物类书籍

中国最早的近代出版机构，是由传教士创办的。传教士在印刷出版宗教类图书和报刊的同时，也印刷出版了大量自然科学类书籍和报刊，这在客观上起到了普及近代自然科学知识的作用。传教士创办的出版机构很多，如墨海书馆、美华书馆、广学会等。早期这些机构出版的生物类书籍和报刊都是零散的，并非专为学堂编写的教科书。后来，随着传教士在中国开办的新式学校越来越多，他们又成立了益智书会，专门编写教科书，这些出版机构就可以出版针对中小学的生物学教科书了。

1843年，英国传教士麦都思（Walter Henry Medhurst）创办了墨海书馆，这是外国教会在上海创办的第一家现代出版机构。墨海书馆前后由麦都思、伟烈亚力、艾约瑟等人主持，编辑有李善兰、王韬、张福僖等。尽管墨海书馆不是专门出版教科书的机构，但是他们出版的很多书都被用作教科书，其中与生物学相关的主要有以下几种。

《全体新论》和《博物新编》，英国传教士合信（Benjamin Hobson）著（图1-1）。《全体新论》于1851年出版，分为39章，对人体的主要

---

①沈国威：《六合丛谈（附解题·索引）》，上海辞书出版社，2006，第521-522页。

②艾约瑟：《格致启蒙·西学略述》，总税务司署印，1886。

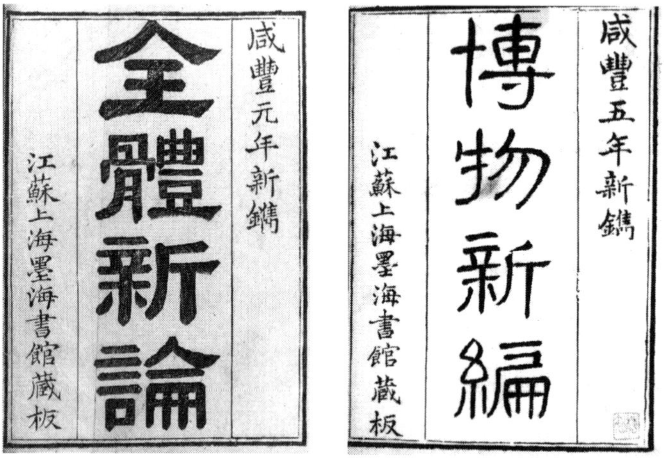


图 1－1　合信著《全体新论》与《博物新编》

器官系统做了全面介绍，并附有大量插图，该书是我国第一部介绍西方生理学的著作。《博物新编》于 1855 年出版，共分 3 集，其中第三集介绍的是动物学知识，包括鸟兽略论、猴类、象论等 16 个部分。

《植物学》共 8 卷，前七卷由李善兰与韦廉臣（Alexander Williamson）合译，第八卷由李善兰和艾约瑟合译，主要以英国植物学家林德利（John Lindley）的《植物学基础》（*Elements of Botany: Structural, Physiological, Systematical, and Medical; Being a Fourth Edition of the Outline of the First Principles of Botany*）为底本编译而成，1858 年出版（图 1－2）。该书介绍了植物的结构、生理、分类等知识，是西方植物学知识第一次系统传入中国。《植物学》创造了很多名词术语，如“植物学”“细胞”等，对于后来中国植物学的发展影响深远。该书对日本也产生了重要影响，19 世纪末在日本有两个译本，即《植物学和解》和《植物学抄译》①。

①汪子春：《我国传播近代植物学知识的第一部译著〈植物学〉》，《自然科学史研究》1984 年第 1 期。

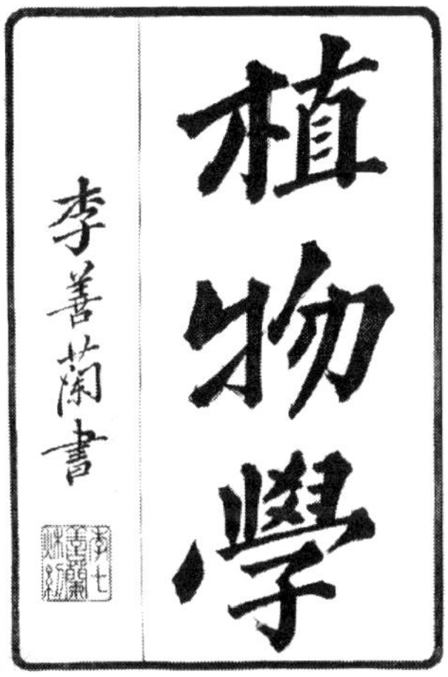


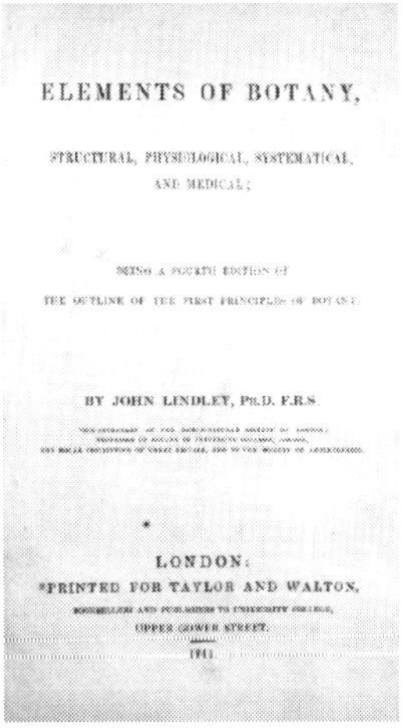
ELEMENTS OF BOTANY,
STRUCTURAL, PHYSIOLOGICAL, SYSTEMATICAL, AND MEDICAL;
BEING A FOURTH EDITION OF THE OUTLINE OF THE FIRST PRINCIPLES OF BOTANY.
BY JOHN LINDLEY, PH.D. F.R.S.
LONDON:
PRINTED FOR TAYLOR AND WALTON,
UPPER GOWER STREET.

图 1-2　李善兰等译《植物学》及林德利的底本

### （二）传教士所办报刊传播的生物学知识

中国的近代报刊也是由传教士最先创办发行的。最早的一批近代报刊有《察世俗每月统记传》(1815)、《东西洋考每月统记传》(1833)、《遐迩贯珍》(1853)、《六合丛谈》(1857)、《万国公报》(1868，初名《中国教会新报》)、《格致汇编》(1876) 等。传教士办的报刊除用于传教外，还会刊载一些时事新闻、西学知识，其中也有一些生物学的内容。

《遐迩贯珍》(图 1-3)，1853 年 8 月创刊于香港，由英华书院和马礼逊教育会共同出版，是香港最早的中文报刊，到 1856 年 5 月停刊，共出版了 33 期。《遐迩贯珍》刊载了大量与自然科学有关的文章，其中与生物学有关的文章大部分来自合信的《全体新论》，此外还有《生物总论》《人类五种小论》《鸟巢论》《象论》《虎论》等①。在《生物总论》中，作者将生物分为有脊生物、柔软生物、多节生物、多肢生物四大类，每一大类又分为若干种，依次介绍了各种生物的主要特征。

①松浦章、内田庆市、沈国威：《遐迩贯珍——附解题・索引》，上海辞书出版社，2005。

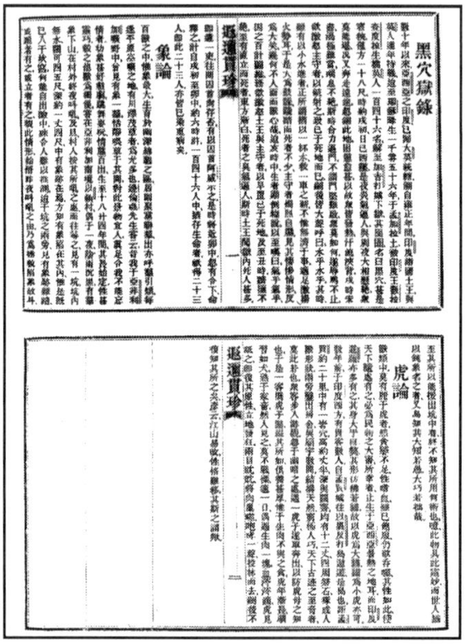

图 1-3 《遐迩贯珍》中关于象和虎的介绍

《格致汇编》，1876 年创办于上海，英国人傅兰雅（John Fryer）是主编及主要撰稿人。该杂志曾两度中断出版，到 1892 年冬季停刊。杂志除刊登长篇编写或编译的文章外，还设计了“互相问答”“格物杂说”“博物新闻”“批阅新书”等栏目。长篇文章中与生物学有关的文章主要有以下篇目（表 1-1），在“互相问答”“博物新闻”和“格物杂说”栏目中也有一些生物学的内容。

表 1-1 《格致汇编》中部分与生物学有关的文章

| 卷 | 题目 | 作者 |
|---|---|---|
| 第一年第一卷 | 有益之树易地移栽 | （美）玛高温 |
| 第一年第八卷 | 论牙齿（附图） | |
| 第一年第九卷 | 海洋所见巨动物 | |
| 第一年第十卷 | 西国养蜂法（附图）（续多卷） | |
| 第一年第十一卷 | 论脉（此脉指全身而言）（续多卷） | 舒高第（口译） |

续表

| 卷 | 题目 | 作者 |
|---|---|---|
| 第二年第一卷 | 说虫 | |
| 第二年第三卷 | 论舌（自西国内科书译出） | 舒高第 |
| 第二年第四卷 | 论呼吸气（自西国内科书摘出） | 舒高第（口译） |
| 第二年第七卷 | 论苍蝇 | |
| 第三年第一卷 | 化学卫生论（附图）（续多卷） | |
| 第三年第四卷 | 日本国新订草木图说 | （日）饭沼欲斋 |
| 第三年第七卷 | 西国植物学家林娜斯记（附图） | |
| 第五年第一卷 | 西国名菜嘉花论（附图） | |
| 第五年第一卷 | 泰西本草撮要（附图）（续多卷） | |
| 第五年第一卷 | 虫学略论（附图）（续多卷） | （美）华约翰 |
| 第六年第一卷 | 沙地种植 | （美）玛高温 |
| 第六年第二卷 | 延年益寿论（续多卷） | （英）爱凡司 |
| 第六年第二卷 | 批阅西学启蒙十六种说 | |
| 第六年第三卷 | 格致释器（附图）（续）显微镜说（图 1－4） | 傅兰雅 |
| 第六年第四卷 | 捕鲨图说 | |
| 第七年第一卷 | 人与微生物争战论 | （英）礼敦根（口述） |
| 第七年第三卷 | 人分五类说（附图） | |
| 第七年第三卷 | 兽有百种论（附图） | |
| 第七年第四卷 | 禽鸟简要编（附图） | |

《格致汇编》中的文章，有些是其他传教士编译或编写后投稿的，有些是傅兰雅自己撰写的。傅兰雅还将有些文章整理独立成册出版发行，这些文章不但为购阅该杂志的人士所阅读，还成为一些学校的教科书。

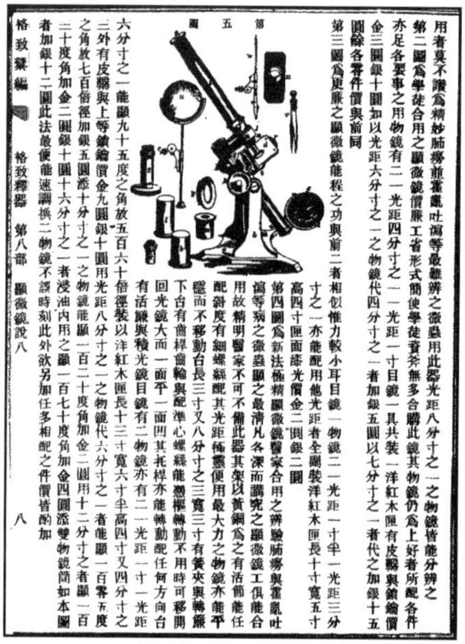

用者莫不讚爲精妙肺癆并霍亂吐瀉等最難辨之微蟲用此器光距八分寸之一之物鏡皆能分辨之

第二圖爲學徒合用之顯微鏡價廉工省形式簡便學徒費斧無多合購此鏡其物鏡仍爲上好者所配各件亦足各要事之用物鏡有二一光距四分寸之一一光距一寸目鏡一具共裝一洋紅木匣有皮騾與鎖鑰價金三圓銀十圓如以光距六分寸之一之物鏡代四分寸之一者加銀五圓以七分寸之一者代之加銀十五圓餘各零件價與前同

第三圖爲更廉之顯微鏡能程之功與前二者相似惟力較小耳目鏡一物鏡二一光距一寸半一光距三分寸之一亦能配用他光距者全副裝洋紅木匣長十寸寬五寸高四寸匣面漆光價金二圓銀二圓

第五圖

第四圖爲新法極精顯微鏡醫家合用之辨驗肺癆與霍亂吐瀉等病之微蟲顯之最清凡各深而講究之顯微鏡工俱能合用故精明醫家不可不備此器其架以黃銅爲之有活節能任配斜度有細螺絲配其光距極靈便用最大力之物鏡亦能平穩而不移動台長三寸又八分寸之三寬三寸有簧夾與轉簾下台有齒桿齒輪與配準心螺絲能憑樞轉動不用時可移開回光鏡大而一面平一面凹其托桿亦能轉動配任何方向台有活簾與積光鏡目鏡有二物鏡亦有二一光距一寸一光距六分寸之一能顯九十五度之角放五百六十倍徑裝以洋紅木匣長十三寸寬六寸半高四寸又四分寸之三外有皮騾與上等鎖鑰價金九圓銀十圓用光距八分寸之一之物鏡代六分寸之一者能顯一百零五度之角放七百倍徑加銀五圓添十分寸之一之物鏡能顯一百二十度角加金二圓用十二分寸之者顯一百二十度角加金二圓銀十圓十六分寸之一者浸油內用之顯一百七十度角加金四圓添雙物鏡筒如本圖者加銀十二圓此法最便能速調換二物鏡不誤時刻此外欲另加任多相配之件價皆酌加

格致彙編　格致釋器　第八部　顯微鏡說八　八

图 1－4　傅兰雅编《格致汇编》中的显微镜说

## （三）近代西方生物学对国人的影响

在传教士将近代西方的生物学传入中国之前，国人对生物学的了解依然局限于“鸟兽草木之学”，对生物的认识也多停留于“多识”的浅尝辄止。不过，从实用的角度看，中医本草使得国人对那些可以作为药材的生物了解较多，中医看病也让国人对人体有所认识，除此之外，就是对农业动植物、园林植物和观赏动植物的了解。但是这些都不是一般性的生物学知识，国人对存在于生物界的一般常识和普遍规律缺乏系统的了解。正是得益于传教士的引介，国人对动物学、植物学、生理学、卫生学有了新的认识。

李善兰在《植物学》序中提到，韦廉臣与艾约瑟愿意参与翻译该书，是因为“盖动植诸物，皆上帝所造，验器用之精则知工匠之巧，见田野之治则识农夫之勤，察植物之精美微妙则可见上帝之聪明睿智”。很明显，作为传教士的韦廉臣和艾约瑟从学习植物学可以内治身心、外明上帝之智的角度解释翻译该书的初衷。在正文中，开篇即是

"植物之为用大矣哉"，然后展开论述，这又是从实用的角度吸引读者的兴趣①。

康有为在《日本书目志》中介绍了多种博物学、生物学、人类学、植物学和动物学的日本书籍。其中关于生物学，康有为认为："生物之学者，化生之学也。"以"生物学"为名的书有两种，分别是岩川友太郎著的《通信教授生物学》和三好学著的《生物学》②。

动植物学及生理学和卫生学与人的现实生活非常贴近，足以引起学习的兴趣。梁启超在《读西学书法》中认为："动植物学，推其本原，可以考种类蕃变之迹；究其致用，可以为农学畜牧之资，乃格致中最切近有用者也。"讲到卫生类书籍，梁启超认为"凡自爱之君子，不可以不讲也"③。

晚清的生物学书籍，不只是被一些教会学校采用，也被社会上对西学感兴趣的人所阅读和收藏。梁启超的《西学书目表》中收录有动植物学的西学书籍，而徐维则的《东西学书录》、赵惟熙的《西学书目答问》、顾燮光的《译书经眼录》等著名书目都收录了大量当时出版发行的动植物学书籍。

在编书与藏书方面，1901 年的《格致丛书》收录有傅兰雅编辑的《显微镜说》《名菜嘉花论》《禽鸟论》、华约翰的《虫学略论》等，这些篇章大部分来自傅兰雅编辑的《格致汇编》，也被作为早期的学堂教科书使用。小仓山房 1901 年的《富强斋丛书续集》收录了《植物图说》《植物学》《动物学》（未注明原作者）。张一鹏 1902 年的《便蒙丛书初二集》（苏州开智书室刻本）既包括他本人教书的讲义，也包括"近来名人著述"，如陆基的《全体学问答》、丁福保的《卫生学问答》

①李善兰：《植物学》，墨海书馆，1858。
②蒋贵麟编《康南海先生遗著汇刊（十一）日本书目志》，宏业书局，1987，第 62－63 页。
③梁启超：《饮冰室合集·集外文》，北京大学出版社，2005，第 1162－1163 页。

等。朱大文等1902年编辑的《万国政治艺学全书》（上海鸿文书局石印本）则是一部类书，其中的《身理学第十一》《动物学第十二》《植物学第十三》《医学第十六》《农学第十八》不但介绍了当时相关的新学书籍，而且提取了各门知识的精华做简单介绍。类似的还有1902年天津开文书局的《新学备纂》，从第五卷到第九卷，分别介绍了全体学、心灵学（即心理学）、动物学、植物学和微生物学等现代生物学知识，对于具体知识的介绍，则直接引用当时出版的西学书籍。如全体学引用了《全体阐微》《全体通考》《全体须知》等，动物学引用了《动物学启蒙》《动物学新编》《普通动物学》等，植物学引用了《植物须知》《植物学启蒙》《植学启原》等，微生物学引用了《细菌学》《霉菌学》《人与微生物争战论》等。

不过，总体而言，晚清传教士编译的普通生物学书籍报刊种类较少，影响所及也主要是那些对新学感兴趣的知识分子，而能够在更大范围和更深远意义上发生影响的，则是中小学的教科书。

## 第二节　传教士与早期生物学教科书

中国近代的生物学教育起始于传教士设立的教会学校，初期只有生理学和博物学的零星课程，后来传教士成立了学校教科书委员会（School and Textbook Series Committee），中文名为“益智书会”，负责编写学校教科书。传教士编写出版的教科书，构成了中国近代最早的一批传授现代科学知识的学校教科书。洋务运动开始以后，国人建立了一些新式学堂，这些学堂也有一些教科书，但其中的生物学教科书很少。本节主要介绍传教士及其出版机构编写出版的生物学教科书。

## 一、益智书会

1877 年，学校教科书委员会成立，中文名叫“益智书会”，专事统一编订教会学校教科书。益智书会编写的教科书影响较大，清政府施行“癸卯学制”以后，还选用了其中的部分教科书。益智书会编写和出版的教科书中，与生物学有关的主要有以下几种。

英国传教士傅兰雅曾任江南制造局翻译、益智书会总编辑，出版过科学杂志《格致汇编》，其中不乏与生物学有关的科学知识。傅兰雅计划为益智书会编写的《格致须知》系列教科书为 10 集，但最后没有完全编成。其中第三集包括《全体须知》《动物须知》《植物须知》（图 1－5），都是生物学教科书，这三种教科书都被清政府选用，列入了京师大学堂的《暂定各学堂应用书目》①。《植物须知》分为 6 章，介绍了植物的形态结构，书前面有 50 幅插图。傅兰雅还编译了学校挂图用的《格致图说》系列，其中包括《植物图说》（图 1－5）、《全体图》、《百兽图》、《百鱼图》、《百鸟图》、《百虫图》等。《植物图说》是在《植物须知》基础上拓展而成的，分为 4 卷，包括 154 幅插图，侧重于介绍植物各部分的形态结构。1898 年，叶澜②编写了《植物学歌略》一书，书前面的插图与《植物图说》相同，可以认为叶氏是在《植物图说》的基础上编写《植物学歌略》的③。

---

①京师大学堂：《暂定各学堂应用书目》，江楚编译官书局照京师大学堂原本刊，1903。

②叶澜，浙江仁和（今杭州）人，资产阶级革命家，曾在上海格致书院读书，并留学日本。与人合编过《新尔雅》《植物学歌略》《地学歌略》等。

③叶澜：《植物学歌略》，上海蒙学会蒙学书报局，1898。

图 1-5 傅兰雅著《植物须知》和《植物图说》

《动物学新编》，潘雅丽（Alice S. Parker，潘慎文的夫人）译编，1899 年出版，上海美华书馆印发。全书 1 卷 51 章，前面 40 章主要介绍脊椎动物，后面主要介绍无脊椎动物，另有附论介绍动物的分布及显微镜的使用等。书中动物都给出了标签，注明属类、特征，并有插图 396 幅；书后附有“习问”及系统检索表。

《百鸟图说》和《百兽图说》，英国韦门道（Isabelle Williamson 韦廉臣的夫人）著，1882 年出版。两书体例基本相同。《百鸟图说》书前面有两页彩图，书中将各种鸟类分为肉食之鸟、家鸟、善爬之鸟、鸽之类、鸡之类、善跑之鸟、水地行走之鸟、有掌之鸟等 8 类共 145 种。《百兽图说》前面先论人与动物的不同，然后是两页彩图，书中的百兽均指哺乳动物，作者将其分为猴类之兽、蝙蝠类之兽、食昆虫之兽、肉食之兽、有袋之兽、龈物之兽、无齿之兽、厚皮之兽、返嚼之兽、水陆同居之兽、永居水中之兽等 11 类共 135 种。韦门道还编写过《良马图说》《家畜玩物》《名犬图说》等。

《昆虫学举隅》，美国生物学家祁天锡（Nathaniel Gist Gee）著，奚伯绶①译，黄慕庵②润，益智书会 1904 年初版，由美华书馆印发。该书是祁天锡到东吴大学担任教授时编写出版的，除前面简单介绍捕虫藏虫法外，还介绍了蚱蝗、螳螂、蚂蚁、蛾蝶、秋蝉、虎皮甲等多种昆虫（该书将蜘蛛作为昆虫介绍了）的形态、结构、生活习性，特别介绍了昆虫与人类之间的关系。祁天锡还注意结合中国实际情况，并且引用到中国的典故“所谓徒见蝉之在前，而不知黄雀之俟其后也，悲夫”。

《活物学》，美国传教士厚美安（Dr. Holbrook）著，该书有广州木刻本、上海时务报馆石印本和益智书会本等多个版本。所谓“活物学”，即生物学。书前面有数十幅插图，包括动植物的细胞、组织、器官，以及形态、解剖和生态，分为上下 2 卷共 8 章。该书将植物分为单珠③、双珠、上长、内长、外长五大类，将动物分为单珠、双珠、介类、虫类、高上（鳞类、禽类、兽类）五大类。徐维则认为“书中所载，纤悉毕备，言简图详，初学最便”④。

据王树槐统计，益智书会及后来的教育会编辑出版的生物学教科书还有韦明珠的《动物类编》、韦约翰的《卫生要旨》等⑤。益智书会主要是为传教士在中国办的学校编辑出版相当于中小学程度的教科书，这些教科书也被教会学校之外的国人所阅读，起到了生物学启蒙的作用。

---

①奚若（1880—1914），字伯绶，笔名天翼，江苏吴县人，加入基督教卫理会，毕业于东吴大学，后留学美国奥柏林学院，获文学硕士学位，上海小说林社成员，曾任商务印书馆编辑、董事，翻译、编辑了大量中小学教科书。

②黄人（1866—1913），原名振元，字摩西，后更名黄人，字慕庵，江苏常熟人，南社早期成员，曾任东吴大学国学首席教授。

③此书中的“珠”即细胞，不过此书关于动植物的分类并不科学严谨，特别是所谓的“双珠植物”和“双珠动物”。

④徐维则：《增版东西学书录》，载熊月之编《晚清新学书目提要》，上海书店出版社，2007，第 126 页。

⑤王树槐：《基督教与清季中国的教育与社会》，广西师范大学出版社，2011。

## 二、总税务司署

总税务司署是清朝的海关税务机构，1861 年在上海成立，1865 年迁至北京，一直为西方人所把持。总税务司署资助出版了大量书籍，其中有一套《格致启蒙十六种》（或作《西学启蒙十六种》）丛书，由总税务司署大臣赫德（Robert Hart）组织，英国传教士艾约瑟翻译。这是一套译自英国的科学入门书籍，共计 16 种。其中与生物学相关的包括《植物学启蒙》、《动物学启蒙》（图 1 - 6）和《身理启蒙》。

图 1 - 6　艾约瑟译著《植物学启蒙》和《动物学启蒙》

《植物学启蒙》原作者为英国植物学家约瑟夫·道尔顿·胡克（J. D. Hooker），全书分为 30 章，涉及植物的结构、营养、分类、植物学教授法等内容，并附有数十幅图。《动物学启蒙》原作者为法国动物学家爱德华（Milne Edwards），原书 10 卷，译者节译 8 卷，介绍了动物分类总纲、脊骨动物各门（乳养类、羽族类、龙蛇类、蛙类、鱼类）和环节动物的主要特征，并有 200 余幅插图。

这套书还是有一定影响力的，《植物学启蒙》和《动物学启蒙》被京师大学堂颁布的《暂定各学堂应用书目》、江苏督学使唐景崇采辑的

《高等小学堂暂用课本之书目》所采用①。

## 三、广学会

广学会成立于 1887 年，初名同文书会，1892 年更名为广学会，早期主要负责人是英国传教士韦廉臣，后由李提摩太（Timothy Richard）主持。广学会主要出版宗教方面的书籍，也出版一些近代自然科学和社会科学读物。与生物学相关的如 1899 年出版的《动物浅说》（图 1－7），原书选自《自然读本之海滨和路旁系列 2》，共分 41 课，主要介绍了螃蟹、黄蜂、蜜蜂、蜘蛛、壳类等动物的生活习性。该书曾被作为学堂教科书，并在民国期间再版。《观物博异》1904 年出版，法国普谢（F. A. Pouchet）撰，英国季理斐（Donald MacGillivray）译，临桂李鼎星述稿。全书分为 8 卷，包括微生物类、昆虫类、飞禽类、生物迁徙不常、植物类、地质类和天文类等。著者和译者在书中用宗教性的语言介绍自然常识，有些生物现象还使用了“据说”等传闻性的口吻，书中有 200 余幅插图，并穿插了大量的植物学实验。

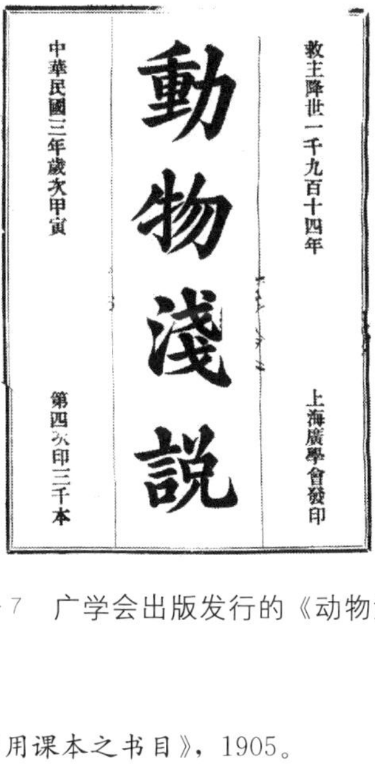


图 1－7　广学会出版发行的《动物浅说》

①唐景崇：《高等小学堂暂用课本之书目》，1905。

## 四、美华书馆

美华书馆的前身是1844年在澳门创办、后来迁往宁波的华花圣经书房，1860年迁至上海，由美国长老会主持，负责人是姜别利（William Gamble）。美华书馆侧重于印刷，而非编辑出版，主要印刷教会书报，也印刷一些通俗书报和教科书。

《百兽集说图考》，美国范约翰（John Marshall Willoughby Farnham）著，吴子翔译，1899年出版，全书介绍了10科动物，如四手类、手为翅类、食虫类、食肉类等，并附有大量插图。该书引用了很多中国古籍中对于动物的记载，如《说文解字》《尔雅》等。

《动物学详考》，英国魏而斯（H. G. Wells）原本，英国库寿龄（Samuel Couling）校订，宋传典①翻译，1907年初版。该书共4卷27章，每章分若干节，介绍高等有脊物（脊椎动物）、下等有脊物、有脊物长程（生长发育）、无脊物等各类动物的常见种类、形态、结构、生活习性，特别是以兔为例介绍了脊椎动物的各部分结构、生理及其功能。该书可作大学或中学教科书，需要教师根据实际情况选择教学内容。该书的名词多用“益智书会译就字样”，并鼓励读者“当亲手剖解物体，潜心察验，并购置显微镜，详审各体微质，以得实学”②。

## 五、上海土山湾印书馆

土山湾印书馆是天主教会在上海徐家汇办的土山湾孤儿院里的印

①宋传典（1875—1930），原名华忠，字徽五，山东青州人。早年在传教士库寿龄（或译作库寿宁）办的学校读书，1891年加入基督教。曾担任中学教员，后经商。

②魏而斯：《动物学详考》，宋传典译，美华书馆，1907。

刷出版机构，大约成立于 1867 年①，由于孤儿院内有一个慈母堂，所以这里出版的很多书会注明“土山湾慈母堂印书局”。这里印刷出版的书籍包括《圣经》等宗教读物、教会学校的教科书等，也有一些生物学教科书，如《动物学要》，署名赫尔瞻（L. van Hee）、朱飞同辑，1903 年出版。该书采用问答体的形式，介绍各种动物的地理分布及主要特征，正文有 200 余幅插图，书后附有中西名词对照表。

晚清传教士开办的印刷出版机构，编写、出版、印刷了一些初等程度的生物学教科书，尽管这些教科书最初只是为教会学校准备的，但由于公开销售，也被其他学校所选用，还被社会上对生物学感兴趣的人所阅读，起到了生物学启蒙的作用。

## 第三节　案例：艾约瑟及其动植物学启蒙

在晚清传教士编译的生物学启蒙教科书中，英国传教士艾约瑟编译的《植物学启蒙》和《动物学启蒙》是影响较大的两种。

### 一、艾约瑟生平

艾约瑟，1823 年 12 月 19 日出生于英格兰，毕业于伦敦大学，后被授予神职，1847 年被伦敦教会任命为传教士，翌年到中国来传教。

艾约瑟来到中国后，先是在上海墨海书馆管理图书，并开始翻译书籍。1861—1863 年在天津传教，1863—1880 年在北京传教。1872 年在北京与美国传教士丁韪良（W. A. P. Martin）一同创办《中西闻

①该孤儿院最早成立于 1849 年，起初在上海青浦县横塘，几经搬迁，直到 1864 年才迁至徐家汇土山湾。孤儿院从一开始就有印刷业务，但规模很小，到 1867 年才扩大规模，正式设立制作并印刷宗教用书的工场和印刷所。参见邹振环《土山湾印书馆与上海印刷出版文化的发展》。

见录》。短暂回国后，1876 年艾约瑟再次返回北京。此后他脱离伦敦教会，被总税务司署聘为海关译员，此间译成《格致启蒙十六种》①。1889 年，艾约瑟离开北京到达上海，曾担任 *The Messager* 主编，后将注意力转向经济学。1905 年，艾约瑟在上海逝世。

## 二、艾约瑟与中西科技文化交流

虽然是传教士，但艾约瑟积极参与中西科技文化交流，不但花了大量精力研究汉语，还翻译编写了大量介绍西学的著作，并通过《中西闻见录》等报刊发表相关文章。

概述西学的著作有《格致新学提纲》等。《格致新学提纲》是艾约瑟与王韬合译的，刊载于 1853 年和 1858 年的《中西通书》（*Chinese and Foreign Concord Almanac*），主要介绍了西方 16 世纪以来的天文算学发展史，是一本科学史的入门书②。

与近代物理学有关的著作有《光论》《重学》等。《光论》是艾约瑟与张福僖在 1853 年合译的，后收入《灵鹣阁丛书》和《丛书集成初编》，介绍了光的直线传播、反射、折射、海市蜃楼等光学现象与知识③。《重学》是由艾约瑟和李善兰合译的，以英国学者胡威立④（William Whewell）的《初等力学教程》（*An Elementary Treatise on Mechenics*）第五版为底本，1859 年由墨海书馆出版，介绍了静力学和动力学的知识，是晚清力学知识传播与发展的起点和重点，该书的术语对此后的科学译著都产生了影响⑤。

---

①上海图书集成版本译作《西学启蒙十六种》。

②邓亮、韩琦：《新学传播的序曲：艾约瑟、王韬翻译〈格致新学提纲〉的内容、意义及其影响》，《自然科学史研究》2012 年第 2 期。

③王锦光、余善玲：《张福僖和〈光论〉》，《自然科学史研究》1984 年第 2 期。

④或译作惠威尔、休厄尔等。

⑤聂馥玲：《晚清经典力学的传入——以〈重学〉为中心的比较研究》，山东教育出版社，2013。

与近代数学有关的著作有《圆锥曲线说》等。《圆锥曲线说》是艾约瑟与李善兰合译的，1859 年由墨海书馆出版，体例与《几何原本》相当，介绍了抛物线、双曲线、椭圆的定义和性质。

在总税务司署任职时，艾约瑟编译的《格致启蒙十六种》是一套科普图书和初等教科书，适合初级学堂使用，包括《西学略述》《格致总学启蒙》《地质启蒙》《地理质学启蒙》《地学启蒙》《植物学启蒙》《动物学启蒙》《身理启蒙》《化学启蒙》《格致质学启蒙》《天文启蒙》《富国养民策》《辩学启蒙》《希腊志略》《罗马志略》《欧洲史略》等。其中，《西学略述》是艾约瑟自撰的，概述西学诸门类及其研究对象，其他 15 本则是根据底本翻译而成的；《身理启蒙》原作者是英国生理学家米歇尔·福斯特（Michael Foster），全书共 10 章，比较系统地介绍了西方的实验生理学。

艾约瑟通过《中西闻见录》《万国公报》《格致汇编》等报刊发表的与西学有关的文章有《地震星见说》《测月新论》等。此外，艾约瑟还与李善兰合译了《植物学》第八卷，本书前面已经论及。

## 三、《植物学启蒙》

《植物学启蒙》，1886 年发行初版，原作者是英国植物学家胡克，系 Science Primers 系列教科书中的第八种 *Botany* ，由 D. Appleton & Co. 出版公司出版。

全书分为 30 章，并附有 68 幅图（图 1 - 8）。前面 25 章共 163 节介绍植物的结构、营养和分类，第二十六章是植物学实验，第二十七至第二十九章则是植物学教授法内容，最后第三十章相当于一个索引，回顾前面曾经提到的各种植物名录。

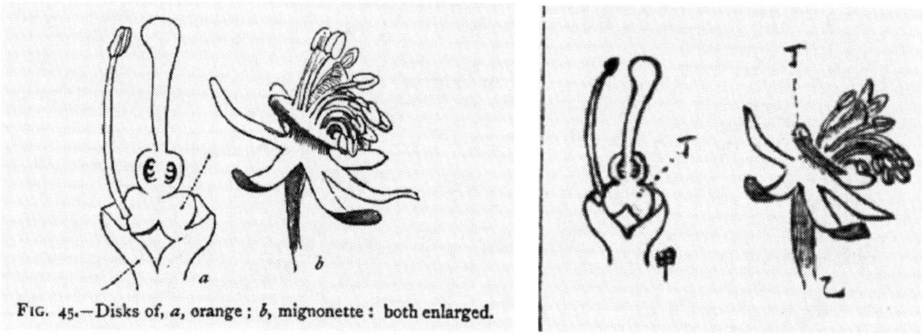

FIG. 45.—Disks of, *a*, orange ; *b*, mignonette : both enlarged.

图 1-8　胡克原书（左图）与艾约瑟译著（右图）中的插图对照

将《植物学启蒙》与胡克的原著进行对比，可以发现，艾约瑟基本上是按照原著翻译的。原著正文有 28 章，前面有一个序（Preface），后面还有一个索引（Index）；艾约瑟没有翻译序，第一至第二十六章是完全对应的，原著第二十七至第二十八章作为译著的第二十八至第二十九章，译著增加了“教植物学塾师训徒规范”一章作为第二十七章，将原著的索引作为第三十章。原著将各章中的小节统一排序，译著的章节分布也基本上对应，只是个别小节稍有差异。68 幅插图也是完全对应的，但译著中的图片质量比原著要稍差一些；同时，在插图的呈现方式上也有一些改变，比如同一幅插图中几个小图的排列位置可能会有变化，图注的字母被替换成了天干地支或汉字中的数字。

下面结合正文第一段，来看一下艾约瑟的翻译质量与风格。

胡克原著：

The study of Botany is best commenced with the careful observation of the different parts of living plants, their positions and arrangement in reference to one another, the order in which they make their appearance, and their uses to the plant itself. It is hence often called a science of observation, in contrast to Chemistry and other subjects of which the study must necessarily commence with experiment. But

Botany is also an experimental science; only the experiments by which we investigate the growth of plants, their modes of living and multiplying, and their relations to the air and soil, require much to have been learnt first by observation alone. Such experiments require also for the most part a previous knowledge of Chemistry and Physics; those, however, described in this Primer will need no more knowledge of these subjects than is to be found in the Primers devoted to them. ①

艾约瑟译文：

人学植物理之妙法，首在详查乎。花草树木与地内生活时，其条干枝节互相排列交错者，成若何方位次序，以及树根萌芽舒干吐葩结实，相距之时日先后，并其远扬下垂点缀之各枝条叶果等，实于其本植物，有何利益关切等事也。然植物等学，与化学并他等以测验为主之学，有不同处。以若等学，须先设测验法，以明各质之理。惟习学植物，虽为察看目前情形者类亦必用多方测验，其若何发生滋长，若何培养畅茂，并若何开华结子，若何宿根复生，种植时与风气有何感触，长养时与土性有何得宜，皆必在。再留神察考，尽心体贴，方可期其所用之法，适合其物生长之实理真禨。第如是之用法推究查验，必先晓明夫化学启蒙，格致质学启蒙二书中，浅显明白之理方可耳。本启蒙书内，即止用化学格致二部启蒙书中理，外此载于他书者，概不取用。

从总体上看，艾约瑟的翻译质量是比较高的，不但注意保持原文的科学性，而且兼顾中文的表达方式和语言习惯。同时，也可以看到，艾约瑟并不是对原文进行直译，而是补充了一些内容，并对行文和逻

①J. D. Hooker: *Botany*, D. Appleton & Co., 1877, pp 1.

辑稍做修改。就语言来说，还算比较浅显，学生可以在教师指导下学习阅读。

在植物学名词术语的翻译方面，艾约瑟也做出了很多尝试。在《植物学启蒙》中，艾约瑟将 cell 译为“微胞”，将 starch 译为“粉浆”，将 germination 译为“萌芽”，将 rose 译为“蔷薇花”。在《植物学启蒙》之前，李善兰已经翻译出了《植物学》，傅兰雅也在相同时期编译了《植物须知》和《植物图说》。但由于该时期是西方植物学传入中国的早期阶段，因此不同的译者采用了不同的译名，并没有统一。同时，这一时期的译名尚未受到日本译名的影响，因此有些名词术语与后来广泛流行的译名也有较大差异。

除译名外，早期的植物学教科书传播的植物学知识也不完全相同。一方面，当时的西方植物学也在迅速发展，不断有新的知识产生，不同的译者选取的底本有差异，也就造成了传播知识的不同；另一方面，不同的译者知识背景不同，对所译文本和知识的理解也有差异，如关于植物的分类，上述几本不同的教科书所呈现的内容是有差别的（表 1－2）。

表 1－2　传教士译植物学教科书中的植物分类

| 书名 | 编译者 | 植物分类 |
|---|---|---|
| 《植物学》 | 李善兰<br>韦廉臣<br>艾约瑟 | 外长类（分为五部）<br>内长类（分为五部）<br>上长类（无花，不分部）<br>通长类（无花，不分部）<br>寄生类（亦称内长类，分为三小部） |

续表

| 书名 | 编译者 | 植物分类 |
|---|---|---|
| 《植物学启蒙》 | 艾约瑟 | 外长类<br>　　各轮明显整齐部（芍药科、十字科、石竹科、葡萄科）<br>　　萼轮持须部（豆科、蔷薇科、苹果科、瓜科）<br>　　瓣（金鸡拿科、菊科、橘科、茄科）<br>　　单花帏（梧桐科、桑科、山果科、杨柳科）<br>内长类<br>　　花帏清楚者（兰科、水仙科、棕榈科、百合科）<br>　　花帏不清楚者（杀虫草科、谷科、山药科、松柏科） |
| 《植物须知》 | 傅兰雅 | 外长类（杨、柳、松、杉）<br>内长类（椰树、棕榈）<br>上长类（背阴草）<br>通长类（蕈菌、木耳、蘑菇） |

关于植物学教学，胡克在原著中指出，他的这本植物学启蒙教科书旨在为学生提供有关植物的最基础的事实，以及学习和研究植物的方法。胡克特别强调了亲自观察、制作标本在植物学学习中的重要性，并给出了记录的规范和进一步学习可资参考的书籍。在教授法部分，艾约瑟认为，学生学习植物学，最好是在学堂里种植各类植物，并亲自观察实践；《植物学启蒙》第二十八章分科列举了可以在学堂里种植的植物种类，并在第二十九章给出了观察植物时记录表的样式。

## 四、《动物学启蒙》

《动物学启蒙》，1886 年发行初版，译自法国动物学家爱德华的 *Zoology Primer*，原书 10 卷，译者节译 8 卷，介绍了动物分类总纲、脊骨动物各门（乳养类、羽族类、龙蛇类、蛙类、鱼类）和环节动物的主要特征，译者认为“所遗柔体动植难分二卷较之无关轻重”。该书附有 206 幅插图。

与《植物学启蒙》的结构不同，《动物学启蒙》的主体是动物分类学，除第一卷的动物分类概述和第二卷的脊骨动物总论外，其他 6 卷分别介绍一类动物的特征。对于每类动物，先是介绍其身体各部特征，然后列举其主要的几个科和代表动物。书中对于动物的形态结构、生活习性、与人类的关系、地理分布等都有所介绍。如在介绍乳养类动物的时候，详细讨论了家畜与人类的关系；在介绍羽族类动物的时候，讨论了它们的迁徙问题；在介绍龙蛇类动物的时候，专门分析了蛇毒的产生、危害及其利用；在介绍环节动物的时候，对于昆虫的变态发育着墨较多。

动物学发展的不同阶段，形成了不同的动物分类系统。《动物学启蒙》对于动物的分类与后来的动物分类有一些差异。据该书所言，依据法国动物学家居维叶（Cuvier，书中称之为“古非野”）提出的分类方法，将动物分为四大类，又分为若干小类，如表 1－3 所示。

表 1－3 《动物学启蒙》中的动物分类

| 类别 | 特征 | 类中分品 | 下级分类或举例 |
| --- | --- | --- | --- |
| 脊骨动物 | 有脊骨之动物，左右分列 | 胎生乳养者（乳养类） | 常式类（十科，如二手动物、食肉类、水陆兼居类、手为翅类、食虫动物、倒嚼动物等），鱼形类（鲸鱼） |
| | | 飞禽（羽族类） | 六类（肉食鹰类、雀属、攀木禽类、鸡雉类、长腿步行水禽、爪连浮水水禽） |
| | | 龙蛇类 | 龟类，鼍类（鳄鱼、壁虎），蛇类 |
| | | 蛙类 | 蛙，虾蟆，大蝾螈 |
| | | 鱼类 | 鲨鱼 |
| 环节动物 | 身体节节而成，左右分列 | 实有环节虫类 | 蜂，虾，蟹 |
| | | 无专运行体虫类 | 蚯蚓 |

续表

| 类别 | 特征 | 类中分品 | 下级分类或举例 |
| --- | --- | --- | --- |
| 柔体动物① | 通身柔软之动物，左右对称 | 无首动物 | 蛤蜊 |
| | | 以腹为足动物 | 蜗牛 |
| | | 以翅代足动物 | 夏利 |
| | | 以首充足动物 | 百足动物（墨鱼） |
| 动植难分 | 式同轮辐，几无脑筋 | 外皮如蝟②类 | 海参，海星 |
| | | 无首者类 | 水母 |
| | | 百足类 | 珊瑚树，石竹形珊瑚 |
| | | 海绒类 | 海绒 |
| | | 多胃微细动物 | |

从表1-3中可以看出，《动物学启蒙》中所呈现的动物分类与后来的动物分类相比仍显较粗放，有些与后来的比较接近，有些则差距较大。如脊骨动物相当于后来的脊椎动物，其中的五类分别对应哺乳类、鸟类、爬行类、两栖类和鱼类，但是再往下一级的分类就有很大差异了；环节动物将后来的节肢动物和环节动物混在了一起，主体是节肢动物，但下级分类不够精细；柔体动物相当于软体动物；动植难分则包括了后来的棘皮动物、刺胞动物、腔肠动物等在生物演化上比较低等的动物。

早期传播的西方动物学知识，除动物的分类与后来有较大差别外，有些动物的名称，也与今天大有不同。特别是那些在中国之外存在的动物种类，译者在翻译的时候，如果没有更早的译名，或者译者没有参考、沿用此前的译名，就会出现一些新译名。如乳养类动物（即哺乳动物）中，将江豚译为“海猪”，豪猪译为“箭猪”，斑马译为“花条马”，长颈鹿译为“鹿豹”。如果没有详细的描述，没有注明动物的

①文中说分为五细类，但实际只列举了四类。
②同“猬”，即刺猬。

外文名称，再没有插图的话，那么读者就很难了解这种动物到底有什么特征，无法建立形象化的概念。

动物和植物的特征，单靠少量的语言文字并不能严格进行刻画，如果能辅以图像，则可以在很大程度上弥补语言文字的不足。然而，动植物的图像与自然风景或模式图不同，需要通过写真才能清晰反映动植物的本来面目。遗憾的是，译者往往没有见过异域的动植物实物，即便是参考原著“照猫画虎”，也很容易失真。如《动物学启蒙》中的鹿豹（即长颈鹿）身体比例失当（图 1－9），颈部明显偏短；松鼠的耳朵没有表现出来，鼻部比例不协调；等等。

图 1－9　《动物学启蒙》中的鹿豹（即长颈鹿）

## 五、影响

《植物学启蒙》和《动物学启蒙》被京师大学堂颁布的《暂定各学堂应用书目》、江苏督学使唐景崇采辑的《高等小学堂暂用课本之书目》所采用。此外，像《新学备纂》等近代类书也都收录了《植物学启蒙》和《动物学启蒙》中的部分内容。不过随着近代学制和教科书出版的发展，尤其是受到日本教科书的强势影响，这两本教科书也很快退出了历史舞台，注定只能是“暂用课本”。

## 本章小结

传教士兴办的出版机构主要是出版宗教类书籍，科学类书籍所占比重相对要小一些。尽管有些科学类书籍并非专为学堂教学所用，但仍然有不少被选作教科书。就生物学而言，传教士编译的大部分生物学书籍都被用来当作教科书了。相比于宗教类书籍和数学、物理、化学、医学等其他科学类教科书，生物学教科书并不是很多。编译生物学教科书的传教士的生物学水平有限，他们也并没有将当时比较先进的生物学知识介绍给中国人，因此这些教科书的水平比较低，偏博物学性质，大多为入门级的读物。此外，有些教科书译文较差，条理不清，影响了知识的传播。考虑到传教士编译包括生物学在内的自然科学书籍是作为传教的重要手段，也就不难理解这些教科书的低水平了。由于当时清政府还没有实行新学制，这些教科书也就不可能符合当时学制的要求。尽管如此，当国人自办新式学堂以后，这些传教士编写的教科书有一部分被国人采用，甚至被列入了政府的教科书书目之中。外国传教士及其出版机构最早将西方的生物学知识介绍到中国来，他们出版的生物类书籍更具有启蒙的作用。与一般的生物学译著相比，教科书的受众更多、更为基础，长期来看，影响也更为深远。总体而言，传教士编写的中小学生物学教科书起到了开拓者的作用，但数量较少，水平较低，影响面也很有限。

在新式生物学教科书传入之前，中国传统的生物学还停留在博物学阶段，而中国传统的博物学与西方的博物学也有所不同，更大意义上是“鸟兽草木之学”和“本草学”，在学术体系中并不受重视。正如潘雅丽在《动物学新编》序中所言，中国人的态度是“浮光掠影”，而西方人则是“探其本原”。动植物的解剖学、生理学都是新科学，即便是西方的动植物分类学也与中国传统的分类方法差异甚大。可以说，晚清时期，中国人接受西方生物学知识虽有一定的基础，但更多是在接受新学。而学习的主体不只是新式学堂中的学生，但凡对新式生物学感兴趣的人也都开始学习了。尽管还很不成熟，但晚清的中小学生物学教科书毕竟开启了以新式教科书传播现代生物学知识的道路，在普及现代生物学知识的同时，也为此后国人接受更高水平的生物学教科书做好了铺垫。

在传教士编译教科书的过程中，国人的角色主要是学习和接受，也有少数国人协助翻译和润色。这些教科书的内容基本上都来自欧美国家，不但关于中国生物资源的介绍极少，更没有中国学者的研究内容，除在文字和装帧上受到中国的影响外，内核都是外来的，因此生物学教科书尚未开始真正的本土化。当教科书的编写者变成中国人以后，教科书的本土化历程才算开始。

# 第二章

# 清末民初的中学生物学教科书

立国之本，在乎教育；教育根本，实在教科书。教育不革命，国基终无由巩固；教科书不革命，教育目的终不能达也。

——陆费逵，《中华书局宣言书》，1912 年

## 第一节　学制变化与中学博物学教育

中国近代中学生物学教科书的发展，受到多方面因素的影响，其中最主要的有两方面：一是教育政策特别是学制的变革，这是教科书编写出版与使用的政策依据；二是现代生物学在中国的发展，这是生物学教科书本土化的关键保障。

### 一、近代西方国家和日本的学校与课程演进

近代意义上的学校，最早是在西方国家产生的。但一直到 17 世纪，捷克教育家夸美纽斯（Komenský）才提出了系统的班级授课制。随着资产阶级革命的发展和近代科学技术的进步，西方国家的中小学才开始增加自然科学教育的内容。美国在独立以后，开始兴办文实中学；南北战争结束后，美国的许多州开始推行义务教育，并在小学阶段增加自然常识等内容；19 世纪 20 年代，美国创立公立中学，侧重于实用性较强的数学、英语和自然科学；到 19 世纪末，美国初步形成了具有其本国特色的教育体系，其中中小学多为公立学校，学制多为小学 8 年、中学 4 年、大学 4 年或以上。19 世纪中叶起，英国在原来

的公学和文法学校基础上，出现了带实科性质的中等学校，开始偏重数学、物理、自然、历史、外国语等学科。

美国中小学课程的标准化也是从 19 世纪下半叶才开始的。19 世纪 90 年代，美国全国教育协会先后任命的 10 人委员会和 13 人委员会对美国中等教育的课程和教材产生了长达数十年的影响。在 20 世纪之前，美国初等学校中自然科学的比重很小，20 世纪以后，对手工技术、自然科学课程的强调才超过读写算课程，实验方法的应用也受到了普遍重视。英国、法国、德国等西方国家也都是在 19 世纪后半叶到 20 世纪初，通过立法和教育改革，逐步从古典主义教育过渡到现代意义上的中小学教育，自然科学教育日益受到重视。

日本在明治维新以后，先后颁布了《学制令》《教育令》等教育法规，开始建立现代意义上的学校教育体系。到 19 世纪末 20 世纪初，日本的初等教育基本普及，中等教育也得到较大发展，且中小学教育都建立了现代课程体系，对于科学技术和外语课程也都比较重视。

## 二、清末民初中国的学制改革与博物学教育

1902 年，清政府颁布《钦定学堂章程》，宣布开始推行新式教育，但该章程未正式施行。1904 年，清政府颁布《奏定学堂章程》，这是第一项付诸实践的新式教育制度。1905 年，延续了 1300 年的科举制度被废止，为新式教育的发展扫除了最后障碍；同年，成立学部，主管全国学政。清末的学制体系中，中学生物学是以博物学和生理卫生学的面貌体现的。

《钦定中学堂章程》规定中学堂是作为“高等专门之始基”，设在府一级，学制 4 年，中学堂附设师范学堂培养小学堂教习；第三、第四年设实业科，为日后进入高等专门实业学堂做准备。中学堂开设 12 门课程，其中第九门为博物，4 年中依次教授动物状、植物状、生理学和矿物学，但并未规定具体内容。中学博物每学年每周的授课时数

为 2 小时。关于中学堂的建置，规定要设立标本室，“标本模型，务令齐备”。该章程规定可以为图画、物理、化学设立特别讲堂，并为物理、化学设立试验房，但并未规定给博物科设立试验房①。到了《奏定学堂章程》时，大体内容没有变化，但是将学制改为 5 年，课程中第八门为博物，且规定“其植物当讲形体构造，生理分类功用；其动物当讲形体构造，生理习性特质，分类功用；其人身生理当讲身体内外之部位，知觉运动之机关及卫生之重要事宜；其矿物……”。关于教学方法，要求“据实物标本得真确之知识，使适于日用生计及各项实业之用，尤当细审植物动物相互之关系，及植物动物与人生之关系”。在 5 年中，只于前四年授博物，每周课时均为 2 小时，内容上则是前两年每年都要讲植物和动物，后两年每年都要讲生理、卫生和矿物。在建置上，增加了博物专用讲堂，当然可以与物理、化学专用讲堂便宜兼用②。

关于课本的编写与使用，《钦定中学堂章程》要求按照《高等学堂章程》办法，即“凡各项课本，须遵照京师大学堂编译奏定之本，不得歧义。其有自编课本者，须咨送京师大学堂审定，然后准其通用。京师编译局未经出书之前，准由教习按照此次课程所列门目，择程度相当之书暂时应用，出书之后即行停止”③。到《奏定中学堂章程》则要求“凡各科课本，须用官设编译局编纂、经学务大臣奏定之本。其有自编课本者，须呈经学务大臣审定，始准通用。官设编译局未经出书之前，准由教员按照上列科目，择程度相当而语无流弊之书暂时应用，出书之后即行停止”④。

①舒新城编《中国近代教育史资料》(中册)，人民教育出版社，1981，第492-500页。

②同上书，第 500-512 页。

③同①，第 533-544 页。

④同①，第 500-512 页。

为升学计，并参照德国学制，1909 年学部奏请文实分科，中学堂的文科课程中，博物学（只包括动物、植物）属于通习，5 年中只有前两年开设，每周课时只有 1 小时，且没有涉及实验部分；而实科课程中博物学为主课，要求授课内容包含植物、动物和动植物实验，矿物、生理卫生和矿物实验，也只是在前两年开设，但是每周课时为 6 小时①。可以看出，清政府的学堂章程已经考虑到了生物学的学科性质，注意到了实验的地位。

中华民国建立后，民国政府进行了一系列教育改革，史称“壬子·癸丑学制”。1912 年，教育部向各省颁发《普通教育暂行办法》，将学堂改称学校，要求各地尽快开学，规定中学校为普通教育，文实不必分科，改为 4 年毕业②。教育部公布的教育宗旨是“注重道德教育，以实利教育、军国民教育辅之，更以美感教育完成其道德”③。教育部于 1912 年颁布了《中学校令》《中学校令施行规则》，规定无论是普通中学，还是女子中学，修业年限为 4 年，前三个学年都要学习博物学，第一、第二学年每周课时 3 小时，第三学年每周课时 2 小时，内容上“博物要旨在习得天然物之知识，领悟其中相互关系及对于人生之关系。博物宜授以重要植物、动物、矿物、人身生理卫生之大要，兼课实验”。同样要求配备博物特别教室、器械标本室等。在 1913 年公布的《中学校课程标准》之博物学部分，对于教学内容做了进一步说明，其中第一年的植物部分包括普通植物之形态、分类、解剖、生理、生态、分布、应用等之大要，动物部分为普通动物之形态、分类、解剖、生理、习性、分布、应用等之大要；第二年的动物部分沿袭第一年，生理及卫生部分包括人身之构造、个人卫生和公众卫生；第三

①舒新城编《中国近代教育史资料》（中册），第 512－520 页。

②陈学恂编《中国近代教育史教学参考资料》（中册），人民教育出版社，1987，第 166－167 页。

③同上书，第 178 页。

年为矿物部分；对于实验未加说明。1918年，教育部召开全国中学校长会议，议决要加强理科教育，指出要注重学生实验，实验钟点数须占总数的四分之一，且理科教授应注重本地物产及原料，利用时间组织参观旅行、采集标本①。1919年，教育部要求女子中学课程博物科第一、第二学年每周课时3小时，开设植物、动物实验，动物、人身生理及卫生实验②。可以看出，民国初年（1922年前）的生物学教育内容基本沿袭了清末的学制，并没有太大改动。

关于教科书的使用，1912年的《普通教育暂行办法》规定，“凡各种教科书，务合乎共和国宗旨。清学部颁行之教科书，一律禁用。凡民间通行之教科书，其中如有尊崇清廷，及旧时官制、军制等课，并避讳、抬头字样，应由各该书局自行修改，呈送样本于本部，及本省民政司、教育总会存查。如学校教员遇有教科书中不合共和宗旨者，可随时删改，亦可指出，呈请民政司或教育会，通知该书局改正”③。同年颁布《审定教科图书暂行章程》和《审定教科用图书规程》，除教育部审定教科书外，各省也设立图书审查会，从教育部审定的教科书中选择书目供学校使用。1914年教育部公布《修正审定教科用图书规程》，取消了各省的图书审查会。此外，《中学校令施行规则》规定“中学校教科用图书，由校长就教育部审定图书内择用之”④。1919年第五届全国教育会联合大会考虑到中小学教科书编写于数年前，且教科书中的内容没有考虑到地方差异，提出要改编教科书，“除全国通用必须精选外，应留出乡土地理、历史、理科等空白地位，听各省区各

①李桂林、戚名琇、钱曼倩编《中国近代教育史资料汇编·普通教育》，上海教育出版社，1995，第803页。

②课程教材研究所编《20世纪中国中小学课程标准·教学大纲汇编：课程（教学）计划卷》，第102－104页。

③同①，第455－456页。

④舒新城编《中国近代教育史资料》（中册），第521－529页。

县自行加入”①。自 1920 年开始，国民学校（小学）教科书中的语言开始由文体文（文言文）改为语体文（白话文），中学教科书仍使用浅近文言文。

## 三、新式中学的出现与发展

中国最早的中学是由传教士开办的，教授的课程有宗教类、外语类和西学课程，其中有涉及动植物的课程。

1901 年，清政府颁布上谕，“除京师已设大学堂应行切实整顿外，着将各省所有书院，于省城均改设大学堂，各府厅直隶州均设中学堂，各州县均设小学堂，并多设蒙养学堂”②，此后多地书院改为中学堂。到“癸卯学制”之后，因为要求各府必须设立一所中学，因此全国的中学堂数量有了明显增加。民国之初，虽然社会动荡，但是在新的教育政策指导下，中学教育依然有所发展。绝大部分中学都开设了博物学课程。清末民初中学发展简况如表 2－1 所示。

表 2－1 清末民初中学发展简况

| 年份 | 学校数（所） | 学生数（人） |
|---|---|---|
| 1907 年 | 419 | 31682 |
| 1908 年 | 440 | 36364 |
| 1909 年 | 460 | 40468 |
| 1912 年 | 373 | 52100 |
| 1913 年 | 406 | 57980 |
| 1914 年 | 452 | 67254 |
| 1915 年 | 444 | 69770 |

①李桂林、戚名琇、钱曼倩编《中国近代教育史资料汇编·普通教育》，第 825－826 页。

②上海商务印书馆编译所编纂《大清新法令 1901—1911》（第一卷 点校本），商务印书馆，2010，第 9 页。

续表

| 年份 | 学校数（所） | 学生数（人） |
| --- | --- | --- |
| 1916 年 | 350 | 60924 |
| 1918 年 | 484 | 77621 |
| 1922 年 | 547 | 130385 |

数据来源：李桂林、戚名琇、钱曼倩编《中国近代教育史资料汇编·普通教育》，上海教育出版社，1995；教育部中国教育年鉴编审委员会编《第一次中国教育年鉴》，开明书店，1934。

国人自办的早期中学有天津中西学堂（1895 年）、上海南洋公学（1896 年）、上海南洋中学（1896 年）、安徽二等学堂（1897 年）、绍兴中西学堂（1897 年）、陕西中学堂（1898 年）、顺天府中学堂（1898 年）、养正书塾（1899 年，后更名“浙江省立第一中学”）、上海澄衷学堂（1900 年）、北京五城中学堂（1901 年，后改名为“北京高等师范学校附属中学校”）等。

有些中学开设博物类课程，使用的教科书有中文的，也有英文的。如上海南洋公学的中院即相当于中学，低年级开设国学、史地、英文、日文、数学等课程，随着年级增加，逐渐增加博物、理化等课程，且“博物中英本递用”①。南洋公学还组织编译了一些教科书。绍兴中西学堂从清光绪二十六年（1900 年）开始开设测绘科，讲授物理、化学课程；1902 年开始开设博物科。1912 年北京五城中学堂改名为“北京高等师范学校附属中学校”，博物、理化各科每周都要求学生实验 1 小时，并作报告书；在校门外开辟农场十二畦，由博物教员组织种植刈获；有时候还组织学生旅行，采集标本②。

①陈学恂编《中国近代教育史教学参考资料》（上册），人民教育出版社，1986，第 318 页。

②李桂林、戚名琇、钱曼倩编《中国近代教育史资料汇编·普通教育》，第 859 页。

## 第二节　生物学高等教育与研究的萌芽

中国近代中学生物学教科书的出现比近代生物学高等教育和研究的出现要早。但随着一系列高等院校、科研机构、科学社团的建立和发展，中国本土培养的生物学家也开始走上世界生物学研究的舞台，他们为中国近代生物学教科书的发展也做出了重要贡献。

### 一、早期生物学高等教育的创立与起步

早期生物学高等教育主要集中在师范学校的博物部，后来才出现了大学生物系。在 1922 年之前创立并获得初步发展的生物学高等教育机构主要有以下几家。

（1）1902 年，京师大学堂师范馆成立，学制 4 年，从第二年起分科，其中第四类为植物学、动物学、生理学和矿物学课程，由日本教授讲授。1904 年改为京师大学堂优级师范科，1908 年改为京师优级师范学堂。此后很多省也设立了优级师范学堂，都有博物学的课程。此外，京师大学堂优级师范科在 1907 年还开办过博物实习科简易班。1912 年，京师优级师范学堂改为北京高等师范学校（以下简称“北京高师”），将原来优级师范第四类改为理科第三部，1913 年改称“博物部”，早期教师有陈映璜、彭世芳、蒋维乔等。

（2）1913 年，国立武昌高等师范学校（以下简称“武昌高师”）成立，1914 年设立博物部，1918 年改为博物地学部，早期教师有张珽、王其澍、王海铸、薛德焴等。

（3）1914 年，北京大学农科改为国立北京农业专门学校，钱崇澍曾任系主任。

（4）1915 年，南京高等师范学校成立，1917 年设立农业专修科，

早期教师有邹秉文、胡先骕、秉志、钱崇澍等。1921 年部分改组为国立东南大学，农科下设生物学系、农艺系、园艺系、畜牧系、病虫害系和农业化学系，其中生物系主任为秉志。

(5) 1912 年，美国教会创办的私立东吴大学开设生物系，由祁天锡担任系主任。尽管设系较晚，但是东吴大学自 1901 年祁天锡来到中国就开设了生物学的课程，可能是中国最早的生物学高等教育课程。

(6) 1914 年，美国教会创办的私立金陵大学设立农科，1915 年设立林科，1916 年合并为农林科，主任为裴义理（Joseph Bailie），下设生物、农艺、林学等系。钱崇澍、陈焕镛曾在此执教。

这些学校中与生物学相关的系科培养出来的学生，有的继续深造，出国留学攻读研究生，有的则直接参加工作，其中有不少担任了中小学教师。

## 二、早期的生物学社团及刊物

清末出现了大量新式学会，如罗振玉等人创办的上海农学会、曾广铨等人创办的蒙学公会、周雪樵等人创办的中国医学会、薛蛰龙创办的植物研究会等，这些学会通过组织集会、发行报刊、出版书籍等方式传播西学，也介绍了一些现代生物学知识。但是这些社团大都组织松散，存在时间也不长，对中国现代生物学的发展影响很小。

进入民国以后，随着高等学校博物系科的建立和生物学专门研究人员的出现，各种博物学会陆续成立，影响较大的有如下这些。

1913 年，武昌博物杂志社出版了《博物杂志》，当年 6 月停刊。

1914 年，中华博物研究会在南京成立，下设动物、植物、生理卫生和矿物四部，当年 10 月由上海文明书局发行《博物学杂志》，吴家煦①和吴元涤曾担任前两届编辑。1918 年与北京博物调查会合并为中华博物学会。该学会早期成员有丁文江、秉志、薛德焴等，大部分成员是中小学、师范学校和农校的博物学教师。

1918 年，武昌高师博物学会出版了《博物学会杂志》，薛德焴和张珽分任总编辑和编辑部主任，后更名为《武昌师范大学博物学会杂志》。1924 年，武昌高师先后改组为国立武昌师范大学、国立武昌大学，博物学会改为生物学会，杂志更名为《生物学杂志》。

1919 年，北京高师博物学会（1916 年成立）编辑出版《博物杂志》（图 2－1），陈映璜任总编辑。

图 2－1 北京高师博物学会会员合影（《博物杂志》，1919）

这些博物学会的主要工作有博物调查及整理标本、发表文章及演讲、研究博物教授法、审定与统一博物学名词等。他们创办的杂志早期发表的文章主要是生物资源调查方面的，属于博物学性质，例如

①吴家煦，字和士，又名吴冰心，苏州人，中国科学社成员，早年留学日本学习博物学，创办中华博物学会并主编《博物学杂志》，担任过中华书局编辑，编写了大量中小学理科教科书，并参加过科学名词审查会。

《博物学杂志》刊登的吴家煦《江苏植物志略》、胡烈（即胡经甫）《藻类之研究》、薛德焴的《我国扬子江产淡水水母之一新种》；从 1918 年到 1921 年，《博物学会杂志》曾刊发了张珽的《武昌植物目录》，韩旅尘的《广东植物名录》，卢光耀和刘振亚的《河南植物目录》等文章。此外，这些杂志还发表了一些介绍实验技术、进化论和遗传学的文章。

这些博物学会中的会员有不少是中学博物教师，他们关注博物学的教学，在学会中开展相关活动，或在学会杂志上发表文章讨论博物学教授法。因此，这些博物学会在一定程度上促进了中学博物学的教授和博物学知识的传播。

1914 年，留美学生任鸿隽、胡明复、秉志等在康奈尔大学发起成立中国科学社（图 2－2）。中国科学社成立之初，就有设立研究所和博物馆的想法，但是直到 1922 年才成立生物研究所。中国科学社将社员分为物质科学、生物科学、工程科学和社会科学四组，其中生物科学组又分为生物、医药、农林、心理四股。这是早期生物学家的松散集合，为后来成立生物研究所及生物类社团奠定了基础。1915 年，中国科学社开始发行《科学》杂志。在 1922 年之前，该杂志也刊发了一

图 2－2　中国科学社成立时第一届董事会成员合影（后排左一为秉志）

些生物学的文章，大多是通论和介绍性的文章，如关于生物学史和生物学名词讨论等；后来有了植物考察名录，如秉志的《生物学概论》《达尔文动植畜养论》《昆虫》，胡先骕的《说文植物古名今证》《江西植物名录》，祁天锡的《江苏植物名录》等。中国科学社一直关注中学科学教育，其社员也参与了中学生物学教师的培训和教科书的编写，本书将在后面论及。

## 三、博物学视野下的生物学研究

清末民初这段时间，中国近代的生物学家大多还在国外攻读研究生学位，有的才刚刚回国，因此生物学研究尚处于萌芽时期。中国地大物博，但是对于国内的动植物资源，一直以来都缺乏系统的考察和梳理，西方人比国人更早开始进行中国动植物资源的考察，并将标本带回他们自己的国家，国人在这方面落后很多，而这正是开展生物学研究的原因。清末民初的生物学研究主要是博物学特色的动植物资源考察。实际上，民国时期生物学研究的重点也是动植物资源的考察。这一点也可以从早期博物学会组织的活动和他们发表的文章中看出。

在早期的博物学研究者中，钟观光是典型代表。钟观光（1868—1940）（图 2-3），字宪鬯，浙江镇海人。早年接受的是传统的私塾教育，曾中秀才，但并没有受过系统的生物学训练，他的生物学知识主要是靠兴趣和自学获得的。他曾经与人创办四明实学会，后赴日本考察，归国后创办科学仪器馆及《科学世界》杂志。曾担任江苏高等学校理化教习、教育部参事、湖南高等师范学校博物学副教授等职。

1917 年，钟观光应聘到北京大学任理预科教授。1918 年 2 月到 1923 年初，钟观光作为生物调查员，在 11 省进行植物调查，采集到 15 万号植物标本，并写成大量的《旅行采集记》，这些植物标本成为北京大学植物标本室的基础；1927 年，担任浙江大学农学院副教授及浙江省博物馆自然部主任，在浙江采集了大量植物标本，成就了浙江

图 2-3 钟观光

大学植物标本室；1930 年，担任中央研究院自然历史博物馆编辑员①，后转入北平研究院植物研究所任研究员②。钟观光是中国近代进行大规模植物考察的第一人，胡先骕曾经评价他为“得风气之先”③。

钟观光不但采集了大量植物标本，而且对很多中国古籍中的植物进行了考证，留下来的手稿有《说文植物类证》《植物古籍释例、注解》等，但他本人没有对采集的植物标本做系统研究。

## 第三节 中学生物学教科书出版概述（1902—1921）

清政府实施“壬寅·癸卯学制”后，全国各地建立起了大量的新式中小学堂。随着学堂数的增加和入学儿童人数的增长，教科书的需

①中国第二历史档案馆（南京），全宗号 393；案卷号 498。

②谈家桢：《中国现代生物学家传》（第一卷），湖南科学技术出版社，1985，第 1-11页。

③胡先骕：《二十年来中国植物学之进步》，《科学》1935 年第 10 期。

求变得十分迫切。清政府的官办机构和民间出版机构都参与到新式教科书的编写出版中。

1912 年中华民国成立后，虽然政府要求停止使用清朝的教科书，但是由于当时政府并没有颁行细致的课程标准，接下来的军阀混战导致政局不稳，对于教科书的编写、发行与使用都缺乏有效的监管，而且生物学教科书与国语（国文）、历史、地理等教科书不同，受政治运动的影响很小。因此，民国初年的生物学教科书或是沿用清末教科书，或是稍做改编，尽管也有新编的教科书，但是仍然是在清末教科书的知识体系下，并没有大的突破。因此，本节将 1902—1904 年“壬寅·癸卯学制”到 1922 年“壬戌学制”之前的中学生物学教科书作一系统梳理。

## 一、清末出版发行的主要中学生物学教科书

在清政府颁布“壬寅·癸卯学制”之前，民间出版机构如文明书局、商务印书馆已经成立，并且在后来的教科书市场竞争中超过了政府官办书局，但是政府也不愿放弃对教科书的领导权，一直都在筹划编辑国定教科书。参与编写出版教科书的政府机构有京师大学堂、学部，以及各地官办书局。

### （一）清政府及其官办机构编写出版的生物类教科书

#### 1. 京师大学堂

京师大学堂尚在筹办时就建立了译书局，1902 年还在上海成立了译书分局。北京和上海的两个译书局存在时间都不长，译介的教科书也不多。1902 年京师大学堂还成立了编书处，但所编教科书也很有限。后来京师大学堂颁布的《暂定各学堂应用书目》中没有他们自己编译的教科书。这个书目中的教科书一部分是传教士编写的，如傅兰雅编的《格致须知》三种，艾约瑟编译的《植物学启蒙》和《动物学启蒙》，另一部分主要是民间书坊编译的日本教科书。详情如下：

京师大学堂——暂定各学堂应用书目①

（1903 年　江楚编译官书局照京师大学堂原本刊）

其中生物类教科书有：

植物须知　一卷英傅兰雅著　格致须知三集本

动物须知　一卷英傅兰雅著　格致须知三集本

全体须知　一卷英傅兰雅著　格致须知三集本

植物学启蒙　一卷英艾约瑟译　西学启蒙本

初等植物学教科书　一册　日本斋田功太郎、染谷德五郎合著　文明书局译印本

植物学教科书　一册　日本五岛清太郎著　作新社译本

中等植物教科书　一册　日本松村任三、斋田功太郎合著　樊炳清译　作新社译本

动物学启蒙　八卷英艾约瑟译　西学启蒙本

近世博物教科书　一册　日本藤井健次郎编　樊炳清译　科学丛书本

普通动物学　一册　日本五岛清太郎著　樊炳清译　科学丛书本

中学生理教科书　一册　美斯起尔原本　何燏时译补　教科书译辑社本

京师大学堂上海译书局编译了几本生物类教科书，主要有《博物学教科书植物部》2 册，《博物学教科书生理部》1 册，《博物学教科书动物部》4 册②。

同文馆并入京师大学堂后，因馆舍经费问题于 1902 年分出，改名

①京师大学堂：《暂定各学堂应用书目》。

②张运君：《京师大学堂和近代西方教科书的引进》，《北京大学学报（哲学社会科学版）》2003 年第 3 期。

京师译学馆，主要培养翻译人才。1907 年，京师译学馆博物学教授叶基桢[①]出版了《植物学》教科书（图 2-4），依据他在译学馆的讲义整理而成。该书前面有总论，后面有结论，中间分为 4 篇——植物形态学、植物解剖学、植物生理学、植物分类学，每篇有若干章，并有大量插图。其中，在植物生理学部分有大量实验介绍；植物分类学将植物分为显花植物、隐花植物、原微植物，对于每科植物均给出模范植物，详细说明其外部形态和效用，并列举本科其他常见植物；结论部分介绍了植物的分布、中国植物区系、山地植物分布等。据该书后的介绍推测，译学馆还可能编辑出版过动物学教科书。

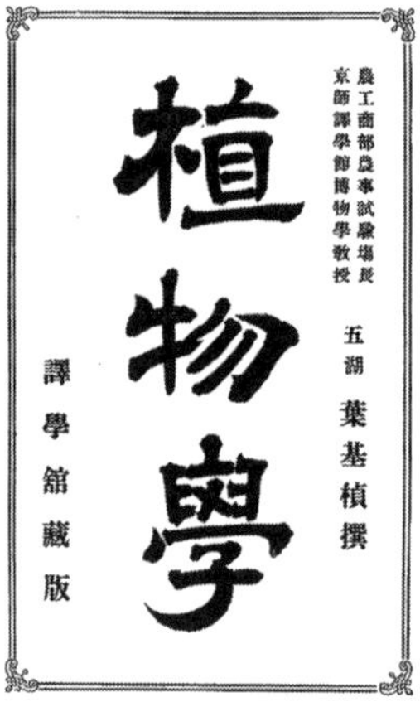


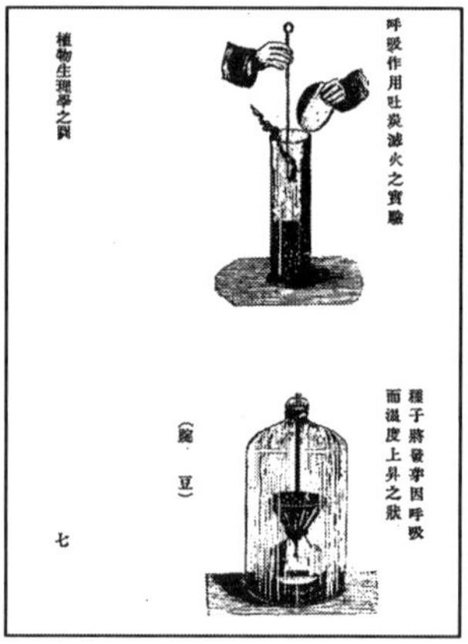


图 2-4 叶基桢著《植物学》教科书及书中的实验插图

### 2. 学部编译图书局

1905 年清政府正式设立学部，翌年成立学部编译图书局，负责编译教科书，这是国家编写统一教科书的首次尝试。不过编译图书局编译的教科书种类不多，影响也不大，而且由于教科书在审校时衍生更

①叶基桢，苏州人，中举人后留学日本学习农科，曾担任京师译学馆教习、农工商部农事试验场场长等。

多讹误，反成笑柄，因此更不受欢迎①。陆费逵回忆道，编译图书局的教科书“大半仿商务、文明体例，且加入许多不合儿童心理的古董教材，外间很有批评”②。

学部编译图书局出版的中学生物学教科书并不多，如1908年出版的《中学堂用博物学动物篇》（图2-5）分为四部分，即动物分类表、动物学绪论、动物学本论（分述脊索动物等11门）、生物泛论（包括动植物异同与关系、生物的遗传与进化等），书中有101幅插图。从叙述上看，该书是改编或翻译自其他教科书，书中前后两次提到瑞典博物学家林奈（Linné），但是两次译名不一，分别是“李壬阿斯氏”和“林椰氏”，书中还有不少刊刻错误，只得在正文前列出数条勘误。学部编译图书局还有水祖培编写的植物学教科书，可惜并未成书出版。

图2-5　学部编译图书局出版的《中学堂用博物学动物篇》

①江梦梅：《论现行教科书制度及前清制度之比较》，《中华教育界》1913年第1期。

②陆费逵：《论中国教科书史书》，载陈学恂编《中国近代教育史教学参考资料》（上册），人民教育出版社，1986，第652-654页。

### 3. 各地官办书局

除清朝中央政府外，地方政府的官办书局也编译出版了一些教科书。现仅举几例。

直隶学校司①鉴定、编译处译行、北洋官报局校印的《植物教科书》，日本松村任三、斋田功太郎合著。全书分为 6 章，第一章分 54 节，介绍了各种普通植物，后面 5 章分述植物分类、形态、构造、生理和应用。该书完全是对日本原书的直译，当介绍日本的植物时，也称呼“我国”。直隶学务处出版了《新编博物教科书》，日本藤井健次郎著，编译处编译，直隶学务处鉴定，编译局译行。该书分为 3 篇，包括植物 11 章、动物 12 章、矿物 7 章，有 44 幅插图，另附有实验之部。

此外，湖北译书官局出版了《动物学教科书》（屈德泽编，1904）等；江楚编译官书局出版有《植物学实验初步》（樊炳清译，1903）等；广西学务处出版有《乡土格致教科书》（1908，学部意见为体裁不甚合）等。还有其他地方学务机关出版了各种动植物教科书。这些教科书大多译自日本。

清政府很想将教科书的编写出版权掌握在自己手中，以实现对国民思想文化的统制。但是由于清政府教育机构思想落后、工作效率低下，因此始终没能编成一整套供全国使用的中小学教科书（随着社会形势的变化，这些机构随朝廷的覆灭一起退出了历史舞台）。清政府也看到了一时难以实现教科书的完全国定，于是采取了官编教科书与民间教科书并行、对民间教科书进行审定的制度②。学部下设审定科，

---

①1902 年，在袁世凯主持下，直隶省设立直隶学校司，下设编译处等部门；1904 年改为直隶学务处，仍设有编译处（局）等部门；1905 年底改设图书课等 7 课；1906 年改直隶学务处为直隶提学使司，设图书等 6 科，另设学务公所，为提学使司的办公机关。北洋官报局也是由袁世凯创办的，主要负责发行《北洋官报》。

②王建军：《中国近代教科书发展研究》。

专司对各类学校教科书的审定工作，陆续颁布了对初等小学、高等小学、中学和初级师范学堂教科书的审定结果，并推荐了一部分教科书作为暂用书目（表2-2）①。这在一定程度上实现了对国民思想文化的控制，同时也成了民间出版机构行销图书的一种宣传资本。总体来看，清政府及其官办机构编写出版的生物学教科书数量有限，与民间出版的教科书相比，没有多少竞争力，影响也比较小。

表2-2　《学部第一次审定中学、初级师范学堂暂用书目凡例》中的生物类教科书

| 名称 | 册数 | 著译者 | 用者 | 印刷 | 发行 | 版权 | 价目 |
|---|---|---|---|---|---|---|---|
| 新撰博物学教科书　附图 | 2 | 华文祺 | 学生 | 文明书局 | 文明书局 | 有 | 五角 |
| 博物（学）大意 | 1 | 杜就田 | 学生 | 商务印书馆 | 商务印书馆 | 有 | 二角五分 |
| 最新植物学教科书 | 1 | 藤井健次郎、王季烈 | 学生 | 文明书局 | 文明书局 | 有 | 八角 |
| 最新中学教科书·植物学 | 1 | 三好学、亚泉学馆 | 学生 | 商务印书馆 | 商务印书馆 | 有 | 一元 |
| 最新中学教科书·动物学 | 1 | 白纳、黄英 |  | 商务印书馆 | 商务印书馆 | 有 | 八角 |
| 中学生理卫生教科书 | 1 | 吴秀三、华申祺、华文祺 |  | 文明书局 | 文明书局 |  |  |
| 中学生理教科书 | 1 | 斯起尔、何燏时 | 教员 | 同文印刷社 | 教科书译辑社 |  |  |

①《附录　学部第一次审定中学堂初级师范学堂暂用书目凡例》，《教育杂志》1910年第9期。

## （二）清末民间编写出版的生物类教科书

与清政府及各地方政府官办书局相比，清末的民间教科书编辑出版出现得更早，也更加繁荣，占据了中小学教科书的主阵地。这些教科书有的直接译自日本教科书，有的根据日本教科书稍加改编而成，译自欧美国家的教科书很少，完全自编的教科书极少。

### 1. 南洋公学

1896 年，盛宣怀在上海创办南洋公学（上海交通大学前身），先有师范院和外院（小学），后建立中院（中学），其高等小学和中学都有生物学类的课程。南洋公学设有译书院，负责翻译编写教科书在内的各类书籍。南洋公学编写出版的教科书是国人编写的最早的教科书。储丙鹑①曾经编辑过一套《理科教科书·普通问答四种》，1902 年出版。该套书共有 4 本，即《人学问答》《物理问答》《地理问答》《天文问答》，均采用问答形式。其中，《人学问答》涉及人类的起源、种族、体质、语言等多方面，大致相当于人类学的入门读物；《物理问答》将世间万物分为自然生活物（即生物）、自然化合物（主要是矿物）、人力变化物三种，其中自然生活物部分介绍了常见的动植物，作者在介绍的时候，采取了生活化的视角和语言，如“问鱼何以善游”“问枝干能接之理”等。另有《格致读本》（英国莫尔显著）、《中等格致课本》（4 卷，法国包尔培著）。

### 2. 山西大学堂译书院

山西大学堂译书院于 1902 年在上海成立，译员包括西方传教士、中国人和日本人，而译书多源自日本。其译介的供中学堂用的生物类教科书主要有《植物学教科书》，日本大渡忠太郎著，日本西师意译述，许家惺鉴定，正文 46 章，分为植物外形学、解剖学、生理学、分类学四编，附录为有用植物、有毒植物、植物分类表、植物名词表，

---

①储丙鹑，字星远，曾担任南洋公学国文教员、斋务长。

由山西大学堂译书院发行，日本福音印刷合资会社印刷；《动物学教科书》，日本丘浅次郎著，西师意译述，英国窦乐安（John Darroch）、许家惺审定，全书共 17 章，前面 15 章讲述各类动物的形体、性习、种族和效用，后面 2 章总论动物构造及其性习、进化要论，书后附有动物实验法和动物名词表，由商务印书馆代印，广学会发行。另外还有 1908 年柯璜编的《动物学》等①。

除此之外，还有一些中学堂也将国内或日本教习的讲义整理出版，作为教科书。如湖南中学堂的《中等动物学讲义》，汪鸾翔②著，1907 年出版。该书分为两编，分别介绍动物各论（12 章）和通论（8 章，含分类、结构、生殖、进化等），并附有昆虫标本制作法。

**3. 文明书局**

文明书局成立于 1902 年，发起人包括廉泉、俞复、丁宝书等，是近代较早涉入教科书出版发行的民办出版机构，在清末民初教科书的发展史上占有重要地位。文明书局出版的生物学教科书主要有普通教科书、中等教科书、最新教科书等多个系列。以下列举几种有特色的教科书。

《中学植物学教科书》，日本藤井健次郎著，华文祺译，1906 年初版。全书分为 4 章，分别介绍植物的形态及生态、解剖及生理、分类、分布及应用。对于书中引用的例子，“凡有不适我国之用者，胥由译者参考他书，或增或芟……凡所称述者，皆有来历，非敢杜撰也”③。而且书中附有精美的插图。《中学动物学教科书》（图 2－6），日本安东伊三次郎、岩川友太郎和小幡勇治合著，钱承驹译编，1909 年初版。该书分为上下两编，分别为分论和通论。译者参考了其他十数种书籍，

---

①行龙：《山大往事》，山西人民出版社，2002。

②汪鸾翔（1871—1962），广西桂林人，植物学家汪振儒之父，早年入国子监，辛亥革命后曾在法政学堂、北京高师、清华学校、河北大学等校任教。

③藤井健次郎：《中学植物学教科书》，华文祺译，文明书局，1907，译例。

"又去原书之专言日本者，而取吾国切近之事实充补之"①，除解剖图沿袭原书外，其余30%～40%采自他书。该书注重实验，书末附有实验用纸，要求学生将6个实验所得之要件记入。国民政府教育部评价该书"体制得宜"。

普通教科书系列包括《普通博物学教科书》（华文祺编，1907）、《普通植物学教科书》（钱承驹编，1907）等。《普通博物学教科书》参考了多种日本书籍，植物部分先按照植物类别编排，每一类介绍常见的代表植物，而后介绍种子萌发和一般植物的形态和生理；动物部分则按照有脊动物到原生动物的顺序，依次介绍各类中的代表动物，最后介绍动物的发生成长和进化论。《普通植物学教科书》主要参考三好学的《普通植物学教科书》（1891）编辑而成，分为形态、解剖、生理、分类四篇，教材选择习见之事物，书后附植物记载法，"条理极清，词旨极显，文字亦雅洁可诵"②。该书曾在中华民国成立后修订再版。

最新教科书系列包括《最新动物学教科书》（大森千藏著，戴麒译，1904）、《最新植物学教科书》（藤井健次郎著，王季烈译，1904）（图2-6）、《最新初等动物教科书》（矢岛喜源次著，华文祺译补，1907）、《最新初等植物教科书》（矢岛喜源次著，华文祺译补，1907）等。《最新植物学教科书》的特色是在各论方面着墨少，在总论上着墨多，植物体各部分的形态、效用、生理、生态尤其详细。学部评价该书"简而扼要，层次井然，于吾国中学程度，最为相宜。译笔亦简洁不苟，且于原书中不适吾国之教材，颇多更易，迥非直译者可比"③。

①钱承驹译编《中学动物学教科书》，文明书局，1914年修正4版，例言。
②钱承驹编译《普通植物学教科书》，文明书局，1913年3版，广告页。
③《附录　学部审定中学教科书提要（续）》，《教育杂志》1909年第2期。

图 2-6　钱承驹译编《中学动物学教科书》和王季烈译《最新植物学教科书》封面

文明书局编译出版的生物学教科书还有《新撰博物教科书》（堀正太郎、藤田经信合编，华文祺译，1904）、《动物学》（糟谷美一著，孙国光译著，1907）、《最新博物示教》（山崎忠兴著，钱承驹译，1908）等。其中，《最新博物示教》适用于初级中学，译者对原著进行了删减增补，并补充了更多插图。

文明书局是较早涉足教科书编辑出版的民间出版机构，在晚清时期出版了大量的中小学教科书，这些教科书的质量还不错，并且获得了学部的认可，不少教科书被学部推荐在全国推广使用。早先文明书局的教科书占有较大的市场份额，但是当商务印书馆崛起之后，特别是进入民国之后，加上中华书局的强力竞争，文明书局的影响力逐渐下降，最终于 1915 年并入中华书局。

**4. 商务印书馆**

商务印书馆成立于 1897 年，发起人有夏瑞芳、鲍咸恩、鲍咸昌、高凤池等，从初期主要从事印刷商业表册发展到出版各类书籍，自进入教科书出版领域起，一直是近代教科书方面的最大出版商。该馆早期出版的生物学教科书有《普通博物问答》《博物示教》《动物新论》等。《普通博物问答》，1904年初版，采用问答形式，主要是供小学教员使用，介绍“见闻所及诸物”。《博物示教》《博物学大意》，1906年初版，杜就田编译，均适用于中学堂和师范学堂的初年级，选取“自然界中之常见物”，且材料略依时节排列，便于教授，前者程度稍浅，后者略深，内容由具体生物延伸到生物的一般特征。《博物学大意》到20世纪20年代仍在使用。1911年，商务印书馆还出版了日本雪吹敏光著、王季烈译的《最新博物示教》。

清政府实行新学制后，商务印书馆出版了我国第一套现代意义上的教科书系列——“最新教科书”。这套教科书中与生物学有关的包括《最新中学教科书·植物学》（图2-7）由三好学原著，亚泉学馆编译，1903年出版。该书主要是根据三好学的植物学教科书并参考日本其他植物学教科书编译而成。原书没有给出中文名和拉丁名的，译者参照中西植物名录进行了补充。全书共4篇18章，介绍了植物形态学、解剖学、生理学和分类学。教育部审定评语为“体例完备，记述简要，最合中学教科之用。译笔明净，为近时译本所罕觏。且于植物名目，博考本草等书而定之，故能确有证据，迥非率尔操觚者可比”①。《最新中学教科书·动物学》（图2-7）由美国人白纳（Margaretta Burnet）原著（原书为 *Zoology for High Schools and Academies*），黄英译述，奚若校订，1905年出版，原作者在自序中说自己长年执教小学，所以编写的动物学教科书也非常浅显。全书分为8章，分别介绍了从原生动物到脊椎动物各类动物典型代表的形态、结构、生理和习性。这本教科书提倡学生野外观察及实验室探究，书中有不少实验活动的内容。该书有附文补充相关知识，并安排了“温习指要”。书后附有动物学中西名目表。学部评价该书“叙述动物大纲，至

①《附录　学部审定中学教科书提要（续）》。

图 2-7　商务印书馆出版的《最新中学教科书·植物学》和
《最新中学教科书·动物学》

为明晰。译笔亦条畅，定名尤审慎”。对于教科书中不合中国的动物教材，学部建议“宜由教员选择同类之品以易之耳”①。这套教科书均为译作，书前均有参考书目，都强调实验和野外实践，堪称善本。由于质量较高，这套书在中华民国成立后仍被部分学校继续使用。

《胡尔德氏植物学教科书》，奚若、蒋维乔②译述，1911 年出版，根据美国胡尔德（John M. Coulter）的 *Plant Studies*，并参考多种西方和日本植物教科书、辞典编写而成。该书共 24 章，前半部分主要介绍植物的形态结构和生态，后半部分详细介绍各类植物；该书定位于“已习普通学者”，因此在隐花植物方面的介绍更为详细。正如该书序中所言“顾是书之译，非其文字之难，而其定名之难”，编译者在定名上花费了不少工夫，当时已经在日本出版的主要植物辞典和图鉴都在

①《附录　学部审定中学教科书提要（续）》。

②蒋维乔（1873—1958），字竹庄，教育家、哲学家，江苏武进人。早年肄业于南菁书院，1902 年加入中国教育会，参与筹备中华民国临时政府教育部，曾担任商务印书馆编辑、江苏省教育厅厅长、东南大学校长、光华大学教授、诚明文学院院长等。

参考之列。商务印书馆在《教育杂志》第五卷第十号曾向读者推荐此书，说“商务印书馆出版之动物新论及胡尔德氏植物学教科书，说理精深，立论新颖，程度尚不浅陋”。

1902 年，商务印书馆出版了廖世襄译述的《动植物生理学教科书》，译者认为当时中国介绍生理学的教科书极少，因而将法国包尔培的《动植物生理学》略加增减，译为教科书。全书分为两编，分论动物生理学和植物生理学，这是国内最早专门介绍动植物生理学的教科书。

此外，商务印书馆还出版了多种教科书，如《新撰动物学教科书》，五岛清太郎著，凌昌焕、许家庆译述，杜就田、杜亚泉译订，1908 年出版，教育部审定批语为“程度尚合，译笔亦颇明显”①；《中学植物教科书》，松村任三、斋田功太郎著，杜亚泉、杜就田译订；《中学植物新教科书》，王明怀译，严保诚改订；《实验植物学教科书》，三好学著，杜亚泉译，陈学郢校；等等。商务印书馆在清末出版的教科书，有一些在民国初期仍在使用。

商务印书馆非常重视教科书的编写，其编译所汇集了一大批热心于此的编辑和作家，编写的教科书质量较高。从清末到 1949 年，商务印书馆出版的教科书一直占据教科书市场的大半份额。

**5. 教育世界出版社**

教育世界出版社 1901 年成立于上海，组织者为罗振玉等。出版的生物学教科书主要有《近世博物教科书》，藤井健次郎编纂，松村任三校阅，樊炳清译；《中等植物教科书》，松村任三、斋田功太郎合著，樊炳清译；《普通动物学教科书》，五岛清太郎著，樊炳清译。这些教科书均收入《科学丛书》第一集。

**6. 上海科学会编译部**

上海科学会编译部出版了多种生物学教科书，如《普通教育·动

---

①凌昌焕、许家庆译述《新撰动物学教科书》，商务印书馆，1908 年第 11 版，版权页。

物学教科书》（中学校用），曾彦①编，1910 年初版。该书主要参考了日本的三本教科书：滨幸次郎和河野龄藏合著《普通动物学》，安东伊三次郎、岩川友太郎和小幡勇治合著《新撰动物学》，丘浅次郎著《近世动物学》。该书从哺乳动物讲到变形虫，然后专讲最复杂的节足动物，最后几章总论动物的分类、生理、生态和进化，其特色在于强调生态和生理。在内容和插图方面，该书与文明书局出版的钱承驹译编《中学动物学教科书》颇多相似。曾彦还编写了《普通教育・植物学教科书》（中学校用）（图 2－8）。此外，该社还出版有秦嗣宗编《中等博物教科・动物学》（1906，图 2－8）；李天佐编《中等博物教科・植物学》（1908）等。

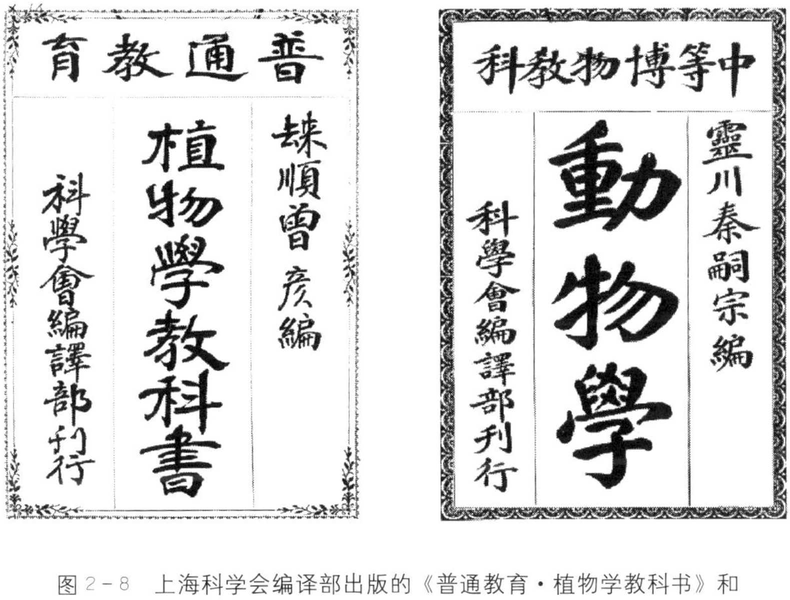


图 2－8 上海科学会编译部出版的《普通教育・植物学教科书》和《中等博物教科・动物学》

① 曾彦（1886—1966），壮族，字其衡，广西归顺（今靖西市）人。1904 年官费留学日本攻读法科，1906 年回国。曾在商务印书馆任编辑，编辑了多种教科书，后从政。

**7. 会文学社**

会文学社亦称“会文堂书局”，1903 年成立于上海，创办人是汤寿潜和沈霖。该社出版了留日学生范迪吉主持翻译的《普通百科全书》。这套书翻译后有部分被采用为教科书，包括初等教科书和中等教科书，以及相当于大专程度的教学参考书，涉及各个学科门类，其中有不少关于生物学的，如富山房的《动物学问答》《植物学问答》《生理学问答》《植物学新书》、八田三郎的《动物学新书》、饭冢启的《植物新论》、岩川友太郎和佐佐木忠次郎的《动物通解》等。

**8. 留日学生组织的出版社**

留日学生在日本留学期间，或者学成回国以后，翻译出版了很多中小学教科书，这些教科书有的在日本人或者中国人办的出版社出版发行，有的则是在留日学生自己创办的出版社出版发行。留日学生创办的出版社中比较重要的有教科书译辑社、作新社等，本书将另节专论。

**9. 其他出版机构**

除以上介绍的出版机构外，还有上海普及书局［出版有《普通教育动物学教科书（中学用）》，安东伊三次郎、岩川友太郎、小幡勇志著，张修爵、王官寿辑译，1906；《普通教育植物学教科书（中学用）》，彭树滋编撰，1906］、东京东亚公司（出版有《动物学教科书》，安东伊三次郎讲述，金太仁作译，1907）、上海科学书局（出版有《初等博物教科书》）、时中书局（出版有《女子理科教科·植物编》，滨幸次郎、河野龄藏著，姚昶绪、杨传福译补，1906）、科学仪器馆（出版有《中等植物教科书》《普通动物学》）、上海理科书社（出版有《中学校博物学科用·博物学教科书》，虞和寅译，1902；《普通教育新世纪教科书·动物学教科书》，虞和寅译，1907）、中国图书公司[①]（出版有《植物教科书》，吴家煦编辑，1908，主要参考日本斋

①成立于 1906 年，由张謇等人发起，沈恩孚任编辑长。

田功太郎、稻叶彦六的植物教科书，注重分类和实验，全书80%的篇幅在讲分类，书后还有植物自然分类检索表，另用小字部分列出实验）、东京启文书局（出版有《最新植物学教科书》，大久保三郎等著，王葆真译，1907）、清国留学生会馆、上海益智社、上海商学会、启文社、益智学社、群益书社等。这些出版机构主要分布在上海，有的是在日本出版、在国内发行，他们出版的教科书以编译日本教科书为主，自行编写的教科书较少。

**10. 个人编写的教科书**

除以政府、出版机构、学校等名义出版的教科书外，还有一部分生物学教科书是由个人编辑出版的，其内容有翻译自外文教科书的，也有自编的。有的通过出版机构代为出版，有的自己印刷发行。

1905年，黄明藻编写了《应用徙薪植物学》①，由峨眉教育部石印出版，四川爱梨堂发行（图2－9）。该书编成于日本，曾经铃木、高桥鉴定。全书88页共57章，前面40章为“第一编模范观察”，主要是介绍各科植物，间有介绍植物种子的构造与萌发、呼吸、同化作用、细胞、吸收、蒸散等知识；后面17章为“第二编结论”，介绍植物的一般形态、结构、生理、运动、生殖、分类、生态等，书后附有“腊叶采制法”。目录前有“八带群落图”，介绍地球不同温度带的代表植物（彩图），正文中有大量插图，插图标注采用日文。书中介绍的各科植物，在中文植物名后均附有日文。

1908年，植物学家钟观光编写了《理科通证》，1909年由新学会社发行。这是他在创办理科实习学校后编写的教科书，其中的“动物篇”主要参考日本书籍编写而成，介绍了几十种代表性动物，并概述了动物的分类、分布和进化。对于每种代表性动物，作者都给出具体的科属类别，并介绍它们的形态、习性、分类及其与外界的关系。作者

①内页封面为《应用徙薪植物翼》，正文边缝标注为《植物讲义》。

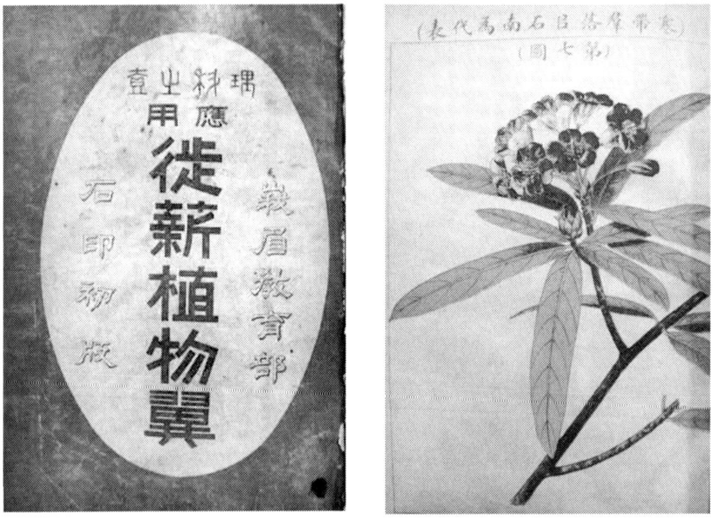


图 2-9　黄明藻编《应用徒薪植物学》扉页及内页插图

在书中突出了值得注意的知识，如强调人猿同祖论并非指人是由猿猴变来的，蝙蝠不是鸟类等。这本书充分体现了作者的渊博学识，书中时见古代典籍和民间传说中的动物形象，作者一一对其进行了考证。

其他个人翻译或编写的教科书还有很多，如留日学生吴良驹翻译日本安东伊三次郎的《生物界之现象·动物篇》，在分类方面介绍了巨大动物和著名动物。译者考虑到原书中的动植物很多是日本特有的，故将其替换为中国的动植物，并补充了新图。黄立猷曾在日本盛冈农林高等学校修农学，他根据中西多种参考书，编成《最新动物学》，由清国留学生会馆发行。该书分为前后两篇各若干章，分为动物总论和各论，书后还附有详细的参考书目和动物学书类月旦（书评）。留日学生王建善编辑了《普通动物学》，由育才书塾发行，介绍了原生动物、节足动物、有脊动物等 8 门动物的形态、结构、分类和习性。这些教科书的编译者都有留学日本的经历，并且乐于传播生物学知识，不过由于他们的编译行为更多的是出自个人兴趣，没有倚靠教科书出版机构扩大发行渠道，所以这些教科书的使用面窄，影响也较小。

## 二、民国初期出版的中学生物学教科书

1912年中华民国成立后，要求停止使用清学部颁行的教科书，各地的教科书要通过教育部审定后才能使用。北洋政府时期也曾想编写国定教科书，但由于时局动荡，只是一纸空文，只能一直施行审定制。由于教育部没有编写发行教科书，所以社会上流通的教科书都是民间出版的，其中有不少是由清末出版的教科书略加改编而成的。

### （一）中华书局的崛起及其出版的生物学教科书

中华书局成立于1912年1月，主要创办人是陆费逵。陆费逵（1886—1941），字伯鸿，浙江桐乡人，曾任文明书局、商务印书馆编辑，兼任商务印书馆《教育杂志》主编。陆费逵在书局成立伊始就发表了《中华书局宣言书》，指出“立国之本，在乎教育；教育根本，实在教科书。教育不革命，国基终无由巩固；教科书不革命，教育目的终不能达也”①，把出版好的教科书当作一项重要的使命。正因如此，他赶在辛亥革命胜利之前出齐了适合当时教育的新式教科书，并于1912年2月出版了《中华新教科书》，这套教科书很快就占领了市场。而商务印书馆等其他出版机构没有料到革命成功如此迅速，先期准备的仍是适合晚清帝制的教科书，因此在教科书市场失去先机。其中，《中华中学植物教科书》由彭世芳②编著，该书注重采用中国植物，使用中国旧有植物名称，在生理部分介绍了一些实验；《中华中学动物学教科书》由华文祺编著，以日本丘浅次郎的《订正近世动物学教科书》为主翻译而成，每章后面都介绍各类动物与人类生活的关系，书后附

---

①中华书局：《中华书局宣言书》，《中华教育界》1912年第1期。

②彭世芳（1886—1940），号型伯，苏州人，早年留学东京高师，曾任北京高师博物部首任教务主任，北京师范大学、北京女子高师植物学教授，编写了大量生物学教科书，著有《自然分类普通植物检索表》《实验观察植物形态学》等，并与陈映璜等合编了《博物词典》。

有实验和观察活动。

后来中华书局聘请范源廉为编辑部长，组织编写了“新制中华教科书”。其中，《新制植物学教本》（图 2－10）由彭世芳、吴家煦编著，该书是在《中华中学植物教科书》的基础上修改完善而成，书后还增加了名词对照表；《新制动物学教本》（图 2－10）由吴家煦、吴德亮编著。这两本教科书的宗旨一致，都注重本土动植物和观察实验。

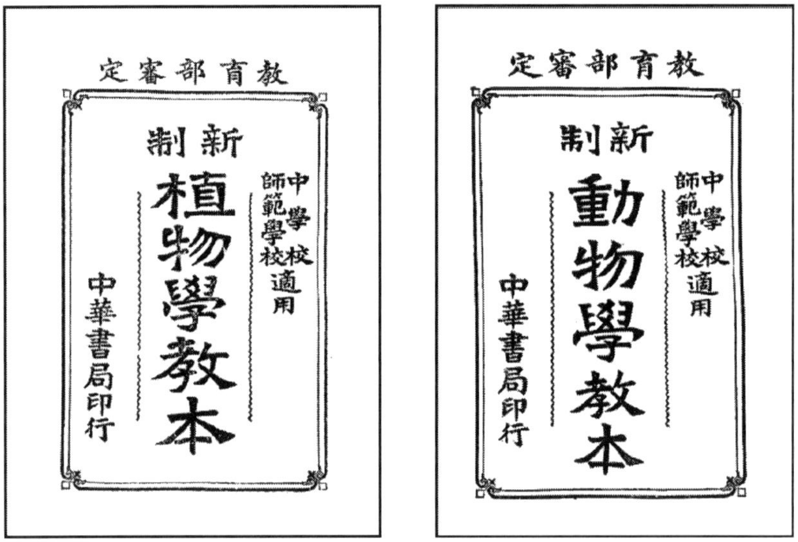


图 2－10　中华书局出版的《新制植物学教本》与《新制动物学教本》

中华书局对编写教科书非常重视，经常在其主办的《中华教育界》杂志刊登相关文章，既有关于教科书编写出版与使用的讨论，也有对中华书局出版的教科书的介绍，由此在一定程度上提高了其教科书的编写水平，扩大了其在教科书市场的影响力。

### （二）商务印书馆出版的生物学教科书

尽管商务印书馆在中华民国成立之初在教科书编写方面落后于中华书局，但是很快就组织编写了适应共和体制的新教科书，并于 1912 年秋季上市，销路甚广，元气恢复。其中，《中学校用·共和国教科书·动物学》（图 2－11）由徐善祥、杜亚泉、杜就田编著，全书分为分类学、形态学、组织学、生理学、生态学和应用动物学六篇共 29 章，该书参考了中文、日文和英文的多种动物学教科书。教育部对该书的审定评语为“使学者有综合之知识，明动物进化人生利用之关系”①。《中学校用·共和国教科书·植物学》由杜亚泉编著，含形态学、解剖学、生理学、生态学、分类学和应用植物学六篇共 17 章，后来该书出版了增订本（图 2 - 11），不但内容有所增加，而且采用了新的分类系统。教育部评价该书“体裁新颖，段落分明，名词亦尚妥洽，洵属教科善本”②。这两本教科书体例基本相同，又都注重生态学和生理学，且两书作者还建议教学时考虑季节因素，适合中学教学，因此出版后非常受欢迎，多次再版。

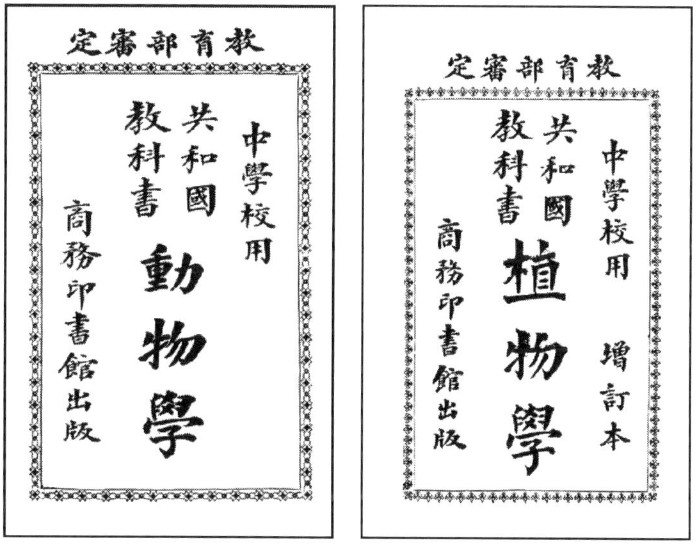


图 2 - 11　商务印书馆出版的《中学校用·共和国教科书·动物学》和《中学校用·共和国教科书·植物学》

①徐善祥、杜亚泉、杜就田编著《中学校用·共和国教科书·动物学》，商务印书馆，1915，版权页。

②杜亚泉编著《共和国教科书·植物学》，商务印书馆，1917 年第 14 版，版权页。

根据民国教育法令，1914年商务印书馆出版了民国新教科书。其中《民国新教科书·动物学》（图2-12）作者为地质学家丁文江①，后来曾以《新体教科书·动物学》为名再版。该书以介绍各类动物形状、构造和生活为主，概述了动物的分布，结合作者专业介绍了古动物学和天演；该书尤其重视介绍本国物产及其与人类生活的关系，并将外司门（Weismann，今译魏斯曼）的遗传学说引入教科书。《民国新教科书·植物学》（图2-12）作者为王兼善②。该书详细介绍了植物的形态、解剖、生理和分类，附录有植物栽培与实验、植物分布与生态、森林等相关知识。在1922年新学制后秉志起草的《高级中学第二组必修的生物学课程纲要》中，这两本教科书均被指定为建议用书。

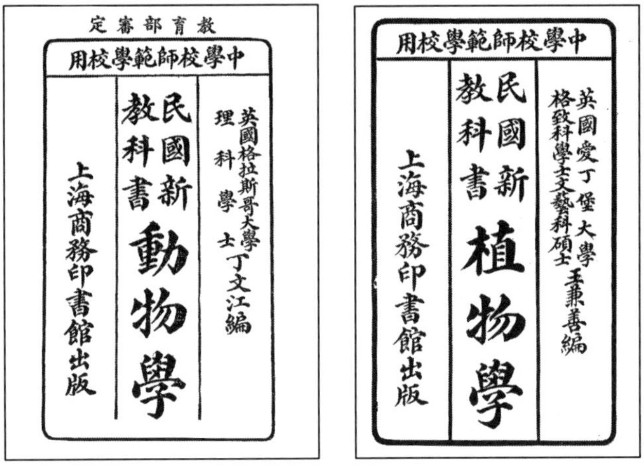


图2-12　商务印书馆出版的《民国新教科书·动物学》和《民国新教科书·植物学》

---

①丁文江（1887—1936），字在君，江苏泰兴人，中国科学社成员，中国地质事业的奠基人之一。早年中秀才，曾短期逗留日本，后留学英国格拉斯哥大学，修动物学与地质学。回国后任工商部矿政司地质科科长，创办地质调查所并任所长，曾任中央研究院总干事。

②王兼善，字云阁，江苏人，中国科学社成员，曾留学英国爱丁堡大学，任北京大学化学门教授、南京江南造币厂厂长。编写的教科书还有《民国新教科书·物理学》《民国新教科书·化学》《民国新教科书·生理及卫生学》等。

1918年，马君武①编译的“实用主义教科书”出版，其中《实用主义植物学教科书》（图2－13）根据德国司瑞尔（Schmeil）原著翻译，正文421页，书中有356幅图片，包括47幅彩图，附植物学名词表，该书详于分类，几占全书的80%；在译名上，译者参考了中国古代名词、日本译名，并且自创了不少名词。《实用主义动物学教科书》（图2－13）也是根据司瑞尔的书编译而成，正文463页，图片426幅，包括32幅彩图，附动物学名词表，该书90%以上的内容都是介绍动物分类的。马君武翻译这两本书作为中学教科书，希望借此“以助吾国博物学之进步”。

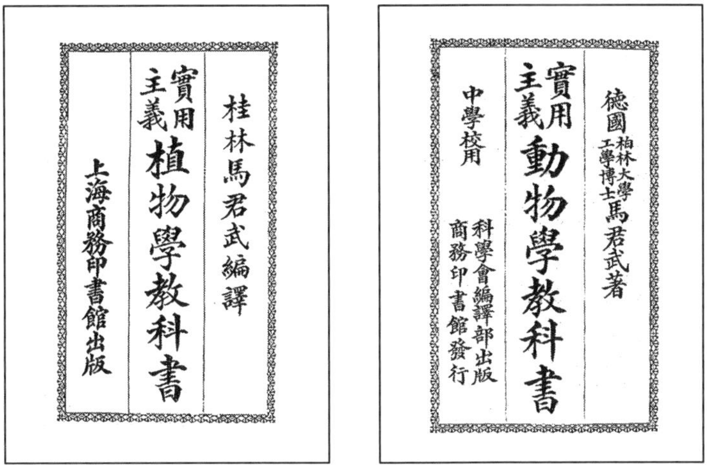


图2－13 马君武编译的《实用主义植物学教科书》和《实用主义动物学教科书》

1922年前，商务印书馆出版的教科书还有杜就田、孙佐编译的《中学动物学教科书》，王季烈译订的箕作佳吉著《动物学新教科书》，

①马君武（1881—1940），字厚山，广西桂林人。早年入广西体用学堂，曾留学日本京都帝国大学应用化学专业、德国柏林工业大学矿物冶金专业、柏林大学研究院，工学博士。中国同盟会成员，曾任总统府秘书长、广西省省长、教育部总长，大夏大学、北京工业大学、上海中国公学校长，1928年创办广西大学并任校长。马君武还是达尔文进化论的积极宣传者，第一个翻译了达尔文的《物种原始》（即《物种起源》），并翻译撰写了多种介绍达尔文及进化论的著作。

以及其他一些在清末已经发行的教科书。

中华民国成立初期，中学生物学教科书的出版发行基本上被商务印书馆和中华书局所垄断，此外只有上海科学会编译部等少数几家出版机构零星出版新教科书，其他书局或将清末的教科书稍做修改继续发行，或干脆被兼并或关张了。同时，我们可以注意到，中华民国成立后的教科书，虽然仍以编译日本教科书为主流，但是直接翻译的已经很少，通常是参考外国教科书自编。而教科书的编译者，也从以留学日本的人员为主开始转向，出现了留学欧美的人员翻译或编写的教科书。

## 第四节　汉译日本教科书

本研究所说的汉译日本教科书，是指翻译自日本的中学生物学教科书，包括动物学、植物学和博物学教科书。从 20 世纪初到中华民国成立，日本教科书被大量翻译进来，有的是直接翻译的，有的则经过了改编。中华民国成立之后到 1922 年学制改革前，日本教科书的翻译逐渐减少，但是仍被大量使用。

### 一、日本教科书出现的原因

从使用欧美传教士编译的教科书转向翻译日本的教科书，这与中国在甲午战争中败给日本有很大关系。正是由于中国的战败，才使国人看到了日本的强大，激发国人向经明治维新后迅速强大起来的日本学习；同时，国人也意识到了日本的强大与其重视教育、学校教育发达有直接关系，因此才会向日本派遣留学生，并翻译日本的各种书籍；另外，日本与中国是邻国，交通便利，且日文与中文相通，学习翻译的难度较低。当然，国人也认识到，日本的强大亦是向西方学习的结果，假道日本可以说是学习西方的一条捷径。张之洞在《劝学篇》中说到游学可以去日本："至游学之国，西洋不如东洋。一、路近省费，可多遣。一、奉华近，易考察。一、东文近于中文，易通晓。一、西书甚繁，凡西学不切要者东人已删节而酌改之。中、东情势风俗相近，易仿行，事半功倍，无过于此。"①

康有为曾经广搜日本书籍，著《日本书目志》，希望有识之士能够翻译日本图书。康有为认为，"然泰西之强，不在军兵炮械之末，而在其士人之学。新法之书，凡一名一器，莫不有学"。但是国人没有西学基础，通西文者极寡，"故今日欲自强，惟有译书而已"。他认为直接从西文翻译，耗时费力，不应时事需要，而日本向西方学习，经维新变法，已经强大，"且日本文字，犹吾文字也，但稍杂空海之伊吕波文十之三耳。泰西诸学之书，其精者日人已略译之矣，吾因其成功而用之，是吾以泰西为牛，日本为农夫，而吾坐而食之，费不千万金，而要书毕集矣"。译书之后，通过学校广为传播，则可以达到传布西学的目的。在《日本书目志》中，康有为将日本图书按照学科分为生理门、理学门等 15 门，理学门又包括博物学、生物学、人类学、动物学、植物学等若干学科。康有为依次列举了他见到的若干日本书籍，其中包括大量日本中小学教科书②。

早在维新变法时期，梁启超奏办译书局，建议"初级算学、格致学、政治学、地学四门，悉译泰西日本各学校所译之书"③。张之洞在讲到译书的时候，也提到了翻译日本书籍的好处："若学东洋文、译东洋书，则速而又速者也。是故从洋师不如通洋文，译西书不如译东书。"④ 清政府也曾派官员到日本学习如何开办新式学校、编印教科

①张之洞：《劝学篇》，上海书店出版社，2002，第 39 页。
②康有为：《日本书目志》，载蒋贵麟编《康南海先生遗著汇刊（十一）日本书目志》，宏业书局，1987。
③梁启超：《梁启超奏译书局事务折》，载汪家熔辑注《中国出版史料・近代部分》（第三卷），湖北教育出版社，2004，第 231 页。
④同①，第 46 页。

书，此后颁行的“壬寅·癸卯学制”就是参考日本的学制创制的。学者罗振玉认为，“今中国编定教科书，宜先译日本书为蓝本，而后改修之。如算学、理化、体操、图画等，可直用东书；若本国之历史、地理，亦必先译东书，师其体例，而后自编辑之。至博物等科，亦必修改。譬如动植矿三者，必就本国所产及儿童所习见者教授之，故不能全用他国成书也”①。

翻看当时的书录，可以看出在清末的学校教科书中，译自日本的教科书占了很大比例。如顾燮光的《译书经眼录》，著录清光绪二十八年至三十年（1902—1904 年）出版各书，作者提到，“壬寅已还，世尚游学，扶桑三岛，一苇能航，和文移译，点窜便易成书”；该书卷六博物学第十五，列出了博物学、植物学、动物学和昆虫学的书籍 13 种，其中多数为中小学教科书，且绝大部分是译自日本的。《民国时期总书目（1911—1949）·中小学教材》和《中国近代中小学教科书总目》里收录的教科书也反映同样的状况，即在清末民初之际，中学使用的动植物学教科书很大一部分是译自日本的。到了 20 世纪 20 年代以后，日译教科书才逐渐被国人自编教科书所取代。需要注意的是，日译教科书的减少，并不代表日译图书的减少，这是因为中国近代的教育由向日本学习转为向美国学习，而文学、政治等其他方面并未一齐转向②。

## 二、日本教科书的作者分析

被翻译成中文的日文教科书，都是在日本使用比较广泛的。这些教科书的作者大都是日本著名的生物学家。在这里，需要先简单地回顾一下日本的生物学史。日本早先也没有近代意义上的生物学，更多的是博物学意义上的本草学，且受中国的影响较大。18 世纪江户幕府

---

①罗振玉：《日本教育大旨》，载吕顺长编著《晚清中国人日本考察记集成·教育考察记》（上），杭州大学出版社，1999，第 235 页。

②王奇生：《民国时期的日书汉译》，《近代史研究》2008 年第 6 期。

时期，日本虽然实行闭关锁国政策，但是仍然通过荷兰学习西方的科学技术，形成了独具特色的“兰学”，由此开始将西方科学移植到日本。这一时期宇田川榕庵出版的《植学启原》一书，是日本最早的近代植物学著作。到了幕府末期，日本已经开始较为系统地学习西方的知识和技术。明治维新以后，日本建立了完善的科学教育体系，全面向西方学习。明治十年（1877 年），开成学校成为由法、文、理、医组成的东京大学，9 年后改为帝国大学。同一时期，日本的专门学会也成立了，如明治十一年（1878 年）成立的东京生物学会。此后，日本又陆续建立了京都人学、东北大学及中等专科学校，由此建立了高等教育与研究体系①。与此同时，本草学也转向了植物学。明治时期的日本出现了最早的职业生物学家，如箕作佳吉、松村任三、石川千代松、三好学、饭岛魁等。这些生物学家大都在大学工作，并且编写了中小学动植物学教科书。

以下对日本教科书的部分原作者作一简单介绍。

### （一）植物学家

（1）宇田川榕庵（1798—1846），日本江户幕府时期著名的“兰学”家、自然科学家。他的生父和养父都是医生，他早先学习本草学，后转向西学。1822 年出版植物学译著《菩多尼诃经》，1833 年出版《植学启原》。他不仅是日本近代植物学的奠基人之一，还是近代化学的开创者，著有《舍密开宗》。此外，他在药学、数学、温泉研究等方面亦有造诣。从他的研究经历来看，他研究植物学是为了弄清楚药物能够有效用的原因，而当时日本的大部分药物与中国相同，都是植物，他后来研究化学也是出于类似的目的②。

《菩多尼诃经》是用佛经的体例翻译而成的，其首句便是“如是我

①杉本勋：《日本科学史》，郑彭年译，商务印书馆，1999。
②吴藻溪：《日本近代化学的开创者宇田川榕庵》，《文化杂志》1942 年第 4 期。

闻”。“菩多尼诃”系 Botany 的音译，该书用汉字写成，篇幅短小，介绍了植物的形态结构和基本生理活动。该书内容曾经在 1903 年全文刊载于《科学世界》杂志第 3 期。《植学启原》共分 3 卷，引入了林娜氏（即瑞典博物学家林奈）的分类学，介绍了植物的分类、形态结构和生理，是日本近代植物学的开拓之作，由此日本将植物学称为“植学”。正如箕作虔在《植学启原》的序中所言：“亚细亚东边之诸国，止有本草，而无植学也。有斯学而有其书，实以我东方榕庵氏为滥觞云。”① 由于当时日本的植物学尚处于萌芽时期，因此书中很多名词都是音译的。罗振玉主编的《农学报》译介了大量日本农学和动植物学书籍，其中从第 63 期开始刊登《植学启原》，后收入《农学丛书》。

（2）松村任三（1856—1928，图 2 - 14），日本植物学家，早年师从矢田部良吉学习植物分类学，后留学德国，曾任东京帝国大学理科大学植物学教授、小石川植物园首任园长。松村任三是日本植物分类学的泰斗，著有《日本植物名汇》《植物名汇》《帝国植物名鉴》等。《植物名汇》曾被《农学报》转载，后来国内很多教科书在给植物定名的时候，都参考了这本书，如亚泉学馆编译的《最新中学教科书·植物学》等。松村任三编写了大量中小学植物学教科书，其中多种被翻译引进中国。

松村任三的教科书中，被译为中文的主要有《植物学教科书》（刘大猷译）、《中等植物教科书》（樊炳清译）、《中学植物学教科书》（杜亚泉、杜就田译）等。松村任三的教科书内容一般包括分类、形态、构造、生理、应用等几部分。这种体例也被很多国内自编的中学植物学教科书所采用。

---

①宇田川榕庵：《植学启原·植物学》，江户科学古典丛书 24，恒和出版，1980。

图 2-14　松村任三

（3）斋田功太郎（1859—1924），毕业于东京大学理科部，著有《大日本普通植物志》、《内外植物志·最新图说》（与佐藤礼介合著）、《内外实用植物图说》（与佐藤礼介合著）等，并自编或与他人合编了多种中等植物学教科书，还编写了少量动物学和生理卫生学教科书。钱崇澍、邹秉文和胡先骕合著的《高等植物学》就参考了《内外植物志·最新图说》一书。

斋田功太郎的植物学教科书，被译为中文的有些是与松村任三合著的，另外还有《最新植物学教科书》（王葆真译）、《初等植物学教科书》（文明书局译）等。

（4）三好学（1862—1939，图 2-15），日本植物学奠基人之一，毕业于东京大学理学部，并在大学院深造，曾留学德国莱比锡大学，回国后任东京帝国大学教授，并被授予博士学位，此后还担任过东京帝国大学理学院附属植物园园长、东京植物学会会长等。三好学首次将生态学引入亚洲，倡导自然保护，是研究樱花和鸢尾的权威。著有

《植物生态美观》《日本植物景观》《日本之植物界》《樱花图谱》等著作，以及《植物学讲义》《最新植物学》等大量植物学教科书。

三好学的教科书被译为中文的主要有《普通植物学教科书》（亚泉学馆编译，后改编为《最新中学教科书·植物学》和《新撰植物学教科书》）、《普通植物学教科书》（钱承驹编译）、《实验植物学教科书》（杜亚泉译）、《中学植物学新教科书》（王明怀译，严保诚改订）、《三好学植物学讲义》（黄以仁编译）等。此外，他的《人生植物学》《植物分类》也都被翻译成中文出版。

图 2－15　三好学

其他被译介到中国的日本植物学家及教科书还有染谷德五郎，与他人合著教科书，上文已述；藤井健次郎著《最新植物学教科书》（王季烈译），《中学植物学教科书》（华文祺译）；矢岛喜源次著《最新初等植物教科书》（华文祺译）；滨幸次郎、河野龄藏著《女子理科教科·植物编》（姚昶绪、杨传福译补）；大渡忠太郎著《植物学教科书》（西师意译述）等。此外，还有一些植物学教科书虽然没有写明原作者是谁，但从印刷或出版地在日本可以看出很可能是根据日本教科书编译的。

## （二）动物学家

（1）箕作佳吉（1857—1909），日本动物学家，1872 年进入大学校南校，后曾在美国耶鲁大学、约翰·霍普金斯大学，英国剑桥大学研究动物学，曾任东京大学理学部动物学教授、东京帝国大学理科大学校长，兼任东京高等女子学校校长、东京生物学会会长，曾创办临海实验研究所并任所长，主要研究爬虫类及海参。

箕作佳吉的教科书被译为中文的有《动物学教科书》（虞和寅译）、《动物新论》（杜就田、许家庆译）、《动物学新教科书》（王季烈译订）、《博物学讲义·动物篇》（柯璜编译）等。

（2）五岛清太郎（1867—1935），日本动物学家，“寄生虫学之父”饭岛魁的高足，毕业于东京帝国大学理学部，后留学美国，获得博士学位，曾任东京帝国大学教授，是日本寄生虫学的奠基人之一，创立日本寄生虫学学会并担任首任会长，著有《实验动物学》《动物学讲义》及多种中学动物学教科书。

五岛清太郎的教科书被译为中文的有《普通动物学教科书》（樊炳清译）、《新撰动物学教科书》（许家庆、凌昌焕译述）等。

（3）丘浅次郎（1868—1944，图 2－15），动物学家，先在东京帝国大学理学部攻读动物学，后赴德国留学，回国后在山口高等学校、东京高等师范学校任教，主要研究水生动物的比较形态。他 1904 年出版的《进化论讲话》是日本首部面向公众的进化论读物，影响深远。他还编写过多种动物学、博物学和生理卫生学教科书。

丘浅次郎的教科书被译为中文的有《最新动物学教科书》（唐英译）、《动物学教科书》（西师意译述）等。

图 2－16　丘浅次郎

其他被译介到中国的日本动物学家及教科书还有安东伊三次郎著《动物学教科书》（金太仁作译）、《普通教育动物学教科书》（张修爵、王官寿译本，钱承驹译本），矢岛喜源次著《最新初等动物教科书》（华文祺译补），大森千藏著《最新动物学教科书》（戴麒译），饭岛魁著《中等教育动物学教科书》（王国维译）。此外，还有一些教科书是国人参考多种日本教科书编译的。

除中学动植物学教科书外，清末时期的大部分中小学博物学教科书、生理卫生学教科书、小学理科教科书等也都是直接译自日本教科书，或者根据日本教科书编译而成的。

### （三）日本教科书作者简析

日本在明治五年（1872 年）颁布了新学制，开始在中小学大力推行科学教育。日本的科学界主动参与中小学教科书的编写工作，编写了大量的博物学、动物学和植物学教科书，而且很多教科书都多次再版。从前文的介绍可以看出，当时日本生物学界的开创者积极参与中小学教科书的编写，体现了这些生物学家对中小学科学教育的热情和重视。他们大部分毕业于东京帝国大学等名校，并且有德国等海外留学经历。中国早期的中小学生物学教科书的编著者主要是外国传教士、留日学生和民间出版社的编辑，直到 20 世纪 20 年代以后，才有了本土生物学家编写的中小学生物学教科书，这是由于中国的现代生物学起步比日本晚所造成的。

## 三、日本教科书译者分析

参与翻译改编日本教科书的作者，主要有这样几个来源：①留学日本的学生，有些是在日本留学或停留期间从事编译工作，有的是回国以后做的；②尽管没有到日本留学，但是在国内学习过一些日语，甚至是自学成才的知识分子；③在中国从事教育或出版工作的日本人。以下分述之。

### （一）留日学生与生物学教科书

1896 年，中国开始派出日本留学生，首批有 13 名学生，7 人在接受 3 年培训后毕业，其中唐宝锷、戢翼翚和胡总瀛转入专门学校。此后，包括清政府及各省派出的留学生，以及自费前往日本留学的人数逐年增加，到 1906 年达到高峰，此后逐渐减少，到中华民国成立之初的 1914 年和全面抗日战争前的 1935 年又有两次小高峰。在 40 年左右的时间里，中国有数万名学生到日本留学。这些学生大部分在日本接受的是速成教育，从专门学校和大学获得文凭的只占 10%左右。如此大规模的留学，政府方面主要是为了解决国内教师缺乏问题，而在留学大军中也不乏为了求学而求学的，自然也有只为镀金的。但是，国人始终只是把留学日本作为一种过渡，因为他们知道日本的发达也是源自向西方学习的结果。当早期的留日学生回国、国内的教师资源相对充足后，留学日本的热情就减退了，再加上日本政府的不重视、日本社会对中国留学生的歧视和偏见、美国等西方国家对中国开放留学生政策等因素的影响，导致中华民国成立之后留学日本的学生人数减少、留学欧美国家的学生人数增加。

留日学生在日本学习期间，以及回国以后，大多致力文化教育事业，他们编辑出版了很多报纸、杂志和书籍，并将日本的各种书籍翻译介绍到国内，这些书籍有的是在日本出版印刷、运到中国发行，有的是直接在中国印刷发行的。留学生的翻译出版活动，不仅将书籍里的文化知识传播到国内，而且将教科书编写的体例、版式，以及教科书出版与发行的技术也传到了国内。

留学生组织的编译教科书的机构主要有教科书译辑社、会文学社、作新社、教育世界出版社、上海科学会编译部、清国留学生会馆、东京启文书局等。以下着重介绍教科书译辑社与作新社。

教科书译辑社，1902年由留日学生在东京创办，负责人为陆世芬等。陆世芬，字仲芳，浙江杭县人，当时是东京高等商业学校学生。陆世芬1900年参与创办了留日学生的第一个译书团体——译书汇编社，发起人是清政府派往日本的第一批留学生之一的戢翼翚。戢翼翚(1878—1907)，字元丞，湖北房县人，东京专门学校毕业生。他还是兴中会成员，参加过孙中山组织的革命活动，后曾在上海与实践女校校长下田歌子创办作新社。他与唐宝锷合编的《东语正规》是留学生编写的第一部科学分析日语的教科书，也是国人最早采用洋装版式的书籍，具有划时代意义。教科书译辑社与译书汇编社有密切关系，很可能是后者的分社。教科书译辑社编译的生物学教科书有三好学著的《中等植物学》、石川千代松著的《中等动物学》、田园正人著的《植物之生理》(高鉿编译)、美国斯起尔著的《中学生理教科书》(何燏时①译补)等。

作新社，1901年创办于上海，发起人为戢翼翚和日本女教育家下田歌子，译员多为留日学生，社址在上海，在东京有发行所。作新社

①何燏时(1878—1961)，字燮侯，浙江诸暨人，毕业于东京帝国大学，曾任京师大学堂教习、工商部矿政司司长、国立北京大学校长，后投身商业，中华人民共和国成立后，曾任浙江省政协副主席、民革浙江主任委员等。

编译的生物类教科书主要有五岛清太郎著的《植物学教科书》，松村任三与斋田功太郎合著的《中等植物教科书》（樊炳清译）、《中学教科书·新编动物学》（1905，图 2－17）、《新编博物学教科书》（1906，图2－17）等。

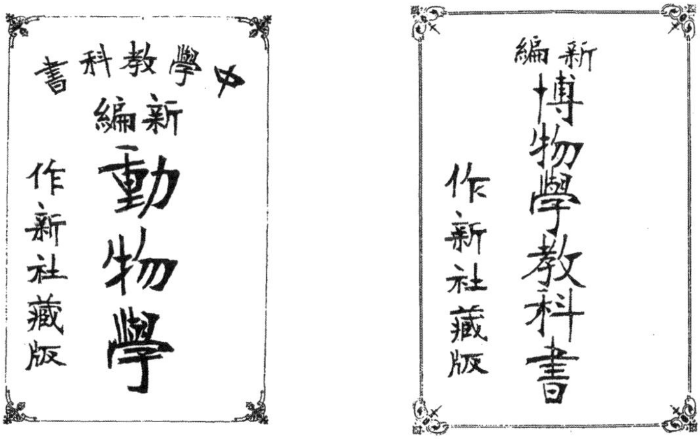


图 2－17　作新社编的《中学教科书·新编动物学》和《新编博物学教科书》

京师大学堂颁布的《暂定各学堂应用书目》包括了作新社编译的《植物学教科书》和《中等植物教科书》，以及教科书译辑社的《中学生理教科书》；学部第一次审定中学堂初级师范学堂暂用书目也包括了教科书译辑社的《中学生理教科书》。由此可见这些教科书的质量还是不错的。

留日学生编译出版的教科书还有很多，如湖北学务处 1905 年出版的《师范教科丛编·动物学第十二种》（山内繁雄讲授，陈炳炎、刘骞合编），《师范教科丛编·植物学第十三种》（铃木龟寿、山内繁雄讲授，沈增祺、刘人璪、吴赐宝编），《四川师范讲义·第十一编·动物学》（高桥章臣、铃木龟寿讲授），1906 年《江苏师范讲义·植物·第十三编》（铃木龟寿讲授，江苏师范生编译）等。

## （二）未留学日本的知识分子

参与编译日本教科书的还有很多没有到日本留学的中国人。这些人有的曾经去日本短期考察过，有的则在国内的东文学校学习过简单的日语，比较著名的如罗振玉、樊炳清、丁福保、杜亚泉等人。杜亚泉将专节介绍，丁福保翻译的主要是生理卫生学教科书和医学教科书，不在本书论述范围。以下重点介绍罗振玉和樊炳清。

1896 年，罗振玉创办农学会，发行《农学报》，刊载了很多译自日本的农学书籍；后来出版了《农学丛书》，其中有不少是生物学教科书。1898 年，罗振玉在上海设立东文学社，聘请日本人藤田丰八教授日语。东文学社虽主要是为了教授日语，但也翻译出版教科书。1901 年，罗振玉创办中国最早的教育杂志《教育世界》。

樊炳清就是东文学社的学生。樊炳清（1877—1930），字少泉，浙江山阴人。早年生活在贵阳，后以秀才身份考入上海东文学社，毕业后在东文学社翻译日本书籍，曾协助罗振玉办《农学报》，辑有《科学丛书》，后在清学部编译局参与撰写《学部官报》并编写教科书。樊炳清翻译了不少科学教科书，有的收入《科学丛书》和《农学丛书》，有的则由东文学社或教育世界出版社出版。他还曾在商务印书馆任高级编辑。樊炳清翻译的生物学教科书有《近世博物教科书》（藤井健次郎编纂，共三编，前两编分别为植物和动物）、《中等植物教科书》（斋田功太郎、松村任三著）、《普通动物学教科书》（五岛清太郎著）。以上教科书均收入《科学丛书》第一集，1901 年由教育世界出版社出版。由于樊炳清没有去过日本留学，也没有系统地学习过动植物学，因此他翻译的教科书大都是直译的。

### （三）在中国工作的日本教习

甲午战争以后，特别是 1905 年日俄战争以后，大量日本人进入中国，有的创办日语学校，同时清朝各级政府和新式学校也聘用了日本人做教习。日本教习在中国最多的年份是 1905—1909 年，到 1911 年以后，大量留日学生返回中国，加上很多日本教习水平较低，引起国人不满，以及中日关系紧张等因素，因此日本教习纷纷返回日本。这些日本教习分布在全国各省从幼儿园到高等学堂、从师范学校到铁路学堂的各级各类学校中，任教的学科几乎包括所有的学科，自然也包括博物学（含动植物学）[①]。

山西大学堂译书院于1902年在上海成立，译员包括西方传教士、中国人和日本人，而译书多源自日本。其译介的供中学堂用的生物类教科书主要有《植物学教科书》（大渡忠太郎著，西师意、许家惺译述）、《动物学教科书》（丘浅次郎著，西师意、许家惺译述）、《生理学教科书》（丘浅次郎著，西师意、许家惺译述）、《动物学》（柯璜编，1908）等。

## 四、日本教科书的影响

日本教科书对中国的影响是多方面的，包括教科书的装帧设计、编写体例、知识体系、名词术语等。当然，通过日本教科书传播生物学知识是最重要的影响，本研究所关注的是教科书在传播知识过程中的形式或载体上的影响。

### （一）装帧设计

中国在清末之前的书籍采用的都是线装方式，字体竖排、单面印刷、对折装订。欧美传教士早期编译的书籍也是仿照中国书籍的样式（图2-18）。当时日本已经采用新式装订技术，即双面印刷、内页装订，被称为“洋装本”。19世纪末，特别是20世纪的最初几年，到日本的中国人开始出版洋装本的书籍，作新社、教科书译辑社等留日学生创办的出版机构，是最早发行洋装教科书的机构。此后，文明书局和商务印书馆才逐渐开始出版洋装书（图2-19），经过几年的过渡期后，出版的新式书籍就以洋装书为主了。

---

①汪向荣：《日本教习》，商务印书馆，2014。

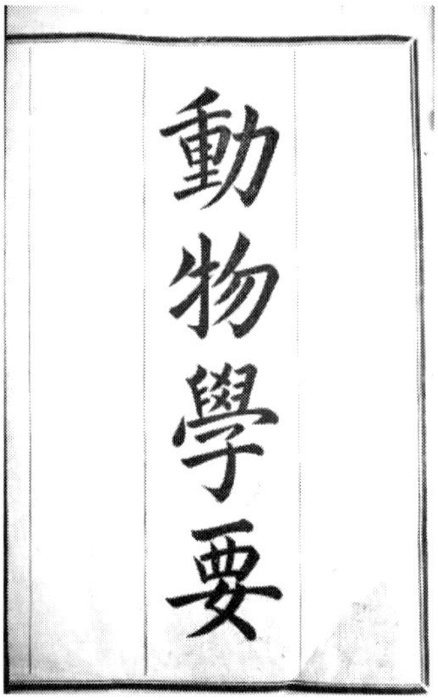


图 2－18　上海土山湾慈母堂版的《动物学要》直到 1903 年仍为线装本

图 2－19　文明书局出版的《中学动物学教科书》1905 年版采用的是洋装本

### （二）编写体例

传教士编写的教科书和国人最早编写的教科书体例简单，书名之后除了目录就是正文。而日本教科书的体例要完备一些，如正文之前有例言，正文中除文字和图片外，还有各种图表，采用阿拉伯数字和英文字母，书后有版权页，还有各种售书广告，有的教科书正文后有参考书和索引。在内页，有些教科书的页上有关键词提示。就生物学教科书而言，有的日本教科书后面附有分类系统、实验之部。这些体例安排都随着日本教科书的翻译而传入国内，并影响了国人自编的教科书。

### （三）知识体系

晚清时期传教士编译的教科书内容简单，属于初级程度，教科书的知识体系也不完备、不统一。而日本的动植物学教科书大都由生物学家编写而成，其中的知识体系相对完备和统一，内容也更加顺应生物学的发展，而且这些教科书是专为学校教学编写而成的，因此迅速取代了传教士编译的教科书。中等动物学教科书一般分为通论和各论，通论介绍动物的一般特征，如形态、解剖、生理等，各论则分为脊椎动物和无脊椎动物，介绍若干代表性动物的形态结构与习性。初等动物学教科书则不局限于动物的分类系统，直接介绍常见的动物。与此相似，中等植物学教科书一般分为形态、结构、生理、分类、应用等几方面，至于分类则会介绍主要的科属。有的植物学教科书则是按照季节编排，使得植物学的学习符合植物的季节变化。初等植物学教科书则只是简单介绍一些常见植物的形态、结构、分布等。这些构成教科书中生物学知识的编排体系，也被国人所接受，并出现在国人自编的动植物教科书中。这样的教科书具有明显的博物学特色，对于生物学的一般原理、生物的普遍特征则缺乏关注。因此，早期的教科书都是以植物学、动物学、博物学等名称编写发行的，从日本编译来的教科书均是如此。在 19 世纪末 20 世纪初，日本已经出现了以“生物学”命名的书籍，但是数量较少，作为中学教科书的更少，均没有被引入中国。直到 20 世纪 20 年代以后，国内才出现以“生物学”命名的教科书，而这些教科书要么是国人自编的，要么是译自欧美国家的，而非译自日本的了。

### （四）名词术语

早在 3 世纪，汉字就已经传到日本，到 7 世纪时，汉字在日本得到了广泛应用。直到明治时期，很多书籍还是完全用汉字书写的。当日本接受西学以后，也遇到了翻译的问题，于是他们创制了很多新词，而其造词法也是参照汉语的构词法。正是由于这样的原因，不少留日学生经过速成培训之后，就开始翻译日本书籍了。在 1900 年之前，中国人留学日本的较少，对于西学中的一些词汇，中日两国的译法是存在差别的。随着留日学生数量的增多，大量日本书籍被翻译介绍进入国内，日译西学词汇也传入中国，并开始进入汉语词汇中。1931 年，有人就曾经批评过这一问题：“东文——就是日文——因为和中文是同文的，所以名词等等倒可以将就引用，因此翻译日文好似翻译西文容易些。而中国人素来是轻视日本的，所以学术上也轻视日本；于是一班投机的译者都从日文书中找到外国书的译本，糊里糊涂地译了过来，在广告和封面上却大吹大擂说是由西文原书直译；其实日译未必都是坏，西译未必都是好。只要译得不错，何妨就用日译呢？还有一种文丐勉强学了一二年日文，就动起笔来翻译一切日文的书籍——上自文哲，下至科学——弄得读者莫明其妙，那真是糟透了。……翻开新书一看，十有八九是东洋的来路货；这岂不是新文化上一重大的污点。"① 在生物学名词术语的翻译和统一过程中，国人也不可避免地会受到日本的影响，松村任三的《植物名汇》就被多人参考。

日本对我国生物学教科书的影响，也蔓延到了那些没有去日本留学而是去欧美留学的人身上。钱崇澍、邹秉文和胡先骕合编的《高等植物学》是一本大学教科书，也被部分中学采用。这本 1922 年出版的教科书中的植物分类部分，基本还是参考日本的《最新图说内外植物志》等书籍写成的，但是由于译者并不懂日语，所以翻译出现了很多错误②。究其原因，很可能是"他们把日文看得太轻了，以为只认得汉字，便可以望文会意，连日文的否定都不知道……"，这似乎并非个案，"近来留学欧美的博士们，大著作里面常含有抄袭日文的成分"③。之所以出现这种大学教授犯低级错误的现象，表面上看是他们不懂日文的问题，从根本上看则是由于他们刚从欧美留学回国不久，还没有开展多少关于植物学的研究工作，对于一般植物学的知识没有什么问题，但是对于中国的植物分类与分布却仍然欠缺研究。

---

①若虚：《评中国著译界》，《中国新书月报》1931 年第 2 期。

②《号称著作的高等植物学之勘校与商榷》，《中国新书月报》1931 年第 12 期。

③一弹：《著作界的奇耻》，《中国新书月报》1931 年第 12 期。

## 五、对日本教科书影响的评价

清末民初的日本教科书是特定历史条件下的产物。两次鸦片战争和甲午战争的失败，近代日本的崛起，对于科学技术与教育重要性的认识，地理位置和语言习惯等方面的便利，诸多因素促使清末民初时期国人向日本学习，派遣留学生，翻译日本书籍，也包括翻译日本教科书。这些教科书是在清末施行新学制后最早进入中学课堂的一批教科书，对于传播生物学知识起到了一定作用。与早先西方传教士编译的教科书不同，翻译日本教科书的主体是中国人，特别是留日学生，他们翻译的教科书无论是名词术语、语言风格，还是材料选择，都更加适合中国的需要。这些教科书对于此后中学教科书的装帧设计、编写体例、知识体系和名词术语等方面，都产生了深刻的影响。不过，这些教科书大部分是直接翻译的，较少经过改编，因此有些内容并不适合中国的实际情况。中华民国成立后，大量国人自编教科书开始出版发行，但初期受日本教科书的影响也是显而易见的。1922 年，施行“壬戌学制”后，教科书又受到了美国的影响。实际上，国人早就意识到学习日本只是暂时的，因为日本也是通过学习西方而强大的，学习日本可以得到启发和借鉴。同时，日本对中国留学生也并不十分友好，对中国也怀有觊觎之心。于是后来国人转向直接学习西方，向西方派遣留学生，翻译或直接引进原版的英文教科书，同时开始编写适合中国实际情况的教科书①。

①近代中国的教科书编审制度也与日本不同，日本在明治时期主要是实行教科书审定制，但从 1904 年开始施行小学教科书国定制，1943 年起中学教科书也实行国定制。而中国从清末到民国时期一直都是以教科书审定制为主。

## 第五节　案例：杜亚泉及其生物学教科书

清末民初，参与中学生物学教科书翻译和编写的作者有很多，杜亚泉可以说是其中的佼佼者。虽然他没有出过国，也不是专业的科学家，但他对中国近代科学教育所做出的贡献，却是很多人难以企及的，其中一个很重要的原因，就是他翻译或编写了大量的科学教科书。

### 一、杜亚泉生平简介

杜亚泉（1873—1933，图 2 - 20），浙江山阴人，原名炜孙，字秋帆，别号亚泉，又署伧父，曾中秀才，后肄业于崇文书院。1898 年，杜亚泉受蔡元培聘用入绍兴中西学堂任算学教员，开始自学理化博物诸科及日语，可以译书。1900 年，杜亚泉赴上海创办亚泉学馆，并出版《亚泉杂志》半月刊，宣传新学，该杂志是最早由国人自办的科学杂志。翌年，改亚泉学馆为普通学书室，编译发行科学书籍及教科书，《亚泉杂志》也改名《普通学报》。1904 年，普通学书室并入商务印书馆，杜亚泉任商务编译所理化博物馆主任，致力编译工作，并曾在商务印书馆的标本仪器传习班、蔡元培的爱国女学授课。1906 年，杜亚泉曾与杜海生赴日本考察教育，并购回大量日文书籍。1911 年，杜亚泉开始任《东方杂志》兼职主编，并在该杂志上发表大量政治性文章，直到 1920 年辞去主编职务，继续编译工作，后曾创办新中华学院。1932 年“一·二八”事变后，商务印书馆停业，杜亚泉返回家乡，与其侄杜其堡等创办千秋编译社，编译科学书籍，完成《小学自然科词书》编撰，并为稽山中学义务上课。1933 年 12 月 6 日，因患肋膜炎病逝。杜亚泉曾经有诗云：“鞠躬尽瘁寻常事，动植犹然而况人。”这是对其一生的真实写照。

图 2－20　杜亚泉

杜亚泉一生撰写了大量文章，前期以自然科学为主，后期以政论性文章为主。他自己著有介绍政治、战争和哲学的书籍多部，如《辛亥革命史》(1913)、《人生哲学》(1929) 等。在自然科学方面，1933年，他依据德国恩格勒（A. Engler）及齐尔格（G. Gilg）1924 年的《植物自然科总览》(*Syllabus der Pflanzenfamilien*) 系统编辑，译著成《高等植物分类学》和《下等植物分类学》，由商务印书馆出版。杜亚泉并非直译原书，而是根据中国的实际情况，并参考日本斋田功太郎和佐藤礼介的《内外植物志》等进行加工，尤其注意译名和中国本土植物。这两本书实际是一本书的两个部分，均被列入万有文库和百科小丛书。他与朱建霞、林仁之合译的日本奈良女子高等师范动物学教授惠利惠著的《动物学精义》(1939)，分 3 卷作为大学丛书的一种由商务印书馆出版，后曾于 1958 年重印。

杜亚泉还主编过大辞典，如 1918 年他主编的《植物学大辞典》出版。该书由杜亚泉、黄以仁等 13 人花了 12 年的时间编写完成。根据杜亚泉的序言，编辑此书源于在编译中小学教科书时能有一个植物学名与中日两国普通名之对照表，但是为了更便于学习研究才大加扩充，给出了植物名称及植物学术语的普通名、学名和日文及英、德文的普通名，其中有些植物还给出了详细的特征，并附有图片。翻译家伍光建认为该书“诚可为后学先导，为将来农功开一隙之明矣”；蔡元培在序言中称赞“吾国近出科学辞典，详博无逾于此者”；东吴大学祁天锡认为，中国植物定名之法久无标准，“自有此书之作，而吾人于中西植物之名，乃得有所依据，而奉为指南焉”①，且该书有利于中国的植物学研究。1933 年，《植物学大辞典》出版缩本。1923 年，杜亚泉主编的《动物学大辞典》出版。该书同样历时十余年编成，与《植物学大辞典》十余人一起编写不同，该书先由杜亚泉的堂弟杜就田编写，然后由凌昌焕等人校对，参编的还有吴德亮和许家庆，李煜瀛作序。编写体例与《植物学大辞典》大体相同，但是在前面增加了很多图解，并有彩色插图。为了检索方便，在按照笔画顺序排列的同时，将同科、同属的动物排列在一起②。

除此之外，杜亚泉还翻译、编写了大量中小学教科书，涉及学科包括物理学、化学、动物学、植物学、生理学、矿物学、博物学、小学格致、理科、算学等，基本上都是自然科学的教科书。除亲自编译教科书外，他还参与校订了很多教科书。据章锡琛说：“馆中出版博物理化教科参考图籍，什九皆出君手。”③ 袁翰青高度评价杜亚泉为继徐寿之后介绍西方科学“成绩卓著的人物之一”④。

①杜亚泉、黄以仁等编《植物学大辞典》，商务印书馆，1918。

②杜亚泉、杜就田、吴德亮等编《动物学大辞典》，商务印书馆，1923。

③章锡琛：《杜亚泉传略》，载许纪霖、田建业编《一溪集》，生活·读书·新知三联书店，1999，第 16 页。

④袁翰青：《自学有成的科学编译者杜亚泉先生》，载许纪霖、田建业编《一溪集》，生活·读书·新知三联书店，1999，第 27 页。

## 二、杜亚泉所编中学动植物学教科书

杜亚泉翻译、编写的教科书种类繁多，其中中学动植物学教科书主要见表 2-3。

表 2-3　杜亚泉翻译、编写的中学动植物学教科书

| 书名 | 作者 | 出版商 | 出版时间 | 备注 |
| --- | --- | --- | --- | --- |
| 普通植物学教科书 | 亚泉学馆 | 商务印书馆印刷，普通学书室发行 | 1903 年 | 根据三好学著作编译 |
| 最新中学教科书·植物学 | 亚泉学馆 | 商务印书馆 | 1906 年 | 内容与《普通植物学教科书》相同 |
| 中学植物教科书 | 松村任三、斋田功太郎著，杜亚泉、杜就田编译 | 商务印书馆 | 1907 年 | |
| 新撰植物学教科书 | 杜亚泉 | 商务印书馆 | 1907 年 | 与《普通植物学教科书》同，原名《最新中学教科书·植物学》，民国之后再版多次 |
| 增订最新中学教科书·植物学 | 甘惠德编，杜亚泉校 | 商务印书馆 | 1915 年 | 甘惠德①在杭州蕙兰书院编的教科书，根据杜亚泉《新撰植物学教科书》增修删节而成 |
| 实验植物学教科书 | 三好学著，杜亚泉译 | 商务印书馆 | 1911 年 | |

①甘惠德（W. S. Sweet），美国浸礼会传教士，1899 年在杭州创办蕙兰书院。

续表

| 书名 | 作者 | 出版商 | 出版时间 | 备注 |
| --- | --- | --- | --- | --- |
| 中学校用·共和国教科书·植物学 | 杜亚泉 | 商务印书馆 | 1913 年 | 1917 年出增订本 |
| 中学校用·共和国教科书·动物学 | 徐善祥、杜亚泉、杜就田 | 商务印书馆 | 1915 年 | |
| 中学校用·普通教科书·动物学 | 徐善祥、杜亚泉、杜就田 | 商务印书馆 | 1915 年 | 内容与《中学校用·共和国教科书·动物学》相同 |
| 新学制自然科学教科书（初中 1—4 册） | 杜亚泉 | 商务印书馆 | 1923—1925 年 | 后更名为《新学制初级中学教科书·自然科学》 |

从上表可以看出，杜亚泉编译教科书，集中于 1903—1915 年，前期以翻译日本的教科书为主，后期主要是自编教科书。1915 年以后，由于主要忙于《东方杂志》的主编工作，杜亚泉没有编写新的教科书。等他辞去主编职务后，才又编写了《新学制自然科学教科书》。

杜亚泉翻译的植物学教科书，主要译自三好学。三好学的《普通植物学教科书》初版于明治二十四年（1891 年），此后不断再版，甚为畅销。该书将植物学分为形态、解剖、生理、分类四大部分，分别讲述，这种体例也被清末民初很多植物学教科书所采用。该书还有钱承驹辑译、文明书局 1907 年的版本。钱承驹在例言中就说："植物一门，日本新著迭出，其体例性质，当以三好学所著，最为完善。"① 杜

①钱承驹编译《普通植物学教科书》。

亚泉自己也说："此书之体例完美，繁简得当，适合于教科之用，固无待赘述。"① 三好学编写了多种中学植物教科书，大部分被翻译引入中国。杜亚泉还翻译过三好学的《实验植物学教科书》。杜亚泉的译书，从《普通植物学教科书》到《最新中学教科书·植物学》和《新撰植物学教科书》，大抵只是更换了书名，内容没有什么变化。杜亚泉的译本受到了社会的欢迎，进入民国之后仍多次再版。

杜亚泉和杜就田翻译的松村任三和斋田功太郎合著的《中学植物学教科书》则采用了不同的各论—总论体例，即前面 1 章有 54 节介绍各种普通植物，占全书的 80％左右，后面 5 章总论植物的分类、形态、构造、生理和应用。等到杜亚泉自己编写《中学校用·共和国教科书·植物学》时，主要还是借鉴了三好学教科书的体例，将植物学分为形态、解剖、生理、生态、分类、应用六部分，这与 1913 年颁布的中学校课程标准相吻合。教育部的审定评语："该书体裁新颖，段落分明，名词亦尚妥洽，洵属教科善本。"②

## 三、杜亚泉编译的教科书的特点与不足

### （一）杜亚泉编译的教科书的特点

（1）杜亚泉借助教科书普及生物学知识，倡导开展生物学研究。在《普通植物学教科书》中，杜亚泉慨叹中国在植物学领域虽然资源丰富，但是研究水平却远远落后于欧美，"可谓黑暗已极"③。因此他希望有更多国人从事植物学研究以光明之。也就是说，杜亚泉认为，植物学教科书不仅是为了传播植物学知识，更是为了让学生以后从事植物学研究，以期科学救国。也正因为此，杜亚泉的教科书中介绍了很多实验，且保留了三好学原书中的植物记载法，并翻译了三好学的

---

①亚泉学馆编译《普通植物学教科书》，普通学书室，1903。

②杜亚泉编著《中学校用·共和国教科书·植物学》。

③同①，序。

《实验植物学教科书》（图 2－21）。《新学制初级中学教科书·自然科学》中专列了实验栏目，其中以动植物学为主的第一册有 31 个实验。在编写《中学校用·共和国教科书·植物学》时，杜亚泉也考虑到了生理学和生态学在植物学中的重要性，因此特别加以强调，而对于植物拉丁学名的标注和重视也是出于科学研究的考虑。

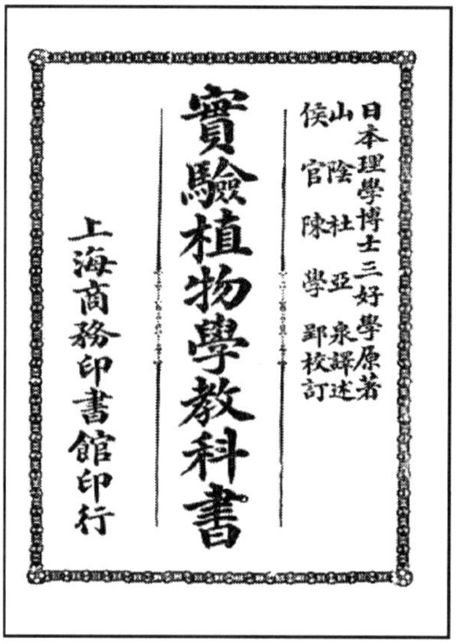
日本理學博士三好學原著
山陰杜亞泉譯述
侯官陳學郢校訂
實驗植物學教科書
上海商務印書館印行

图 2－21　杜亚泉译述《实验植物学教科书》

科学研究势必要考虑中国的具体情况，杜亚泉的教科书，早期主要是参考日本的教科书编译而成，但并非直接翻译，而是根据中国的实际情况进行改编加工。如《普通植物学教科书》虽然以三好学的教科书为主要参考，但是也参考了三好学的其他教科书，还参考了高桥、丹波、柴田合译的《普通植物学》，白井光太郎的《中等植物教科书》。考虑到三好学原书很多植物名没有给出汉名及拉丁名，除上述参考书外，杜亚泉还参考了松村任三的《植物名汇》，落合直文的《日本大辞典》，中国的《本草纲目》和《群芳谱》等。另外，杜亚泉还增加了部分插图。

（2）注重实用。杜亚泉的《中学校用·共和国教科书·植物学》

第六篇为应用植物学，介绍了食用植物、工艺植物、材用植物、药用植物和有毒植物。他与徐善祥、杜就田合编的《中学校用·共和国教科书·动物学》第六篇也是应用动物学，介绍了食用动物、役使动物、益农动物、工艺动物和药用动物。这两本书的体例安排基本相同，体现出对生物学实用性的注意。杜亚泉编《新学制初级中学教科书·自然科学》也考虑到了实用性，特别是以动植物学为主的第一册，取材的标准更是明显：

> 本书取材以下列三项为标准：（一）习见的事物、为吾人所当理解的；（二）于个人生活有重要关系的；（三）于吾人思想上或社会生活上有重要关系的——总以毕业后可供实际应用的为主①。

（3）注意与时俱进，根据最新科学进展修订教科书。杜亚泉在1913年编写了《中学校用·共和国教科书·植物学》，其中植物分类学部分介绍了两种分类法，即裴赛姆—福克尔分类法和安格尔—白兰德分类法②。后来德国和日本都开始采用伊萨拉（Eichler 艾希勒）分类法，于是杜亚泉重写了相应章节，加上对其他章节的修订，形成了教科书的增订本（表2-4）。

---

①杜亚泉：《初级中学教科书自然科学》（第一册），商务印书馆，1923年。

②今译“边沁（Bentham）—虎克（Hooker）分类法”和“恩格勒（Engle）—勃兰特（Prantl）分类法”。

表 2－4　《中学校用・共和国教科书・植物学》中的植物分类

| | 版本 | | | |
|---|---|---|---|---|
| | 初版 | | 第 18 版后增订本 | |
| 显花植物部 | 被子门 | | 被子门 | |
| | 双子叶亚门 | | 双子叶类 | |
| | 离瓣花类 | 一百一十科 | 合瓣区 | 九目 |
| | 合瓣花类 | 四十科 | 离瓣区 | 二十一目 |
| | 单子叶亚门 | 四十科 | 单子叶类 | 七目 |
| | 裸子门 | 四类各一科 | 裸子门 | 不分纲目 |
| 隐花植物部 | 羊齿门 | 三类 | 羊齿门 | 三纲 |
| | 苔藓门 | 二类 | 苔藓门 | 二纲 |
| | 菌藻门 | 二类 | 菌藻门 | 二纲 |

### （二）杜亚泉编译的教科书的不足

杜亚泉没有接受过系统的近代科学教育，他的生物学知识基本上都是通过自学习得的。考察杜亚泉的生平，可以看出他的主要经历是中学教师和出版社编辑，没有科学研究的经历。在这种情况下，杜亚泉编译的生物学教科书中的内容只能是来自别人的教科书，但是由于他原是旧式读书人，所以可以借鉴《本草纲目》等中国古籍对植物学名词进行校订。

杜亚泉提倡科学研究，但是自己却没有科学研究的经历，这也导致他不能很好地顾及教科书中生物学实验的安排。他的植物学教科书中有一些实验，但不是独立的模块，且并非演示实验和学生实验，只起到辅助说明相关知识的作用。他在《新学制初级中学教科书・自然科学》中增加了单独的实验栏目，但只是简单的操作指令，没有完备的实验环节（如实验目的、材料、步骤、记录等）。不过，从他翻译三好学的《实验植物学教科书》来看，他是往这个方向努力的。

## 四、杜亚泉的科学教育思想

从杜亚泉的经历来看，他是非常热心于科学教育的。尽管也曾参加过科举考试，但是杜亚泉认识到了世界形势的变化，转向新学，自学了数学、理化、博物诸科，不但曾经在一些新式学校担任理科教员，还曾亲自创办过新式学校；在他早期翻译、编写的教科书中，理科教科书更是占据了绝大部分，还有专门的工具书《植物学大辞典》、《动物学大辞典》和《小学自然科词书》。

1922 年新学制颁行后，杜亚泉提出了自己的看法。他认为，新学制后的初中自然科程度应与旧学制中学相同，高中则须以外国语教授，这样一方面初中的教科书不用完全重写，可以修订原来的教科书，另一方面又适应了学生进一步学习的要求和当时的科学发展形势①。

关于自然科教材的选择，杜亚泉认为需要满足四个要件，即可以代表自然界的一方面、普通、实验观察比较容易、投合儿童的兴味②。在选择教材的时候，对于低年级以广浅为宜，对于高年级则以深狭为佳，还需要兼顾应用的材料与基础的材料、博物的材料与理化的材料。对于教材的排列，杜亚泉比较赞成用模式的动植物按照系统排列。他不赞成所谓的共存体排列法，并认为博物教材需要考虑季节的排列。此外，低年级难度要低一些，随年龄增长增加难度。总之，他认为博物学教材应该重于季节的和难易的排列，参以系统的、共存的及其他各方面的关系为联络的排列③。

杜亚泉认为社会上各种教育家的思想不能随便在教育政策中体现，需要经过谨慎的研究和试验后再推广，不过他并不反对改革。由此可

---

①杜亚泉：《中学校算学科和自然科的程度标准及教科用书》，《自然界》1926 年第 4 期。

②杜亚泉：《自然科教材的选择》，《自然界》1930 年第 4 期。

③杜亚泉：《教材的选择》，《自然界》1930 年第 5 期。

以看出，杜亚泉是相对比较保守的。他认为教育行政部门只需要规定自然科教育的最低限度，即必须研究的、实验的、作业的事项，至于材料如何组织、采取何种教学方法，都应该由地方和教师自行决定。对于初中的自然科学，他认为分科的要比混合的更好一些，因为初中各科发生相互联系的并不多。就分科的动植物学而言，他认为在当时社会条件下，更需要演绎的教学法，以培养适合社会需要的应用型人才。为了与小学自然教育相区别，他建议在小学采用模式生物教学，初中则采取系统叙述①。

## 本章小结

清政府颁布“壬寅·癸卯学制”后，全国各地兴办了大量的新式中小学堂，教科书的编写出版进入了新的时代，开始服从并服务于学制要求。参与其中的有政府官办的出版机构，也有民间出版机构。不过在学制施行之初，各出版机构编写的教科书并不统一。大部分教科书是译自日本或者欧美国家，自编的教科书很少。这一方面是由于政府和各出版机构对于教科书的编写尚未达成一致的规范，另一方面也是由于当时新式教育刚起步，一切都还处在摸索和模仿阶段。直到清朝统治结束，学部也没能建立完善的教科书编写出版体制，更没有编写出完整的符合其学制系统的教科书。中华民国成立之初，尽管在教育方针上有一些变化，但是在生物学（博物）教科书方面并没有实质性变化。北洋政府同样是延续了教科书的审定制，并没有编写出国定教科书。从实践来看，审定制比国定制要好。在市场竞争的作用下，教科书的编写水平更高、排版印刷更精美、售价也更低廉，同时也给

①杜亚泉：《中小学自然科课程标准的讨论》，《自然界》1931 年第 1 期。

了学校和师生更大的选择权，因此审定制促进了教科书的发展①。

这一时期出版的教科书的作者有政府编译机关的专职人员、民间书坊的编辑、中学教师和留学生等，其中留日学生在日译教科书方面贡献颇多。他们编写的教科书，绝大多数是由日本的教科书翻译而来的（包括部分译自在中国学堂上课的日本教习的讲义），而且大都没有做进一步加工，甚至直接采用外国的动植物进行说明，不合中国国情；只有少数教科书在编写的时候能够参考多种教科书，且结合中国的实际情况进行修改。另外，这些教科书对民国后教科书的编写出版产生了一定的影响，包括教科书的编写体例、使用的名词术语，很多都源自日本的教科书。1919 年，胡先骕在《植物学教学法》中分析当时中学博物学教学的恶劣状况产生的原因，认为社会及办教育的人不知道植物学与人生的关系及其在教育上的价值，博物教师滥竽充数、尸位素餐者过多，课程体系没有安排实习、设备不完善，教科书完全依赖日本人，截然分为形态、组织、生理、分类之旧，导致学生不能贯通学理、对植物学不感兴趣②。不过，有一点需要注意的是，日本教科书对中国的影响仍然是有限的，国人在编译教科书的时候，一开始就没有忽略来自欧美的教科书，而且越来越多的自编教科书更加重视结合中国的实际情况。尽管在民国初年（1912 年），仍然有不少教科书是参考日本的教科书编写的，但随着欧美留学生归国，以及国内教育的发展、出版机构的成长壮大，自编教科书、参考欧美教科书编写的教科书开始占据主导地位，日本教科书的影响在 20 世纪 20 年代以后迅速减弱。

与传教士和政府官办出版机构相比，民间出版机构在教科书的出版上显得活力更足。有文明书局、商务印书馆、中华书局等专门的出

①江梦梅：《论现行教科书制度及前清制度之比较》。

②胡先骕：《植物学教学法》，《科学》1922 年第 11 期。

版机构组织专业编辑编写出版，也有留学生翻译引介交由出版机构出版。不同的出版机构，在教科书的编写出版上用力不同，在社会上的影响力也有差异。早期以教科书为主业、实力较强的有文明书局和商务印书馆，但是进入民国以后，又有中华书局异军突起，文明书局在竞争中逐渐处于颓势，直至被兼并；商务印书馆越做越大，并将教科书作为主攻业务，既有强有力的编辑团队，又汇集了一大批名家参与编写，使其教科书质量得到了充分保障，稳坐近代教科书出版市场第一把交椅。而其他的小书坊则在市场竞争中逐渐败退，要么被兼并，要么直接倒闭，他们出版的教科书很快就淡出了市场，对社会的影响自然有限。尽管是民间出版机构，但他们也都注意响应政府的教育政策，当学制变革、教科书审定之时，他们也会及时调整教科书的出版策略，以适应社会的需要，如商务印书馆的“最新教科书”“共和国教科书”就是典型代表。另外，较大的出版机构还有意推出系列教科书，体现出其编写、出版教科书的实力。

清末民初，中国的现代生物学尚处于萌芽阶段，无论是专业人才的培养还是科学研究的水平都很低，基本上还处于“博物”的阶段，即考察和认识国内的动植物资源，这从早期的各类博物学会及其工作可以看得出来。因此，清末民初的生物学教科书中几乎看不到国内生物学家的研究成果，这也导致这一时期的中学生物学教科书带有明显的博物学特色，只关注于生物的形态、结构与分类，对于生理与生态则比较淡化，教学的目的主要在于辨名识物，而非了解生物的生命现象及其一般规律。

尽管如此，教科书的编写者却非常注重教科书内容的本土化，有意识地将外国教科书中的动植物材料替换成本国的动植物材料，从课程纲要到教科书，都强调生物学与人生的关系，这与近代中国的科学救国不无关系。不单是内容，就是对于生物学名词，编写者也都注意结合中国已有的名词，符合中文文法及语言习惯。即便在清末，有些教科书作者也已经不满足于直译外国教科书，或综合参考多种教科书进行编译，或完全自编，到中华民国成立后，大部分教科书都是自编的了。虽然是自编的教科书，但我们仍然可以看到日本教科书的影响。在尚未建立本国的生物学体系的状况下，很难想象教科书能够有中国特色的编写理论与知识体系。不过，就是这些教科书为教科书的本土化探索出了一些新路，并启蒙了一大批少年学生，他们当中就有后来的生物学家。

# 第三章 民国中期的中学生物学教科书

然利用厚生之法，何由求之？则曰当自研究生物学始。

——王守成，《公民生物学》，1924 年

## 第一节 中国现代生物学的建制化

中国现代生物学早期是以博物学的面貌出现的，但是发展相对缓慢。进入 20 世纪 20 年代以后，生物学从博物学中独立出来，获得了较快的发展。吴家煦认为，这一现象的出现，是由于中华博物学会、中国科学社生物研究所、中华学艺社等团体的成立和其卓越的成绩，造就了国内的研究氛围，对高等学校生物学系科的设立起到了促进作用，而欧美国家和日本对于中国博物学的兴趣也刺激了中国生物学的发展①。这个过程实际上是中国的生物学学科开始逐渐走向建制化的历程。由于中国缺少现代生物学的基础，因此建制化历程首先是生物学家群体的产生，而后才是高等学校生物学系科的纷纷成立，以及专业社团的组织和学术刊物的发行。

### 一、中国近代生物学家群体的产生与高等学校生物学系科的建立

现代生物学可以说是舶来品，最早建立并培养生物学高等人才的学校也是外国教会设立的教会大学；近代中国早期的生物学家大部分

①吴家煦：《中国博物学变迁史》，《文化汇刊》1943 年第 1 期。

都有留学欧美国家和日本的经历，这批学者是将西方生物学引进我国的主要功臣。他们创办了中国的高校生物系和研究机构，培养了年轻人才，奠定了学科发展的基础。

### （一）留学欧美国家和日本的生物学家

由于国内的生物学高等教育和研究起步晚、水平低，因此很多热爱生物学的人不得不到海外留学，“庚子赔款”退款促成的留学更是加快了这一进程。近代学习生物学的留学生选择的国家主要是美国，其次是法国和德国，还有英国、日本、比利时、意大利等。

接收中国留学生的美国高校有很多，也有许多中国留学生前往这些高校留学，如曾在康奈尔大学留学的有秉志①、邹树文、胡经甫、刘崇乐、戴芳澜、邓叔群、李先闻、李景均、冯肇传、沈宗翰、金善宝、李竞雄等，曾在哈佛大学留学的有吴宪、陈焕镛、钱崇澍、钟心煊、胡先骕、陈嵘、李惠林、王启无、胡秀英、汤飞凡、谢少文等，曾在哥伦比亚大学留学的有陈桢、李汝祺、陈子英、卢惠霖等，曾在加州理工学院留学的有谈家桢、鲍文奎、沈善炯、殷宏章、余先觉等，曾在芝加哥大学留学的有陆志韦、蔡翘、张锡钧、冯德培、卢于道、赵以炳、张景钺、严楚江等，曾在约翰·霍普金斯大学留学的有汪敬熙、陈克恢、汤佩松等，曾在密歇根大学留学的有朱元鼎、郑作新、饶钦止、曾呈奎等。留美回国的生物学家后来在国内各大高校和研究所任职，并有多人入选中央研究院首批院士。

留学法国、德国及周边国家的中国留学生也比较多，如曾留学德国的贝时璋、欧阳翥、辛树帜、崔之兰、董爽秋、郝景盛、庄孝僡，留学法国的李石曾、朱洗、伍献文、林镕、陈世骧、张春霖、尹赞勋、刘慎谔、谭熙鸿、汪德耀、经利彬、周太玄、曾省、罗世嶷，留学比

① 秉志（1886—1965），字农山，河南开封人，著名动物学家，曾在多所大学和研究所任教、从事科学研究，曾参与创办中国科学社动物研究所、创办北京静生生物调查所、担任中国动物学会理事长，是中国科学院学部委员。

利时的童第周等。柏林大学、巴黎大学和里昂大学是留学生比较集中的高校。由于法国、德国和比利时等国家在地理位置上比较接近，所以这些留学生之间互相都有往来，他们中很多人参加了在法国成立的中国生物科学学会。后来这个学会迁回了国内，但是活动较少，影响也较小。回国以后，很多人到国立北平研究院、国立北平大学、中法大学、北京大学、浙江大学、四川大学等处工作。除那些在出国前就与东南大学和中国科学社有关系的，其他人回国后与中国科学社的关系比较平淡。

曾留学英国的生物学家数量并不多，有朱壬葆、林可胜、冯德培、张肇骞、陈封怀、吴定良、方文培、辛树帜等。此外，秦仁昌曾在欧洲多地学习植物学、收集标本，包括英国的丘园。在丘园学习的还有汪发缵、唐进等。留学英国的生物学家与留学欧美其他国家的生物学家来往较多。

尽管在清朝末年就开始了留日大潮，但那毕竟是以培养中小学教师为主的速成式留学，获得学位的留日学生比例很小，后来成为科学家的就更少了。不过，随着中日关系恶化，庚子赔款退款留学等形势的变化，留学日本的人数逐渐减少，留学欧美的人数逐渐增多。曾到日本留学的生物学家主要有张珽、薛德焴、王其澍、罗宗洛、蔡邦华、费鸿年等。他们就读的学校有东京高等师范学校、东京文理科大学、早稻田大学、东京帝国大学、北海道帝国大学等。回国后，他们工作的大学主要是国立武昌高等师范学校（国立武汉大学）、中山大学等。与留学欧美的科学家相比，留学日本后成为生物学家的数量较少。

赴欧美国家和日本留学的学生，有的是直接去读大学本科及研究生的，有的则是从国内大学毕业后去的，有的还不只在一个国家、一个大学攻读研究生。回国以后，他们在国内各大学生物学系和研究机构承担教学和科研任务，开始独立开展科学研究，并培养了后来的生物学家。这些留学生构成了中国近代生物学家群体的核心。

### （二）国人自办大学

在国人自办大学中，早期的高等师范学校设立有博物科，后来改为生物系。而综合性大学中的生物系普遍设立较晚，一般都是在20世纪20年代以后，但是后来综合性大学的生物学系发展迅速，超过师范大学成为培养生物学人才的主阵地。生物学系发展的原因，一方面是大学数量的增加，另一方面则是留学海外的人才回国。

南京高等师范学校1917年创办农林专修科，主任为邹秉文；1921年部分改组为国立东南大学，农科下设生物学系、农艺系、园艺系、畜牧系、病虫害系和农业化学系，生物系主任为秉志，这是国立高校中第一个生物学系；1926年，生物系分为植物学系和动物学系。早期在国立东南大学生物系工作的生物学家有秉志、胡先骕、钱崇澍、陈桢、胡经甫、张景钺、许骧等，培养了王家楫、寿振璜、张春霖、张孟闻、方炳文、方文培、张肇骞、陈封怀、崔之兰、张宗汉、欧阳翥、刘咸、郑集等一大批后来的生物学家。1928年，国立东南大学改组为国立中央大学，张景钺为生物系主任。1929年，生物系又分为植物系和动物系，张景钺、蔡堡、孙宗彭等分别担任过植物系和动物系的系主任。在此任教的还有罗宗洛、王家楫、吴福桢、王守成、耿以礼、陈义等。

北京高等师范学校博物部1922年改为生物地质系，1923年北京高等师范学校改为国立北京师范大学校时，生物地质系改为生物系，1924年李顺卿任系主任。后来刘崇乐、郭毓彬曾担任系主任，张春霖、严楚江、陈桢、李继侗、雍克昌、鲍鉴清、武兆发、林镕、胡先骕等都曾在这里授课，培养出来的学生有俞德浚、王文采等。

1924年广东高等师范学校并入国立广东大学，博物部改为生物系，费鸿年为主任，后黎国昌、郜重魁继任；1926年改为国立中山大学，黎国昌任系主任；当年10月生物系分为动物系和植物系，分别由黎国昌和郜重魁任系主任；1927年陈焕镛、费鸿年分任植物系、动物系主任；1928 年两系合并为生物系，费鸿年为主任。此后辛树帜、罗宗洛、董爽秋、张作人等都做过系主任。在此任教的还有朱洗、任国荣、黄绮文、马心仪、罗世嶷、冯言安、谢循贯等，培养出来的学生有任国荣、石声汉、黎尚豪、张宏达等。

清华学校 1926 年设立生物系，钱崇澍为首任系主任，1927 年刘崇乐任系主任，1928 年更名为国立清华大学，从 1929 年开始一直由陈桢担任生物系主任。在此任教的还有李继侗、吴韫珍、寿振璜、赵以炳等，早期培养的学生有汪振儒、殷宏章、王伏雄、朱弘复、吴征镒等。

此外，还有很多大学设有生物学系。如国立北京大学校 1925 年成立生物系，系主任先后为谭熙鸿、经利彬等。1914 年国立北京大学校农科改为国立北京农业专门学校，钱崇澍曾任系主任；1923 年扩大为国立北京农业大学，设有森林、园艺、生物等系；1928 年并入国立北平大学，成为国立北平大学农学院，设有农业生物系，1930 年费鸿年曾任系主任。中法大学陆谟克学院 1928 年设生物系，主任为陆鼎恒，1931 年后由夏康农任系主任。国立沈阳高等师范学校博物部改为东北大学生物系后，1929 年刘崇乐任系主任。天津私立南开大学 1922 年成立生物系，应尚德任系主任，1926 年李继侗任系主任。河南大学的前身中州大学，1923 年创办生物系，张春霖任系主任，1930 年曾慎任系主任，1938 年傅桐生任系主任。国立武昌高等师范学校博物学部 1923 年改为生物学系，当年国立武昌高等师范学校改为国立武昌师范大学，系主任张珽，教员有王其澍、薛德焴等。1926 年从国立成都高等师范学校分出来的国立成都大学设立生物系，系主任先后为罗世嶷、周太玄。1935 年任鸿隽掌国立四川大学，聘钱崇澍任生物系主任，后方文培继任。私立复旦大学，1924 年郭任远成立心理系，1926 年心理学院改为生物学科，蔡堡任主任，1929 年改为生物系。国立暨南大学，1927 年建立生物系，黎国昌任系主任。光华大学，20 世纪 20 年代时的生物系主任为潘光旦。国立浙江大学从1930年起由贝时璋筹建生物系，1934年蔡堡任系主任，教师有张孟闻、童第周、罗宗洛、张肇骞、谈家桢等。私立厦门大学1922年开办动物系、植物系，1926年钱崇澍曾任植物系主任、秉志任动物系主任，1930年陈子英任动物系主任，合并后系主任先后为陈子英、汪德耀。

### （三）教会学校

近代教会学校大都成立了生物系、农林系等相关系科，早期的教师一般都是外籍的，后来才有中国生物学家的加入。

东吴大学，1912年由祁天锡创办生物系，并担任系主任；在此之前，奚若曾担任东吴大学格致科的助教，并翻译了祁天锡的《昆虫学举隅》，后来奚若和蒋维乔又一起翻译了《胡尔德氏植物学教科书》。祁天锡担任系主任期间，培养出来的学生有施季言、胡经甫、朱元鼎、陈子英、王守成、张和岑、郑思竞等，这些人后来在各大学的生物学系任教，有的还成为系主任。

金陵大学，1914年设立农科，1915年设立林科，1916年将两科合并为农林科，主任为裴义理，下设生物、农艺、林学等系，1918年增设蚕桑系，聘请美国农业昆虫学家吴伟士（C. W. Woodworth）任系主任。1921年，美国植物学家史德蔚（Albert N. Steward）在金陵大学建立植物学系，并任系主任。1930年成立理学院，生物系分为动物学系和植物学系，陈纳逊担任动物学系主任。金陵大学的著名毕业生有陈桢、李积新、叶元鼎、李继侗、吴韫珍、秦仁昌、王应睐（毕业于化学系）、俞大绂、裘维蕃等。

北京协和医学院正式成立于1917年，对我国实验生物学的建设和发展做出了积极贡献。早期留学美国哈佛大学、后来在北京协和医学院担任生理生化系（后改为生物化学系）主任的吴宪，留学英国爱丁堡大学、后来担任北京协和医学院生理系主任的林可胜，是我国实验生物学的奠基人，他们培养了大批生物化学和生理学的人才，如冯德培、汪猷、刘思职、谢少文、王志均等。林可胜还和吴宪一起发起成立中国生理学会，并创办《中国生理学杂志》。

除此之外，像燕京大学、福建协和学院、岭南大学、齐鲁大学、沪江大学、圣约翰大学、华西协合大学等，也都有相关系科，培养了大量生物学及农、林、医科人才。

姜玉平根据《第一次中华民国教育年鉴》统计，到1930年全国大学生物学系的建制情况如表3－1所示。

表3－1 1930年全国大学生物学系的概况①

| 类别 | 学校与系别 | 系主任 |
|---|---|---|
| 国立大学 | 国立北京大学生物系 | 雍克昌 |
| | 国立北平师范大学生物系 | 李顺卿 |
| | 国立北平大学农学院农业生物系 | 费鸿年 |
| | 国立清华大学生物系 | 陈桢 |
| | 国立中央大学植物学系 | 金树章 |
| | 国立中央大学动物学系 | 蔡堡 |
| | 国立青岛大学生物学系 | |
| | 国立暨南大学生物学系 | 黎国昌 |
| | 国立浙江大学生物学系 | 贝时璋 |
| | 国立武汉大学生物学系 | 张珽 |
| | 国立中山大学生物学系 | 罗宗洛 |
| 省立大学 | 东北大学生物学系 | 刘崇乐 |
| | 省立安徽大学生物学系 | 胡子穆 |
| | 省立河南大学生物学系 | 曾慎 |
| | 省立广西大学生物学系 | |

①姜玉平：《民国生物学高等教育与研究的体制化》，博士学位论文，中国科学技术大学科学技术史系，2003。

续表

| 类别 | 学校与系别 | 系主任 |
| --- | --- | --- |
| 私立大学 | 中法大学生物学系 | 陆鼎恒 |
| | 天津私立南开大学生物学系 | |
| | 大夏大学生物学系 | 郁康华 |
| | 私立复旦大学生物学系 | 许逢熙 |
| | 光华大学生物学系 | 黄赓祥 |
| | 私立厦门大学植物学系 | 段续川 |
| | 私立厦门大学动物学系 | 陈子英 |
| 教会大学 | 燕京大学生物学系 | 胡经甫 |
| | 辅仁大学生物学系 | |
| | 沪江大学生物学系 | 郑章成* |
| | 金陵大学动物学系 | 陈纳逊 |
| | 金陵大学农学院植物学系 | 史德蔚 |
| | 金陵女子文理学院生物学系 | 邬静娴 |
| | 之江文理学院生物学系 | 马尔济 |
| | 东吴大学生物学系 | |
| | 福建协和学院生物学系 | 克立鹄 |
| | 齐鲁大学生物学系 | 贾珂 |
| | 华中大学生物学系 | 桂质廷* |
| | 岭南大学生物学系 | 贺辅民 |

注：* 为理学院院长。

## 二、生物学专门研究机构的建立

近代中国的生物学研究机构，主要是在专门的研究所里，如中国科学社生物研究所（图 3－1）、静生生物调查所、国立北平研究院动物研究所和植物研究所、国立中央研究院动植物研究所等。高校中设立的研究机构很少，如中山大学农林植物研究所、西南联大时期清华大学设立的农业特种研究所等。

图 3-1　中国科学社生物研究所

中国科学社生物研究所，1922 年 8 月 18 日在南京成立，这是我国第一个生物学研究机构，秉志任所长，起初成员为胡先骕和陈桢。1926 年分为动物、植物两部，分别由秉志和胡先骕主持；1928 年，钱崇澍替胡先骕主持植物部。抗日战争全面爆发后，钱崇澍代理所长。生物研究所早期的工作主要是动植物资源采集和分类，后期增加了解剖学、生理学和生物化学等研究。1925 年创办英文刊物 *Contributions from the Biological Laboratory of the Science Society of China*（《中国科学社生物研究所汇报》）。1925—1929 年共刊出动植物论文 5 卷，每卷 5 号。1930 年起分为动物学（Zoological series）和植物学（Botanical series）两组，到 1942 年刊出 12 卷 3 期后停刊。中国科学社生物研究所汇集并培养了一大批生物学家，曾在这里工作的还有王家楫、张春霖、耿以礼、方炳文、金维坚、曾省、倪达书、伍献文、陈义、张孟闻、崔之兰、欧阳翥、郑集、陈焕镛、邓叔群、王守成、秦仁昌、郑万钧、裴鉴、方文培、张景钺、汪振儒等，其中很多是这里培养出来的学生。后来的静生生物调查所、国立中央研究院动植物研究所、庐山森林植物园、云南农林植物研究所等都与其有密切的关系，这些机构的骨干大都来自中国科学社生物研究所。除此之外，生物研究所还建设了标本馆，并对外开放；接受所外人员，包括中学生物教师来做实验；面向社会开展科学普及工作；编订大学和中学的生物学教科书；参与审定统一生物学名词。

静生生物调查所（以下简称“静生所”），1928 年 10 月 1 日成立于北平，起初设立动物、植物两部，所长兼动物部主任为秉志，植物部主任为胡先骕（图 3－2）。静生所早期的研究工作是对中国北方动植物资源进行调查和分类，1929 年出版英文刊物 *Bulletin of the Fan Memorial Institute of Biology*（《静生生物调查所汇报》）。1932 年胡先骕任所长。曾在静生所工作的有秦仁昌、唐燿、张春霖、蔡希陶、寿振璜、汪发缵、俞德浚、喻兆琦、沈嘉瑞等。

图 3－2　静生生物调查所成立时成员合影（前排左二为秉志，左三为胡先骕）

庐山森林植物园，1934 年 8 月 20 日成立，胡先骕倡议由静生所与江西农业院合办，秦仁昌任主任。后来陈封怀在英国学习植物园建设管理经验后，被聘为园艺技师。

云南农林植物研究所，1938 年由静生所与云南教育厅合办，所长为胡先骕，成员有汪发缵、蔡希陶、俞德浚等；1941 年出版《云南植物研究所丛刊》第一卷第一期。

中国西部科学院生物研究所，1931 年成立，是四川实业家卢作孚创办的中国西部科学院的一个研究机构，所主任先后为王希成、戴立生，分植物和昆虫两部，主任分别是俞德浚（后来是曲仲湘）和德国昆虫学家傅德利（Walter Friedrich）；1933 年设动物部，主任为施白南（怀仁）。该研究所的主要成绩是调查了四川及其周边地区的动植物资源。该所与中国科学社生物研究所和静生所多有联系。

国立北平研究院成立于 1929 年 9 月 9 日，设有生物部，分为生物、动物、植物 3 个研究所，并在上海设有药物研究所和发育生理研究所。植物研究所（图 3－3）和动物研究所于 1929 年成立，分别由刘慎谔和陆鼎恒担任主任；生物研究所于 1932 年成立，所长经利彬，1934 年改为生理研究所。植物研究所专兼职研究人员有林镕、钟观光、孔宪武、夏玮瑛、郝景盛等，主要研究北方的植物分类和植物地理学，从 1931 年起刊发《国立北平研究院植物学研究所丛刊》（*Contributions from the Institute of Botany, National Academy of Peiping*），抗日战争全面爆发前出到第六卷第一期。动物研究所专兼职研究人员有张玺、朱弘复等，主要研究水生生物，曾出版《国立北平研究院动物学研究所丛刊》（*Contributions from the Institute of Zoology, National Academy of Peiping*），抗日战争全面爆发前共刊出 3 卷；另出版有《国立北平研究院动物研究所中文报告汇刊》，共出版 23 号。生理研究所研究人员有章韫胎、戴笠、赵燏黄等，主要研究细胞学、生理学和生药学，从 1935 年开始发行《国立北平研究院生理研究所丛刊》（*Contributions from the Institute of Physiology, National Academy of Peiping*），并编有《中文报告汇刊》。与其他研究机构不同，国立北平研究院的这几个生物研究所的研究人员大都有留学法国的经历，后来的年轻人则来自国立北京大学生物系和中法大学。

图 3-3 位于今北京动物园内的北平研究院植物研究所旧址——陆谟克堂

1930 年 1 月，国立中央研究院自然历史博物馆正式成立，钱天鹤任主任，下设动物、植物二组；1933 年，动物组主任为伍献文，植物组主任为邓叔群；1934 年，改为国立中央研究院动植物研究所，王家楫任所长，动物、植物二部主任分别为王家楫和裴鉴；1944 年，分为动物所和植物所，王家楫和罗宗洛分任所长。该所的主要工作也是动植物资源调查和分类。曾出版英文刊物 *Sinensia Contributions From The Metropolitan Museum Of Natural History Academia Sinica*（《国立中央研究院自然历史博物馆丛刊》），至 1933 年共刊出 4 卷；后更名为 *Sinensia Contributions From The National Research Institute Of Biology Academia Sinica*（《国立中央研究院动植物研究所丛刊》），到 1941 年刊出 12 卷后停刊。曾在此工作过的还有秦仁昌、方炳文、常麟定、钟观光、钟补求、陈世襄、耿以礼等，还有一些兼职研究员和通讯研究员。从人员组成上看，该研究所与中国科学社生物研究所也有很大关系。

1927 年，陈焕镛从国立东南大学被聘到国立中山大学。他采集了大量标本，准备编写《广东植物志》，由此在 1928 年成立植物研究室，1929 年 12 月改为植物研究所，1930 年改为农林植物研究所，陈焕镛一直担任所长，并创刊《国立中山大学农林植物研究所专刊》（*Sunyatsenia*，*Journal of the Botanical Institute* ，*Sun Yatsen University*）。该所主要是调查采集广东、海南及附近地区的植物资源。1935 年，陈焕镛受邀在广西创设广西大学植物研究所，并任所长。他在广西、贵州采集了大量植物标本。

## 三、生物学社团组织与专业期刊

随着生物学家群体的成长，他们建立了专业的社团组织，创办学术刊物，开展学术交流，在 20 世纪二三十年代建立起来的生物学社团组织主要有以下几家。

1924 年，国立武昌师范大学改为国立武昌大学，博物学会改为生物学会，《武昌师范大学博物学会杂志》更名为《生物学杂志》。

1924 年，六足学会（中国昆虫学会）在南京成立，张巨伯任会长，4 年后停办。1944 年中华昆虫学会在重庆成立，吴福祯为理事长，决定创办《中华昆虫学会通讯》。

1925 年，留法学生在法国里昂成立中国生物科学学会，刘慎谔为总书记。该学会先后创办了多种杂志：中文杂志方面，1926 年由中华书局出版了 1 期《生物科学》，1936 年由世界书局出版了 1 卷 4 期《生物学杂志》；西文杂志方面，1936 年开始出版 *Chinese Journal of Botany*（《中国植物学报》）和 *Chinese Journal of Experimental Biology*（《中国实验生物学杂志》），刊登英文、德文或法文文章。受到战乱的影响，这些杂志在民国时期的发行时间都不长。

1926 年，林可胜与吴宪发起成立中国生理学会，林可胜为临时书记兼会计，后被选为第一任会长。1927 年 1 月，学会开始出版《中国生理学杂志》（*The Chinese Journal of Physiology*）。

1933 年，中国植物学会在重庆北碚成立，钱崇澍任第一届评议长，陈焕镛副之，胡先骕为总编辑，会址设在静生所。1934 年，中国植物学会会刊《中国植物学杂志》创刊。1935 年起开始发行不定期英文刊物 *Bulletin of the Chinese Botanical Society*（《中国植物学会汇报》）。

1934 年，中国动物学会在庐山成立，秉志和胡经甫分任正副会长，会址在中央研究院动植物所。1935 年，学会创办《中国动物学杂志》(*Chinese Journal of Zoology*)，抗日战争全面爆发前只出版了 2 卷。

此外，北京师范大学生物学会出版过《生物学半月刊》；东吴大学出版过《中学生物学刊》；华中大学出版过《华中生物学刊》；中山大学出版过《生物世界》，该校中国南方生物学会出版过《生物学杂志》；金陵大学生物系教授范谦衷曾创办谦衷生物科学材料社，并发行《生物科学杂志》。

全国性的生物学社团聚集了全国各地的生物学家，他们通过组织年会、在期刊上发表文章等形式进行交流。除专业性的交流外，他们还参与科学普及活动，向公众传播生物学知识与思想。

## 第二节　民国中期的中学教育与教科书制度

教科书是服务于教育教学的，要考察教科书的发展，就不能不考察当时的教育政策和教育教学状况。20 世纪 20 年代，中国的教育状况呈现出新的气象。如果说清末民初的中国教育受日本的影响最大的话，那么在此之后的很长一段时间，却是受到美国的影响最大了。

### 一、壬戌学制、课程标准与中学生物学教育

1922 年，民国政府发布《学校系统改革令》，对学校系统进行了全面改革，史称“壬戌学制”。改革的标准是“适应社会进化之需要，发挥平民教育精神，谋个性之发展，注意国民经济力，注意生活教育，

使教育易于普及，多留各地方伸缩余地”。小学 6 年，中学 6 年，中学分为初、高两级各 3 年，高中设普通、农、工商、师范、家事等科，实行学分制和选科制①。新学制课程纲要由专家分科起草，其中初中自然由胡刚复起草，高中生物学由秉志起草。

初中必修科共 164 个学分，其中自然科共 16 个学分，生理卫生设在体育科下面，有 4 个学分。自然科的目的除了解自然知识及规律外，还要求学生知道自然界与人生的关系、利用自然的方法，并养成研究科学的兴趣。自然科共分 4 段，第一段以生物为主，其他各科为辅；后 3 段以理化为主，其他各科为辅，由此可见生物所占比重并不如理化。将动植物、矿物、理化、天文、气象、地质等混合为一科，是考虑到这些学科是互相联络的，但考虑到师资问题，又不能采取分段混合的办法。没有明确说要开设生物实验，但是在毕业最低限度的标准中，要求学生“能为简易之实验，以解释日常生活之科学原则；对于天然界事物，须有较正确之观察能力”②。

高中采用分科制，即将普通科分为两组，第一组注重文学及社会科学，第二组注重数学及自然科学，两组有一些课程为公共必修科，各自又有分组的必修科和选修科，其中生物学为普通科第二组必修（物理、化学、生物 3 项选习 2 项，每项 6 学分，要求达到 12 学分）。秉志起草的高中生物学课程纲要将高中生物学分为普通植物学和普通动物学两部分，各授一学期，每周课时 3 小时，3 个学分。其中，普通植物学选用王兼善的《中学植物学教科书》，普通动物学选用丁文江的《中学动物学教科书》。动植物部分都注重讨论与实验，并建议每学期“至少作郊外练习八次”，最好在春秋天气温和时行之；植物学实习

①课程教材研究所编《20 世纪中国中小学课程标准·教学大纲汇编：课程（教学）计划卷》，第 105－107 页。

②课程教材研究所编《20 世纪中国中小学课程标准·教学大纲汇编：生物卷》，人民教育出版社，2001，第 6－7 页。

最好是在“天气温和植物繁茂时行之，以便学生练习，观测，绘图，及采集标本等事”①。

1929 年，教育部聘请专家拟定《初级中学暂行课程标准》和《高级中学普通科暂行课程标准》。初中自然科有 15 个学分（比之前少了 1 个学分），订立了混合制（包括动植物及理化）与分科制两种标准，供学校自行采用②。混合科③暂行课程标准的“目标”基本上沿袭了课程纲要的说法，只是增加了“养成观察、考查及实验的能力和习惯”。作业要项包括了教师的实验示范，实验室作业，学生实验，制作简易标本、仪器，还要求随时开展野外观察、采集标本和实地参观。混合科教授内容仅限于 1～3 个学年，其中植物学和动物学主要是在第一学年，占 5 个学分。暂行课程标准的教材大纲对于教学内容做了非常细致的规定，包括每个学期应该讲授的具体内容都有所涉及。教材大纲体现了以下几个特点：①关注身边的自然现象、关注本国的物产资源，如要求讲授学校园中之植物、本地之最好树木、吾国主要蔬菜和果品、本地普通动物等；②注重自然与人生的关系，如要求介绍衣服与纺织品、人体中之寄生虫、益鸟和害鸟、茶与烟叶、经济水生植物等；③注重综合，虽然教材大纲在安排时将各科略分先后，但是仍然采取混合教授法，如将空气的理化性质、组成、与气候和天气的关系、与呼吸卫生的关系、与植物及生命的关系等混合讲授，将土壤的组成、岩石的种类、土壤的结构与农业的关系等混合讲授；④考虑到时节的变化，方便教学，如秋季学期讲授动物的蛰伏、鸟类的迁徙，冬日的针叶植物和落叶乔木，春季学期介绍春日植物发达之观察等；⑤提倡观

---

①课程教材研究所编《20 世纪中国中小学课程标准·教学大纲汇编：生物卷》，人民教育出版社，2001，第 8 页。

②课程教材研究所编《20 世纪中国中小学课程标准·教学大纲汇编：课程（教学）计划卷》，第 119－120 页。

③具体包括了植物学、动物学、化学、物理学、矿物学、地质学、天文学、气象学。

察实验，如要求讲授植物标本采集保存法、用具及研究法、植物环境观察等。暂行课程标准建议教师采用启发法，从实地观察与实验起首，然后用归纳法导出自然律。分科的初中植物学和动物学暂行课程标准规定植物学和动物学各 3 个学分，对于教学内容有了更进一步的细化，特别强调让学生了解动植物与人生的关系、动植物之间的关系，认识习见的动植物，培养观察采集动植物的能力与习惯，以自然为教本，通过观察和实验获取知识。这一基本精神贯穿整个生物学教学，在后来课程标准的修订过程中，依然得到了贯彻。

高中普通科取消文理分科，不再单设公共必修课①。高中生物学侧重介绍生命现象的基本原理，"须使学生认明动植物，以及吾人之生命，虽有各殊之区别，同为一生命现象，有基本的相同处"。与初中相比，在生理、生殖、遗传与进化等内容方面有所强化，实验的内容也有所侧重，并使学生了解生物与人生的关系。高中生物学每周讲授和实习各 2 小时，各计 2 个学分，两个学期合计 8 个学分，规定每学期可举行数次郊外采集或研究。高中生物学要求学生在实验室能够用简单的仪器材料，"试验生理上诸现象，如光合作用，蒸腾作用，呼吸作用，感应运动等"。还要使用显微镜观察生物切片，在郊外采集标本，考察生物的生存环境，使学生养成"观察研究之能力，及爱好自然之兴趣"。此外，高中生物学暂行课程标准给出了参考书，建议参考陈桢的《普通生物学》《科学大纲》，邹秉文、胡先骕、钱崇澍编写的《高等植物学》②。

1932 年《初级、高级中学课程标准总纲》发布，是为正式版的课程标准，规定了各科每周具体的教学时数。该课程标准延续了暂定课

---

①课程教材研究所编《20 世纪中国中小学课程标准·教学大纲汇编：课程（教学）计划卷》，第 121－122 页。

②课程教材研究所编《20 世纪中国中小学课程标准·教学大纲汇编：生物卷》，第 24－27 页。

程标准中关注与人生的关系（如初中植物将高等植物分为农产植物、日用植物、药用植物与嗜好品、森林、观赏植物、有害植物等，初中动物要求编制教材以分类次序为经、以日常所见及与人生最有关系之各种动物为纬，高中生物学要求了解中国特产），培养观察实验能力的要求。同时，突出了将生物体作为整体看待的要求，如初中植物学课程标准指出“植物是整个的，其生活亦是整个的，编制时固应分别罗列，然时时宜使有各部分工合作之印象”；初中动物学课程标准要求在教材之“论形态处须同时论及生理”。与初中动植物学课程标准相比，高中生物学更侧重介绍生物学的一般原理，对于实用的方面较少涉及①。

1936 年修正后的课程标准在基本精神上延续了此前的课程标准，只是做了一些微调。如初中植物学高等植物部分按照科学的分类讲授，而非按照人为分类介绍；初中动物学介绍典型动物的顺序做了调整，并有增减；高中生物学内容略作简化，实验课时减少了，由原来的每周 2 小时减为 1 小时，不过，“如必要时，得延长实验一小时”②。

修正课程标准施行一年后，抗日战争全面爆发，为了适应战时需要，1938 年国民政府设立国立中学③，颁布《国立中学课程纲要》④，将国立中学课程分为精神训练、体格训练、学科训练、生产劳动训练及特殊教学与战时后方服务训练 5 项。学科训练部分，初中上午开设自然课，规定“可采用混合制，并以观察实验，与学理互相参证”；高中上午开设生物课，只是说注意当地农产和畜牧改进情况，未提及实验内容。1941 年颁布新的课程标准，初中恢复博物科，教学内容大幅

---

①课程教材研究所编《20 世纪中国中小学课程标准·教学大纲汇编：生物卷》，第 28－48 页。

②同上书，第 49－61 页。

③此前的中学都是省立、市立、县立的，没有国立中学。

④宋恩荣、章咸编《中华民国教育法规选编 1912—1949》，江苏教育出版社，1990，第 354－358 页。

缩减，并要求学生认识到动植物与国计民生的关系，对于对人类有益或有害的动植物的饲养、栽培或除害、本国特产的动植物特别是用作食品药材的，都有所侧重。高中生物的课时量减少，由每周 4 小时减为 3 小时。教学内容上做了调整，突出了生命现象与疾病的基本原理，生物与民生、民族之关系及演进之现象的内容。相应地，高中生物实验的时间进一步压缩为每周半小时，或每两周实验一次，不过增加了栽培、饲养生物的内容①。1941 年的课程标准是为了适应抗日战争全面爆发的需要做出的调整。

考试对教学会产生导向作用。为了加强对教育的控制，提高教育质量，1932 年起，教育部开始实行全国性的毕业会考制度。高中生物学和初中自然科学（后依据修改的课程标准，改为生物，含动物和植物）均在会考科目之列，直到 1936 年修订后不再参与会考②。1932 年会考后，教育部统计了全国各地的会考成绩，发现算学和自然科学成绩最差，分析原因主要是师资不佳、实习不力、设备不全、不够重视，因此要求各地相应地进行改进，并且从 1934 年开始组织公私立高等学校举办中等学校理科暑期讲习班，对中学算学和自然科学教师进行培训③。会考制度的施行及后来的教师培训在一定程度上促进了中学的生物教学，但是由于 1936 年之后生物学退出会考，加之战争的影响导致会考也不能正常举行，因此后来的会考对中学生物教学就没什么影响了。在抗日战争全面爆发前，大学的入学招生考试是单独命题招考的，没有实行全国统一招考，各个大学的招考试题在侧重点、难度等方面差异很大，与中学课程标准的要求也不尽一致，因此对中学生物

①课程教材研究所编《20 世纪中国中小学课程标准·教学大纲汇编：生物卷》，第 62－75 页。

②杨学为、朱仇美、张海鹏等编《中国考试制度史资料选编》，黄山书社，1992，第 705－711 页。

③《指定公私立大学举办中等学校理科教员暑期讲习班办法大纲》，《江西教育旬刊》1934 年第 2 期。

教学的影响也有限。

## 二、民国中期中学的发展

清末与民国初期，中等教育发展缓慢，中学数量较少。这也是由当时的国情决定的，一方面急于培养高等人才，另一方面也要从基础教育抓起。1922 年“壬戌学制”之后，中学被分为初、高两级，从原来的府治中学，拓展为县治初中和府治高中，各地陆续建立了大量的初级中学，学生人数也有了较快的增长。特别是 1927 年国民党在形式上统一全国之后，社会相对稳定，中学教育发展较快。1932 年教育部颁布《中学校法》，1935 年细化为《中学规程》，这些法规为中学发展提供了法律依据和制度保障，在一定程度上促进了中学的发展。表 3-2 为 1922—1937 年中学教育的发展情况。

表 3-2　1922—1937 年中学教育概况

| 年份 | 学校数（所） | 学生数（人） |
| --- | --- | --- |
| 1922 年 | 547 | 130385 |
| 1925 年 | 687 | 129978 |
| 1928 年 | 954 | 188700 |
| 1929 年 | 1225 | 248668 |
| 1930 年 | 1874 | 396948 |
| 1931 年 | 1893 | 401772 |
| 1932 年 | 1914 | 409586 |
| 1933 年 | 1920 | 415948 |
| 1934 年 | 1912 | 401449 |
| 1935 年 | 1894 | 438113 |
| 1936 年 | 1956 | 482522 |
| 1937 年 | 1240 | 309563 |

数据来源：《第一次中国教育年鉴》《第二次中国教育年鉴》。

普通中学包括初中和高中，初中的规模比高中要大一些，表 3 - 3 是 1930—1937 年初中和高中学校数的发展情况，表 3 - 4 是初中与高中学生数的发展情况。

表 3 - 3　1930—1937 年初中和高中学校数发展概况

| 年份 | 高初中合设（所） | 高中学校数（所） | 初中学校数（所） |
|---|---|---|---|
| 1930 年 | 554 | | 1320 |
| 1931 年 | 465 | 29 | 1399 |
| 1932 年 | 483 | 37 | 1394 |
| 1933 年 | 493 | 41 | 1386 |
| 1934 年 | 498 | 33 | 1381 |
| 1935 年 | 517 | 35 | 1342 |
| 1936 年 | 530 | 36 | 1390 |
| 1937 年 | 310 | 24 | 906 |

表 3 - 4　1930—1937 年初中和高中学生数发展概况

| 年份 | 高中学生数（所） | 初中学生数（所） |
|---|---|---|
| 1930 年 | 44571 | 336851 |
| 1931 年 | 56138 | 345634 |
| 1932 年 | 61174 | 348412 |
| 1933 年 | 66325 | 349623 |
| 1934 年 | 69026 | 332423 |
| 1935 年 | 82099 | 356014 |
| 1936 年 | 88831 | 393691 |
| 1937 年 | 50955 | 258608 |

从表 3 - 3 和表 3 - 4 可以看出，民国中期的中学教育发展较好，无论是初中还是高中，无论是学生数还是学校数，在抗日战争全面爆发前总体上呈增长态势，而且初中升入高中的学生比例也是逐年上升的。不过，总的来看升学率并不高，大多数年份均不及 20%，能够接

受高一级教育的学生并不多。

这一时期的中学对于生物等科学学科的教育更加重视，教育教学和教材使用完全纳入正轨。如北京高等师范学校附属中学校推出“三三制学则”，制定了各科课程标准，初中第一学年教授植物学，第二学年教授动物学，前两个学年都教授生理卫生学；高中普通科第一学年教授卫生学，第三学年教授生物学。其中，初中动植物和生理卫生教科书是附属中学教师李约编写的，高中生物学教科书是陈桢编写的①。东南大学附属中学也实行“三三制”和学分制，从初中二年级到高中都实行选科制，其中初中前两个学年开设混合理科，为必修课程，初中普通科在第三学年选修生物学；高中普通科、职业科第一学年都要选修动植物学②。

## 三、中学生物教师培训

### （一）科学教师培训概述

要发展科学教育，受很多因素制约，其中最要紧的一点，恐怕是科学教师的问题。清末民初的学堂教师不少出身于旧式书塾，很难满足新式学校的要求，有条件的中学才能聘请外国教员教授理科课程，其中很多是来自日本的。随着国内高等教育和师范教育的发展，我国自主培养的适应时代需要的教员陆续进入中小学校。中学理科教员的教育背景主要有两类，一是综合性大学或理工科大学培养的理科生，基本上没有受到师范教育的训练；二是师范学校培养的教员，相对来说理科的基础要差一些。这就可能导致有的教员不能很好地传授他所具有的知识，有的教员“只知道如何去教授自己所不知道的科目”③。

---

①《国立北平师范大学附属中学一览》，文化学社，1932，第103－133页。

②李桂林、戚名琇、钱曼倩编《中国近代教育史资料汇编·普通教育》，第869－880页。

③魏学仁：《我国科学教育之概况》，《科学教育》，1937年第1期。

周昌寿[①]指出："我国中小学自然科教授之缺憾固多，然最根本者莫如教员自身之学识不足。故虽间有一二学校，设备较为完全，亦苦教员不能自动的指导学生自由实验，结局仍与专读教科书者相差无几……故在今日而言改革自然科学之教育，当以使现任之中小学教员受充分之补习或另行养成为第一急务。"[②]

教师的科学素养和教学能力关乎中小学理科教育的质量。据美国教育家孟禄[③]和推士[④]等人的调查发现，当时中国的科学教育存在很多问题，其中之一就是理科教员的素质问题。1923 年，推士在国立东南大学开设"科学教学之原则"课程。1924 年 7 月 10 日至 8 月 8 日，中华教育改进社、清华学校[⑤]和洛氏驻华医社[⑥]联合资助清华学校组织了科学教员暑期研究会，参加培训的理科教员有 250 人，分为物理、化学各 2 个班，生物 4 个班；1925 年拟于南京举办第二届，后因交通原因未成行；1926 年第二届科学教员暑期研究会仍在清华学校举办[⑦]。

为了提倡理科教员合作精神与兴趣、沟通中学与大学理科教育、增进中学教师的理科知识与技能、讨论中学理科教学法与教科书、讨论中学理科教育实际难点以便直接或间接解决问题，1929 年国立浙江大学与中华教育文化基金董事会（以下简称"中基会"）在杭州举办

---

①周昌寿（1888—1950），字颂久，贵州麻江人，物理学家，曾组织丙辰学社（中华学艺社前身），曾任商务印书馆物理学科编辑、编审，抗日战争胜利后曾执教交通大学、复旦大学等。曾编著多种物理学教科书及科普读物。

②周昌寿：《自然科学及其教授法》，商务印书馆，1931，序。

③孟禄（Paul Monroe，1869—1947），美国教育家，曾任哥伦比亚大学教授，多次到访中国，促进了中国的教育事业发展。

④推士（George Ransom Twiss，1863—1944），美国科学教育家，曾任俄亥俄州立大学教授，1922—1924 年在中国考察科学教育状况，推动了中国科学教育事业发展。

⑤清华学校 1928 年更名为国立清华大学。

⑥即洛克菲勒基金会驻华分支机构中华医药董事会（The China Medical Board of the Rockefeller Foundation，CMB），又译"罗氏医社"。

⑦陶行知：《陶行知全集》（第 2 卷），四川教育出版社，2005，第 559 - 562 页。

科学教员暑期研究会。研究会分为大学教授讨论组、中学教师研究组（分为生物系、物理系和化学系三组）与讨论组，时间为 4 周①。以生物系为例，讲授的内容除动物学、植物学及相关实验外，还包括遗传学、优生学等研究进展和教科书研究、自然科学教授法、教学设备讨论等教育学和教学法的内容。讲授之外，安排了实验、野外采集、参观考察、名人演讲等内容。这届暑期研究会的指导老师和 45 名学员来自全国各地。可以说，培训的内容充实、贴近实际，水平很高。这次研究会的一个成果，是成立了中国生物科学教学研究会，致力研究生物教学、编写生物教材、采集标本、设立博物馆、解答疑难等②。

民国期间的教员培训有多种形式，如各个大学（包括师范大学和综合性大学）的教育系科系统化的教师培训、假期教师进修培训，各地教育厅（局）自行组织的教师培训、民众教育馆和科学实验馆组织的教师培训等。历次暑期教员研究会的成功举办，为后来类似的培训积累了经验。其中，民国期间第一次大规模的全国性理科教员培训，是民国二十三年（1934 年）的中学理科教员暑期讲习班。

### （二）1934 年的中学理科教员暑期讲习班

1932 年，国民政府为了考察教育状况，实施会考制度。据当年的会考成绩来看，理科教学存在很多问题。

> 查二十一年度中等学校学生会考成绩之统计，以数理化生物等科为最劣。其原因或由于教材不合，或由于教法欠佳。教员对于所任学科之内容与方法，必先力求充实改善，方能增进学生程度③。

为此，教育部于 1934 年颁布《指定公私立大学举办中等学校理科

---

①科学教员暑期研究会简章，《北京大学日刊》1929 年 4 月 27 日第 2 版。

②科学教员暑期研究会生物系报告，1929。

③《指定公私立大学举办中等学校理科教员暑期讲习班办法大纲》，《江西教育旬刊》1934 年第 2 期。

教员暑期讲习班办法大纲》，由国立中央大学、北京大学、北京师范大学、清华大学、南开大学、武汉大学、中山大学、浙江大学、金陵大学、交通大学、大同大学、厦门大学、山东大学、广西大学、四川大学、湖南大学等16所大学承办，时间为4周，讲习科目分为算学、生物、物理化学三组，针对初中和高中情况，每组分为两级，对于讲习内容，要求包括各科最新进展（约25%）、教法与教材研究（约50%）、实验及设备研究（约25%）。在管理上，规定除膳费外，学费、讲义费、旅费、宿费均由不同单位报销，讲习结束后还要举行考试，成绩合格的发给说明书，据此可以免除教员检定试验①。大纲特别指出"曾受暑期讲习之理科教员应负改进原校理科教学之责"②。从该大纲规定可以看出，教育部想要通过大学培训来提升中学理科教育水平，并且从制度和经费上进行了保障。选取的学校都是当时质量较高的大学，而且公立私立都有，全国各个地区都有所照顾。从讲习内容的规定来看，体现出理科教育应该关注本学科前沿与发展、关注教学方法与教材、重视理科实验的思想。另外，通过培训的教员可以免除教员检定试验，体现出教育部对这次教员培训质量的高要求。从培养目标来看，讲习班培养的是专家型的种子教师，希望他们能担起一方理科教育大梁的责任。

教育部的训令下发以后，无论是各省教育厅还是各承办大学都非常积极。省教育厅下发了配套的文件，并由各中学选派教师参与。各大学也都提前开始筹备讲习班事宜，如发布招生简章、聘任讲习班教授、落实经费等。根据当年的记载，各大学均已于当年暑假遵照大纲要求开办讲习班，各省（市）教育厅（局）选派中等学校理科教员到

①教员检定制度指的是对学校教师任职资格的检查认定，分为无试验检定和试验检定两种，试验检定者需要参加考试并合格的才能通过检定。

②金陵大学院：《本年度各地中学理科教员暑期讲习班概况》，《科学教育》1934年第4期。

班听讲，均极踊跃[①]。

国立中山大学与广东教育厅合办了讲习班，设在国立中山大学理工学院，由院长兼任讲习班班主任。数学、理化、生物三组都安排了指导员，由相关系主任兼任。讲习课程主要由国立中山大学理学院[②]的教授承担，如刘俊贤、朱志涤、黄锡雄、董爽秋等，还有岭南大学许湞阳，共 15 人。生物组主要授课内容有中学动物学教授法之讨论、中学植物学教授法之讨论、晚近动物学研究之趋势、晚近植物学研究之趋势、细胞学组织学实习、解剖学实习、植物学实习、本地植物学、植物生态学。

除上面的课程安排外，讲习班还邀请专家演讲，组织学员参观学术机构。参加演讲的专家有生物学家黎国昌、教育专家黄希声和王越等，参观的学术机构有岭南大学科学馆、国立中山大学教育研究所及生物系等。

尽管该讲习班起初只计划招收广东省内的学员，但是实际上参加培训的还有江苏、江西、浙江、湖南等省的学员。从国立中山大学提供的报告来看，参加讲习班的学员非常积极投入，尽管天气炎热，却没有缺席的，到结束时仍有学员 130 人以上（修习证明书式样见图 3-4），“足见各学员求知之热诚，及各教授指导之尽责”。其中生物组的正式学员有 33 人，旁听学员 16 人[③]。

---

①黄问歧：《民国二十三年的中国教育》，《中华教育界》1935 年第 8 期。

②1934 年 8 月开始，国立中山大学理工学院改称理学院。

③《国立中山大学广东教育厅会办二十三年暑期中等学校理科教员讲习班报告书》，1934。

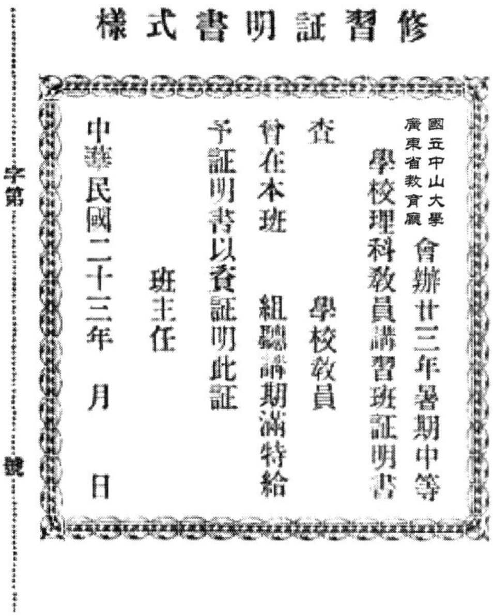
修習証明書式樣

國立中山大學
廣東省教育廳
會辦廿三年暑期中等學校理科教員講習班証明書

查　　學校教員
曾在本班　組聽講期滿特給
予証明書以資証明此証

班主任

中華民國二十三年　月　日

字第　號

图 3－4　中山大学暑期中等学校理科教员讲习班修习证明书式样

湖北省中学理科教员暑期讲习会由时任湖北省教育厅厅长程其保①任会长，讲座由国立武汉大学负责，地址在湖北省立公共科学实验馆。讲习会分为物理、化学、生物三组。参加教授的主要是国立武汉大学理学院的教授，此外还有华中大学、湖北省立教育学院的教授。会员中生物组 27 人。这次讲习会生物共 6 讲，部分授课内容及主讲者见表 3－5②。

①程其保（1895—1975），著名教育家，由庚子赔款退款留学美国，后获得教育学博士学位，回国后曾担任东南大学、中央大学等多所大学教授，湖北、西康等省教育厅厅长。

②《本会各组讲题摘录》，《武汉日报》1934 年 7 月 27 日。

表 3-5 湖北省中学理科教员暑期讲习会主要授课内容

| 讲题 | 主讲者 |
| --- | --- |
| 种子植物之系统及近时分类学上之变迁 | 张镜澄① |
| 种之定义 | 张镜澄 |
| 中学植物学教授上几个问题 | 钟心煊 |
| 中学植物学教授上应用之树木 | 叶雅各 |
| 生殖与发育 | 章盈五② |
| 遗传学大意 | 何春乔③ |

除这些课程外，还安排了实验内容，如演示人造器官、植物呼吸作用、观察水绵和细胞切片等，但是实验的质和量都不够充分。在教材讨论方面，似乎效果不是很好，“对于中学教学上实际问题并未顾及”，少数问题多半是会员提出、互相讨论，也没有得到满意的讨论结果。这次讲习会的报告和会员学习心得，发表在每周五的《武汉日报》“科学”专号上。此外，讲习会也组织了参观和图书展览等活动，并筹备成立自然科学研究会④。

国立北京大学与国立清华大学合办的理科教员讲习班，地点设在国立清华大学。聘请大学教授参与授课，如寿振璜、李继侗、张景钺等，还邀请了秉志、李汝祺等名家演讲⑤。金陵大学校理学院邀请金陵女子文理学院一起组织了理科教员讲习班。课程采用讲授与讨论相结合，并注重实际操作，另外也安排了专家演讲、交谊会、科学电影

①张镜澄，即张珽（1884—1950），字镜澄，植物学家，曾代理国立武昌大学校长。
②章盈五，即章韫胎（1897—1977），字盈五，昆虫学家，曾任北京师范大学教授、北平研究院生物学研究所（后改名生理学研究所）专任研究员、武汉大学教授。
③何春乔，即何定杰（1896—1973），字春乔，遗传学家，曾任湖北省立一中校长、武汉大学教授。
④金陵大学院：《本年度各地中学理科教员暑期讲习班概况》。
⑤同上。

放映、外出参观、科学仪器图书展览等活动，可以说内容安排非常丰富；会后成立了中国科学教育学会[①]。此外，国立交通大学与私立大同大学合办了理科教员讲习班，国立浙江大学文理学院承办了理科教员讲习班。

总的来说，这是一次自上而下的教师培训，以政府为主导、高等学校为主体、全国大部分地区参与；从师资和培训内容来看，这是一次高水平的培训，针对性强，注重解决理科教学中的核心问题和难点热点，促进了大学与中学之间、全国各地教员之间的交流，突出了引领作用。

从各地的报告来看，这次全国范围内的教员培训总体上是成功的，教育部由此开始规划较长时期内的教员培训。1935 年和 1936 年，教育部再次发布训令，要求各地开展教员培训，不仅增加了承担培训的高校，而且学科范围也不只局限于理科，而是扩大到史地、英语等其他学科[②]。同时，教育部通令各地因势利导，将培训范围进一步扩大到小学教员[③]。其目的是以 3 年为一周期，使各科教员都有至少一次参加培训的机会。一直到 1937 年，教育部本来计划继续组织暑期教员培训，但是由于抗日战争的全面爆发而未成行。不仅仅是在教师培训方面，这次理科教员暑期讲习班还对社会产生了一定的影响，相关讲演报告的消息和内容通过报刊的传播，起到了科学传播的作用。《武汉日报》从暑期讲习班开始后每周五刊发“科学”专刊，讲习班结束后，由湖北省立公共科学实验馆继续编辑出版[④]。国家级暑期教师培训的开展，说明国民政府已经充分认识到教师在中小学教育中的关键作用。

---

①金陵大学院：《本年度各地中学理科教员暑期讲习班概况》。

②本府教育厅训令：《湖北省政府公报》1935 年第 99 期。

③《中央日报》1935 年 4 月 16 日，1936 年 6 月 9 日。

④《武汉日报》1934 年 7 月 27 日，1934 年 8 月 3 日，1934 年 8 月 10 日，1934 年 8 月 17 日，1934 年 8 月 24 日。

教育部和地方政府教育部门组织的大大小小的教师培训，尽管不能保证所有的教师都得到培训，也无法保证所有参加培训的教师都能完全掌握最先进、最适合的教育理念与方法和相关学科的最新进展，但毕竟还是培训了一大批教师。可以想见，如果不是战争的影响，大规模的教师培训将会对中小学教育产生更为深刻的影响。

## 四、生物学教育研究

近代大学生物学相关系科的教师，尤其是高等师范学校的教师，不但是中学生物教师的职前培养者，也是职后进修的主动参与者。除此之外，他们还在各类教育报刊上发表文章，讨论生物学教育问题。中学生物教师中也有不少热心于教育研究的，与大学教师一起，参加了博物学或生物学研究社团，如博物学会、生物教学研究会等；在中国科学社等综合性科学社团中，也有部分中学生物教师。他们关注的问题包括了生物学教育的各个方面，如教科书编写与使用、课堂教学方法、课外实践活动、生物学实验、具体知识的科学性等。

与生物学教育有关的期刊也不是很多。第一类是科学类杂志，如中华博物学会的《博物学杂志》、范谦衷主办的《生物科学杂志》等，这些杂志以刊发科学（包括生物学）的研究成果为主，偶尔发表生物学教育类的文章。第二类是生物学教育类杂志，这一类非常少，如东吴大学生物材料处主办的《中学生物学刊》。第三类是科普类杂志，如《科学月刊》《自然界》，主要刊发科普文章，偶尔刊发科学教育类文章。第四类是综合教育类杂志，如商务印书馆主办的《教育杂志》、中华书局主办的《中华教育界》、中华教育改进社的《新教育》、金陵大学校理学院的《科学教育》、四川省立教育科学馆的《科学教学季刊》等。这些杂志主要是由出版机构或教育社团主办的，刊发的文章涵盖了教育学的各个方向。第五类是各地的教育类杂志，如《浙江教育行政周刊》《贵州教育》等。这些杂志是各地教育行政机关发行的，内容涉及教育管理、教育政策、教学方法等。

很多生物学教科书会在前言或附录中提供生物学教学法的建议，还有一些人专门编写了生物学教学法的书籍，讨论中学生物学教学，并给中学生物教师提供建议。如杨寅初的《中等学校生物学教学法》（正中书局，1937）和禹海涵的《中等学校生物学教法与教材》（1946，图 3－5）等。杨寅初是安徽盱眙（今属江苏）人，生活教育社成员，毕业于南京试验乡村师范学校（晓庄学校前身），曾担任厦门集美师范学校生物教员、广西中山纪念学校校长等，编写过《小学自然教材与教法》。在集美师范学校任教期间，杨寅初编写了《中等学校生物学教学法》，该书分为通论和分论两篇，先是概述了生物学史和生物学教育的一般原理与方法，然后分初中植物、初中动物、高中生物、师范生物、生物学实验、成绩评定，详细讨论了中学生物教学法，每一部分还提供了参考书。禹海涵是四川省教育科学馆研究人员，曾编写过《生物学实验教程》《生物实验大纲》，并发表过多篇生物学调查论文和生物学教育类文章。禹海涵的《中等学校生物学教法与教材》与杨寅初的不同，没有分论不同学科的教学法，其特点是专章教材分析，书后附有各学科测验题。

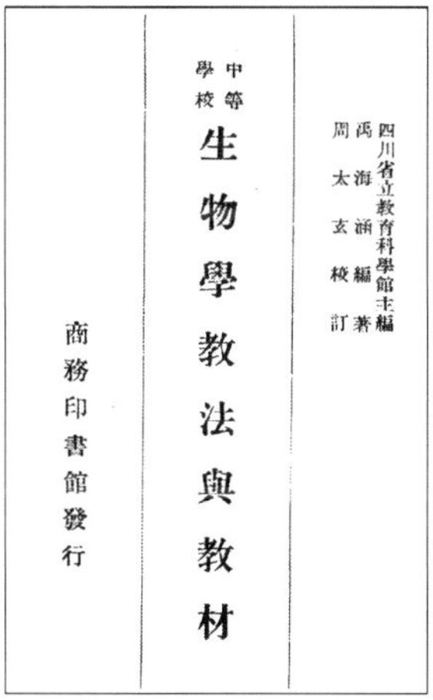


图 3－5　禹海涵著《中等学校生物学教法与教材》

## 五、教科书政策的变化

除通过课程标准来影响教科书的编写外，国民政府还通过教科书的编审制度来控制教科书的编写、出版和发行。

1927 年，南京国民政府设立大学院，施行大学区制，规定教科书的编审工作由大学院下的文化事业处负责，曾颁布《教科图书审查条例》《教科图书审查委员会组织条例》等文件。1929 年大学区制废除后，相关事项仍归教育部负责。在教科书编写上，1928 年大学院曾通过《教科图书编辑大纲》拟编写国定教科书，但未能成功，仍旧贯彻审定制，即允许著作人或书店编写教科书，由国民政府审定后发行使用。1929 年 1 月，教育部颁布《教科图书审查规程》等系列文件，规定“学校所用之教科图书，未经国民政府行政院教育部审定或已失审定效力者，不得发行或采用”。要求教科书发行人或编辑人将教科书样本交由教育部审查，通过审查的不但在教育部公报上公示，还要在教科书封面上注明，而且有效期为 3 年，之后需要重新送审。《暂行教科图书审查办法》规定了审查教科书的学科分组、审查流程和审查结果分类。《审查教科图书共同标准》则对审查各种教科书需要共同遵守的标准做出了明确界定，如教科书的精神、实质、组织、文字和形式等，要求教科书适合党义、国情和时代，内容充实、事理正确、切合实用①。此后各出版机构开始将所编教科书交由教育部审查。从 1930 年开始，教育部要求中学教科书除国语外，都要使用语体文（白话文）②。

1932 年，国民政府成立国立编译馆，主要目的是发展文化、促进学术暨审查中等以下学校用图书，主要业务是编译或审查教育图书标

---

①中国第二历史档案馆编《中华民国史档案资料汇编：第五辑第一编教育》（一），江苏古籍出版社，1994，第 89－92 页。

②《教育部通饬各书坊编辑初中教科书办法》，《浙江教育行政周刊》1930 年第 26 期。

本仪器、编订学术译名等。编译馆设编审、特约编审（后改为编译、特约编译）负责图书和名词的编审，其中对于中小学教科书的审查按照教育部的《教科图书审查规程》暨各科课程标准办理，并有一整套审查流程。除审查教科书外，国立编译馆还编译、出版了一些中小学教科书，但是没有中学生物学教科书。国立编译馆审查教科书的结果会在《国立编译馆馆刊》公布（图 3－6），在其主办的《图书评论》杂志上还有一些对于教科书的评论文章。《中国新书月报》和各地的教育周刊也会转载国立编译馆的审查结果。截至 1934 年 6 月，国立编译馆审查了各地出版的中学植物、动物、生物学教科书分别有 10 种、13 种、2 种，如《复兴初中植物学》《复兴初中动物学》等，其中包括不予审定的一部分教科书，如大东书局的《新生活初中植物》、青光书局的《动物学》等①。像王守成的《公民生物学》在 1928 年经大学院审定后领到了“教字第八十四号执照”，陈桢的《复兴高级中学教科书·生物学》在 1934 年 11 月经过了教育部审定（图 3－7），领到了“教字第三十七号执照”，他们都在版权页上方进行了标注。不过，有些出版社（如北平文化学社）的教科书并没有送审就直接上市了，还有的没有通过审查，但是也进入了学校②。由于教育部强化了对教科书的控制，这种情况在后来有所好转③。对于教育部及国立编译馆的编审制度，陆费逵以上海市书业同业公会主席身份向教育部提出抗议，要求放宽审查④。后来国立编译馆的业务有所拓展，包括审查教科图书、编订名词、编译图书、整理文献、主办编辑大学用书等。由于课程标准会发生变化，教科书随之需要修订或重新编写，每次都要经过国立

①国立编译馆：《国立编译馆一览》，国立编译馆，1934。

②教育部中国教育年鉴编审委员会编《第一次中国教育年鉴·戊编》，第 115－134 页。

③中国第二历史档案馆编《中华民国史档案资料汇编：第五辑第一编教育》（一），第 94－96 页。

④同上书，第 97 页。

编译馆的审查①。

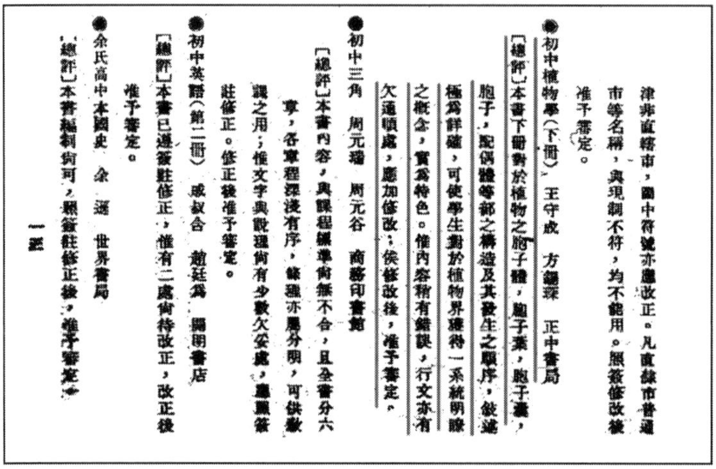

津非直轄市，圖中符號亦應改正。凡直隸市普通市等名稱，與現制不符，均不能用。照簽修改後准予審定。

●初中植物學（下冊） 王守成 方錫琛 正中書局

［總評］本書下冊對於植物之胞子體，胞子葉，胞子囊，胞子，配偶體等部之構造及其發生之順序，敍述極爲詳確，可使學生對於植物界獲得一系統明瞭之概念，實爲特色。惟內容稍有錯誤，行文亦有欠通順處，應加修改；俟修改後，准予審定。

●初中三角 周元瑞 周元谷 商務印書館

［總評］本書內容，與課程標準尚無不合，且全書分六章，各章程序深淺有序，條理亦屬分明，可供教課之用；惟文字與說理尚有少數欠妥處，應照簽註修正。修正後准予審定。

●初中英語（第二冊） 成叔合 趙廷爲 開明書店

［總評］本書已遵簽註修正；惟有二處尚待改正，改正後准予審定。

●余氏高中本國史 余遜 世界書局

［總評］本書編制尚可，照簽註修正後，准予審定。

一三

图 3－6 1935 年第 2 期的《国立编译馆馆刊》中关于王守成、方锡琛的《初中植物学》（下册）修正后准予审定的意见

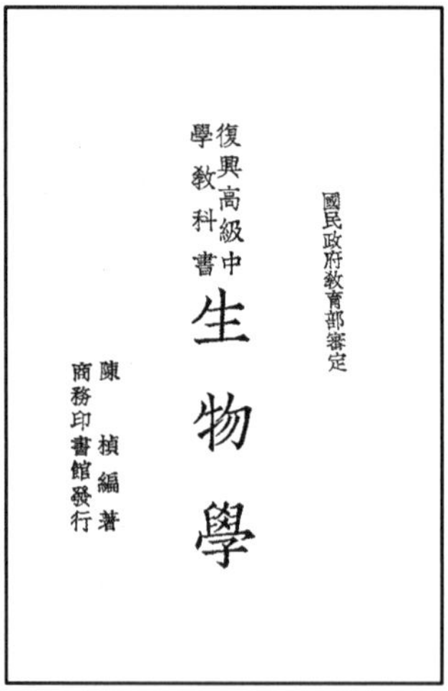


图 3－7 陈桢的《复兴高级中学教科书·生物学》封面有“国民政府教育部审定”字样

①国立编译馆：《国立编译馆工作概况》，国立编译馆，1940。

国民政府成立后，尽管继续施行教科书审定制，但是却一直没有放弃编辑国定本教科书的想法，而国立编译馆的使命之一，就是代表国家编辑国定本教科书。早在1929年，教育部就召开了第一次编审会议，议决自行编纂中学教科书，但是没有付诸实践；1933年，撤销教育部编审处，合并到国立编译馆；1933年5月成立中小学教科书编审委员会，1936年7月成立教科书用书编辑委员会，到1942年这些机构都并入国立编译馆，同年5月26日，蒋介石致函教育部部长兼国立编译馆馆长陈立夫："以后凡中小学教科书应一律限期由部自编，并禁止各书局自由编订。"① 国定本教科书出现的另一原因是，抗日战争全面爆发后，商务印书馆、中华书局等民间出版社的教科书编辑和发行都受到很大影响，尤其是不能满足国内的需要；教育部颁布了1941年版修订的课程标准，各大书局也无力及时编写出版适合的教科书②。同时，编辑使用国定本教科书，还可以便利会考与升学考试统一标准，方便适应学生的流动和教具的研发③。国定本教科书分为自编、约编、征编三种。1943年，国定本教科书开始发行，其中包括了《初级中学动物》（上下册，图3-8）、《初级中学植物》（上下册）。其实分别是正中书局和商务印书馆编写的，将版权出让给了国立编译馆。到1947年，更是颁布了《印行国定本教科书暂行办法令》和《印行国定本教科书暂行办法施行细则》，强化了对教科书编辑发行的控制④。而在现实中，由于国定本教科书质量并不怎么样，而且中学仍有选择使用教

①中国第二历史档案馆编《中华民国史档案资料汇编：第五辑第二编教育》（一），江苏古籍出版社，1997，第458页。

②陆殿扬：《中小学国定教科书编纂之经过及其现状》，《教育短波》1947年第7期。

③魏冰心：《国定教科书之编辑经过》，《教育通讯（汉口）》1946年复刊1第6期。

④中国第二历史档案馆编《中华民国史档案资料汇编：第五辑第三编教育》（一），江苏古籍出版社，2000，第35-36页。

科书的自主权，甚至会翻印未被审定或早先出版的教科书，因此后来教育部放开了国定本教科书的编写出版。

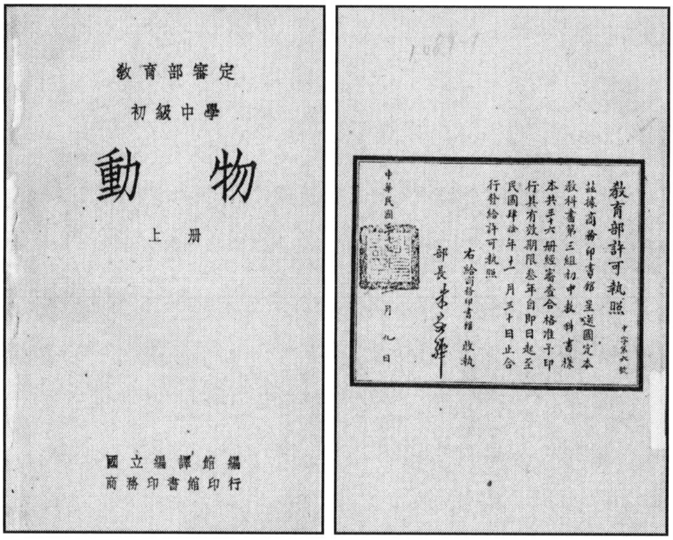


图 3－8　1948 年以国立编译馆名义出版的《初级中学动物》教科书及教育部许可执照

此外，1937 年后，由于教育部在推行国定教科书的同时，苦于没有大规模印刷和发行机关，为了解决教科书的编辑发行问题，1943 年 3 月，教育部将教科书发行权交由正中书局（23%）、商务印书馆（23%）、中华书局（23%）、世界书局（12%）、大东书局（8%）、开明书店（7%）、文通书局（4%）联合组成的“国定中小学教科书七家联合供应处”（以下简称“七联处”）。受到战争、资金等因素的影响，“七联处”也未能很好地满足全国各地对教科书的需求①。

清末民初，局势动荡，民间书坊占尽先机，致使国定本教科书未能成行；民国中期，虽然对于教科书的编审有所强化，但终究由于

①魏冰心：《国定教科书之供应问题》，《教育通讯（汉口）》1946 年复刊 2 第 1 期。

"经济人才，两感缺乏，且因时局变迁，无暇专注，空留计划，殊鲜成绩"①，加上民间书坊在人才、经济实力、市场等方面的优势，导致教科书国定制难于施行。一直到抗日战争全面爆发，各书坊遭遇重重困难，才给了教科书国定制以时机。不过，也正是几十年的审定制，保障了教科书编写出版与发行的活力，多元化的中学生物学教科书给了学校和师生更多选择，在一定程度上促进了教科书的发展和现代生物学的传播。

## 六、美国教育的影响——以杜威的实用主义为核心

五四运动前后，中国的教育开始受到美国的影响，并很快就超过了此前日本对中国的影响。这种影响来自几个方面，包括庚子赔款退款留美学生的回国，杜威、孟禄、推士等美国教育家的来华访问等。就中学科学教育和教科书的变革而言，首推杜威的影响。

### （一）杜威访华及其影响

约翰·杜威（John Dewey，1859—1952），美国教育家、哲学家，实用主义的代表人物。杜威 1879 年毕业于佛蒙特大学，1884 年获得约翰·霍普金斯大学博士学位，先后任密歇根大学、芝加哥大学、哥伦比亚大学等校教授，曾任美国心理学会会长、美国哲学学会会长、美国大学教授联合会主席、中华教育文化基金董事会董事等职。其著作有《哲学的改造》《经验与自然》《民主与教育》《我的教育信条》等。胡适、蒋梦麟、陶行知、郭秉文、张伯苓等著名教育家都曾在哥伦比亚大学留学，曾是杜威的学生。从 1919 年 4 月到 1921 年 11 月，杜威在中国的上海、北京、南京等地考察、演讲，胡适等人著书、发表文章广泛介绍了杜威的学说。杜威的哲学、教育和社会政治思想对

---

①郑鹤声：《三十年来中央政府对于编审教科图书之检讨》，《教育杂志》1935 年第 7 期。

中国社会产生了深远的影响。

在 2 年多的时间里，杜威在中国 14 个省、市演讲 200 余场，核心是他的实用主义哲学，其中很大一部分是关于教育的。杜威的实用主义教育思想，被概括为“教育即生活”“学校即社会”“从做中学”等。杜威提出了“儿童中心说”，认为教学过程中应该以儿童为中心，注重儿童的体验。杜威的教育思想通过他的演讲、著作及其学生等人的宣传，极大地影响了中国的教育界，他的学生在实践中贯彻实用主义，1922 年的学制改革也吸收借鉴了其思想，“教授法”也变成了“教学法”。平民教育运动、陶行知的“生活教育”思想与实践，都是在吸收、借鉴杜威的思想基础上，结合中国的实际情况改造而成的①。

杜威的实用主义能在中国得到高度认可和推广，与当时新文化运动时期的社会变革有很大关系，并且与中国传统的“经世致用”思想有所契合。从教育行政官员到科学家，再到中学教师，都受到了杜威实用主义教育思想的影响，秉志、陈桢等生物学家也曾经跟杜威面对面接触，陈兼善还曾翻译过杜威关于理科教授的讲演。1922 年新学制后，中学生物学的课程标准和此后编写的动植物教科书更加注重介绍本国本地的动植物资源，提倡生物学教学与利用厚生相结合，要求加强生物学实验和野外观察，这些都是与杜威的教育思想相契合的。

### （二）孟禄访华及其影响

保罗·孟禄（Paul Monroe，1869—1947），美国教育家，1890 年毕业于富兰克林学院，1897 年获得芝加哥大学哲学博士学位，曾任哥伦比亚大学师范学院院长。孟禄以研究教育史著称，且对于中学教育非常关注，其教育思想与杜威的实用主义相契合。

同为哥伦比亚大学教授的孟禄在 1913—1937 年，曾经来华 10 余次，特别是在 1921 年 9 月至 1922 年 1 月，应实际教育调查社聘请，

---

①元青：《杜威与中国》，人民出版社，2001。

在中国开展教育调查与演讲，行程遍及9省18市，对中国的各级学校及教育状况进行了广泛调查，并发表了大量演讲。1921年12月，孟禄教育讨论会召开，根据调查结果并结合欧美教育现状，孟禄从学校系统、教学法、教师职业等11个方面发表了看法，对于此后的“六三三”学制的推行起到了重要作用。值得一提的是，孟禄指出，“中国教育，中学最坏”[①]。中国中学的科学教学不良，亟须改善。

1921年12月，在孟禄的支持下，中华新教育共进社、新教育杂志社、实际教育调查社合并组成中华教育改进社，出版《新教育》杂志，编辑出版教育类书籍，邀请美国教育家访华，推行教育实验，促进学制改革。在之后几次的来华过程中，孟禄还曾任中华教育文化基金董事会副主任，对推动庚子赔款退款用于科学教育事业做出了杰出贡献。

### （三）推士访华及其影响

推士（George Ransom Twiss，1863—1944），美国科学教育家，科学教学法的重要奠基人，1885年毕业于美国俄亥俄州立大学，1925年获得哥伦比亚大学博士学位，曾任俄亥俄州立大学教授，中国科学社成员。推士在1917年出版的 *A Textbook in the Principles of Science Teaching* 在1926年被王琎译为中文《科学教授法原理》，由商务印书馆出版发行。

在孟禄的推荐下，中华教育改进社邀请推士来华调查科学教育。从1922年6月到1924年7月，推士在中国10个省24座城市的190余所学校考察，并从事大量演讲、讲习等活动。其调查结果及建议集中体现在其英文著作 *Science and Education in China*（商务印书馆，1925）中。推士认为，中国的科学教育经费不足、教师素质有待提高、教学方法有待改善、教育设施有待完备，合格的科学教师是第一大需

①《孟禄的中国教育讨论》，《新教育》1922年第4期。

要，第二是科学教科书、实验手册和中文参考书，第三是科学教育仪器设备。关于教科书，他认为中国最需要的是用中文写成的、结合中国实际情况的教科书、实验手册和教学参考书，而不是外国教科书。值得注意的是，在推士的调查报告中，有不少关于中学生物教学的案例记录与评价，特别是关于生物教师对于实验材料的运用，推士关注较多。

推士非常注重科学教师素质的提高，不仅在其著作中有所提及，而且在华期间他还亲自参与了两次科学教师培训。1923 年 7 月，在国立东南大学举行了为期 4 周的科学教学讲习会，参加者为江苏的中学科学教师；1924 年 7 月，在清华学校举行了首届科学教员暑期研究会，分为物理、化学、生物等学科，对中学科学教师进行培训。由于暑期对科学教师进行培训的效果良好，全国各地渐次推开了这种培训方式，特别是到了 1934 年，更是以教育部的名义在全国 16 所大学分学科对中学教师开设暑期讲习班，并延续多年，学科也扩大到中小学的各个学科，包括中学生物学。

### （四）美国教育对中国的影响

1931 年 9—12 月，应国民政府要求，国际文化合作委员会派遣了教育考察团（下称“国联教育考察团”）来中国考察教育状况。国联教育考察团的成员有 7 人，其中的 4 位专家分别来自德国、波兰、法国和英国，另外 3 位是行政及辅助人员。国联教育考察团在 70 天左右的时间里，考察了南京、北平、上海、定县等 10 地的教育状况，涵盖教育行政与组织、从小学到大学及职业教育的各类教育，考察结束后撰写了《中国教育之改进》，1932 年由国立编译馆编译发行。在报告中，国联教育考察团对于中国的教育提出了若干改进意见。在国联教育考察团看来，中国的教育受美国的影响非常大。他们认为中等教育非常重要，但是“中国国家教育之弱点即在中等学校，中国教育界莫不承认之”①。例如中等教育肤浅地效仿美国，没有以本国文化为基础，科学教学的实验不足，应大力发展职业教育等。对于国联教育考察团的报告及建议，国内教育界及教育行政官员反应热烈，大部分持肯定态度，也有提出异议的。应该看到，国联教育考察团发现的问题的确是普遍存在的，不过由于考察团成员都来自欧洲，对于中国效仿美国教育有所非议，难免会引起争论；国联教育考察团所到地区基本上都是教育比较发达的地区，对于中国中部和西部地区均无涉及，因此他们对于中国教育状况的了解难免是片面的。

尽管国联教育考察团的考察活动存在一些问题，但是反映出来的中国教育受到的美国影响却是事实，从学制改革到教学法，再到教科书，到处都可以看到美国教育的影响。1933 年，任鸿隽对高中和大学理科教科书的调查也表明，高中大量地使用大学的教科书，而且外文理科教科书都来自美国，没有来自欧洲的②。

## 第三节　中学生物学教科书出版概述（1922—1937）

### 一、主要出版机构及所出版的生物学教科书

据章锡琛回忆，1925 年，全国教科书被商务印书馆和中华书局垄断，其中商务印书馆占三分之二，中华书局占三分之一③。1932 年，中华书局陆费逵撰文写道，“全国所用之教科书，商务供给什六，中华

①国联教育考察团：《中国教育之改进》，国立编译馆，1932。

②任鸿隽：《一个关于理科教科书的调查》，《科学》1933 年第 12 期。

③章锡琛：《漫谈商务印书馆》，载《文史资料选辑》（第 43 辑），中华书局，1964，第 61－105 页。

供给什三；——近年世界书局的教科书亦占一部分”。就资本而言，上海书业公会的各家中，“商务印书馆五百万元，中华书局二百万元，世界书局七十万元，大东书局三十万元。此外都是一二十万元以下的了”①。下面介绍一下民国中期的主要出版机构及其出版发行的中学生物学教科书。

## （一）商务印书馆

这一时期，商务印书馆出版了我国近代最早的专门为高中编写的普通生物学教科书——王守成的《新学制高级中学教科书·公民生物学》（以下简称《公民生物学》），上册于1924年8月出版，下册于1925年6月出版。《公民生物学》采取的是应用生物学的视角，其宗旨在于“使学者明了生物与人生有卫生的、经济的、社会的、思想的关系，养成身心健全之公民”。作者强调，“本书以人生为中心，重于实用主义，其中凡偏于学理方面之材料，可取可舍”。本书将专节介绍该教科书。

20世纪20年代，商务印书馆还专门为实行分科教学的学校出版了杜就田的《现代初中教科书·动物学》（图3-9）、凌昌焕的《现代初中教科书·植物学》（根据1922年学制改革编写，均用白话文）；为使用文言文教学的学校出版了陈兼善的《新撰初级中学教科书·动物学》、杜就田的《新撰初级中学教科书·植物学》（图3-9）（均用文言文）；还出版了祁天锡的《英文生物学初桄》（1914）、陆费执的《高中英文生物学》（1926）、克立鹄（C. R. Kellogg）的《英文生物学实验教程》（1926）等英文生物学教科书。

①陆费逵：《六十年来中国之出版业与印刷业》，《申报月刊》1932年第1期。

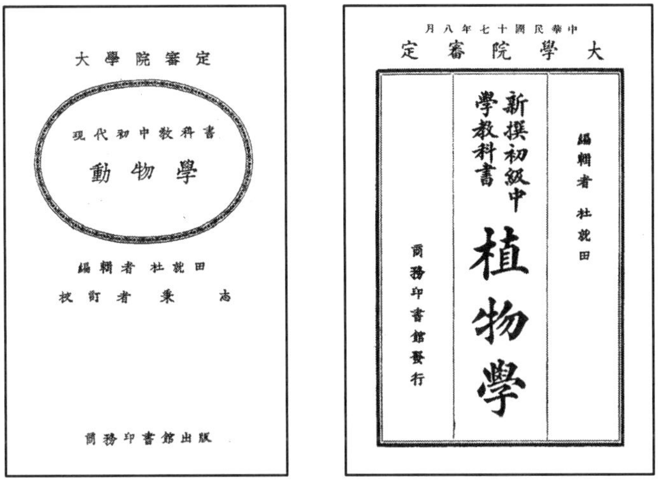


图 3-9　杜就田编写的《现代初中教科书・动物学》和《新撰初级中学教科书・植物学》

1932 年“一・二八”事变后，日军轰炸上海，商务印书馆惨遭焚毁劫掠，在上海的厂房和东方图书馆都被日军炸毁。商务印书馆喊出“为国难而牺牲，为文化而奋斗”的口号，重印国难版教科书，推出复兴系列教科书，覆盖小学、初中、高中各学段各科，这套教科书是商务印书馆规模最大的一套教科书。其中，高中教科书包括陈桢编著的《复兴高级中学教科书・生物学》、江栋成编写的《复兴高级中学教科书・生物学实验》；初中教科书包括周建人编写的《复兴初级中学教科书・动物学》（上下册），童致棱编写、胡先骕校订的《复兴初级中学教科书・植物学》（上下册，1933），1937 年周建人对《复兴初级中学教科书・植物学》进行了改编。复兴系列教科书都是由名家依据课程标准编写的，简明扼要，图文并茂，选材注意联系实际，质量上乘，非常受欢迎。除教科书外，商务印书馆还出版了相应的《教员准备书》，为教师教学提供参考。

此外，商务印书馆出版的多种大学教科书，也被不少中学选作教科书，如由邹秉文、胡先骕、钱崇澍合编，1923 年出版的《高等植物学》（图 3 - 10）。该书与陈桢的《普通生物学》在 1929 年颁布的《高级中学普通科暂行课程标准》中被指定为参考书。《高等植物学》参考了美国和日本的多种植物学书籍，其中分类部分主要参考了日本斋田功太郎和佐藤礼介的《最新图说内外植物志》。在《高等植物学》例言中，编者指出："我国曩日之植物教科书皆因袭日本之编制法，颇有陈旧之讥。对于通论则形态学、组织学、生理学三者分立，致学者觉其枯索无味，而于植物构造与作用相连互之理不能贯通。对于分类则大悖植物天演之程序，先论天演之最高组织最复之种子植物，逆流而上溯孢子植物，本末倒置莫此为甚。"因此，编者将形态、组织、生理融合，并从最简单的黏菌植物渐及种子植物。此外，"此书具改制之志，凡旧日因袭日本而不合学理之名称，概予改定。如隐花植物之改为孢子植物，显花植物之改为种子植物，藓苔植物之为苔藓植物，羊齿植物之为蕨类植物，雌雄蕊之为大小蕊，雌雄花之为大小蕊花，雌雄异株之为大小蕊花异株，胞子之为孢子等，皆按之学理及考证不得不更改

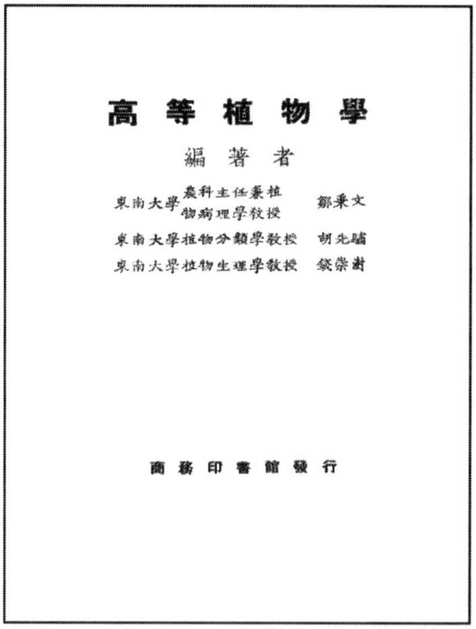
高等植物學

編著者

東南大學農科主任兼植物病理學教授 鄒秉文

東南大學植物分類學教授 胡先驌

東南大學植物生理學教授 錢崇澍

商務印書館發行

图 3 - 10　邹秉文等编《高等植物学》

之者，非故求立异也。编者且深望此书一出，后人之编中小学之植物教科书者，从而更定其旧名，则于植物学之功匪鲜也”①。正如该书编者所言，我国清末民初的教科书受日本影响较大，而这本《高等植物学》的确在很多方面起到了转折的作用。不过由于三位作者都是在美国留学获得学位的，因此在参考日本教科书时，翻译上也出现了一些问题，如不能识别日语假名中的否定词，将黄杨科无托叶译为有托叶等，曾有人专门就此列出勘误表②。产生这些问题更主要的原因在于，这本书出版时，三位作者都是刚从美国回来不久，尚未开展大规模植物学研究工作。遗憾的是，在后面的再版过程中，编者并没有纠正其中的错误。尽管如此，这本书仍然产生了重大影响，多次再版，很多大学和中学都选用该书作为教科书或参考书，书中的很多名词术语也被沿用。著名文学评论家李长之回忆道，自己正是通过死读这本教科书，才“得知纯粹科学的价值，使我对于科学的观念一变”③。

被选用的大学教科书还有很多，如陈桢编写的《普通生物学》(1924 年初版)，其《复兴高中生物学》就是在《普通生物学》基础上改编而成的。从商务印书馆在教科书后的广告页上可以看到，商务印书馆将多种大学教科书作为中学教科书进行宣传，除上面提到的外，还有薛德焴的《近世动物学》、李亮恭的《植物解剖学与生理学》、祁天锡的《英文植物学教科书》等④。实际上，的确有不少中学选用大学的教科书，这与当时市场上适合中学生的优质生物学教科书比较少也有关系。

针对初中混合自然科的需要，商务印书馆出版了多套教科书，如

①邹秉文、胡先骕、钱崇澍编《高等植物学》，商务印书馆，1923，例言。

②《号称著作的高等植物学之勘校与商榷》。

③李长之:《社会与时代》，载《李长之文集》（第 8 卷），河北教育出版社，2006，第 416 页。

④王守成编《公民生物学》（下卷），商务印书馆，1926 年第 2 版，广告页。

1924 年出版的郑贞文、周昌寿、高铦合编的《新学制实用自然科学教科书》，1932 年后改版为《新学制初级中学教科书·实用自然科学》，全书共 4 册，生物学的内容分散在各册中，改版后略有调整；1924 年杜亚泉编写的《新学制自然科学教科书》，1932 年后改版为《新学制初级中学教科书·自然科学》；1933 年陈杰夫著、中华教育文化基金董事会编译委员会编辑的《初中混合自然科》，一册共 8 章，供初中二年级使用。

## （二）中华书局

1922 年新学制颁布施行后，中华书局于 1925 年推出了陆费执、张念恃合编的《新中学教科书·初级生物学》（图 3－11）作为初中混合科的教科书，侧重介绍“生物学上之普通学识”；1926 年出版了陆费执、郦福畴合编的《新中学教科书·高级生物学》（图 3－11）作为高中生物学教科书，而且两本教科书互相衔接，并无重复。由于初中还有分科教学的，中华书局相应出版了宋崇义编写的《新中学教科书·动物学》和《新中学教科书·植物学》。

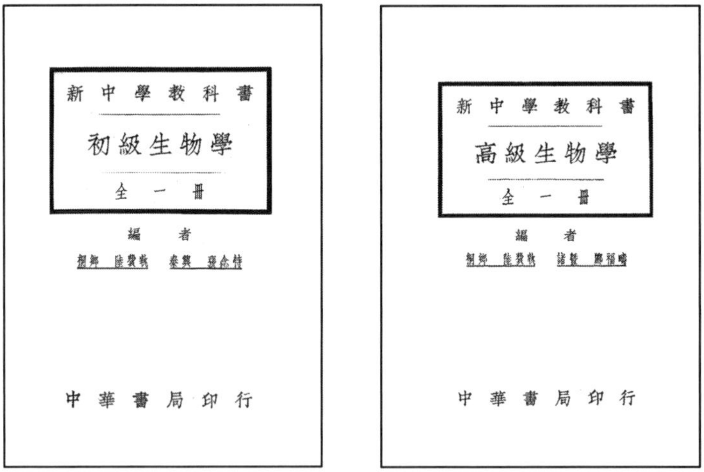


图 3－11 中华书局出版的《新中学教科书·初级生物学》与《新中学教科书·高级生物学》

针对初中混合自然科的需要，1923 年中华书局还出版了《新中学教科书·初级混合理科》（1～6 册），编者为钟衡臧，金兆梓和张相校对。全套书共分三编，每编再分上下，分别以生理卫生、动植矿物、理化为中心，各以他科教材就其联络关系综合配置之。

1927 年北伐战争时期，中华书局曾以“新国民图书社”名义发行图书，该社出版的生物学教科书有华文祺、华汝成合编的《初级中学用·新中华自然科学》（1～3 册），陈兼善编写的《高级中学用·新中华生物学》，费鸿年编写的《高级中学师范科用·新中华生物学》。

1932 年课程标准颁布后，中华书局出版了陈兼善编写的《新课程标准适用·高中生物学》，陈纶编写的《新课程标准适用·初中动物》（上下册），华汝成编写的《新课程标准适用·初中植物》；1936 年颁布新的课程标准后，又出版了陈兼善和华汝成合编的《修正课程标准适用·高中生物学》（上下册），陈纶、华汝成合编的《修正课程标准适用·初中动物》（上下册），内容与前一版基本相同。

### （三）世界书局

世界书局由沈知方创办于 1917 年。沈知方（1882—1939），浙江绍兴人，早年曾在多家书坊和出版社工作，包括商务印书馆、文明书局和中华书局等。1917 年，沈知方脱离中华书局，创办世界书局，初期只是出版通俗文学读物。早在中华书局时，沈知方就深知出版发行教科书的益处，于是在 1924 年进军教科书市场，成为继商务印书馆和中华书局之后民国时期第三大出版商。世界书局出版的教科书有一个很大的特点，即在大部分书名中体现编著者的姓氏，这也是对编著者的一种宣传。

世界书局出版的中学生物学教科书有多种。其中，高中生物学教科书主要有 1932 年出版的吴元涤著《高中及专科学校用·生物学》、1935 年出版的吴元涤著《高级中学学生用·吴氏高中生物学》（图 3 - 12）、1937 年出版的赵楷和楼培启合编的《新课程标准世界中学教本·高中新生物学》（上下册）。此外，世界书局还出版了李象元编写的供高中生使用的《生物学实验》。世界书局 1934 年出版的《生物学大纲》，原作者为伍特鲁夫（Woodruff），译者为沈霁春和伍况甫，该书内容丰富，本是大学教科书，但是很多中学也选用作高中教科书。

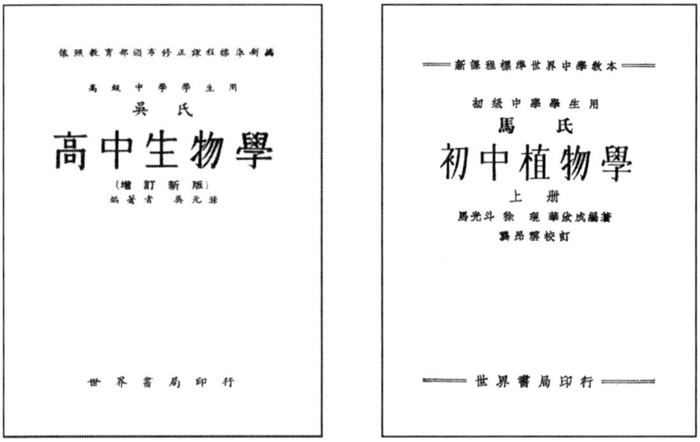


图 3-12 世界书局出版的《高级中学学生用·吴氏高中生物学》与《初级中学学生用·马氏初中植物学》

世界书局出版的初中教科书主要有王采南编写的《王氏初中动物学》，徐琨、马光斗、华汝成合编的《徐氏初中动物学》（上下册），赵楷和楼培启合编的《修正课程标准适用·初中新动物学》（上下册），徐克敏编写的《徐氏初中植物学》，马光斗、徐琨、华汝成合编的《初级中学学生用·马氏初中植物学》（图 3-12），李咏章编写的《初中新植物学》等。针对混合自然科，世界书局 1929 年出版了郭任远主编的《新主义教科书·初中自然科学》，全书共 6 册，其中第三册上、下两卷分别是动物部分和植物部分。

### （四）开明书店

开明书店由章锡琛创办于 1926 年。章锡琛（1889—1969），字雪村，浙江会稽（今绍兴）人，曾任商务印书馆《妇女杂志》主编，并邀请到周建人一同办刊。后章锡琛创办《新女性》杂志，并将杂志社改组为开明书店。开明书店除出版大量的文学作品外，还出版了不少中小学教科书。

开明书店出版的生物学教科书主要有 1931 年出版的王蕴如编写、周建人校订的《初级中学学生用·开明植物学教本》（图 3－13），1934 年出版的周建人编写、杜亚泉校订的《新标准初中教本·动物学》（上下册），1935 年以后贾祖璋编写的《初中植物学教本》（上下册）、《初中动物学教本》（上下册）、《生物学简编》、《开明新编高级生物学》等。

图 3－13　开明书店出版的《初级中学学生用·开明植物学教本》

## （五）大东书局

大东书局由吕子泉、王幼堂、王均卿和沈骏生创办于 1916 年，1928 年沈骏生任总经理。大东书局是民国时期仅次于商务印书馆、中华书局和世界书局的第四大书局，20 世纪 30 年代开始涉足教科书出版。

大东书局出版的生物学教科书主要有 1933 年出版的王志清著、吴元涤校订的《初级中学学生用·初中动物学教本》（图 3－14），凌昌焕编著的《初级中学学生用·初中植物学教本》（图 3－14），韦琼莹编辑、李顺卿校订的《新生活初中教科书·植物》等。此外，大东书局还出版了一套《初中自然科学教本》(1930)，作者为夏佩白和徐养正，共6册，其中前三册主要是生物学内容。

图3-14　大东书局出版的《初级中学学生用·初中动物学教本》与《初级中学学生用·初中植物学教本》

## （六）正中书局

1931年，陈立夫与吴大钧在南京创办正中书局，后成为国民党名下的出版机构。早期主要出版中小学教科书和教辅读物，后来业务逐渐扩大，成为民国时期六大出版机构之一。由于正中书局是国民党党营事业，因此发展较快，特别是在全面抗日战争时期，该书局出版的教科书发行量很大。

正中书局出版的生物学教科书主要有薛德焴编写的《建国教科书·初级中学动物学》(上下册，1935)，郑勉编写的《建国教科书·高级中学生物学》(上下册，1937)；王守成和方锡琛合编的《初级中学植物学》(上下册，1935年)。全面抗日战争后期正中书局曾出版“新中国系列教科书”。

## （七）其他小出版社

北新书局，李小峰、李志云、孙伏园等1925年创办于北京，1926年迁至上海，曾短期使用过青光书局的名字，主要是出版新文学书籍。

北新书局出版的教科书并不是很多，与生物学有关的有 1930 年嵇联晋编写的《实验动物学》，1932 年嵇联晋编写的《实验植物学》，1932 年吴元涤与王志清合编的《初级中学·北新植物学》（图 3－15），1933 年嵇联晋编写的《初级中学·北新动物学》（图 3－15），1934 年嵇联晋编写的《初中动物学》（上下册），1934 年吴元涤、王志清、周玉田合编的《初中植物学》（上下册）。

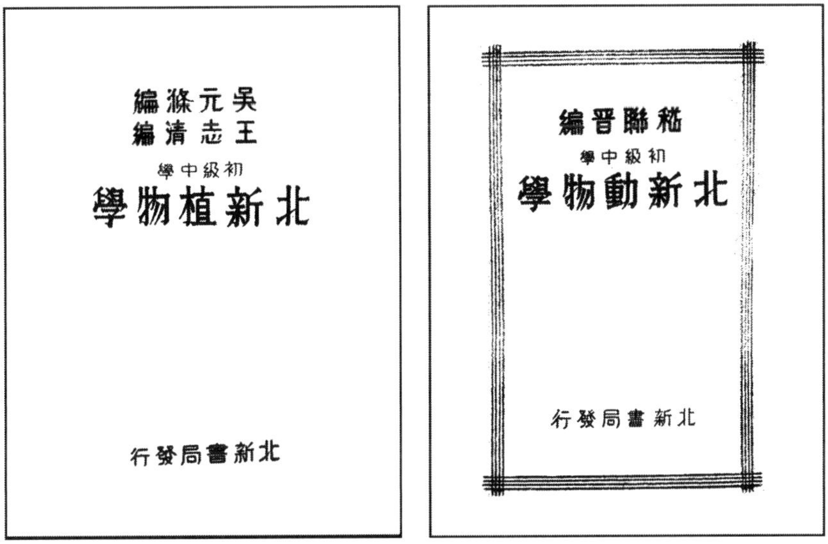


图 3－15　北新书局出版的《初级中学·北新植物学》
与《初级中学·北新动物学》

新亚书店，陈邦桢 1927 年创办于上海，后来薛德炯、薛德焴、吴载耀等投资入股。新亚书店主要是出版中小学教学图表，出版的生物学教科书有 1933 年缪端生、于景让编写的《新亚教本·初中动物学》（图 3－16），1935 年出版的张家俊著、薛德焴校阅的《高中生物学实验教程》，1936 年黄长才编著的《新课程标准适用·初级中学植物学》（图 3－16）等。

图 3－16　新亚书店出版的《新亚教本·初中动物学》
与《新课程标准适用·初级中学植物学》

中国科学图书仪器公司，中国科学社 1929 年创办于上海，专门出版科技图书。出版的生物学教科书有张孟闻、秉志合编的《中国初中教科书·动物学》（上下册，1933）（图 3－17）等。

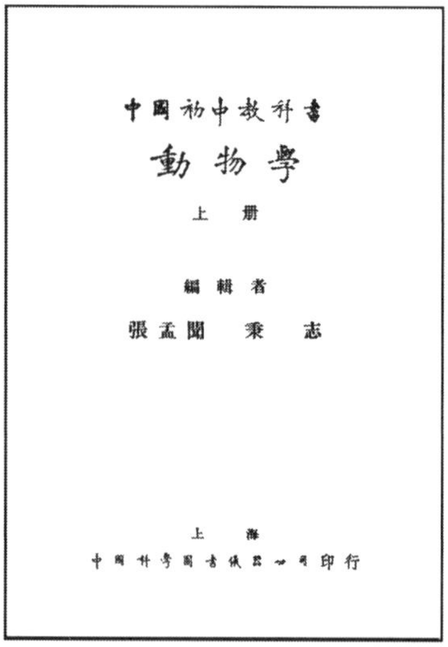


图 3－17　中国科学图书仪器公司出版的《中国初中教科书·动物学》

百城书局，1930 年左右成立于天津，创办者是国立北平师范大学毕业的天津教师，图书作者很多都是国立北平师范大学的教师和毕业生①。出版的生物学教科书主要有 1931 年张国璘编写的《初级中学植物学》，1931 年萧述宗编写的《初级中学动物学》，1932 年萧述宗编写的《初中师范动物学》，1932 年王树鼎编写的《生物学》，1934 年萧述宗编写的《新标准初中动物学》（上下册），1934 年张国璘编写的《新标准初中植物学》。

文化学社，1919 年前后成立于北京，1927 年后称“北平文化学社”，主要出版文史类、教育类图书和中小学教科书②。文化学社出版了不少国立北平师范大学师生编写的教科书，其中生物学教科书有国立北平师范大学附属中学生物教师李约编写的《初级中学动物学》《初级中学植物学》《初中师范新标准动物学》《初中师范新标准植物学》，朱隆勋和张起焕合编的《初中师范教科书·动物学》《初中师范教科书·植物学》，这些教科书的编写出版时间都在 1930—1933 年。

中华科学教育改进社，1933 年成立于广州，1935 年曾发行《科学教育》杂志。该社在教科书宣传中提倡“谋增进科学教育的效率起见，希望忠实于科学的教师先生，慎重选择教本”③。该社出版的生物学教科书有吴瑞庭编写的《高中用生物学实验》，吴瑞庭编、费鸿年校订的《高中教本·最新生物学》，费鸿年编写的《初中教本·最新动物学》，吴瑞庭、谢循贯合编的《初中教本·最新植物学》等。这些教科书还是比较受欢迎的④。

日伪政权下的出版机构。抗日战争全面爆发后，汪伪政权成立了

①董振修：《天津史党史探微》，宁河印刷厂，1998，第 350－351 页。

②《北京出版史志》编辑部编《北京出版史志》（第 8 辑），北京出版社，1996，第 136－191 页。

③吴瑞庭：《最新生物学》，中华科学教育改进社，1933，广告页。

④一民：《发刊词》，《科学教育》1935 年第 1 期。

教育部编审会、教育总署编审会、新民印书馆，编写出版教科书，其中包括初中动物学和初中植物学，没有注明具体编著者姓名。

除此之外，影响较大的教科书还有苏州小说林书社出版吴元涤著的《高等生物学》等。

## 二、主要编写者介绍

民国中期的教科书编写者，从编写教科书时从事的职业看，有高等学校和研究机构的生物学家，也有中学生物教师，还有专业编辑；从学历来看，有的曾经留学欧美国家或日本，有的毕业于国内高等学校或中等师范学校，也有自学成才者。不同的教科书编写者对于中学生物学教育及教科书的编写和使用有不同的理念，这也渗透在他们编写的教科书中。本研究着重介绍教科书编写数量较多、影响较大的几位编写者，其中陈桢和王守成两位将另节专论。

### （一）陈兼善

陈兼善（1898—1988，图 3－18），浙江诸暨人，鱼类学家。1912 年入浙江第一师范学校，1921 年毕业于北京高等师范学校博物部，曾任商务印书馆编辑、国立广东大学（后改为中山大学）教师。1931—1934 年在巴黎自然历史博物馆、大英博物馆研究学习，回国后在广东勷勤大学（后改为广东教育学院、广东省立文理学院）工作，还曾担任国立黔江中学校长。抗日战争胜利后，任台湾博物馆馆长、台湾大学兼职教授、东海大学生物系主任，1981 年后回大陆定居。

陈兼善对于中学生物教育非常热心，曾经发表多篇文章讨论中小学学制、课程、生物学（博物学）教学、教科书的编写与使用等①。陈兼善提倡在生物学课程和教科书中，应该着重讲授生物学的根本原

①如 1922 年《中学校之博物学教授》，1924 年《高级中学生物学课程之研究及其教授法》，1926 年《小学校动植物教授通论》，1928 年《中等动物学教科书之新趋势》，1938 年《现行初中动物学课程标准之商讨》等。

图 3-18　陈兼善

理，加强实验教学；理想的教科书应该便于教授和学习，且简明而正确。陈兼善编写了多部中学生物学教科书，如 1932 年出版的《高级中学用·新中华生物学》《新撰初级中学教科书·动物学》，1934 年出版的《新课程标准适用·高中生物学》，1937 年与华汝成合著的《修正课程标准适用·高中生物学》等。

### （二）华汝成

华汝成（1899—1980），江苏无锡人。1924 年毕业于日本东京国立文理科大学生物系，1924—1925 年在日本京都帝国大学农学院研究植物学；曾任上海致用大学教授、上海中华书局编审主任、上海大中国书局总编辑；1949 年后任上海水产学院（后迁往厦门，更名为厦门水产学院）图书馆馆长、海水养殖教研室主任；曾翻译赫胥黎的《人类在自然界的位置》，新中国成立后翻译、编著过多部藻类学著作。

华汝成曾发表多篇讨论生物学教学和教科书的文章。他认为自然科学的教科书需要让学生感兴趣，应该注意学生的智力程度和生活环境，需要考虑时令和生活上的应用，将各科融合在一起①。华汝成曾经编写过多部生物学教科书，另外还编写过生理卫生教科书，参与校

①华汝成：《对于初中自然教科书的管见》，《中华教育界》1931 年第 4 期。

订小学自然、初中物理和化学教科书。他编写的生物学教科书主要有1931年与华文祺合编的《初级中学用·新中华自然科学》（1～3册），1933年与徐琨、马光斗合编的《徐氏初中动物学》《马氏初中植物学》、独立编写的《新课程标准适用·初中植物》（上下册），1937年与陈兼善合编的《修正课程标准适用·高中生物学》（上下册）、与陈纶合编的《修正课程标准适用·初中动物》（上下册）等。华汝成编写的教科书比较受欢迎，在全国各地广泛应用。中国科学院院士蒋有绪在上海市私立大同大学附属中学上高中时，华汝成是他的生物老师，使用的教科书也是华汝成编写的①。

### （三）张珽

张珽（1884—1950），字镜澄，安徽桐城人，植物学家。日本东京高等师范学校博物科毕业，后进入该校研究所进修；回国后曾任安徽优级师范教务主任，国立武昌高等师范学校及后来的国立武昌大学、国立武汉大学教授，1926年代理国立武昌大学校长，翌年任国立武昌中山大学理科委员会主席，1928年任国立武汉大学生物系主任；曾参与创办国立武昌师范大学博物学会，发起成立中国植物学会。其研究领域主要是植物学、生态学，著有《植物生态学》（与董爽秋合著）、《武昌植物名录》、《植物生理学史略》等。

张珽关心中学生物学教育，除参与教师培训外，还给其他教科书作序。在对曹非编写的《最新高中生物学》校阅后的序言中，张珽认为作者专业扎实、教学经验丰富，所编教科书切于实用②。全面抗日战争时期，正中书局出版了张珽编写的《新中国教科书·初级中学植物学》，该教科书取材时关注习见植物，并与日常生活相结合，提倡实验和野外观察，很受欢迎，数次再版。

---

①全国中小学教师远程教育研究中心组编《自然科学前沿简介　院士访谈录》，科学出版社，2003，第112页。

②曹非：《最新高中生物学》，长沙六合公司，1933，序。

## （四）周建人

周建人（1888—1984，图 3－19），字乔峰，浙江绍兴人，鲁迅（周树人）和周作人的三弟。1906 年任绍兴僧立小学校长、教师，自修植物学与英文；1912 年后，任绍兴小学养成所、绍兴明道女校、成章女校教员；1920 年开始在国立北京大学校旁听，并翻译自然科学著作；1921 年到商务印书馆编译所，与章锡琛合编《妇女杂志》，曾在上海大学兼职教书；1926 年任《自然界》编辑，并开始编写生物学教科书；1944 年离开商务印书馆，抗日战争胜利后，曾任生活书店、新知识书店编辑；中华人民共和国成立后，任中央人民政府出版总署副署长，浙江省人民政府副主席，浙江省省长，高等教育部副部长，中国民主促进会中央委员会副主席、主席，中国人民政治协商会议全国委员会副主席，全国人民代表大会常务委员会副委员长等。周建人曾编译大量介绍进化论的著作，如《物种起源》《生物进化论》《生物进化浅说》等，并撰写发表了很多科学小品，还曾参与《辞源》的编辑、修订。

图 3－19　周建人

周建人认为，生物学是集动物学、植物学和自然史于一体的，对于初学者来说，最重要的在于引起研究的兴味与掌握研究的方法①。

---

①周建人：《生物学是什么和怎样学习（附表）》，《学生杂志》1923 年第 6 期。

在商务印书馆期间，周建人编写了多种教科书，包括初中生物学教科书和小学自然教科书，如1933年编写的《复兴初级中学教科书·动物学》（上下册），1934年编写的《新标准初中教本·动物学》（上下册），1937年改编童致棱原著的《复兴初级中学教科书·植物学》（上下册）、与刘纪合编的《动物学》。他还校订了王蕴如①编写的《初级中学学生用·开明植物学教本》。中华人民共和国成立后，仍继续参与教科书的编写。

### （五）贾祖璋

贾祖璋（1901—1988，图3-20），浙江海宁人。1920年毕业于浙江省立第一师范学校，读书期间擅长写作，并开始对生物学感兴趣，毕业后曾在多所小学任教；1924年进入商务印书馆仪器标本实习所实习，转而入商务印书馆印刷所标本部工作，并管理植物园，自学多种生物学书籍；1929年调入编译所博物生理部任编辑；1932年“一·二八”事变后，进入开明书店工作，全面抗日战争时期曾在桂林两江师范学校、浙江省立温州中学等执教；1949年后，加入中国民主促进会，曾参与制定中学动植物课程标准，后在中国青年出版社、科学普及出版社工作。

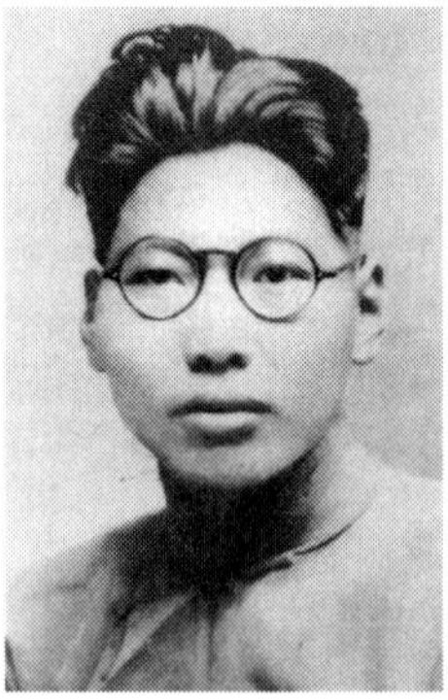

图3-20 贾祖璋

---

①王蕴如是周建人的第二任妻子。

贾祖璋非常热爱生物学，撰写了大量生物学科普论文和书籍，如《花儿为什么这样红》《鸟与文学》《碧血丹心》《生物素描》《生物学名著讲话》《动物珍话》等。1936 年，贾祖璋与贾祖珊合著的《中国植物图鉴》由开明书店出版。贾祖璋曾经引用瑞士著名生物学家路易斯·阿加西（Louis Agassiz，1807—1873）的名言论述学习生物学的方法："抛开书本，研究自然。"因此他特别强调观察和实验①。他曾经著译了《动植物研究法》，介绍动植物的观察实验方法，并编写过《生物校外研究》，以日期为序，介绍开展校外生物观察实验的方法。在开明书店工作期间，贾祖璋编写了多种生物学教科书，如《生物学简编》《开明新编高级生物学》《初中植物学教本》《初中动物学教本》《初中博物教本》等。

### （六）郑勉

郑勉（1898—1987），字保兹，江苏常州人，九三学社成员。早年就读于江苏两级师范学堂、上海第二师范学校；1923 年毕业于日本东京文理科大学理科三部，回国后曾任江苏省立第四师范学校兼特设师范教师，江苏太仓师范学校、无锡师范学校、南京市立师范学校校长；1938 年后任成都光华大学生物学系教授兼附属中学主任，陕西政治学院、国立西北大学、国立同济大学生物系教授，苏州中学校长；中华人民共和国成立后，由同济大学调入改组成立的华东师范大学，任生物系教授，主要研究植物分类学。

郑勉编写的生物学教科书主要有《建国教科书·高级中学生物学》（上下册）、《新中国教科书·高级中学生物学》（上下册）等。这些教科书都是在全面抗日战争开始后出版的，由正中书局发行，曾再版数十次。

### （七）薛德焴

薛德焴（1887—1970），字良叔，江苏江阴人，中国科学社成员。

①贾祖璋：《碧血丹心》，桂林立体出版社，1942，第 80 - 90 页。

1905年赴日留学，先在东京弘文书院，后考入东京文理科大学生物学系；1913年回国后曾任江西省立高等师范学校、国立武昌高等师范学校（后改为武汉大学）、北京高等师范学校（后改为北京师范大学）、省立安徽大学、国立浙江大学教授，江苏省镇江中学校长，上海正中书局编辑部自然科学组主任，参与《教与学》杂志的编辑；中华人民共和国成立后，曾任同济大学、华东师范大学生物学教授。薛德焴擅长脊椎动物学、动物解剖学，曾经编写过《动物解剖丛书》及多种科普图书，在《博物学杂志》《自然界》《学艺》《科学画报》等杂志发表多篇科普文章。在任国立武昌高等师范学校博物部主任时，薛德焴曾经创办《博物学会杂志》。

薛德焴认为，提倡科学应该学校、家庭、社会同时并进。他觉得当时的初中生物学教学过于重视分类和形态，缺乏实验和研究的训练，尤其是缺乏对生物学的意义的理解。因此，他建议生物教师具备广博的自然知识，重视学生学习习惯的养成，生物学的教学要生活化，在自然的状态下学习生物学，培养学生从事生物学研究的能力①。薛德焴编写的生物学教科书较多，如《建国教科书·初级中学动物学》（上下册）《新中国教科书·初级中学动物学》（上下册）。他还编写过多种生理卫生教科书，校订过多种中学生物学教科书。

### （八）嵇联晋

嵇联晋（1900—1991），动物分类学家，江苏安东（今涟水）人。1923年毕业于国立武昌师范大学生物系，同年赴日本学习和研究生物学、水产学，曾在中山大学、贵州大学、西北大学、同济大学、安徽大学等学校担任教授。他还担任过涟水县立初级师范、贵州省立桐梓中学校长。中华人民共和国成立后，嵇联晋在华东军区人民医学院（第二军医大学）生物学教研室任主任、教授，长期从事蜘蛛和毒蛇的

①薛德焴：《对于生物学会考后的感想》，《浙江教育行政周刊》1933年第30期。

分类研究。

嵇联晋编写了大量的大学和中学生物学教科书、实验教科书、生理卫生教科书。他编写的中学生物学教科书主要有《初级中学北新动物学》《初中动物学》（上下册），实验教科书有《实验动物学》《实验植物学》等。他还为中学生编写了《植物标本采集制作法》等辅导书。

### （九）费鸿年

费鸿年（1900—1993，图 3 - 21），字希声，浙江海宁人，中国科学社成员，曾担任中华学艺社总干事。1915 年毕业于江苏省立第二农业学校蚕科，后赴日本学习，先入预科；1921 年升入东京帝国大学理学部动物学科；1923 年回国后曾任国立北京农业大学教授；1924 年创办国立广东大学生物系，任教授兼系主任，后来曾任国立武昌大学生物系教授、国立北平大学农学院农业生物系主任；1931 年任国立中山大学生物系教授兼系主任；1933 年兼任省立广西大学生物系主任；1934—1935 年曾在日本东北帝国大学浅虫临海实验所研究鱼类生理学；1937 年又回到国立中山大学生物系；全面抗日战争期间，研究工作中断；1949 年后，曾任农业部参事，水产总局和水产部副总工程师，广东水产研究所、中国水产科学研究院南海水产研究所研究员等。其主要研究方向为鱼类学。

图 3 - 21　费鸿年

费鸿年早年曾经结识德国生物学家杜里舒（Hans Driesch），并出书介绍过杜里舒的思想。他出版了不少动物学和鱼类学的著作，编写的中学生物学教科书主要有《高级中学师范科用·新中华生物学》，他还校订过吴瑞庭的《高中教本·最新生物学》。

### （十）李约

李约，字士博，生卒年不详。毕业于北京高等师范学校（北京师范大学前身）博物部，1915 年开始在北京高等师范学校附属中学校（后更名为北京师范大学附属中学）担任博物教师和生物教师。北京高等师范学校附属中学校有教师编写教科书的传统，学校使用的很多教科书都是中学教师自己编写的。

李约在教学过程中，注重实物教学、野外观察和实验研究，曾经使用过讨论式教学法和自动式教学法，以此发挥学生学习的主动性①。曾经编写过适合初中和师范科使用的博物学、生物学和生理卫生学教科书，主要有《初级中学动物学》《初中师范新标准动物学》《初级中学植物学》《初中师范新标准植物学》等。

综上来看，民国中期出版中学生物学教科书的机构主要有商务印书馆、中华书局、世界书局、开明书店、大东书局和正中书局，北新书局、新亚书店、文化学社等机构也出版了一部分中学动植物学教科书。教科书的编写者既有生物学家，也有中学教师和专业编辑。这些教科书都是按照课程标准要求、国人自编的、适合本国需要的教科书。

---

①李约：《曾在附中用过之两种教学法》，载《师大附中成立四十周年纪念特刊》，1941，第 70－71 页。

# 第四节　案例：陈桢及其中学生物学教科书

陈桢（1894—1957，图 3-22），字席山，后改协三，原籍江西铅山，生于江苏邗江，动物学家，中国动物遗传学的创始人。1918 年毕业于私立金陵大学农林科，获农学学士学位；1919 年考取清华学校官费赴美留学，先入康奈尔大学农学系学习；本科毕业后转入哥伦比亚大学动物学系，在著名遗传学家摩尔根（T. H. Morgan）的实验室工作，1921 年获硕士学位；1922 年回国后，先在国立东南大学生物系任教，从事金鱼遗传学研究，并兼任中国科学社生物研究所动物学研究员，还兼任过国立北京师范大学校生物学教授；1926 年到清华学校生物系担任教授、系主任①；全面抗日战争时期任国立西南联合大学生物学教授，曾从事金鱼和蚂蚁的研究；1948 年入选中央研究院院士；1949 年后，曾担任中国科学院动物研究室主任、动物研究所首任所长；1955 年当选中国科学院学部委员（院士）。

图 3-22　陈桢

①中华人民共和国成立后，清华大学生物系并入北京大学，陈桢担任北京大学生物系教授。

陈桢曾经编写过多部教科书，如大学教科书《普通生物学》（图 3-23）、中学教科书《复兴高级中学教科书·生物学》（以下简称“《复兴生物学》”，图 3-23）等，其中《复兴生物学》是民国时期影响最大的教科书之一，被广泛使用，多次再版，到中华人民共和国成立后仍在使用，本节着重介绍该书特色。

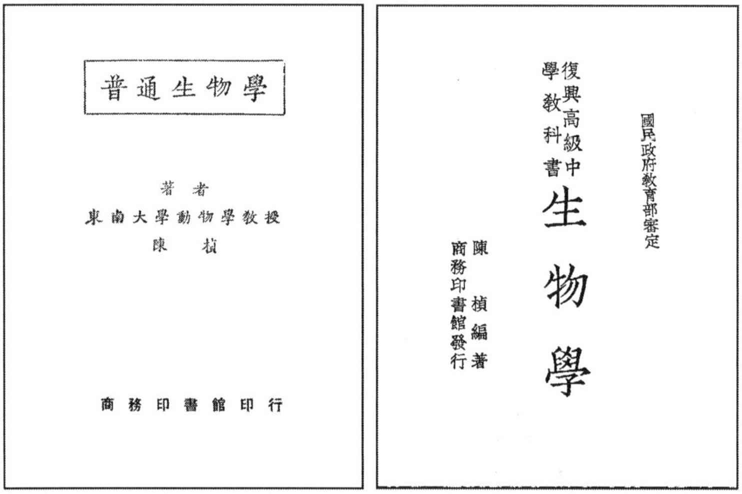


图 3-23　陈桢著《普通生物学》与《复兴高级中学教科书·生物学》

## 一、《普通生物学》

1922 年，当陈桢从美国回到国内的时候，国内尚未出版普通生物学教科书，此前的生物类教科书要么是分科的动物学和植物学，要么是博物学教科书，但是博物学教科书一般也是分作动物学和植物学。这些教科书侧重介绍动植物的形态、分类等比较具体的知识，却没有一本系统介绍生物的一般特征。正是意识到“著者还没有看见一本中文书论到生物界的普遍现象，介绍关于原生质、生殖、遗传、天演等的各种学说，并且举出这些学说的科学证据和最近状况”，因此陈桢才编写了《普通生物学》，并希望“能引起几个阅者对于生物学的研究发生兴趣”。陈桢撰写该书后，曾经在大学生中试用，并请秉志等人校阅过①。1924 年 9 月商务印书馆出版第一版，此后多次再版。商务印书馆在推荐时，认为该书“各种学说，皆检举科学证据与最近状况，反复阐述，为研究生物学者不可或缺之善本。至插图之精美，图注之详备，亦足为本书生色”②。这本书本来是写给国立东南大学生物系的学生使用的，但是有很多中学将其作为教科书使用。1929 年，民国政府颁布《高级中学普通科生物学暂行课程标准》，将陈桢的《普通生物学》指定为参考书之一。

该书正文分为 8 章，依次为导言、生命的物质基本、生机的营养、生物的模式、生殖、遗传、天演、生物学发达的回顾与前瞻。书后附有参考书目，按照章的顺序排列，其中大部分参考书是英文原著，只有几本中文和日文参考书。另附英汉名词对照表。正文有 285 页，其中遗传和天演（即进化）部分占了 81 页，接近全书的三分之一。

关于这本教科书的特点，著名文学评论家李长之（1910—1978）曾经专门撰文介绍过。1931 年，时为国立清华大学生物系学生的李长之认为，陈桢的《普通生物学》告诉人们什么是科学态度；编写特别认真，图的来源都注明，译名很多新拟，生物的模式采取我们最常见的做说明，介绍新说；文字流畅③。陈桢的这本教科书跳出了原来动植物教科书专讲形态、结构、分类、生理等的博物学风格，侧重介绍适合生物界的普遍规律，而且注重介绍科学研究方法和科学发展过程，可以让学生对科学产生兴趣，并了解从事科学研究的方法。再加上陈桢的编写态度非常认真，文笔简洁流畅，又有教育部的推荐，难怪很多中学会选用该书了。

---

①陈桢编《普通生物学》，商务印书馆，1924，序。

②王守成编《公民生物学》（上卷），商务印书馆，1929 年第 7 版，广告页。

③李长之：《从陈桢普通生物学说到中国一般的科学课本》，《清华周刊》1931 年第 8 期。

## 二、《复兴生物学》

《复兴生物学》初版于1933年11月，是商务印书馆出版的复兴中学教科书之一。该书一直使用到20世纪50年代，前后出版发行181个印次①。

关于这本书的内容来源，作者交代是“根据几百本最近出版的专门书籍、杂志、论文，与著者自己的几篇研究论文著成的”。值得称道的是，作者的确使用了很多自己的研究成果，特别是有关金鱼遗传学的研究发现，这一点是陈桢的教科书与其他人编写的教科书最显著的区别。关于这本书的定位，作者确定是“为普通人著的”，因此主要介绍的是生物学常识。关于这本书的内容，作者没有把“未成熟的新奇学说”涵盖进去，但是也介绍了一些新发现和新学说，主要是关于衰老死亡与寿命的研究、雌雄性决定的研究、用X光线引起突变的研究、机体论等②。

全书共分为8篇，分别是导言，细胞、原生质与生命现象的特点，单细胞生物的生活，多细胞植物的生活，多细胞动物的生活，个体的起源演发与衰老，遗传，演化。每篇若干章，正文部分410页，后附生物学发达史一览表和译名对照表。与其所著的《普通生物学》不同，陈桢的这本《复兴生物学》是专为高中生写的。

### （一）《复兴生物学》的几个特点

（1）特别注意使用本国资源，引入个人研究成果。

与同时代其他中学生物学教科书相比，陈桢的这本教科书特别注重教学内容的本土化。如在讲到蚯蚓的时候，陈桢提到我国最常见的紫黑色蚯蚓 *Perichaeta*，还有淡红色蚯蚓 *Allolobophora*；在讲到动物

---

①谈家桢、赵功民编《中国遗传学史》，第527－538页。

②陈桢：《复兴高级中学教科书·生物学》，商务印书馆，1933，前言。

胚胎的发育受环境影响的时候，陈桢介绍了自己做过的金鱼在普通淡水、一半普通淡水一半蒸馏水、含0.65%酒精的淡水里的不同发育状况；遗传学是陈桢的专长，在讲到孟德尔遗传定律的时候，他特意介绍了自己做过的两个实验，一个是遵从孟德尔遗传定律的不同毛色野鼠的杂交实验，另一个是对孟德尔遗传定律有所修正的透明金鱼与不透明金鱼的杂交实验；在介绍分类学里的生物演化证据时，陈桢以鲤鱼与鲫鱼杂交产生金鱼作为例子。该书以我国本土的生物资源介绍生物学知识，便于学生理解和接受，同时还可以激发学生以后从事生物学研究的兴趣。同时，这也是近代科学中国化的重要体现。

（2）文笔流畅，生动活泼，可读性强。

正如陈桢在序言中提到的，这本书的读者是普通人，为了能让普通人读懂生物学，他的确是下了一番功夫的。除大量的图片辅助文字外，更是在遣词造句上颇费苦心。陈桢的语言是近于白话的，讲到一些专业的、不太容易理解的地方，还会用到比喻、拟人、类比等修辞手法。如：

> 细胞可以比作钟表，细胞壁比作钟表的外壳，细胞内里的各重要部分比作钟表的机器。机器里的各部是齿轮发条和各种零件，造成齿轮发条和各种零件的物质都是钢。细胞里的各部有细胞核细胞质和许多别种物体，造成这些物体的物质都是原生质。(p. 15)
>
> 如若有一部分细胞损伤破坏不能尽职，或者行动越轨不顾公益，这个群体就不能生活，群体的各个细胞也就随着不能生活了。(p. 30)
>
> 人的红血球是扁圆月饼形的，在初生成的时候，内中也有细胞核，后来细胞核消灭，就成了一个无核的细胞。(p. 189)

（3）注重生物学史的介绍。

但凡科学发现必有一番原委，通过对某个领域科学史的介绍，读者可以了解其来龙去脉；同时，还可以通过科学家的科学探究过程学习科学研究的方法。另外，学习科学史可以陶冶情操，加深对科学的理解。陈桢一向注意在生物学教科书中介绍生物学史，在他编著的《普通生物学》教科书中，书后就有一章是“生物学发达的回顾与前瞻”。在《复兴生物学》中，对于生物学史的介绍更多了，除书后附有“生物学发达史一览表”外，书中也多次讲到相关的生物学史内容，如无生源论与生源论学说的主要人物及其观点，孟德尔的豌豆实验等。另外，书中还给出了众多生物学家的肖像和生平介绍，如许赖登（今译施莱登）、许往（今译施旺）、勒文荷克（今译列文虎克）、萨克氏（今译萨克斯）、飞萨力欧氏（今译维萨里）、哈尔飞（今译哈维）、巴斯德、达尔文等。

陈桢一直十分注重生物学史，是我国生物学史研究的开拓者之一，在担任国立清华大学生物系教授期间，就主讲生物学史①。1954 年，中国科学院成立中国自然科学史研究委员会，陈桢是其中唯一的生物学科的委员②。1955 年，陈桢在《生物学通报》发表《关于中国生物学史》一文，倡议科学工作者从事祖国科学史的研究工作③。他还专门研究过中国生物学史，发表了《我国古代学者关于化石起源的正确认识》《关于鸟鼠同穴问题》《中国古代关于进化论的贡献》《由毛诗中“螟蛉有子蜾蠃负之”所引起的我国古代昆虫学研究和唯心与唯物两派的见解》等研究论文，做到了生物学研究与生物学史的结合。

---

①徐丁丁：《国立清华大学生物学系之研究》，中国科学院自然科学史研究所，2014。

②尤芳湖：《中国科学院成立中国自然科学史研究委员会》，《科学通报》1954 年第 10 期。

③陈桢：《关于中国生物学史》，《生物学通报》1955 年第 1 期。

（4）独创名词，自绘插图，严谨细致。

作为一名生物学家，陈桢在编写中学教科书时十分认真。凡是文中初次出现的名词术语都注明英文名称，并在书后附英汉名词对照表和四角号码汉英名词对照表，且都注明名词在文中的位置（实际上是索引）。陈桢使用的科学名词“多半是已经通用的”，但是也有个别是新译的，如将 tissue 译为“体素”而不是“组织”，是考虑到在说“器官是组织组织而成的”时候比较拗口；将 development 译为“演发”而不是“发生”，也是担心产生误解，因为“发生”还有别的意思。

陈桢还结合生物学的特点，在这本书中插入大量图片，但凡引用他人的，都会注明出处。另外，陈桢还自己绘制了很多插图，如反交实验示意图（第一百八十九图）、金鱼杂交示意图（第一百九十二图，图 3－24）、野鼠杂交示意图（第一百九十三图）、基因的环连（即连锁）与互换示意图（第一百九十八图、第一百九十九图、第二百图、第二百零二图、第二百零三图）等。这些插图表达准确、绘制清晰，将生物学原理直观地呈现了出来。

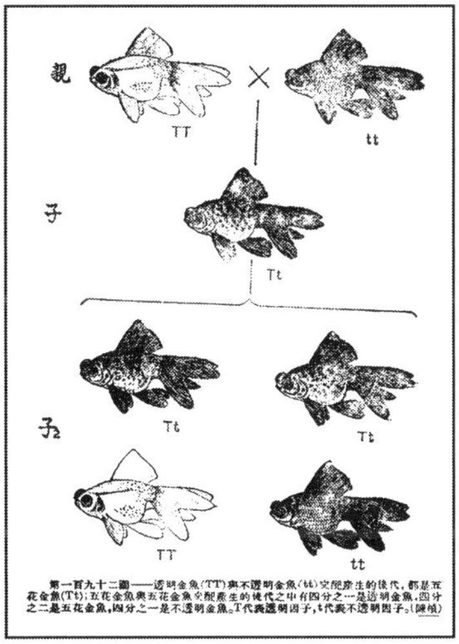


图 3－24　《复兴高级中学教科书·生物学》中的金鱼杂交示意图

（5）编排合理，逻辑性强。

从全书的内容安排来看，作者先介绍微观的细胞、原生质与生命现象的特点，然后分别介绍单细胞生物和多细胞动植物的生活（包括形态结构、生理、生殖等），接下来介绍生物的个体起源与发育、遗传与演化。在介绍多细胞植物或动物的生活时，作者只是列举了很少的几种生物作为代表，而没有罗列各个纲目科属的生物特点，可以说是突出了重点。作者将生物多样性部分放到了生物演化的结果去介绍，对于各个纲目，只是简明扼要地提及其主要特点和常见的生物，并没有详细展开，这也在一定程度上减轻了学生的负担。

就具体的知识介绍而言，作者也特别注意逻辑的统一，能够将相关知识的来龙去脉交代清楚。如在讲到生物繁殖后代的方式时，作者列举了几种无性生殖或有性生殖的方式后，很自然地提出一个问题：性的功用是什么？作者通过理论分析、毛勃氏（Maupas）和伍特鲁夫的草履虫实验、魏斯曼等人的推断等，分析有性生殖对于生物繁殖的意义，让读者有豁然开朗的感觉。

## （二）《复兴生物学》与《普通生物学》的关系

陈桢的《普通生物学》初版于1924年，而《复兴生物学》初版于1933年。这两本教科书的读者定位不同，但都是陈桢编写的，二者之间是否有什么关系呢？通过对比分析可以发现，作者是在《普通生物学》的基础上编著了《复兴生物学》。

无论是在结构框架上还是在文字表述上，《复兴生物学》中都可以找到《普通生物学》的痕迹。尽管作者在《复兴生物学》的前言中只是说这本书是“根据几百本最近出版的专门书籍、杂志、论文、与著者自己的几篇研究论文著成的，因为普通读者没有知道这些专门著作的必要，所以不曾把参考书的名称附在这本书的后面”。但是我们还是可以通过比较，看出两本书的延续关系。如对于草履虫的描述，尽管有一些变化，但大部分还是相同的，除文字表述大体相同外，该部分引用的图片出处也是相同的。在论述演化的证据时，尽管有一些表述不同，“天演论”也变成了“演化论”，但是相关的证据仍然包括了形体解剖学的证据、胚胎学的证据、古生物学的证据和遗传学的证据等，引用的例子也都包括脊椎动物的前肢骨、人与大猩猩的骨骼、脊椎动物的早期胚胎与后期特化、马的演化及马的前肢骨与后肢骨的演化、果蝇翅的突变与眼的突变等。

陈桢注意到了生物学的发展，以及两本教科书的不同读者对象，因此在内容上有了较大的修改和补充。与《普通生物学》相比，《复兴生物学》在内容上大大增加，几乎每一部分都有所拓展。如在介绍单细胞生物和多细胞生物生活的时候，照顾到了更多的生物类型，特别是增加了以蛙和人为代表的脊椎动物的解剖学与生理学知识，使读者能够对人类自身了解得更加清楚；尤其是在介绍遗传学知识时，更是增加了自己的研究成果，详见后文。

名词术语是科学知识的载体，可以在一定程度上体现出科学的发展变化。通过对比两本教科书中的部分名词、当时科学名词审查会颁布的《动植物名词汇编（矿物名词附）》中的名词及当代审定使用中的名词，可以发现，《复兴生物学》中的大部分名词术语沿用了《普通生物学》的译法，但是有一些发生了变化，表 3－6 即是一些例证。

表 3－6　陈桢教科书中的部分生物学名词术语与《动植物名词汇编》、今译名词术语的对比

| 英文名词 | 《普通生物学》 | 《复兴生物学》 | 《动植物名词汇编》① | 今译② |
| --- | --- | --- | --- | --- |
| acquired character | 后得性 | 获得性 | — | 获得性 |

①鲁德馨编《动植物名词汇编（矿物名词附）》，科学名词审查会，1935。

②今译参考《遗传学名词》全国科学技术名词审定委员会公布，第二届遗传学名词审定委员会编，科学出版社，2006；《细胞生物学名词》全国科学技术名词审定委员会审定，科学出版社，2009。

续表

| 英文名词 | 《普通生物学》 | 《复兴生物学》 | 《动植物名词汇编》 | 今译 |
|---|---|---|---|---|
| amitosis | 直接分裂 | 无线分裂 | 直接分裂（无丝分裂） | 无丝分裂 |
| bacteria | 微菌 | 细菌 | 裂殖菌，细菌 | 细菌 |
| chlorophyll | 叶绿质 | 叶绿素 | 叶绿素 | 叶绿素 |
| development | 发成 | 演发 | 发生 | 发育 |
| germ cell | 种细胞 | 生殖细胞 | 生殖细胞，生发细胞 | 种质细胞，生殖细胞 |
| mitosis | 间接分裂 | 有线分裂 | — | 有丝分裂 |
| nucleolus | 小核 | 核仁 | — | 核仁 |
| red corpuscle | 红血轮 | 红血球 | — | 红细胞，红血球 |

两本教科书的编著前后大约间隔 10 年时间，在这段时间里，科学名词审查会已经审查了很多生物学名词，且于 1927 年出版了《医学名词汇编》，1935 年出版了《动植物名词汇编（矿物名词附）》，可以说生物学名词审定统一工作有了很大变化。有可能陈桢受到了当时生物学界的影响，从而改变了对一些生物学名词的译名。

尽管在有些内容上，《复兴生物学》延续了《普通生物学》，但是大部分内容进行了扩充和改编。可以看出，陈桢在编写教科书时十分认真，着实下了一番功夫。

### （三）《复兴生物学》的不足之处

陈桢的《复兴生物学》在 1933 年出版后，一直到 1949 年 5 月重印了 157 次，1949 年 11 月出版修正版，将遗传学的内容由孟德尔—

摩尔根遗传学改为米丘林—李森科遗传学[①]。实际上，无论是生物学本身还是教育政策，在这十几年中都发生了很大变化。仅就教育部的课程标准而言，在该书出版前的 1932 年，教育部就颁布了正式版的《高级中学生物学课程标准》。当时而言，该教科书很好地吻合了课程标准的要求，这也是它备受欢迎的重要原因。后来，教育部在 1936 年、1941 年、1948 年对课程标准又做过比较明显的调整[②]。在这种情况下，一些新出现的生物学知识却一直没有进入教科书，部分科学名词没有及时更新，而且教科书的内容也没有及时适应当时教育改革的需要，缺少生物学与疾病防治、工农业生产的关系等内容。当时有些作者及其编著的教科书就注意到了及时修订再版，以适应时代需要。如吴元涤在担任江苏省立苏州中学校长、教员的时候，编写了《高中及专科学校用·生物学》，1932 年出版第一版；当他转任江苏省立无锡师范学校教员后，又在前者基础上编写了《吴氏高中生物学》，该书在 1935 年 9 月初版后，在 1938 年 5 月出版增订新版。同为复兴系列教科书的《复兴初级中学教科书·植物学》在 1933 年初版后，1937 年也出版了改编本。

生物学是一门实验科学，学习生物学离不开实验。陈桢在顾昌栋[③]所著的《普通生物学实验指导》序言中也说道："读科学书不做实验等于看游记不亲自旅行……现在中学生物学教学上最大的缺点是实验不好。"[④] 陈桢在《复兴生物学》的导言中，也提到了生物学研究法，特别是观察和试验方法，他在教科书的正文中也是以生物学家的

①陈桢：《复兴高级中学教科书·生物学》（修正本第 181 版），商务印书馆，1951。

②课程教材研究所编《20 世纪中国中小学课程标准·教学大纲汇编：生物卷》。

③顾昌栋（1909—1978），江苏吴江人，动物学家。1935 年毕业于东吴大学研究院，曾先后在苏州中学、清华大学、国立师范学院、南开大学、西南联大等校任教，专长研究海鱼吸虫。

④顾昌栋：《高级中学用普通生物学实验指导》，著者自刊，1936。

研究思路来写的，并且介绍了很多科学实验，但是这本教科书似乎对于实验仍然没有足够的重视，因为书中的实验多是生物学史的经典实验，并且是作为生物学知识的背景介绍，没有独立的学生实验部分。同时期吴元涤的教科书中就有较多实验，而且方便学生实践。不过，商务印书馆出版的这套复兴教科书系列中，有一本是江栋成①编写的《复兴高级中学教科书·生物学实验》，但看不出这本实验教科书与陈桢的教科书之间的关联。顾昌栋的实验指导手册是与陈桢的教科书相匹配的，但并未通过出版社正式出版。当然，当时全国各地生物学教学条件简陋，特别是生物学实验，缺乏仪器设备，即便有的教科书介绍了生物学实验，很多中学也没有条件去实施。

另外，这本教科书的学术味道比较浓，较少涉及生物学与人生的关系。陈桢在介绍相关生物学知识的时候，基本上是围绕着知识本身在阐述，并没有延伸到与农业生产、日常的衣食住行、卫生防疫等方方面面的关系。书中关于遗传学的知识介绍过多，接近全书三分之一的篇幅，其中有些内容似乎超过了当时高中生的能力水平。该教科书没有设置习题，不方便学生复习巩固。

## 三、陈桢生物学教科书与现代遗传学的传播

现代遗传学是伴随着中国近代社会的大变革传入的，特别是当达尔文的进化论传入中国以后，遗传学作为实现优胜劣汰、适者生存的途径而被广泛介绍②。经典的孟德尔遗传学直到中华民国建立以后才被介绍进来。五四运动后三年，适逢孟德尔（1822—1884）诞辰100周年，孟德尔及其经典遗传学在国内的传播达到了一个高潮。此后，开始有专门的遗传学著作被翻译引进，1923年李积新编著了国内第一

①江栋成长期担任无锡、上海等地中学生物教师，曾任上海市生物学会会长。

②曹育：《孟德尔遗传学是怎样传入我国的》，《中国科技史料》1988年第1期。

本《遗传学》[①] 教科书。20 世纪 20 年代，陈桢等第一批海外学习遗传学的生物学家回国后，国内开始有了自己的遗传学课程和研究工作[②]。早期的遗传学教学和科研都是在大学中开展的，遗传学知识进入中学体系要更晚一些。不过，相对于高等教育，中学教育因其受众面广，遗传学知识的传播显得影响更为深远。

### （一）陈桢生物学教科书中的遗传学知识

晚清教科书中涉及遗传学的并不多见。1907 年，汪鸾翔（1871—1962）编著的《动物学讲义》在论及动物进化的原理时指出："凡亲所生之子形体必能略似亲，其如是者谓之遗传。然除似亲之部分外，必又略有不尽类亲之处，其如是者谓之变种。变种者，即进化之见端也。"[③] 实际上，早期的动植物教科书多倾向于介绍形态、解剖、分类、生理等，于遗传方面的介绍着墨极少。

民国初期的中学生物学仍然属于博物学的范畴，如商务印书馆出版的《最新中学教科书》系列中的动物教科书和植物教科书都没有涉及遗传学的内容。较早介绍现代遗传学知识的可能是丁文江的《民国新教科书・动物学》[④]，在论及"天演"时，作者提到了"外司门［今译"魏斯曼"］之遗传性论"，用"遗传者性，不遗传者习"[⑤] 介绍了魏斯曼的种质学说。

陈桢的《普通生物学》中有一章专论遗传，介绍了魏斯曼的种质学说、孟德尔遗传定律、遗传的物质基础、连锁与互换、性别决定等遗传学知识；书后还有一章介绍生物学发展史，也提到了孟德尔的豌

---

①李积新编著《遗传学》，胡先骕校，商务印书馆，1923。

②谈家桢、赵功民编《中国遗传学史》。

③汪鸾翔：《动物学讲义》，湖南中学堂，1907，第 13 页。

④据《张元济日记》上册（商务印书馆，1981）第 9 页：1912 年 11 月 20 日"请丁文江（在君）编动物学。全书计润四百元。住西门外斜桥公兴里卅号"。可知丁文江从 1912 年就开始着手编写这本教科书了。

⑤丁文江编《民国新教科书・动物学》，商务印书馆，1914，第 342 页。

豆实验、1900 年孟德尔遗传定律的再发现和摩尔根的新发现。这是国内中学生物学教科书中首次较全面地介绍当时的遗传学知识。与《普通生物学》相比，《复兴生物学》几乎每一部分都有所拓展，在介绍孟德尔定律的时候，增加了当时最新的相关研究成果，特别是对于孟德尔定律的修正，包括陈桢自己做的金鱼杂交实验；增加了衰老死亡与寿命、个性的决定与改良等内容。作者还对一些内容进行了重新编写，如在介绍孟德尔定律普遍性的时候，将引用的豚鼠杂交实验换成了陈桢自己做过的野鼠杂交实验。能够紧跟遗传学发展前沿，并将自己的研究成果融入其中，可以说是陈桢教科书最大的特点。

### （二）陈桢生物学教科书中遗传学知识的来源

陈桢的《普通生物学》所参考的文献，既有他人的研究著作与教科书，也有他自己的研究成果。本研究以国人编写的最早的遗传学教科书——李积新的《遗传学》（图 3－25）和陈桢的《普通生物学》为例，来分析教科书中遗传学知识的来源。表 3－7 为《遗传学》的参考文献和《普通生物学》第六章《遗传》的参考文献比较。

图 3－25　李积新编著《遗传学》

表 3-7 《遗传学》与《普通生物学》的参考文献比较

| 教科书 | 参考文献 |
| --- | --- |
| 李积新《遗传学》 | 遗传杂志 *Journal of Heredity*，by American Genetic Association<br>裴葛二氏植物改良学 Bailey and Gilbert's *Plant Breeding*<br>元始论 Herbert E. Walter's *Genetics*<br>曼代尔遗传之机体论 *The Mechanism of Mendelian Heredity*，by Morgan，Sturtevant，Muller and Bridges<br>遗传及发育中之细胞论 Edmund B. Wilson's *The Cell in Development and Inheritance*<br>生物学 Needham's *Biology*<br>动物改良学 Davenport's *Animal Breeding*<br>裴氏植物改良学 L. H. Bailey's *Plant Breeding*<br>天演论 严复译 |
| 陈桢《普通生物学·遗传》 | W A Locy. *Biology and Its Makers*. 3rd edition，revised. H. Holt &Co.，1915<br>E G Conklin. *Heredity and Environment in the Development of Men*. 4th edition. Princeton University Press，1922<br>W E Castle. *Genetics and Eugenics*. 2nd edition，revised. Harvard University Press，1921<br>H E Walter. *Genetics*. The Macmillan Co. ，1913<br>W Bateson. *Mendel's Principle of Heredity*. Cambridge University. Press，1913<br>E B Babcock，R E Clausen. *Genetics in Relation to Agriculture*. McGraw-Hill Book Co. ，1918<br>E M East，D F Johns. *Inbreeding and Outbreeding；Their Genetic and Sociological Significance*. J. B. Lippincott Co. ，1919<br>T H Morgan，A H Sturtevant，H J Muller，et al. *The Mechanism of Mendelian Heredity*. H. Holt & Co. ，1915<br>T H Morgan. *The Physical Basis of Heredity*. J. B. Lippincott Co. ，1919<br>W E Agar. *Cytology；with Special Reference to the Metazoan Nucleus*. The Macmillan Co. ，1920<br>L W Sharp①. *Introduction to Cytology*. McGraw-Hill Book Co. ，1921 |

①陈书注为 Shap，经查应为 Sharp。

从表 3-7 可以看出：两部教科书都引用了大量国外的遗传学著作，而且主要来自美国，这可能与作者接受了西方的遗传学教育有关；引用的文献比较新，反映了遗传学的最新进展；包括了当时遗传学的经典著作，如当时遗传学研究前沿和核心的摩尔根的著作。在这些文献中，有两种是相同的。

（1）H. E. Walter. *Genetics*. The Macmillan Co.，1913.

这本书的全名是《遗传学：遗传研究导论》，1913 年初版，1922 年出版了修订版。作者瓦尔特（H. E. Walter，1867—1945）是美国著名的动物学家、作家、布朗大学教授。这本书介绍了遗传的物质基础、变异、突变、孟德尔遗传定律、性别决定、优生理论、生物育种等遗传学知识。由于这本书来自作者 1911—1912 年的讲义，所以对于此后遗传学的最新成果并未收录进去，如对于摩尔根的贡献，也只是提到了性染色体的研究①。

（2）T. H. Morgan，A. H. Sturtevant，H. J. Muller，et al. *The Mechanism of Mendelian Heredity*. H. Holt & Co.，1915.

《孟德尔遗传学原理》是摩尔根（T. H. Morgan，1866—1945）及其实验室成员关于遗传学研究的成果，不但介绍了在他们之前的孟德尔遗传学的基本原理，而且着重介绍了摩尔根实验室利用果蝇做出的杰出发现，如基因的连锁、性别决定、伴性遗传等。摩尔根团队关于果蝇的研究主要是在哥伦比亚大学做的，而陈桢曾在摩尔根的实验室学习，深受其影响。陈桢不但引用了摩尔根的这本书，还引用了后来出版的《遗传的物质基础》（*The Physical Basis of Heredity*）②。后者不但基本上包括了前者的主要内容，而且还增加了染色体互换、基因在染色体上的定位、孤雌生殖、母性遗传、细胞质遗传等新研究

①Herbert Eugene Walter，*Genetics*（The Macmillan Co.，1913）.

②Morgan，T. H，*The Physical Basis of Heredity*（J. B. Lippincott Co.，1919）.

成果①。可以从陈桢在《普通生物学》中引用的摩尔根的图片（图 3-26，a）看出二者之间的关系。在这幅描述高茎豌豆和矮茎豌豆杂交的图片（图 3-26，b）中，陈桢几乎是完全复制了摩尔根的图片，只是将英文换成了中文。

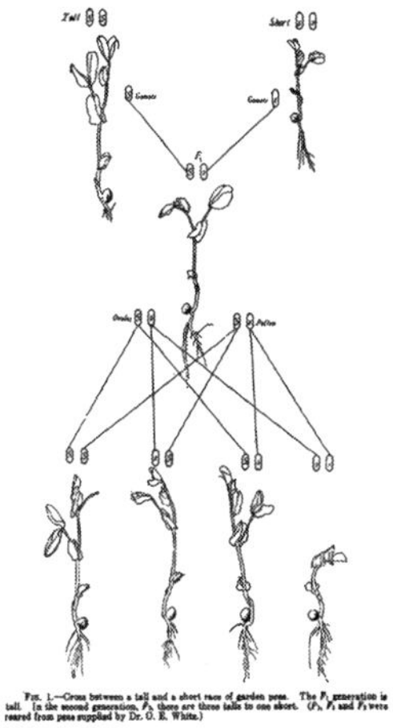

a.《遗传的物质基础》(摩尔根，1919)

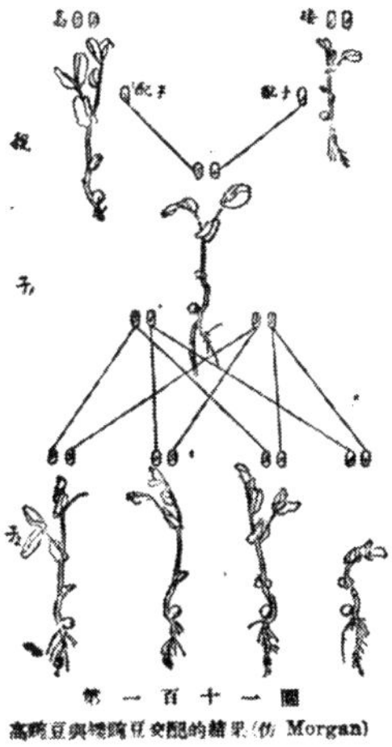

b.《普通生物学》(陈桢，1924)

图 3-26 有关高茎豌豆和矮茎豌豆杂交插图比较

有一个现象非常有意思，陈桢在《普通生物学》中通过摩尔根引用了当时遗传学界“人类染色体是 48 条”的说法，而在《复兴生物学》中通过伍特鲁夫引用其他科学家关于“人类染色体是 48 条”的说法。事实上，直到 20 世纪 50 年代，科学界才最终确定人类的染色体是 46 条而非 48 条。这也反映出教科书中的知识受到生物学发展的影响。

如果说 1924 年的《普通生物学》中的知识基本上都是间接来源，那么 1933 年的《复兴生物学》中则多了不少直接来源，即加入了很多陈桢自己做的遗传学实验，如金鱼杂交实验、野鼠杂交实验（图 3-

①T H Morgan，A H Sturtevant，H J Muller，et al，*The Mechanism of Mendelian Heredity*（H. Holt & Co.，1915）.

27）等。因此，后者的内容已经超出了前者引用参考文献的范围。可以说，这是陈桢在努力实现遗传学、甚至是生物学的本土化。

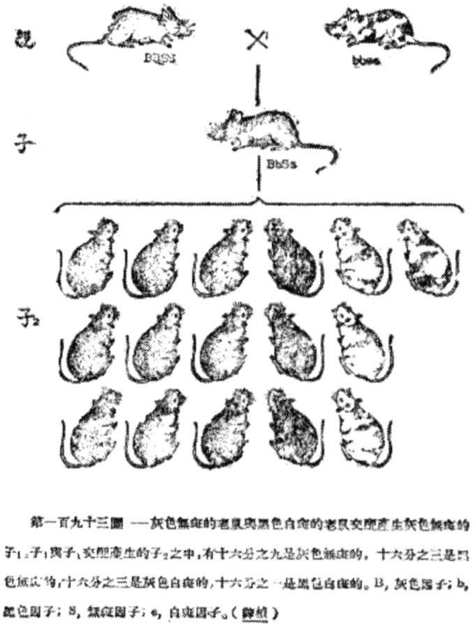


图 3－27　陈桢著《复兴高级中学教科书·生物学》中关于野鼠杂交实验的插图

据陈桢介绍，他是在 1923 年想到利用金鱼作为遗传学研究材料的[①]，从 1924 年开始，持续做了几年的相关研究。最早的一篇文章 *Variation in external characters of goldfish*, *Carassius auratus*（《金鱼外形的变异》）发表在 1925 年第 1 卷第 1 期的 *Contributions from the Biological Laboratory of the Science Society of China*（《中国科学社生物研究所论文丛刊》）上。为了便于更多人了解，陈桢又将该文精华以中文形式发表在《科学》《农学》等杂志上。1928 年，陈桢将 4 年的研究成果 *Transparency and mottling*, *a case of Mendelian inheritance in the goldfish*, *Carassius auratus* 发表在美国的遗传学杂志 *Genetics* 上（图 3－28），并将中文版（《金鱼的遗传、透明和五花》）

①陈桢：《金鱼的变异与天演（附图）》，《科学》1925 年第 3 期。

发表在《清华学报》[1] 上，向国内生物学界报告。陈桢在这篇文章中，集中讨论了金鱼体色的遗传问题。1954 年，陈桢还发表了《金鱼家化史与品种形成的因素》。陈桢去世后，科学出版社出版了他关于金鱼和蚂蚁研究的论文集《金鱼的家化与变异》。

图 3－28　1928 年陈桢在 *Genetics* 发表的文章中的插图

早在编写《复兴生物学》之前，陈桢就已经开始向中学生物教师介绍金鱼在教学上的应用了。他在《与中小学校生物学教员谈金鱼》一文中，详细介绍了金鱼作为常见的观赏动物，可以应用在生物学教学上，讲解金鱼的形体、生理、生殖、遗传和变异、学习行为、病理等。在陈桢看来，“如若我们多用学生爱玩的生物做教材，我想中小学生对于生物学功课的兴趣一定可以增高些”[2]。陈桢给中小学教师的介

---

①陈桢：《金鲫鱼的孟德尔遗传（附图表）》，《清华学报》1930 年第 2 期。

②陈桢：《与中小学校生物学教员谈金鱼》，《新教育评论》1926 年第 11 期。

绍细致而具体，非常具有可操作性，不但可以激发学生对于生物学的兴趣，还可以教授学生实验的方法。由此也可以看出陈桢对于中小学生物学教育的关注。

## 四、陈桢生物学教科书的影响

陈桢的《普通生物学》和《复兴生物学》都是非常受欢迎的生物学教科书。大公报图书副刊第93期曾经专文介绍陈桢的《复兴生物学》，其中提到陈桢的《普通生物学》“行销甚广，为十余年来，最受欢迎之生物学教本”。在介绍《复兴生物学》时，该文强调“且有其本人研究的结果，加入书中，实为其他教科书中所罕见”，遗传部分“为著者拿手好戏”，其中金鱼遗传和老鼠遗传“用本地材料显明孟德尔定律，阅之令人入胜”①。

1930—1931年，张文昌对广东、福建、浙江、江苏、山东、河北等省的38所高中进行调查，其中有12所使用陈桢的《普通生物学》②。植物学家吴征镒在高中时使用的教科书就是陈桢的《高中生物学》③。（由于吴征镒是1931—1933年在扬州中学读高中，当时陈桢的《复兴生物学》尚未出版，因此这里的《高中生物学》应该是陈桢的《普通生物学》。）

《复兴生物学》出版后受到更大程度上的欢迎，从1933年出版一直使用到20世纪50年代。1933年《中学生物学刊》曾经调查了当时各地初高中生物学教本的使用情况，发现在11种公开出版的高中生物学教科书中，陈桢的《复兴生物学》是应用最多的，在40余所学校中，有15所选用该书④。1933年，福建省教育厅将这本教科书推荐给

①转引自《出版周刊》，1935年8月31日新144号第11页。

②张文昌：《中学教本研究（调查）》，《教育研究》1933年第41期。

③吴征镒：《吴征镒文集》，科学出版社，2006。

④《初高中生物学教本调查统计》，《中学生物学刊》1933年第1期。

各中学选用①。不但是国立和省立的中学使用，就是教会中学也使用陈桢的这本教科书。1936年，华北基督教教育协会发布了对华北地区基督教各差会所办中学各科教科书使用情况的调查报告，在4种高中普通生物学教科书中，《复兴生物学》应用最广，被9所学校选用，其他3种教科书只有1～2所学校选用。调查中，各中学教师还给出了评价，大部分均认为该书为“善本”②。此外，1940年对上海地区15所基督教中学的调查③，以及1947年对南京地区基督教中学的调查④都得出了类似的结果。

尽管有一些不足，但瑕不掩瑜，陈桢的《复兴生物学》是民国中后期最受欢迎的教科书之一，而且中华人民共和国成立后还一直被使用，足见其水平之高，可以说是科学家参与中学科学教育的典范，对于当今的科学教育也有借鉴意义。

## 第五节　案例：王守成与《公民生物学》

王守成（1895—1981，图3-29），字志稼，江苏苏州人，植物学家。1920年毕业于苏州东吴大学生物系；1925年获得美国芝加哥大学植物学硕士学位；回国后曾执教于东吴大学、上海沪江大学、国立中央大学、光华大学等；中国科学社、中国植物学会成员，曾任中国科学社生物研究所技师；1949年后曾任复旦大学、华东师范大学、安徽

---

①《福建省中小学教科用书一览》，《福建教育周刊》1933年第169期。
②汪祥庆：《中等学校各科教学用书调查报告》，华北基督教教育协会，1936。
③《上海十五所基督教中学所用教科书统计》，《教育季刊》1940年第2期。
④《基督教中学卅六年度各科教本调查结果》，《会讯》1948年第8期。

师范大学生物系教授；曾加入美国 Sigma Xi 学会①。主要研究领域为藻类植物学。

图 3－29　1926 年，时任沪江大学生物教员的王守成

王守成热心科学教育事业，于东吴大学毕业后，曾在东吴大学附属第一中学任教，后任全国第二届科学教员暑期研究会生物组指导员、南京市小学教员暑期讲习会自然科讲师。

1924 年 8 月，王守成编写的《新学制高级中学教科书・公民生物学》（以下简称“《公民生物学》”）上册由商务印书馆出版发行（图 3－30）。在 1922 年民国政府实行新学制后，秉志起草的《高级中学第二组必修的生物学课程纲要》中建议使用的普通植物学教科书为王兼善的《中学植物学教科书》、普通动物学为丁文江的《中学动物学教科

①Sigma Xi 为美国科学研究学会（the Scientific Research Society），成立于 1886 年。

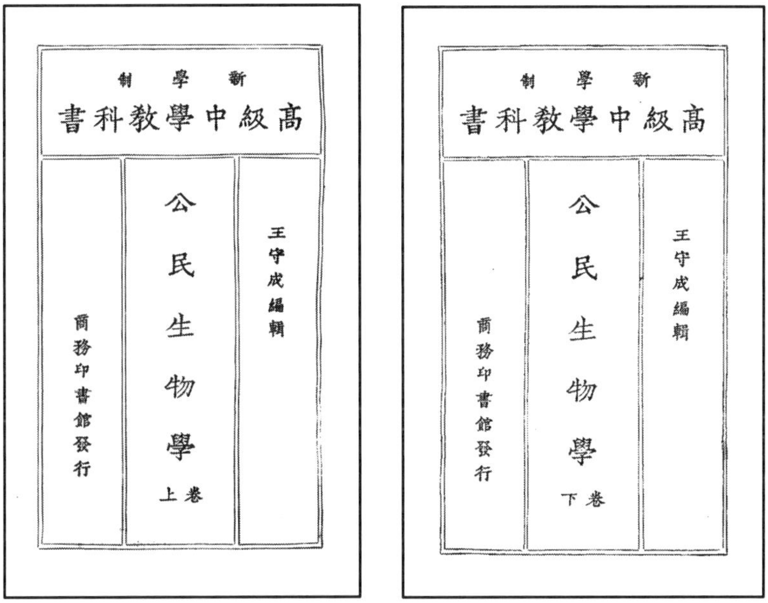


图 3－30　王守成的《新学制高级中学教科书·公民生物学》

书》，当时还没有综合的普通生物学教科书①。王守成的《公民生物学》比陈桢的《普通生物学》早出版一个月，而且该书是专门为高中生编写的，可以说是我国最早的高中普通生物学教科书。1925 年 6 月，该书下册出版发行（图 3－30）。

全书分为上下两册，共 8 编，每编若干章。上册 5 编 220 页主要围绕生物是如何生活的，介绍生物学的一般知识，偏重实验室的工作；下册 3 编 302 页主要围绕人类的生活，介绍生物的改良及各类生物与人类的关系，偏重校外工作。书中有大量的插图，上册有 230 幅，下册有 129 幅，合计 359 幅。全书目录见表 3－8。

---

①课程教材研究所编《20 世纪中国中小学课程标准·教学大纲汇编：生物卷》，第 8 页。

表 3-8 《公民生物学》目录

| 上册目录 | 下册目录 |
| --- | --- |
| 绪论 | **第六编　生物之改良** |
| **第一编　总论** | 第一章　农产物之来源与价值 |
| 第一章　生物与无生物 | 第二章　家养动物之来源与价值 |
| 第二章　生物体构造之基本 | 第三章　变异 |
| 第三章　生物之种类 | 第四章　遗传 |
| 第四章　环境与生物之关系 | 第五章　动植物之进种 |
| **第二编　食物与生命** | 第六章　人种改良 |
| 第一章　物质与能力 | **第七编　人类之生活** |
| 第二章　植物摄取食料之器官——根 | 第一章　人类之意义与其进化 |
| 第三章　食物原料之来源 | 第二章　人类之今昔与将来 |
| 第四章　食物之制造厂——叶 | 第三章　人类与环境之关系 |
| 第五章　养分在植物体中之运化 | 第四章　人类环境之改良 |
| 第六章　动物之食物 | **第八编　人类与他种生物之关系** |
| 第七章　食物及其用途 | 第一章　绿色植物与人生——应用植物 |
| 第八章　消化与吸收 | 第二章　绿色植物与人生——田园之恶莠 |
| 第九章　呼吸与循环 | 第三章　森林之利益与保护 |
| **第三编　生物之继续** | 第四章　我国之森林问题 |
| 第一章　生长与再生 | 第五章　无色植物与吾人之关系——菌类植物之研究 |
| 第二章　新生物 | |
| 第三章　动植物之两性 | 第六章　无色植物与吾人之关系——细菌与人生 |
| 第四章　世代交替 | |
| 第五章　发生 | 第七章　动物与人生——应用动物 |
| 第六章　花与花粉传授 | 第八章　动物与人生——人体中之寄生虫 |
| 第七章　果实与种子之分布 | 第九章　昆虫问题——昆虫传播病疫 |
| **第四编　生物之生活方法** | 第十章　昆虫问题——昆虫为病源微生物之中间宿主 |
| 第一章　地方与时节中之适应 | |
| 第二章　生活态度中之适应 | 第十一章　昆虫问题——昆虫与人类经济 |
| 第三章　身体上之特性与生活适应 | 第十二章　鼠之问题 |
| 第四章　幼稚时代与亲体之保护 | 第十三章　鸟类与人生 |
| 第五章　生物之社会生活 | |
| **第五编　生物之反应生活** | |
| 第一章　反应性与感觉之原始 | |

续表

| 上册目录 | 下册目录 |
|---|---|
| 第二章　眼与光<br>第三章　声之感觉<br>第四章　动物之神经系<br>第五章　本能习惯与智慧<br>第六章　毒物于生命组织之影响 | |

## 一、《公民生物学》教科书的特点

（1）实用性，以“养成身心健全之公民”为导向。

《公民生物学》采取的是应用生物学的视角，其宗旨在于“使学者明了生物与人生有卫生的、经济的、社会的、思想的关系，养成身心健全之公民”。作者强调，“本书以人生为中心，重于实用主义，其中凡偏于学理方面之材料，可取可舍”。在绪论中，作者提出：“然利用厚生之法，何由求之？则曰当自研究生物学始。”我们从教科书的目录也可以看出这种用心。以下册第八编为例，本编共13章，尽管也介绍了各种动植物的特征，但是更侧重介绍这些生物与人类生活的关系。对于绿色植物与人类的关系，作者介绍了绿色植物可以供给人类以食物、工艺品原料、材用原料、药品、美感、家畜食料等，并介绍了农田杂草的特点、危害及防除之法；对于动物与人类的关系，则介绍了应用动物、寄生虫、作为病原媒介的昆虫、经济昆虫、鼠害、鸟的益处等。

既然该书旨在“培养身心健全之公民”，而公民是社会中的人，因此作者在介绍相关知识的时候，十分注意引导学生关注国家与社会、关注世界。例如，在讨论如何改良人类环境的时候，作者认为“环境之改良首从家庭始，家庭环境之改良，当从个人始”。在介绍完家庭环境改良的措施后，进而介绍公众环境之革新（包括物质层面的城市卫生和精神层面的社会环境，下册 p. 79～94）。在介绍鼠疫的危害时，作者不但列举了意大利、英国等国家的疫情，更详细列举了临近几十年内中国各地的疫情（下册 p. 205～206）。

（2）侧重介绍本国资源。

王守成的学兄、东吴大学教授胡经甫在书的序中说，该书“所用教材亦均取资于本国物产，尤为可贵”。祁天锡在序中也认为，中国亟须以中国本土资源为背景的生物学教科书，而这样的教科书需要由了解中国和中国人的作者来编写，利用丰富的学识、假之多年的教学实践，王守成很好地完成了这个任务。

尽管王守成参考了很多西方的生物学教科书，但是《公民生物学》中的材料则尽量选择了中国本土的资源，并介绍中国的实际情况。如在介绍农作物的时候，作者指出“盖稻起源于中国，逐次传布于各地”（下册 p. 2），桃“为吾国旧产，黄河南北以及沿海各省皆有之。以山东河南直隶所产者为最佳”（下册 p. 6～7）。在介绍植物可以作为药品时，作者列出了常见的药用植物及其功用（下册 p. 86）。第八编第四章专论中国的森林问题，作者介绍了中国古代的森林状况、当时的森林分布及各地林木，并以附文的形式列举了各省的主要树种，同时参考东南大学的《农学杂志》，介绍了民国初期森林事业的发展（下册 p. 105～115）。在介绍免疫和消除传染病的时候，作者引用了《东大日刊》关于南京市驱除蚊蝇前后居民患霍乱、疟疾、痢疾等疾病的死亡人数变化，以及南京市四大医院疟疾和痢疾患者死亡人数的变化情况（下册 p. 185～186）。

（3）以更宽泛、更高远的视野介绍生物学知识。

作者将“植物动物与人体生理卫生诸科，冶于一炉……避除机械的分科教学，俾读者易于领会而引起研究之兴趣”。因此，本书是一本普通生物学教科书，而非分科的动植物学与生理卫生学的简单混合。作者围绕人生的方方面面，将相关材料有机地组织在一起，这可以从该书的目录看出。

不仅如此，由于在实际生活中，并没有单独的生物学，生物学是要与其他各种科学发生关系的，因此凡涉及的地方，作者都会介绍相关的科学知识。如在介绍物质与能力（即能量）的时候，作者讲到了气体化学的知识，并介绍了物质与能量守恒关系（上册 p. 85～91）；在介绍森林时，又涉及了经济地理的知识；讲述动植物与人类的关系，又不可避免地涉及农业、畜牧业等知识。

(4) 编排设计独具匠心，有利于激发学习兴趣。

每章开始先抛出几个问题，然后各节围绕这些问题展开。如第二编第七章“食物及其用途”，开篇提出 4 个问题（上册 p. 139）：何谓食物其价值何在？吾人食物当如何始称合法？酒是否为食物？烟与他种刺激性物究有害否？而后围绕这些问题展开论述。课文的编排分为正文、附文两种，以区分主次，方便教师提取删除。

该书注重启发，引起学生思考，很多地方都有“学者试答之”。如在介绍植物吸收空气中的二氧化碳气体时，让学生思考“查空气之成分含炭甚少，然则如许植物日日用之，而此大量之炭由何而来乎？学者试答之”（上册 p. 99）。讲到动物摄取食物的能力时，提到牛的二次咀嚼之能，“于生理上之效益甚大（何种效益？学者试答之）”。这些问题的答案实际上已经在前面讲过，或即将在后面讲到，这样可以激发学生思考，于学生学习和教师教学都有利。

作者注意前后呼应。如在第一编第四章“环境与生物之关系”讲到空气对生物的影响时，只是简单概述，并注明“详见二编”（上册 p. 73）；在第二编讲到绿色植物的分布与适应时，要求学生温习此前已经介绍过的第一编第四章（上册 p. 232）；在讨论生存竞争的时候，要求学生参考在绪论中提及的“生物学与社会生活”的相关论述（上册 p. 245）。

(5) 文笔优美，可读性强。

经过新文化运动，20 世纪 20 年代之后出版的教科书普遍开始使用白话文，但是《公民生物学》却使用的依然是文言文。尽管如此，该书依然非常受欢迎，这跟作者生动的文笔是分不开的。在第一编第一章讲述生命的解释与来源的时候，开篇便是“时当春夏，淫雨连绵，久之地面陷落处积水成潭。不数日，潭中渐见有绿色物发生，且有蠕形之微虫无算，游泳其中……”（上册 p.9），这种优美的、生活化的语言，一下子就激发了学生的阅读兴趣。

在讲述时，作者将生物学现象和原理描写得十分生动，使得学生容易掌握其来龙去脉。如在介绍蜜蜂的习性时，作者将后蜂（蜂后）、雄蜂、职蜂（工蜂）的特点介绍得非常生动周详：“蜜蜂性畏寒，好群居，富有团结力，每遇外敌侵入，则合力同心，一致御侮，死不怯退。每群之中，蜂分三种，后蜂一、雄蜂数百、职蜂二万至五万……”（上册 p.83）。

(6) 注重观察和实验教学。

在《公民生物学》中，王守成没有安排单独的学生实验和演示实验，但展示了一些经典的生物学实验（图 3－31）。他提到“缓日当编实验教程，以补本书之缺”（上册绪论）。实际上，他很早就开始编著生物学实验教程，但还没有编完就于 1924 年赴美留学去了。他在东吴大学附属第一中学的同事程克让继续他的工作，一边在教学中使用、一边不断完善，终于在 1933 年完成编著并由南京钟山书局出版《高中生物学实验教程》。该书完全参照《公民生物学》编著，在宗旨上，继续秉承“除研究动植物之形态构造等外，并使学者明了动植物与人生有卫生上经济上社会上思想上之关系，以养成身心健全之公民”的理念；在实验编排次序上，也与《公民生物学》保持同步。由于是秋季始业，《公民生物学》及《高中生物学实验教程》都考虑到了季节因素对生物学实验的影响，为此，作者专门在该实验教程书后附有“实验

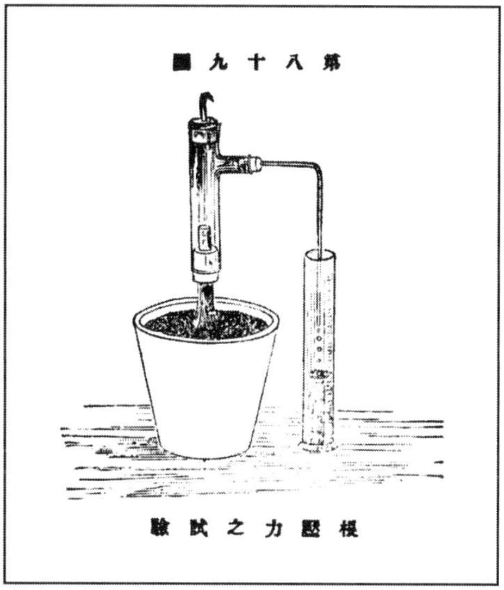


图 3－31　《新学制高级中学教科书·公民生物学》中介绍根压实验的插图

时间分配表”。

《高中生物学实验教程》全书共有 54 个实验。实验前列有“实验示要”和“显微镜之研究”，介绍实验的一般要求和显微镜的使用方法，并给出了实验做法示例。每个实验有“材料”“参考书”“方法”“观察”“结论”“绘图”等项，其中“结论”部分即要求学生就当次实验内容回答相关问题。书后附有“实验时间分配表”和“实验室之设备录”。

有的实验体现了《高中生物学实验教程》培养参与社会事务的公民思想。如实验 42“杂草之研究”，该实验与农业生产密切结合，要求学生到田圃中详察何种杂草生长旺盛，并填写表格，详细记录杂草的名称、高度、所在、泥土性质、植物性质、嗅味、繁殖方法、种子散布方法、有用途否、有何害处、拔除易否、备注、保藏方法及日期。观察后还要采集完整植株制作标本保藏，并要求绘制 3 种杂草的图。

有些实验无法在教室或实验室开展，也无法直接在野外观察操作，则要求学生阅读相关的书籍资料，并进行分析讨论。如实验 30“生物体上之特性与生活适应”，要求学生参考杜就田译的《动物新论》、朱建霞译的《人生动物学》、宋崇义编写的《新中学教科书·动物学》和王守成编写的《公民生物学》，讨论有关保护色、警戒色和拟态的问题；参考龙毓莹编写的《免疫学原理》、顾寿白编写的《生理卫生学》和王守成编写的《公民生物学》，讨论有关免疫性的问题。

同时期的其他生物学实验教科书，如江栋成的《复兴高级中学教科书·生物学实验》、李象元的《生物学实验》、王儒林的《高中生物学实验指导》等都是采取普通生物学的实验思路，直到抗日战争时期出版的禹海涵的《高中生物学实验教程》才有了与社会关系密切的动植物育种、动植物病害的实验。

（7）其他特点。

王守成在介绍科学发现的时候，会提及相关的科学家，注意发挥科学史的作用；图片丰富，大部分是示意图或模式图，也有少量照片，但有一些模式图比较粗糙，图中文字有手写体也有印刷体，并且所有的图片都没有注明出处；注意科学名词，在首次出现时会给出对应的英文词汇。

王守成的《公民生物学》参考了多种英文生物学著作，其中有 G. W. 亨特（G. W. Hunter）的 *A Civic Biology*：*Presented in Problems*。他和程克让合编的《高中生物学实验教程》参考了亨特的 *Laboratory Problems in Civic Biology* 和克立鹄的 *A Laboratory Guide in Biology*。可见王守成编写教科书的思路受到了亨特的影响。

1928—1929 年燕京大学文理科简章中，列举了 3 本生物学入学考试参考书，包括王守成的《公民生物学》，亨特的 *A Civic Biology*：*Presented in Problems*，以及皮博迪（J. E. Peabody）与 A. E. 亨特（A. E. Hunt）的 *Biology and Human Welfare*。该简章指出，“植物学生理学动物学之善本尚多，上列三种，系总论各科之书，其应用方法又出自日常生活，对于研究普通生物学，甚为适用”①。不少中学也选用了这些教科书，由此可见偏重实用主义的中学教科书也是颇受欢迎的。

## 二、王守成的科学教育思想

王守成积极参与科学教育活动，特别是对中学生物学教育非常关注。1923 年，华东基督教教育会在南京金陵大学召开第一次年会，邀请王守成提供了苏沪生物学教学状况的报告及改进意见计划书，王守成在报告中提到当时国内中学生物学教育“因陋就简”的状况。1935 年，针对 10 年来的发展状况，王守成撰文讨论中学生在生物学上的疑难与误解，认为对于学生的通俗的疑问和学习上的疑问，教师须经常关注，注意平时收集，以便教学时帮助解决；他认为学生学习上发生困难主要是因为学生学力不足、教师经验缺乏和学校设备简陋，针对不同教本名词不统一、有些教学材料与学生生活较为疏远、实验设备不足等造成的学生学习困难，他提出了若干有针对性的措施，特别是强调“教材之有关于人类生活者，宜充分采取，启发学生利用生物学知识，以解决人生物质上或精神上之问题”。他还提醒教师注意学生对于生物学知识的一些误解（类似于前科学概念），应及时发现并纠正②。此后，他又撰文对实验室教授、教室教授和校外教授的要点进行了详细分析③。

在王守成看来，科学教育的目标包括“科学知识之灌输、科学技能之传授、科学方法之教导、科学精神之养成及科学兴趣与理想之培

① 王学珍、张万仓编《北京高等教育文献资料选编 1861—1948》，首都师范大学出版社，2004，第 598 - 602 页。

② 王志稼：《中学生于生物学上之疑问困难与误解》，《科学教育（南京）》1935 年第 1 期。

③ 王志稼：《中学生物学教授法之我见》，《教与学》1935 年第 1 期。

植”，而“此等根基在中等教育时期即须建立，因中学生之人生变化至关重要。在此时期务使学生知治学之道与夫为民族谋幸福之概念”。在他看来，当时科学教育上最紧要的问题是师资，为此他建议教育部设立科学教育委员会，各省教育厅须有科学教育讲座与视导专员，各学校须有长期的科学教师及教学上充分之便宜，加强师范学校的教育，并利用暑期讲习会或大学进修等途径促进在职教师的进修。王守成认识到社会对科学教育的重视与推进学校科学教育工作相得益彰，因此需要面向公众普及科学教育①。

抗日战争时期，王守成有针对性地提出了中国的科学教育亟须切实改进“生活化”、努力推行“大众化”、迅速建立“中国化”。其中“生活化”指的是科学教育应该与一般的社会生活和学生的日常生活建立联系，而不只是为了升学、甚至采用大学教科书故作高深；“大众化”就是要以学校为中心，将科学教育推广到全社会，实现科学大众化、大众科学化；“中国化”不只是指采取中文教科书、任用中国教员，还包括教科书中材料的中国化、实验教学仪器标本设备的中国化②。重新审视王守成编写的《公民生物学》，可以发现他在这本书出版的十几年前就注意到了这几点，并且一以贯之。抗日战争胜利后，王守成建言提升对科学学科的重视程度，在师资、经费和教科书方面加强中小学科学教育，促进高等科学专门人才的培养，建设科学的社会环境③。

---

①王志稼：《我国目前之科学教育问题》，《国风》1936 年第 11 期。
②王志稼：《我国科学教育今后应具之方针》，《科学》1940 年第 5 期。
③王志稼：《我国科学教育的推进问题》，《教育与文化》1946 年第 1 期。

# 第六节　案例：吴元涤及其编写的教科书

吴元涤（1886—1954，图 3 - 32），字子修，江苏江阴人。1905 年吴元涤被委任北外蒙养学堂堂长，1906 年任北外学董，1906 年秋考取江苏师范学堂①，1908 年毕业于江苏师范学堂优级选科博物科，1910 年任江阴礼延学堂堂长，1912 年执教于北京女子高等师范学校（1924 年改为国立北京女子师范大学，1931 年并入北平师范大学），1913 年赴日本考察教育，回国后曾任教于江苏省立第六中学②、江苏省立第一农业学校③、南京高等师范学校附属中学、国立东南大学④、国立暨南学校、江苏医科大学（1927 年并入国立东南大学，改为国立第四中山大学）等校，曾任江苏省立第一师范学校（苏州中学前身）教务主任。1927 年 9 月，国立第四中山大学苏州中学成立，吴元涤任苏州中学生物教员兼自然学科首席教员⑤。1933 年 7 月至 1935 年 7 月，吴元涤任江苏省立苏州中学校长，1935 年 7 月起任江苏省立无锡师范学校教员、教导主任⑥。其子吴珏（1912—2008）是我国著名的医学教育家、麻醉学家、临床药理学家，我国现代麻醉学及临床药理学的奠基

①蒋永真：《君永小学简史》，载中国人民政治协商会议江苏省江阴县委员会文史资料研究委员会编《江阴文史资料》第 3 辑，1986，第 97 - 101 页。

②中国人民政治协商会议江苏省镇江市委员会文史资料研究委员会编《镇江文史资料》第 5 辑，1983，第 102 页。

③校史编委会编《南京农业大学史 1902—2004》，中国农业科学技术出版社，2004，第 26 页。

④《南大百年实录》编辑组编《南大百年实录中央大学史料选上》，南京大学出版社，2002，第 152 页，国立东南大学一览（1914—1927 之间）。

⑤金德门：《苏州中学校史（1035—1949）》，苏州大学出版社，1999，第 189 - 190 页。

⑥《作家小传》，《教与学月刊》1936 年第 9 期。

图 3-32　吴元涤

者之一。

吴元涤的社会活动非常丰富。1914 年加入中华博物学研究会，并担任《博物学杂志》总编辑（当时吴元涤在江苏省立第六中学任教）①；1916 年 11 月加入中国科学社，为南京支社社员②；1921 年参加第七次科学名词审查会，在生理组参与讨论动物学名词③；1931 年被江苏省考试院聘为普通检定考试委员会委员④。

## 一、吴元涤编写的中学生物学教科书

吴元涤编写的生物学教科书主要有《动物学概论》（中国文化服务社，1935）；《普通胚胎学》（世界书局，1933，讲述蛙、鸡、哺乳动物的发生学，书末附胚胎学中西文名词索引）；《高等生物学》（小说林书社，1926）；《吴氏高中生物学》（世界书局，1935）；《高中及专科学校

①钱迎倩、王亚辉编《20 世纪中国学术大典生物学》，福建教育出版社，2004，第 638-639 页。

②《中国科学社纪事》，《科学》1917 年第 1 期。

③范铁权：《体制与观念的现代转型中国科学社与中国的科学文化》，人民出版社，2005，第 192-193 页。

④《考试院公报》1931 年第 7 期。

用・生物学》(世界书局，1934）等。从教育程度上讲，《动物学概论》和《普通胚胎学》属于高等教育，《高等生物学》《高中及专科学校用・生物学》《吴氏高中生物学》(图 3-33）属于中等教育。以下就 3 本中等教育生物学教科书略作介绍。

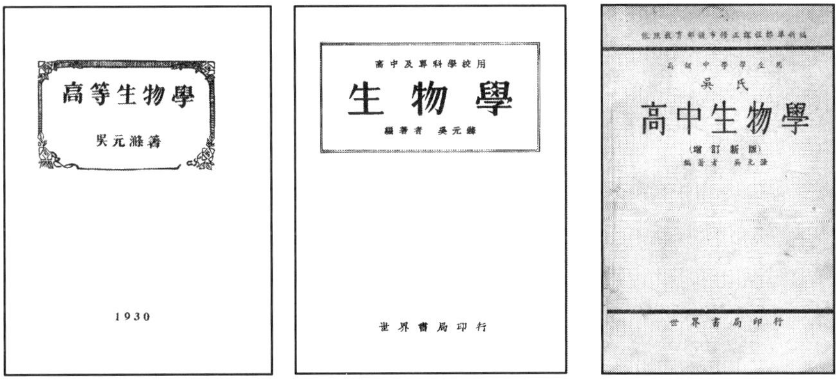


图 3-33　吴元涤编写的部分生物学教科书

### （一）《高等生物学》

按照吴元涤在序言中的介绍，《高等生物学》初稿始于德国哲学家杜里舒（1867—1941）访华介绍生机论翌年，即 1923 年，曾在国立东南大学讲授，后来多次修订，讲授于江苏医科大学。在该书编辑过程中，还得到了国立东南大学教授秉志、国立武昌大学教授薛德焴、南菁学校教授薛德炯①的指导。该书正式出版于 1926 年 12 月，被用作教材；1928 年接受教育部审定，同年 4 月根据意见修订再版，增加了课后习题；1930 年修订出版第三版，1932 年增订第五版。该书编写时参考了很多外国生物学教科书，其中主要参考了 Conn 的 *Biology*、伍特鲁夫的 *Foundations of Biology* 和冈村周谛的《生物学精义》。由于当时我国的生物学还处于启蒙阶段，生物学名词术语尚未统一，所以

---

①薛德炯（1887—1966)，字晓升，江苏江阴人，教育家、书法家、科学大辞典编纂者，曾执教于南菁学校，担任新亚书局、正中书局编辑，参编《数学辞典》，编辑《英汉化学辞典》。

作者沿用了那些已经翻译过的术语；对于尚未翻译的术语，作者自创，并附对照表。

从结构看，该书包括绪论和正文 11 章 217 页，另附录各章复习问题 6 页，中西术语索引 27 页，合计 250 页。该书的使用计划是每周讲授 3 小时，实习 1 小时，供一学年使用。

从正文的编辑来看，该书注意图文并茂，全书共有图片 87 幅，引用的图片都注明了出处。对于文中首次出现的名词术语，都会给出英文，以资对照。

就内容而言，该书对于高中生略显偏难，对于大学生则较适宜。书中讲到的植物的基本组织，如厚角组织、硬膜组织、栅状组织、海绵组织，还有蚯蚓发生各期之模式，对于高中生来讲，都是偏难的。在讲到生物分类的时候，列举的纲很多，在某种程度上造成了学生的学业负担。

该书曾在 1929 年国立浙江大学举办的科学教员暑期研究会上作为教科书范例供讨论，说明该书的应用范围还是比较广的。当时讨论评价的主要意见是该书“所选之材料以及叙述之文字均好，名称亦极正确，编辑之方法无可批评，惟其中错误甚多，再版之际应加更正。……此书用于高中似觉太深，如用为大学课本较为合宜”，另外就是该书缺少优生学的内容①。

吴元涤的这本《高等生物学》除被用于苏州中学高中教学外②，还被江苏省及其他省的中学采用③。

### （二）《高中及专科学校用·生物学》

虽然该教科书的封面写的是“高中及专科学校用”，但作者在序言中说，该书“可供大学、专科和高级中学的教本或参考”。其章节安

①科学教员暑期研究会生物系报告，1929。
②《苏中校刊》，1930 年第 49～50 期合刊。
③《苏中校刊》，1933 年第 78～79 期合刊。

排，以教育部颁订的《高中生物学课程标准》为基础，每章后面都有提要和习题。表达方式上，介于文言文与白话文之间，术语译名主要参照中国科学名词审查会颁布的结果，新词按原意翻译，并附原文对照。该书初版于 1932 年 9 月，1935 年 1 月出至第九版，可见其比较畅销。

全书分为 18 章，正文 358 页，书后附有生物学中西名词索引、本书教学进度细目和生物学实习教学进度细目。全书共 194 幅插图。

根据书后的教学进度细目，可知该书使用周期为一学年，考虑到实际情况，作者提出“繁简调剂，可由教师酌定”。生物学实习教学进度细目实际上规定了每次生物学实验的主要内容及注意事项，34 个实验的编排与前面的课文顺序基本一致。作者认为，生物学的实验和教授是相辅相成的，并要求学生撰写实验报告，除了实验室的实验，还应该安排野外的郊行观察和山野采集，并作实验报告。考虑到教学的实际情况，作者建议每学期至少安排 15 次实验。

### （三）《吴氏高中生物学》

该教科书根据教育部课程标准编制，经教育部审查修改后，按照修正课程标准要求编排，适用于高中及同等学校。全书分为 8 章，正文 287 页，另有 15 页名词对照表。全书图文并茂，共有插图 199 幅。每周讲授 2～3 小时，实验 1 小时，使用周期为一学年。在编写体例上，每章后面有提要和习题；在材料选择上，注重“普通种类，容易采集的实物，得随时随地，施行实验观察”，生物的生态分布侧重“中国历史上的沿革，和中国地理上区分，藉以发扬本国固有文化，和研究国产资源的兴趣”；在内容上，简要介绍生物的形态结构、详细介绍生物的生理感应与遗传变异和优生育种；在表达方式上，与《高等生物学》比较，《吴氏高中生物学》“全书采用单纯语体”，即都是白话文，使得“阅读时不致耗费脑力”。

与《高等生物学》相比，该书的内容更加丰富，最新的研究成果介绍得也更多（特别是发育生物学和遗传学的内容），增加了更多的图片，文字也更加亲切易读，摘要和习题放在每章的后面而不是全书的后面，这样使用起来更加方便。这些特点，使得该书更加畅销，从1935年9月初版，一直再版，1936年第五版，1938年5月增订新一版，到1949年1月出到了增订新十九版，前后至少出版了24版。

从上面的介绍可以看出，《高等生物学》、《高中及专科学校用·生物学》和《吴氏高中生物学》三者之间存在顺承关系，从起初的完全自编，到按照教育部颁布的课程标准编写，从文言文到白话文，越来越规范，越来越适合高中生物学教学的实际要求。如果从插图来看，从《高等生物学》到《高中及专科学校用·生物学》教科书的内容增加很多，相应地插图也从87幅增加到194幅；从《高中及专科学校用·生物学》到《吴氏高中生物学》，尽管内容有所减少，但是插图却增加了。

## 二、吴元涤与生物学教育

### （一）直接参与中学生物学教学

吴元涤长期担任中学的生物教员，从其刚进入苏州中学即被聘为首席教员来看，他的教学水平是很高的。他出版了《动植物显微镜实习法》《普通胚胎学》等多部著作，撰写了多篇与生物学教育有关的论文。

吴元涤非常注重生物学教育的思想和方法。在讨论初中自然科课程标准的时候，他指出植物学、动物学的教学应该实验与讲授并重，室内实验应有规定的时间和进程安排，课外作业与室内实验并重，都要纳入成绩考核范围，而且还可以试行室外的植物栽培与调查、动物饲养等①。可以看出，吴元涤非常强调生物学教学的实践属性。

---

①吴元涤：《论着：对于初中自然科学课程标准意见书（十七年十月应教育部函约起草）》，《苏中校刊》1929年第16期。

实际上，不只是生物学，对于中学各科，特别是中学科学教育，吴元涤认为都需要课堂教授与实践并重。在他看来，中学科学教育的目的不是造就科学家，而是让学生“了解科学之程序，以期认识科学之可能性，及其对于人生之价值”。既然如此，教学方法就应该讲求“观察、发现、组织、研究”。因此，他认为学生学习的过程也是研究的过程，这跟苏州中学的办学宗旨是一致的。在他看来，学生经过 6 年的中学学习以后，在科学上应该能够“运用工具，从事阅读，搜集，考察，试验，研究，并了解科学程序与价值；而发生随时随地，留心观察，探讨之兴趣”①。也就是说，中学科学教育重在培养学生对于科学的兴趣。

吴元涤认为，“生物学科各学程之教学，以启发研究为中心，以实验应用为标的，教材均随时随地，搜集实物材料，以能阐明学理，适切程度，引起兴味，便于研究为范围。使学者得了解自然之伟大与真理，而于人生关系与应用方面，尤力争注意。故各学程皆讲演与实验并重”②。可以看出，他在教学中非常注重实验。事实上，当时苏州中学的生物实验器材、标本和模型非常丰富，他指导的学生组织生物研究会也开展了丰富多彩的实验、采集等探究活动。吴元涤认为，中学生物学教学的旨趣在于观察实验、综合分析、思维审问、辨名释物③。

在教材方面，尽管当时各地出版社已经出版了一些生物学教科书，但吴元涤认为“苦乏善本，而适于本校教学目标之书，尤为难得”。因此很多教学课本都是他自编的，而他编写的高中生物课本被小说林书社、商务印书馆等出版社选中出版，发行于各地，可见其编写的教科书质量之高。而他的课自然是非常受欢迎的，并给当年的很多学生留

---

①吴元涤：《论着：中学教育之商兑》，《苏中校刊》1934 年第 104 期。

②吴元涤：《生物学科教学报告》，《苏中校刊》1930 年第 48～50 期。

③吴元涤：《生物学科教学上之旨趣》，《江苏教育（苏州 1932）》1934 年第 12 期。

下了深刻的印象。1930 年的毕业生陈午生总结自己 6 年的中学生活时写道："至于各科中最使我发生兴趣的，却要算是生物学了！固然由于我生长乡间，和生物界接触的机会太多；因此研究的兴味也特别来得浓厚。但是另一方面，我的初中生物学教员是朱定茂先生，高中生物学教员是吴子修先生，他们都有渊博的学问，清晰的头脑，讲解得保我偏偏动听；这也未始不是使我研究兴味增加的一个原因啊！足见环境和师长的善良，响影与我们研究兴味方向的重要了！"① 由此可见，吴元涤的自然学科首席教员是当之无愧的。

吴元涤的生物学教育方式对于很多后来的科学家都产生了影响。中国科学院院士、著名力学家钱伟长对吴元涤的印象非常深刻，"叫教生物的吴元涤老师为'细胞'，叫他的儿子（是同班同学）为'小细胞'，我们是喜欢才这样叫的"②。昆虫学家蒋书楠在自传中回忆道："在苏州中学生物教师吴元涤先生的指引下，1932 年考入浙江大学农学院，从此决定了我从事农业科学的一生。"③ 中国科学院院士、细胞生物学家、肝癌防治专家姚錱也提到了中学时代吴元涤对他的影响④。

### （二）参与生物科学名词的审定

1917 年，吴元涤曾在《科学》杂志与钱崇澍、邹树文一起讨论植物学名词⑤。1921 年，参加第七次科学名词审查会，作为生理组的成员参与动物学名词的审定，后来编写了《系统命名植物辞典》及《内外各科植物志》互相参照。吴元涤认为，科学名词的统一非常必要，在科学名词的翻译和审定过程中，要注意历史溯源与文化习惯，将新

---

①陈午生：《六年来中学生活的回顾》，《苏中校刊》1930 年第 37～38 期。

②钱伟长：《在苏州中学求学的日子》，载汪大勇、勒晓燕编《最忆是母校》，光明日报出版社，2010，第 47－51 页。

③蒋书楠：《蒋书楠小传》，载蒋书楠文选编委会编《蒋书楠文选》，重庆出版社，2004，第 1－5 页。

④周忠麟、姚錱：《肝癌防治专家》，《上海滩》1997 年第 6 期。

⑤吴元涤：《植物名词商榷》，《科学》1917 年第 8 期。

创名词与旧有名词统一起来。

### （三）组织中华博物学研究会，传播生物学知识

1914 年，中华博物学研究会在南京成立，吴元涤是最初的会员之一。中华博物学研究会创办了《博物学杂志》，吴元涤曾担任第二届总编辑。该杂志刊登了大量动植物、矿物采集的文章，同时还有大量生物学科普文章。吴元涤在该杂志上发表的文章，主要分为三类：其一是博物采集报告，如《中华博物学会宁支部会员江浦老山采集记略》《牛首山旅行采集记》等；其二是生物学实验方法与技术，如《细胞间接分裂的玻片标本制作法》《螃蟹之解剖》等；其三是一般的生物学科普知识，如《论自然界中人类之位置及其始现之时代》《显花植物与隐花植物之生殖及其世代交替》《植物分类学发达史》《生命原始论》《地史时代之生物观》等。

## 第七节　近代的中学英文生物学教科书

清末新学制实行以后，各地建立了很多中学堂，中华民国成立后，中学堂改成中学校，中学的数量和学生人数逐年增加。有的中学生物学教科书译自日本，有的是国人自编的，也有很多学校直接采用英文教科书。进入 20 世纪 20 年代以后，译自日本的教科书越来越少，而国人自编的教科书占了很大比例，但还是有很多学校使用英文教科书。

民国时期的中学英文教科书的作者大致可以分为三类：第一类是欧美生物学家，他们并未来过中国，或者没有较长时间在中国从事教育或科研工作；第二类是在华工作的欧美传教士教师，他们来自欧美国家，长期在中国工作，任职于大学或研究机构；第三类是中国人，他们基本上都有海外留学的经历。

## 一、主要的英文生物学教科书

近代中学曾经使用的英文生物学教科书有很多，既有完全为中学编写的，也有本来是大学教科书的。主要的英文生物学教科书有以下几种。

*Introduction to Biology*（《英文生物学初桄》），祁天锡编写，吴继杲注释，邝富灼校订，1914 年商务印书馆出版。该书共 30 章，在概述了细胞和动植物分类法之后，分别介绍了动物和植物的主要类群，最后几章详细介绍了植物的种子、根、茎和叶的特征。

*General Biology for senior middle schools*（《高中英文生物学》），陆费执著，1926 年商务印书馆出版。该书共 6 章，包括导论、生殖与生长、食物、遗传与进化、人及其亲属（生物的分类）、经济生物学，书后附有生物学实验、英汉名词对照表、参考文献和生物制品零售商名录。

*Foundations of Biology*（《生物学大纲》），伍特鲁夫著，1922 年美国麦克米兰出版公司（The Macmillan Company）出版第一版，此后多次再版。该书共 26 章，侧重介绍生物学的基本原理，但在介绍生物的形态结构、代谢、生殖时，则是将动物和植物分开论述。该书于专门章节介绍生物学与人类幸福、生物学史及其分期。该书译有中文版。

*A Civic Biology: Presented in Problems*（《公民生物学》），G. W. 亨特著，1914 年美国图书公司（American Book Company）出版。该书共 25 章，以生物与环境、生物与人之间的关系为核心，并有单独一章介绍重要的生物学家。该书每章前面均设若干问题，后面有参考书目，课文也是围绕一系列的问题展开。书后附录中给出了适合秋季始业或春季始业的学习大纲、卫生大纲、度量衡表和实验设备清单。该书还有配套的实验教科书。

*Biology and Human Welfare*（《生物学与人类幸福》），皮博迪与 A. E. 亨特著，1924 年美国麦克米兰出版公司初版，1933 年再版，两版均多次重印，是畅销教科书。该书初版分为 4 个部分共 27 章，再版时改为 10 个单元，更加强调生物与人生的关系。书如其名，全书内容围绕着生物与人生的关系展开，且打破动植物的界限，在比较中让学生明了生物之间的差异。与上述《公民生物学》类似，该书的课文也围绕着一系列问题展开，章节后面还安排了大量的实验和练习，书后附有参考书目和教师教学建议。

*New Biology*（《新生物学》），史默伍德（W. M. Smallwood）、莱弗利（I. L. Revely）、贝利（G. A. Bailey）合著，1924 年艾琳与培根（Allyn and Bacon）出版公司初版，1934 年和 1937 年再版。该书分为 5 个部分共 37 章，关注生物学的基本原理，强调各种生物之间，特别是生物与人类之间的关系。该书作者突出了观察对于生物学研究的重要性，通过生物学史展示科学研究的过程与方法，并提醒学生注意生物之美。全书围绕问题展开，每章都安排了概要、练习和参考书目，书后附有词汇表和索引。

*A Laboratory Guide in Biology*（《英文生物学实验教程》），克立鹄①著，1926 年上海商务印书馆出版。该书是作者专门为中国学生编写的，并且在正式出版前经过了多年试用。全书共设 49 个问题，每个问题又涉及若干实验项目，包括生态、植物和动物实验，供教师选择后在一学期内使用。书后附有博物馆建设、实验室装备、装片制作法、标本采集、实验药品、参考书目、度量衡表、词汇表和索引，参考书目大部分是英文著作，包括本节提到的英文教科书，词汇表由福建协和大学学生江鼎伊将生物学名词译为中文。

---

①美国人，美以美会传教士，曾任福州英华书院生物学教员、福建协和大学生物系教授，昆虫学家。该书初版时，作者中文名署为刻罗格。

以上这些教科书各有特点，有的侧重生物学的基本原理，有的侧重生物学与人生的关系；有的是专门为中学生编写的，有的则是大学教科书被中学所选用。这些教科书在当时都是比较新颖的，在国外还是畅销书，因此在国内也颇受欢迎。

## 二、典型的英文教科书

### （一）祁天锡著《英文生物学初桄》

祁天锡（图 3 - 34）早年毕业于美国伍夫德学院（Wofford College），1901 年来华担任新成立的东吴大学堂①理科教授，专注于生物学教育，是第一位来华的具有大学教学水平的科学教师②，后来担任东吴大学生物系主任，前后在东吴大学工作近 20 年时间；1922—1932 年任职于洛克菲勒基金会；1937 年在美国去世③。

图 3 - 34 祁天锡

① 东吴大学：1901 年时称东吴大学堂（Central University in China），1908 年在美国田纳西州注册名称改为“Soochow University”，辛亥革命后改称“东吴大学”。

② 李昂、罗桂环：《祁天锡对中国生物学事业的贡献》，《中华科技史学会学刊》2009 年第 13 期。

③ 王志稼：《祁天锡博士事略》，《科学》1940 年第 1 期。

祁天锡热心于生物学教育工作，除了在东吴大学生物系担任教职，还曾在东吴大学附属中学兼职数年。他曾为大学生编写了《英文植物学教科书》（*A Text Book of Botany*），为中学生编写了科普读物《英文格致读本》（*Science Reader*）、《英文益智读本》（*The Useful Knowledge Reader*），并在商务印书馆的杂志上为学生撰写《自然与科学》（*Nature and Science*）系列文章。祁天锡为中学生专门编写的教科书《英文生物学初桄》（图 3－35），曾经被多所学校采用。该书共 30 章，介绍了动植物的结构及主要类群。该书按照从简单到复杂的逻辑顺序介绍各种动植物，并试图展示动植物之间的关系。为了让学生更容易学习，书中附有大量鸟类和植物的照片，这些照片主要来自上海圣约翰大学的博物馆和校园，以及东吴大学的校园；书中还有更多照片来自其他的教科书。为了减轻学生阅读英文的负担，由吴继杲对部分生物学名词做了注释。该教科书的名词还很不成熟，如将光合作用译为“日光助长法”，种子植物译为“精子植物”。不过，该书很多动植物名词使用了中国惯用的称谓。

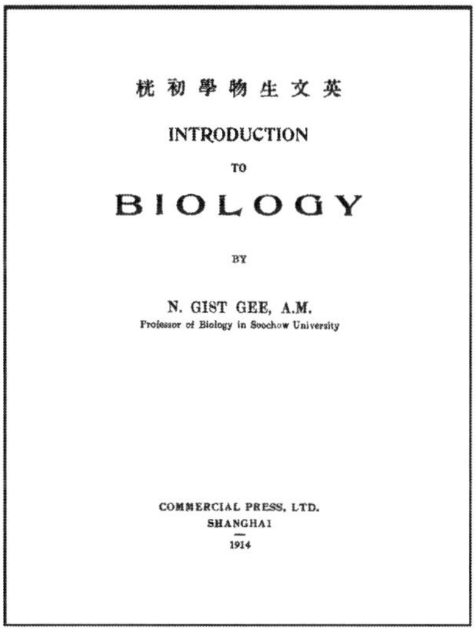
英文生物學初桄

INTRODUCTION

TO

BIOLOGY

BY

N. GIST GEE, A.M.

Professor of Biology in Soochow University

COMMERCIAL PRESS, LTD.

SHANGHAI

1914

图 3－35　祁天锡编《英文生物学初桄》

### （二）陆费执著《高中英文生物学》

陆费执（图 3－36），字叔辰，浙江嘉兴人，中华书局创始人陆费逵的三弟，中国科学社成员，农学家。1918 年获美国伊利诺伊大学农学学士学位；1919 年获佛罗里达大学农学硕士学位；回国后曾任国立北京农业专门学校教授兼园艺系主任、北京高等师范学校教授、浙江省立第一中学主任、中华书局总编辑、私立南通农科大学教务主任、江苏省农矿厅技正等。陆费执曾参与农学名词的统一，出版有多种农业、园艺书籍和英汉辞典①。

图 3－36　陆费执

陆费执还与人一起编写过中学生物学教科书，如《新中学教科书·初级生物学》和《新中学教科书·高级生物学》，《高中英文生物学》是他独自编撰的英文教科书，1926 年由商务印书馆出版，署名为 T. Lauphit（图 3－37）。该教科书在编排时打破了动植物的界限，采用混合编排，是一本普通生物学教科书。作者在编写这本教科书的时候，不但参考了大量的英文著作和教科书，而且也参考了当时的中文生物学教科书，如王守成的《公民生物学》、陈桢的《普通生物学》及陆费执自己编写的中文教科书等。

①《陆费执（附照片）》，《农业周报》1931 年第 5 期。

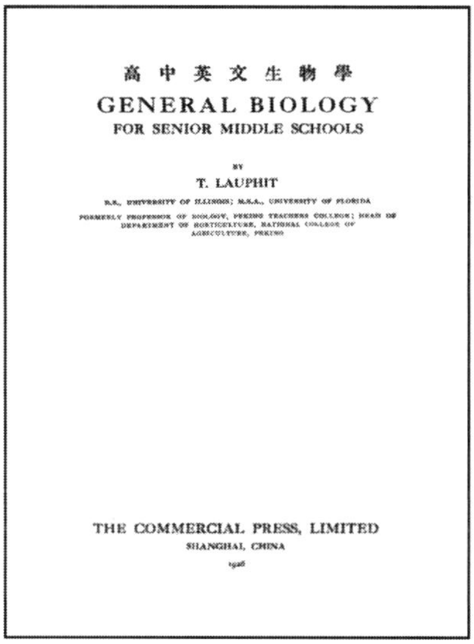
高中英文生物學
GENERAL BIOLOGY
FOR SENIOR MIDDLE SCHOOLS

BY
T. LAUPHIT
B.S., UNIVERSITY OF ILLINOIS; M.S.A., UNIVERSITY OF FLORIDA
FORMERLY PROFESSOR OF BIOLOGY, PEKING TEACHERS COLLEGE; HEAD OF DEPARTMENT OF HORTICULTURE, NATIONAL COLLEGE OF AGRICULTURE, PEKING

THE COMMERCIAL PRESS, LIMITED
SHANGHAI, CHINA

图 3 - 37　陆费执著《高中英文生物学》

## （三）伍特鲁夫著《生物学大纲》

伍特鲁夫（图 3 - 38），原生动物学家。1905 年获得美国哥伦比亚大学博士学位，1907 年起在耶鲁大学任教，并曾长期担任动物系主任及奥斯本动物实验室（Osborn Zoological Laboratory）主任。除在原生动物领域做出了杰出贡献外，他还撰写了大量科学史论文，并给研究生开设生物学史的课程。伍特鲁夫不但为生物专业的学生开设原生动物学的课程，还在校内开设普通生物学的课程，这门课曾一度成为耶鲁大学最受欢迎的课程，他的课程演讲汇集成在美国和其他国家都非常受欢迎的教科书 *Foundations of Biology*（即《生物学大纲》原本）①。这本教科书 1922 年初版（图 3 - 39），之后分别在 1923 年、1927 年、1930 年、1936 年、1941 年修订出版，在伍特鲁夫去世后的 1951 年，人们出版了该教科书的第七版。

---

①Ross G Harrison，Lorande Loss Woodruff：1879—1947，Science，New Series，1947，No.（2762）pp. 533 - 534.

图 3-38　伍特鲁夫

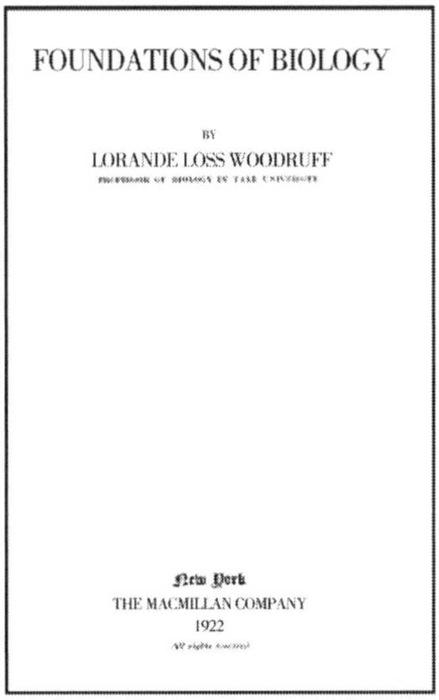


图 3-39　1922 年 *Foundations of Biology* 第一版封面

伍特鲁夫的 *Foundations of Biology* 在 1934 年首次被沈霁春和伍况甫翻译成中文由世界书局出版，书名为《生物学大纲》（图 3-40），当时参考的原本是英文第四版（即 1930 年的版本），该译本曾经在 1940 年和 1948 年再版，并列入大学用书系列。1939 年，黄赓祥根据该书英文第五版（即 1936 年的版本）以《生物学纲要》为名由信华企业公司图书部翻译出版（原作者名译作“伍德乐夫”），中国文化服务社在 1946 年将该译本列入大学文库再次出版（图 3-40）；1948 年龙门联合书局又出版了黄赓祥根据原书第六版翻译的译本，也列入了大学文库。尽管伍特鲁夫将该书定位为大学教科书，国内的译者也将其作为大学教科书进行翻译，但还是被很多高中选用。

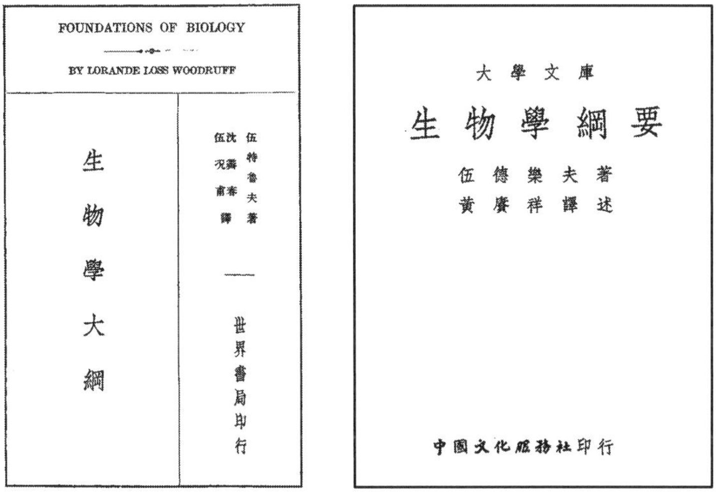


图 3－40　*Foundations of Biology* 两个译本的封面

伍特鲁夫的 *Foundations of Biology* 一方面被中学直接用作教科书，另一方面则被其他教科书作者所引用，成为其他中学生物学教科书的素材。如上述陆费执的《高中英文生物学》、陈桢的《普通生物学》和《复兴生物学》、王守成的《公民生物学》、吴元涤的《高等生物学》、费鸿年的《新中学生物学》等教科书，都参考了伍特鲁夫的这本教科书。

## （四）关于三种英文生物学教科书的比较分析

（1）知识体系的安排。

以上列举的教科书都受到了美国教科书的影响。禹海涵曾经撰文介绍过美国中学生物学教科书的知识体系，主要分为系统学者、官能学者和折中派三种：系统学者认为生物学的课程体系应该着重介绍生物的系统分类，由低等到高等各门详细介绍，而生物的结构和功能则是作为背景性的基本知识，这一派强调的是广博；官能学者认为中学生学习生物学应着眼于“为何”及“如何”，了解生命现象背后的原因，关注生物与人生、生物与生物界之间的关系，以期对生物界的渊博和复杂有深刻印象；折中派则介于二者之间，认为学生应该先学习系统的基础，即动植物的分类和结构，然后再了解生命现象背后的原理。禹海涵引用美国教师的观点，认为折中派的观点更能激发学生的学习能力，比其他两派收获更大。特别是结合当时的抗日战争形势，禹海涵认为中国的中学生物教材需要由已知到未知、知识之间互相联系、由近及远、教学做合一①。如果按照这个标准来划分的话，祁天锡的教科书是系统学者，偏重介绍各个门类的动植物；陆费执的教科书是官能学者，侧重介绍生命现象的原理；伍特鲁夫的教科书是折中派，总体上着眼于生物界的普遍规律，但是在部分内容上分开论述动植物。

（2）英文生物学教科书中的中国元素。

祁天锡的《英文生物学初桄》对于教科书中首次出现的科学术语都会给出中文注释，如在第一章绪论中就给出了生物学、动物学、植物学、动物界、植物界、器官等生物学术语的中文注释，还给出了有机、无机、化学等相关术语的中文注释。书中使用了大量的照片，这些照片来自上海圣约翰大学和苏州的东吴大学，其中有不少中国的元素。

陆费执的《高中英文生物学》教科书作为国人自编的英文教科书，自然少不了中国元素。如在导论的生物学史部分，作者列举了神农氏研究医学、李时珍撰写《本草纲目》、吴其濬撰写《植物名实图考》等人物、著作。作者在附录中给出了英汉名词对照表，但是并没有在正文中给出对应的中文。

伍特鲁夫的英文教科书并非专为中国人编写，难觅中国元素的踪迹。

①禹海涵：《美国中等学校生物学教材概况》，《科学教学季刊》1941 年第 2 期。

## 三、关于生物学教科书语种的讨论

### （一）关于中学使用英文生物学教科书的优缺点

近代中国为何使用英文的生物学教科书呢？除教会学校的影响外，还有其他一些因素，如国内中文生物学教科书质量参差不齐，补国内中文教科书之不足；教员懒惰或水平低，不能编写教科书或讲义；有留学经历的教员炫耀外语水平；高中或大学使用英文教科书，为了衔接而不得已；便于出国深造①；有的更是有赶时髦、崇洋媚外的思想②。

英文的中学生物学教科书有一些优点，比如质量普遍较高、便于与高一级教育的衔接等。但是也有一些缺点，主要是让学生浪费了很多时间在外语学习上，降低了学习效率；用英文的教科书很难了解本国的生物资源。1931 年，蔡元培在大东书局新厦落成典礼上发言时，就提到使用外文教本的三大不利之处：靡费时间与脑力，与国情不适合，足为普通教育的障碍。因此他极力提倡“国化教科书”③。

### （二）民国时期中学使用英文生物学教科书的状况

在 20 世纪 20 年代之前，国内中学的生物学教科书主要是译自日本的，以及部分国人自编的教科书。20 年代初开始推行新学制，即仿效美国的“六三三制”，教科书随之改变。自此以后，日本教科书的影响变小，国人自编的教科书逐渐占据主要市场。然而，国人自编的生物学教科书质量参差不齐，加上有些生物教员对中文教科书的偏见，因此直接采用大学生物学教科书或英文原版教科书。这些英文教科书主要来自美国，来自欧洲的教科书极少。

1930 年，教育部发布第五七八号训令，要求初级中学除外国语课

---

①《谈谈中学自然科学的教本问题》，《安徽教育》1931 年第 3 期。

②公屏：《关于“大中学不用英文课本”问题》，《骨鲠》1934 年第 46 期。

③蔡元培：《国化教科书问题》，《申报》1931 年 4 月 27 日。

程可以使用外文原本外，其他课程都要使用本国文字的教科书①。教育部发布训令后，各地教育主管部门推荐的教科书都是中文教科书。如福建省 1933 年推荐的中小学教科用书中，初高中生物学教科书都是国人自编的②；1934 年，广西省教育厅推荐的各科暂用课本中基本课本和教师参考用的补充课本也都是国人自编的③。

1930 年和 1931 年，张文昌曾经对广东、福建、浙江、江苏、山东、河北等文化比较发达地区的中学教科书进行调查，发现各地使用英文教科书的现象比较普遍，而且涉及各个学科，即便是历史、地理也有使用外国教科书的，生物学稍微好一点，初中没有使用英文教科书的，高中有 3 本（高中共 7 本）④。

1933 年，任鸿隽发表了对高中二、三年级和大学一年级理科教科书使用情况的调查，其中高中 109 所，含 45 所官立学校、43 所国人创办的私立学校、21 所教会创办的私立学校。排除没有开办生物学的高中，统计高中生物学教科书总共 90 种，其中英文教科书 19 种（占 21%），中文教科书 71 种（占 79%），这些教本中有 37 种同时也是大学教科书。需要注意的是，在所调查的各个学科的教科书中，生物学是使用英文教科书比例最少的，高中物理学有 70%的英文教科书、化学有 64%，平面解析几何英文教科书所占比重达 92%，这在一定程度上反映了 20 世纪 30 年代初国内自然科学发展的状况，“近年中国的生物科学，比较其他的物质科学稍为发达一点”。另外还有一点，英文教科书都是来自美国的，却没有来自欧洲的。这一点，国联教育考察团

①教育部训令第五七八号（十九年六月七日）令国立暨南大学：《查各地中等学校，采用外国文原书为各科教本者日多》，《暨南校刊》1930 年第 71 期。

②《福建省中小学教科用书一览》，《福建教育周刊》1933 年第 169 期。

③《训令省立各学校各县政府令发广西省中等学校二十三年度各科暂用课本一览表》，《广西省政府公报》1934 年第 36 期。

④张文昌：《中学教本研究（调查）》，《教育研究（广州）》1933 年第 41 期。

在报告中也曾指出。任鸿隽认为，“理科课程的中国化非先有理科的中国教本不为功”。他认为，造成国内理科教科书英文版本较多的原因，主要在于国内大学理科教师对于教科书编写的不重视①。

同年，《中学生物学刊》公布了对 100 所中等学校（含初中、高中、师范、农科等）生物学教科书（含生物学实验教科书）的调查情况，初中使用的都是国人自编的中文教科书，高中 13 种生物学教科书中，有 2 种外国英文教科书，1 种国人自编的英文教科书，1 种译本，还有 2 种是教师自编的；高中 6 种正式出版的生物学实验教科书中，有 1 种是英文教科书，另有 39 种为教师自编的②。

1936 年，汪祥庆出版了对华北地区（主要是河北、山西、山东、北平、天津、青岛等省、市）基督教中学教科书的调查结果，发现其中大部分生物学教科书是中文的，只有少量是英文的③。到 1940 年以后，上海的基督教中学④、浙江⑤和四川⑥等地的中学生物学教科书已经基本都是中文的了。

---

①任鸿隽：《一个关于理科教科书的调查》。

②资料来源于《初高中生物学教本调查统计》。按笔者的理解，在高中 13 种生物学教科书中，其中 2 种是外国人编写的英文教科书，1 种是中国人编写的英文教科书，1 种是中国人翻译的外国人写的教科书，2 种是没有正式出版的教师自编的中文教科书，除此之外的 7 种是正式出版的中国人编写的中文教科书。生物学实验教本中，6 种是正式出版物，其中 1 种是英文的；另外的 39 种自编实验教本没有正式出版。

③汪祥庆：《中等学校各科教学用书调查报告》。

④《上海十五所基督教中学所用教科书统计》。

⑤王友西：《战时本省十余中学生物教育之现状》，《浙江教育》1941 年第 4 期。

⑥禹海涵：《生物学科教学视察报告》，四川省政府教育厅，1941。

# 本章小结

20 世纪 20 年代以后，伴随着中国现代生物学的迅速发展和“壬戌学制”的全面推开，中学生物学教科书也迎来了一个新的发展阶段，可以说 1922 年至 1937 年抗日战争全面爆发前是生物学教科书发展的黄金时期。

这一时期，中国的高校陆续建立了生物学系，并成立了中国科学社生物研究所、静生生物调查所、国立中央研究院动植物研究所、北平研究院生物研究所等专门研究机构，组织了中国动物学会、中国植物学会等生物学家社团，发行了大量专业或科普的生物学杂志。留学欧美的生物学家返回国内，成为开创中国现代生物学的主力军，培养了一代又一代接班人，他们之中有些出国深造，有些直接充实到国内大学生物学系和研究机构，构成国内现代生物学发展的主体。近代的生物学家有的曾经做过中学教师，有的参与过中学教师培训，并有不少生物学家参与编写或校订了大量中学生物学教科书，这体现出近代生物学家对基础教育的重视。

这一时期的中国教育，深受美国传统的影响，无论是学制体系、教学理论与方法，还是教育实践、教科书编写，都打上了美国教育的烙印。杜威的实用主义教育观，很好地吻合了国内的实用主义、利用厚生需求。教科书中关注生物及生物学与人类的关系，从清末到民国时期一直得以延续并得到加强。

民国时期的中学生物学教科书仍然在走本土化的道路，从教科书的作者、语言、使用的材料到编写体例、知识体系、名词术语，都在实现本土化，陈桢的《复兴生物学》就是其中的杰出代表。而教科书本土化的过程，与现代生物学的建制化密切相关。

这一时期参与教科书编写的不只是专业编辑，还有生物学家、科普作家、中学教师等。教科书的出版机构也有所增加，除商务印书馆和中华书局两大出版巨头外，还涌现了世界书局、正中书局等后起之秀，更有大东书局、北新书局、开明书店等特色鲜明的出版商。北平文化学社等依托师范大学等优质资源也出版了教科书。国民政府对于教科书的管控主要还是延续了审定制，尽管国立编译馆的成立本来是负责编订全国统一的国定本教科书的，但是只编订了一部分，且影响较小。再加上后来抗日战争的影响，各地使用的教科书主要还是抗日战争前已出版的教科书。尽管有名家参与教科书的编写，有教育行政部门的审定，但是教科书的编写者和出版者大部分不是中学生物教师，也没有持续关注中学的教学实际和教师的诉求变化，因此教科书中的部分内容难以满足中学教学的需要。与此同时，中学教师的质量良莠不齐[①]，不同学校的教学条件也有很大差异，因此教科书的功能也无法得到充分发挥。

就生物学教科书的内容而言，这一时期的教科书实现了从“博物学”到“生物学”的转变。关于这一转变，吴元涤在《高等生物学》中说得很清楚：“……盖博物学以记载、分类为中心，生物学以思辨推理为要素。博物学只详考自然物之种类与形性，错难纷陈，无所启发。生物学则进以论物种之统系与由来，形性之相关与变异，藉以穷生物界之因果定律，与进化法则者。其研究之目的与方法，二者迥然不同也。”[②] 最为明显的是初中的动植物学教科书：植物学教科书从原来的形态、结构、生理、分类转变为突出植物的一般特征；动物学教科书也从侧重分类、习性转变为突出动物的一般特征。而高中生物学教科书则聚焦于所有生物的共性，包括生物的结构、生理、功能、遗传、变异、演化及其与人类的关系。

---

①袁修德：《生物教学合作的商讨》，《浙江中等教育研究季刊》1936 年第 4 期。
②吴元涤：《高等生物学》，小说林书社，1926。

# 第四章
# 近代中学生物学教科书的结构与知识传播

材料概取国产，苟非中土所无，决不取材异国。

——吴家煦，《新制动物学教本》，1917 年

## 第一节　教科书的组织结构

教科书不仅是教学材料，更是记录并传播文化的媒介。生物学教科书是一种科学教科书，承担着传播生物学知识、研究方法、科学思想与科学精神的重要作用。本研究将着眼于生物学教科书的组织结构，主要探讨生物学教科书在知识传播方面的形式与作用。

作为传播知识与技能、传递思想与价值导向的媒介，教科书要实现其功能，不但需要借助文字、图表等形式表达出来，还需要按照一定的方式将其组织起来，这就是教科书的组织结构。很多学科的专家将教科书分为课文系统、图像系统、作业系统①；有的学科专家将教科书简单分为课文系统和课文辅助系统，或者课文系统和副课文系统；以范文为主体的语文教科书则被有的学科专家分为范文和知识系统与助学（或导学）系统；就教科书的知识结构而言，也有人认为可以分为知识系统结构和知识应用结构②。以上分类方法均有一定的优点，但它们既不能充分体现课程标准中教学目标的要求和教育理念，也不

①褚亚平、林培英、郑亚非：《析现代学校地理教材构成的三系统》，《课程·教材·教法》1984 年第 5 期。

②任丹凤：《论教材的知识结构》，《课程·教材·教法》2003 年第 2 期。

能体现生物学教科书的特点，因此有一定的局限性。

## 一、生物学教科书的组织结构

考虑到生物学科的特点，参考目前课程标准的要求和教育学理论，本研究尝试将中学生物学教科书的结构分为知识系统、技能系统与认知系统，每个系统包含若干方面（表 4－1）。之所以如此划分，是考虑到教科书的主要作用在于传播知识与技能，同时渗透情感、态度、价值观；作为教学的材料，教科书需要帮助教师教学、学生学习，因此有一套辅助师生教与学的认知系统。

表 4－1　生物学教科书的组织结构

| | 子系统 | 描述 | 内容 |
|---|---|---|---|
| 生物学教科书 | 知识系统 | 需要学生学习的生物学知识，是教科书主体，教学的主要内容 | 课文正文 |
| | 技能系统 | 需要学生学会的技能与方法，主要表现为操作性的动作 | 实验、考察 |
| | 认知系统 | 帮助师生教与学，主要起辅助作用 | 摘要、附文、练习、插图 |

有些作者讨论教科书中栏目的设置，主要是从教学的角度去分析①。本研究认为栏目的设置只是形式问题，不同的栏目可以归并到上述三个子系统之中。

### （一）知识系统

生物学教科书的知识系统是生物学教科书的主体，是教师教学和学生学习的主要对象，其内容是需要学生掌握的生物学知识，包括生物学概念、原理、规律等。

①如天津师范大学 2014 年赵志军的硕士论文《清末和民国时期我国高中生物教科书栏目设置的变迁研究》，2012 年徐健的硕士论文《我国 30 年来高中生物教科书栏目设置变迁研究》等。

知识系统的主要体现方式是“课文”，课文的编写涉及很多问题，单就语言运用而言，就需要考虑使用中文还是外文，使用文言文还是白话文，采用学术性的语言还是生活化的语言。知识系统的组织需要有一定的逻辑体系。以生物学教科书为例，一般包括生物的结构与组成、新陈代谢、遗传与变异、分类与演化、生物与环境的关系、生物与人的关系等，其中生物的分类涉及将生物界分为几个大类，每个大类又可以分为几个门和纲。这些知识如何取舍，哪些是在中学阶段需要学生掌握的，哪些是适合初中的、哪些是适合高中的；这些知识该如何组织，哪个在前、哪个在后；教科书中的知识如何更新，如何适应不同地方的需要，是否需要考虑时令问题，是否需要联系学生的生活经验；现代生物学知识是舶来品，如何将西方生物学的名词用恰当的汉语表达出来；等等。这些问题就是生物学知识如何在教科书中组织的问题，也就是知识系统需要解决的问题。

### （二）技能系统

生物学是一门实验科学，需要通过做实验、野外考察来获取新知识，或者补充、修正书本上的知识。这些内容就需要通过教科书的技能系统来实现。

生物学的技能包括显微镜的使用、标本的采集与制作、动植物及生态环境的观察、各类生物学实验、数据的调查统计等。以生物学实验为例，具体涉及实验方案的制订、材料的选择与使用、数据的分析处理、结论的归纳等环节。

### （三）认知系统

教科书的知识和技能如何传播给学生，或者说教师如何教、学生如何学才能达到教育目标？教科书编写者为此而设计安排的策略就是教科书的认知系统，对教学主要起辅助作用。

一般而言，教科书中除相对独立地介绍知识的课文和介绍技能的实验外，还有其他部分，即辅助课文和实验的内容。如摘要（提要、提示），提示、总结章节的主要内容，或者引起学生学习兴趣，一般位于章节的前面或最后面；附文，以不同字号或字体呈现，补充一些知识，不要求学生掌握，在正文中与课文穿插，也可作为脚注或附录；练习，或者叫作业，主要是为了巩固所学知识；插图，辅助文字呈现相关知识，有些插图是以另一种方式展示相关知识，有些插图只是起补充说明的作用，还有一些只有装饰作用。

### （四）三大系统的相互关系

生物学教科书的三大系统密切联系，构成一个整体。知识系统和技能系统是教学所要达成的目标，而认知系统则是帮助师生达成目标的手段。将教科书划分为三大系统，只是为了便于分析，实际上三者之间并没有明显的分界线，知识与技能相互交织，而认知系统的有些内容也需要学生学习掌握。

生物学作为自然科学的一个分支，具有一套独特的研究方法与思维方式。如何从事生物学研究，或者用生物学的观点看待这个世界，甚至于培养未来的生物学家，这是生物学教科书编写者可能需要考虑的更深层次的问题，是通过三大系统的相互作用实现的。

教科书在传播知识与技能的同时，也在传播情感、态度和价值观，如对生命的敬畏、对生物资源的保护与合理利用、发现生物界之美等，这些可以通过知识系统、认知系统等得到体现。

需要说明的是，教科书的组织结构是就教科书的内容而言的，并不涉及教科书的物理属性，如教科书的纸张类型与大小、装帧设计、字体字号，包括插图与课文之间的编排样式等，这些内容并不在本研究范围之内。

## 二、组织结构的变化

### （一）知识系统的变化

教科书使用的语言，有部分是英文，不过大部分是中文，特别是

20世纪30年代以后，基本都是中文了；教科书的文体，在清末民初的时候是浅近的文言文，到新文化运动以后开始大量使用白话文。关于语言与材料的问题，前面业已论及，此处不再赘述。

教科书中的知识来源大抵可以分为这样几类：①他人的原创研究论文，主要是杂志上发表的文章；②他人编写的研究专著，主要是研究论文的汇编、关于某个问题的专题论述，其中的知识都是科学研究成果的汇总，相当于二手专著；③历史知识、生活经验，如古代的文献记录、民间的生产生活经验等；④他人编写的生物学教科书，与研究专著不同，这些教科书的知识基本上不是作者亲自试验的结果，其知识体系是按照教育学的认知规律重新编排而成的；⑤自己的研究成果。以上五种知识来源，还可以概括为两大类，前面四种都是间接知识，最后一种是直接知识。民国时期生物学教科书中的知识，绝大部分都属于间接知识，而且以参考他人的教科书为多，参考研究论文的很少，至于直接引用自己研究成果的就更少了。不过有不少教科书会将多种来源的文献融合在一起，特别是将教科书中的外国动植物材料替换为中国本土的。

大部分生物学教科书都注重与学生经验的联系。生物学教科书的早期形态是博物学教科书，后来是分科的动物学和植物学教科书，所涉及的学习对象是动物和植物，而这些都可以与学生的生活经验建立联系。因此，很多教科书的作者在列举代表动物或代表植物时，往往会以学生习见的动植物作为模式。如哺乳动物以猫为例，鸟类以鸡为例，节肢动物以家蚕为例，环节动物以蚯蚓为例，对于植物形态结构与生理的介绍大都以种子植物为例（这也是考虑到种子植物在植物界中最高等、结构最为完备）。此外，有些教科书编写者还要求教师注意动植物教学的时令性与地方性，这也是为了与学生的经验相联系。如虞和寅编写的《中学校博物学科用·博物学教科书》前面两章，分别是植物及动物（第一学期春夏）、动物及植物（第二学期夏秋），动植物的安排考虑到季节性；凌昌焕的《现代初中教科书·植物学》按时令排列普通植物，这些植物都是普遍常见的。

大部分生物学教科书都注意生物学的实用性，发挥生物学在利用厚生方面的作用。生物学是科学的一个分支，而近代国人学习科学，主要还是从救亡图存、发展经济、改善民生的角度出发。由此就不难理解，很多植物学教科书在介绍各个科属的植物时，会提到植物的食用价值、药用价值或观赏价值；有些动物学教科书在介绍某些动物的时候，也会说动物的畜力、皮毛、肉质等对人类的价值。此外，对于生物学在保健、卫生、农业、林业等方面的意义，大多数教科书都有涉及。特别是到了抗日战争时期，更加强调生物学与战争、医药、农业、工业等国计民生的关系。

注重与学生的经验相联系，关注生物学的实用性，也体现在当时历次修改颁布的课程标准中。生物学教科书的编著者对这两个方面的重视，不仅是为了迎合课程标准的要求，同时也是当时社会对科学需要的体现。

在这两个方面最具特色的是王守成的《公民生物学》，前文业已述及。吴元涤与王志清合编的《初级中学·北新植物学》更是以实用性为特色，该书共 10 章，除概论等前后几章外，中间 7 章按照食用植物、工艺植物、有害植物、观赏植物、药用植物、嗜好料植物和森林分别介绍，其中食用植物又分为禾谷类、果树类和蔬菜类。此外，还有一些教科书专门列出相关章节，如费鸿年的《高级中学师范科用·新中华生物学》在“动植物与人生”一章中，列举了有害的动植物、有用的动植物和天然资源的保护；徐善祥的《中学校用·共和国教科书·动物学》有一篇是“应用动物学”，内分食用动物、役使动物、益农动物、工艺动物、药用动物等 5 章；杜就田的《现代初中教科书·动物学》同样有单独一章论述应用动物，而且还增加了一类“爱玩动物”（即宠物）；杜亚泉的《中学校用·共和国教科书·植物学》在

“应用植物学”一篇中介绍了食用植物、工艺植物、材用植物、观赏植物、药用植物及有毒植物；韦琼莹的《新生活初中教科书·植物》尤其重视植物的栽培。

此外，有些生物学教科书还介绍了很多生物学史的内容。生物学史的介绍，不但可以让学生了解生物学家的生平事迹、生物学发现的来龙去脉，还可以激发学生对生物学的学习兴趣。如陈桢的《普通生物学》的第八章就是“生物学发达的回顾与前瞻”，后来编写的《复兴生物学》将生物学史的内容穿插于课文中，同时在附录中列出了生物学发达史一览表；吴元涤的《高等生物学》、朱茂庭的《高中教本·现代生物学》等也将生物学发达史作为单独的一章介绍；曹非的《最新高中生物学》附有“古今生物学名人考”。

关于教科书中生物学知识体系和名词术语的变化，将另节专论。

### （二）技能系统的变化

生物学教科书的技能系统主要包括两方面，一是实验室或教室内专门设计的实验，二是野外考察、采集与标本制作。关于实验部分，将另节专论，本节只是讨论野外考察与标本制作的内容变化。

吴家煦在《新制动物学教本》中就提到“治动物学者，不可不从事采集”，他在书后以附录形式介绍了动物采集法、标本制作与保存法、昆虫饲养法（图 4－1）和鸟兽剥制法。陈纶和华汝成的《修正课程标准适用·初中动物》中几乎每节后面都安排了“观察实验”栏目，尽管其中有一些是实验，但大部分都是观察活动。贾祖璋的《开明新编初中博物教本·植物》也在每节后面安排了“观察实验要项”，其中既有控制实验，也有大量的采集观察与标本制作活动。吴元涤的《高中及专科学校用·生物学》虽然在课文中没有介绍野外考察与标本制作，但是在附录中给出了“实习教学进度细表”，设计了 34 次实习，包括了野外考察与标本制作，以及室内实验操作，强调每个学期学生都应该去郊外观察和山野采集一两次。童致棱的《复兴初级中学教科

图 4－1　吴家煦《新制动物学教本》中的简易昆虫饲养器插图

书·植物学（下册）》介绍各类植物时，每章后面都单独安排了一节“采集与保存”，并在最后详细介绍了采集用具，标本的选择、压制和保藏的方法。

早期的生物学教科书对野外考察、生物采集与标本制作比较重视，对实验却重视不够。这也反映了现代生物学传入中国之初，中国并没有生物学的研究基础，只能从认识动植物开始，而且这种认识主要集中于宏观层面的生物的形态、解剖结构、生活环境等。近代的博物学杂志刊登的也多半是采集考察的论文。后来，中国有了一定的研究基础，才开始对生物的微观结构、生理功能等做细致地研究，才开始有真正的实验。

### （三）认知系统的变化

#### 1. 教科书的编写体例

教科书前面的序言（体例说明、编写说明、编辑大意等）、目录、章节前面的提要、课后练习与章节总结、书后的附录等可以笼统地作为教科书的编写体例，是比较程式化的内容。在正文中，教科书的作者会使用一些策略，如字体加粗、字号变化，添加下划线、着重号、大括号等，来突出强调或者总结概括相关知识。有些教科书会在正文的上方列出本页的要点，提示学生注意（图 4－2 至图 4－5）。

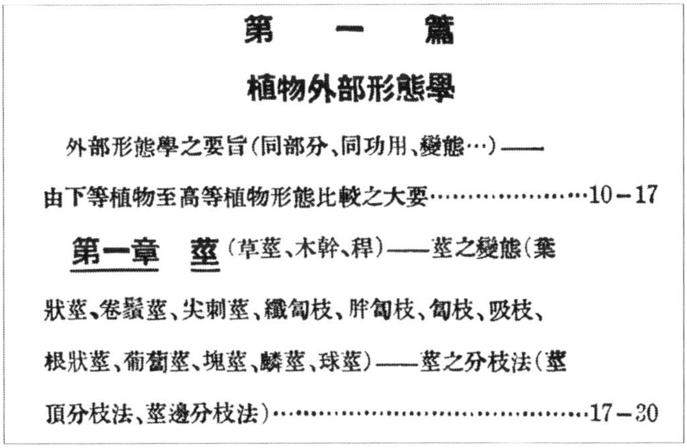
第一篇

植物外部形態學

外部形態學之要旨(同部分、同功用、變態…)——

由下等植物至高等植物形態比較之大要……………………10－17

第一章　莖(草莖、木幹、稈)——莖之變態(葉狀莖、卷鬚莖、尖刺莖、纖匐枝、肸匐枝、匐枝、吸枝、根狀莖、葡萄莖、塊莖、鱗莖、球莖)——莖之分枝法(莖頂分枝法、莖邊分枝法)……………………………………17－30

图 4－2　王兼善的《民国新教科书・植物学》目录非常详尽，每一章的要点都详细列出

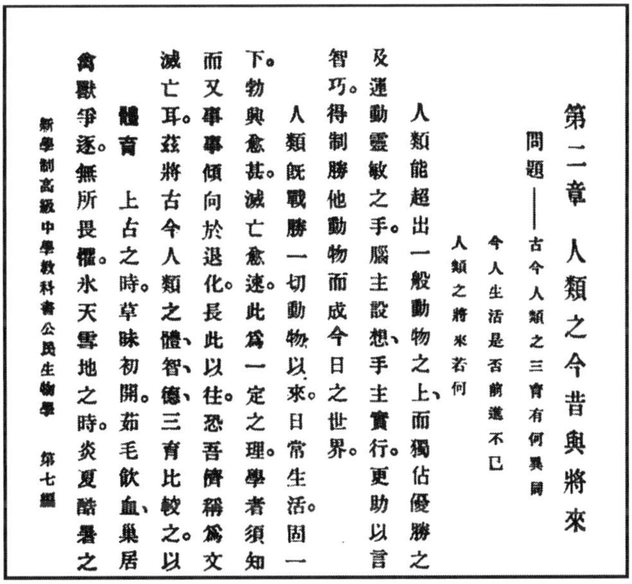
第二章　人類之今昔與將來

問題——古今人類之三育有何異同

今人生活是否前進不已

人類之將來若何

人類能超出一般動物之上、而獨佔優勝之
及運動靈敏之手。腦主設想、手主實行。更助以言
智巧。得制勝他動物而成今日之世界。
人類既戰勝一切動物以來。日常生活。固一
下。物與愈甚。滅亡愈速。此為一定之理。學者須知
而又事事傾向於退化。長此以往。恐吾儕稱為文
滅亡耳。茲將古今人類之體、智、德、三育比較之。以

體育　上古之時。草昧初開。茹毛飲血、巢居
禽獸爭逐。無所畏懼。冰天雪地之時。炎夏酷暑之

新學制高級中學教科書公民生物學　第七編

图 4－3　王守成的《公民生物学》每章前面都有“问题”

由是觀之。則生物與無生物。其界限判然不亂。而上所列之四點中。尤以生殖爲最足注意。蓋生物不特能生殖而已也。其所生殖之物。必與其父母相似。是之謂**遺傳性** Heridity。且除生殖之外。他無可以得新生物之法。故現在世界所有之生物。無非以前已有生物之所生殖者也。近世生物家嘗曰。世界必先有生物。而後可以有生物。至於有生之始。則尚非吾人之所能知。

图 4－4　丁文江的《民国新教科书·动物学》下画曲线突出重点，术语加粗加下划线并给出英文

新制植物學教本　二

植物界　顯花植物及隱花植物　植物學之派別

不顯於體外者。如細菌植物。從知動植物之間。並無天然之界限。不過爲研究之便利。乃以凡具植物之形態。營植物之生理者。悉歸入植物範圍之內。大而松杉。小至細菌。悉隸屬於植物界。

植物界又有二大別。如桃(六六)梅、稻(一一八)赤松(八三)等。開花結實者。總稱顯花植物。如蘚類、苔類及羊齒類。既不開花。亦無種子者。總稱隱花植物。

天然物
- 無生物：礦物界
- 生物
  - 動物界
  - 植物界
    - 顯花植物
    - 隱花植物

植物學云者。研究植物外部之狀態內部之組織及其與外界之關係植物之種類甚多。故斯學之範圍極廣。因研究之目的不同。可大別之爲純正植物學及應用植物學。

純正植物學。更細別之爲六。

(甲)植物形態學　觀察植物之外形。辨別相互之異同。

图 4－5　彭世芳的《新制植物学教本》在每页上方有本页提要，书中使用了着重号、大括号等辅助手段

教科书后面的附录主要有中西名词对照表（或西中名词对照表）、名词术语或人名索引、生物学发达史、教学进度表、分类检索表、实验与标本制作等。附录中内容的设置，具有很大的灵活性，并没有统一的规范和要求，这在一定程度上体现了教科书编写者的教育理念。如陈桢比较重视生物学发达史，他不但在教科书的正文中介绍著名的生物学家和重要的生物学进展，而且还专门在附录中列举生物学发达史上的人物和事件（图 4－6）。有的作者对于教学进度的安排有自己

附 錄 一

生物學發達史一覽表

古代生物學的興起:西曆紀元前希臘時代

阿里士多德（Aristotle, 紀元前 384-322）：希臘人，最早有探討宇宙眞理的興趣。阿里士多德最早用科學方法研究生命現象，是動物學與生物學的開山祖師。

西奥佛雷司特氏（Theophrastus, 紀元前 380-287）最早用科學方法研究植物的生命現象，是植物學的開山祖師。

古代生物學的衰落:羅馬時代與中古黑暗時代

羅馬時代:羅馬人重實用，輕學理，所以純正生物學，在羅馬時代不能發達。這時候有關實用的生物學，還有人研究。戴司考芮地氏（Dioscorides, 紀元後 40-90）在醫用植物學上有些貢獻。蓋侖（Galen, 紀元後 130-200）在解剖學和生理

图 4－6 陈桢的《复兴高级中学教科书·生物学》附录中的“生物学发达史一览表”

的看法，因此会在教科书后面附教学进度表，如吴元涤的《高中及专科学校用·生物学》（图 4－7）。还有的作者重视植物分类，书后列有植物分类检索表，如杜就田和孙佐的《新编植物学教科书》中超过一半的内容是作为附录的植物自然分类检索表。如此情况，不一而足。

——附 錄 一—— 5

乙 第二學期進度表

| 部頒教材大綱程序 | 第二學期週數 | 各週教材進度細目 | 備註 |
| --- | --- | --- | --- |
| (拾) | 第一週 | (綱) 第九章 感應<br>(細目) 1.植物的刺激感應和運動 | 本週學期始業進度較緩 |
| (拾) | 第二週 | (綱) 續上週<br>(細目) 2.動物的神經官能<br>3.動物的內分泌和刺激素 | |
| (拾壹)(一)(二)(三) | 第三週 | (綱) 第十章 生殖<br>(細目) 1.生殖的意義<br>2.生殖細胞的原始和構造 | |
| (拾壹)(二)(拾叁)(一)(二)(三)(四) | 第四週 | (綱) 續上週<br>(細目) 3.生殖細胞的發生和成熟<br>4.受精現象<br>5.無性生殖 | 教部大綱缺拾貳條恐係脫誤 |
| (拾壹)(二)(三) | 第五週 | (綱) 續上週<br>(細目) 6.有性生殖<br>7.世代交替 | 本週舉行臨時考試 |
| (拾叁)(五) | 第六週 | (綱) 第十一章 發生和生長<br>(細目) 1.植物的胚胎發生<br>2.植物的胚期後發生 | |

图 4－7 吴元涤的《高中及专科学校用·生物学》附录中的教学进度表

## 2. 教科书中的插图

关于生物学教科书的插图，已经有不少研究，但是都集中于对如何应用插图促进教学的研究，且研究时段大部分为当代，对近代生物学教科书中插图的研究较少①。关于生物学教科书中的插图，有多种分类方法，而且按照不同的标准，同一幅插图可以兼具多种属性。在教科书的编写过程中，也需要综合运用各种插图。早在清末的生物学教科书中，就已经有大量插图，而且各种类型的插图都有。本书将专节讨论插图问题。

### 3. 教科书中的附文

有的教科书在正文之外还安排了附文，主要是补充说明、延伸拓展的内容，不要求学生掌握。有的附文与正文连排，但是字体或字号不同（图 4－8）；有的附文则是以脚注或章节后面的尾注方式体现（图 4－9）。

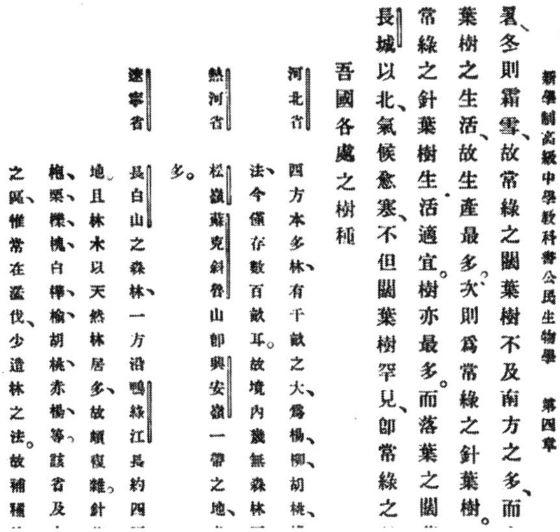

新學制高級中學教科書公民生物學　第四章

暑、冬則霜雪、故常綠之闊葉樹不及南方之多、而
葉樹之生活、故生產最多。次則爲常綠之針葉樹。
常綠之針葉樹生活適宜。樹亦最多。而落葉之闊
長城以北、氣候愈寒、不但闊葉樹罕見、即常綠之

吾國各處之樹種

河北省　四方本多林、有千畝之大、爲楊、柳、胡桃、
法、今僅存數百畝耳。故境內幾無森林
熱河省　松嶺蘇克斜魯山即興安嶺一帶之地、
多。
遼寧省　長白山之森林、一方沿鴨綠江長約四
地。且林木以天然林居多、故頗複雜。針
槲、栗、櫟、槐、白樺、榆、胡桃、赤楊、等。該省及
之區、惟常在濫伐、少造林之法。故補種

图 4－8　王守成的《公民生物学》附文中介绍了中国各省的树种分布

---

①相关研究有 1996 年张耘生发表在《课程·教材·教法》上的《中学生物课本插图的教学研究》，1997 年蔡明珠发表在《生物学通报》上的《生物插图的运用》，北京师范大学 2008 年刘真的硕士论文《中学生物学教科书插图评价指标体系的构建及应用初探》，福建师范大学 2009 年庄庆芬的硕士论文《新课程高中生物插图教学的研究》，南京师范大学 2011 年李红霞的硕士论文《初中生物教材插图教学促进学习兴趣与效率的实践研究》，曲阜师范大学 2011 年张月晓的硕士论文《高中生物学插图教学的现状调查与策略优化研究》，北京师范大学 2012 年李肖依的硕士论文《中国百年高中生物学教科书插图分类及发展趋势的初步研究》，鲁东大学 2013 年曲洁的硕士论文《高中生物学教科书插图的应用研究》，等等。

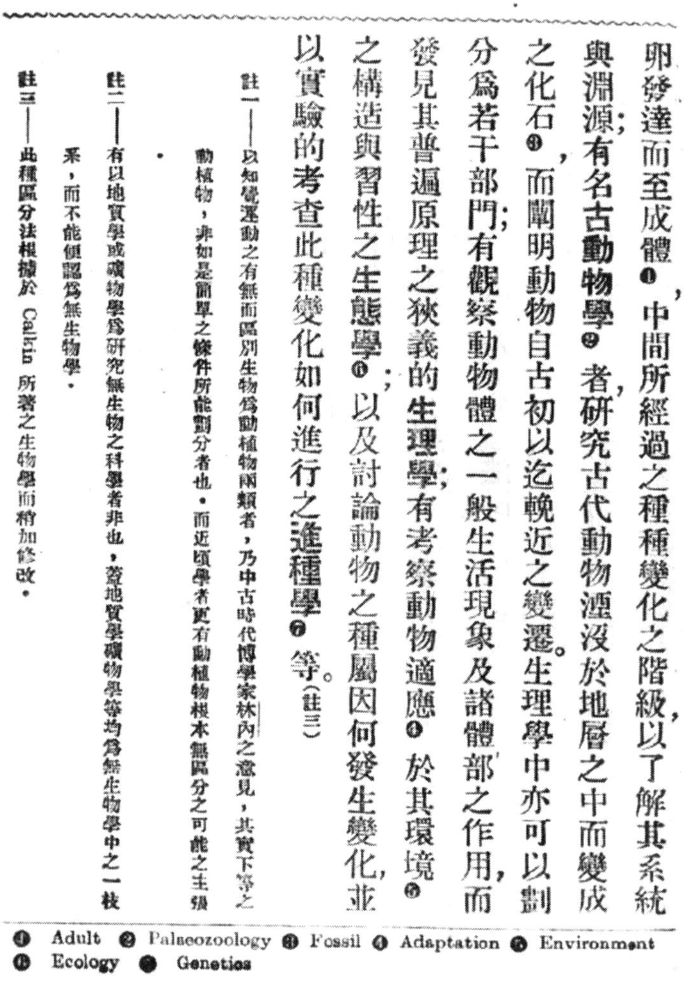

卵發達而至成體❶，中間所經過之種種變化之階級，以了解其系統與淵源；有名古動物學❷者，研究古代動物湮沒於地層之中而變成之化石❸，而闡明動物自古初以迄晚近之變遷。生理學中亦可以劃分爲若干部門；有觀察動物體之一般生活現象及諸體部之作用，而發見其普遍原理之狹義的生理學；有考察動物適應❹於其環境❺之構造與習性之生態學❻；以及討論動物之種屬因何發生變化，並以實驗的考查此種變化如何進行之遺種學❼等。(註三)

註一——以知覺運動之有無而區別生物爲動植物兩類者，乃中古時代博學家林內之意見，其實下等之動植物，非如是簡單之條件所能劃分者也。而近頃學者更有動植物根本無區分之可能之主張。

註二——有以地質學或礦物學爲研究無生物之科學者非也，蓋地質學礦物學等均爲無生物學中之一枝系，而不能便認爲無生物學。

註三——此種區分法根據於 Calkin 所著之生物學而稍加修改。

第一編 緒言 三

❶ Adult ❷ Palaeozoology ❸ Fossil ❹ Adaptation ❺ Environment ❻ Ecology ❼ Genetics

图 4-9 陈兼善的《新撰初级中学教科书·动物学》在章节后面作注

教科书中的附文能够在一定程度上深化学生对知识和技能的理解，拓宽学生的知识面，激发学生的学习兴趣，促进学生的学习，并为教师提供辅助教材。但附文部分并非教科书必需，因此大部分教科书并未设置。

4. 教科书的栏目设置

本书所指的教科书中的栏目，是在正文中与课文穿插设置的栏目，不包括正文之前的目录、序言、凡例，也不包括正文后面的章节习题、名词对照表及附录中的其他内容。

对于教科书中的栏目设置，相关研究并不多。已有研究将教科书中的栏目分为活动类、资料类和习题类三种。当代的生物学教科书往往在课文之外设置了很多栏目，有些是活动类栏目，如实验探究、资料收集、野外调查等；有些是资料类栏目，如科学前沿、科学史话、科学技术与社会；还有一些是习题类栏目，如思考题、巩固练习等。总的来说，当代教科书的栏目设置形式多样、内容丰富，注重从多角度培养学生的科学素养①。反观近代的生物学教科书，栏目设置形式单一、内容也不够丰富②。

清末传教士翻译编写的教科书，并没有设置什么栏目，一般就是课文配上插图。"壬寅·癸卯学制"之后，初期大部分教科书是根据日本教科书翻译或改编的，这些教科书开始有一些栏目，但也不是很明显。如王季烈的《动物学新教科书》在课文之外，穿插了小字号的附文，介绍某些动物的细节知识，但作者并没有将附文部分单独设立为栏目。杜亚泉的《中学校用·共和国教科书·植物学》、钱承驹的《普通植物学教科书》等在部分节次后面都有一个提要表（类似现代的概念图，图 4－10）。

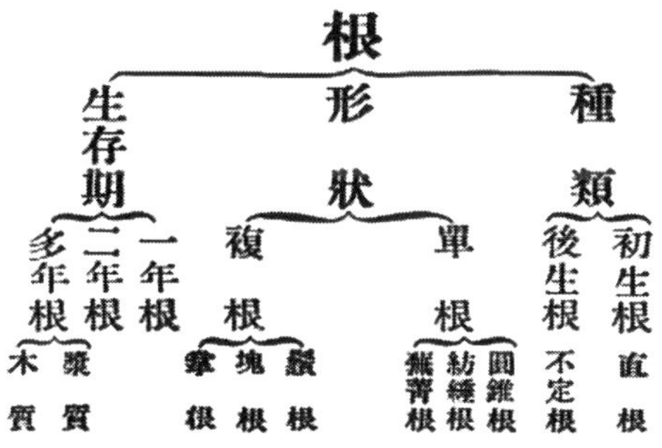


图 4－10　钱承驹的《普通植物学教科书》中的提要表

①徐健：《我国 30 年来高中生物教科书栏目设置变迁研究》。
②赵志军：《清末和民国时期我国高中生物教科书栏目设置的变迁研究》。

民国时期的生物学教科书一般都没有明显的栏目设置，少数有的，其栏目和课文之间的关系也往往是分列的，没有实现有机融合。如华汝成的《初中植物》每节后面都有实验观察，黄长才的《初中植物学》每一章节最后都有提要、实验、问题几个栏目，但这些栏目的内容都没有跟课文的相关内容融合在一起。至于教科书中的实验，笔者认为课文中穿插的实验是生物学教学必需的部分，并不算专门的栏目。

5. **教科书的习题安排**

为了帮助学生复习巩固所学，现代教科书在章节后面都安排了习题。近代的中学生物学教科书，一般也都有习题安排，但也有例外。

清末传教士编写或翻译的教科书，很少有习题，少数如潘雅丽的《动物学新编》在书后附有“习问”。“壬寅·癸卯学制”下，国人根据日本教科书翻译改编或者自编的教科书，也很少有习题。为了帮助学生复习巩固，有些教科书会在章节或书末附上提要表或内容提纲之类的，如《最新中学教科书·动物学》每章后面附有温习指要。民国初期的教科书，开始安排一些习题。如陈纶、华汝成的《初中动物》在每章后面有提问要点，周建人的《复兴初级中学教科书·动物学》每章后面有练习，马光斗的《马氏初中植物学》、吴元涤的《吴氏高中生物学》每章后面有问题。还有一些教科书则将提要表和习题安排在一起，如黄长才的《初中植物学》，这是为了方便学生复习巩固。这些习题的形式通常为简单的问答题，没有选择题或其他形式的习题。习题涉及的内容也仅限于对应章节的知识，即习题的设置是知识导向的。

总体来看，20 世纪 20 年代以后，教科书中的习题逐渐多了起来；与此同时，市场上的各科复习丛书、习题集也越来越多。这一现象产生的原因，是 20 世纪 20 年代前后，美国教育测验运动及其思想的传入，使当时的中国教育界也兴起了教育测验运动，编制了大量的心理和教育测验，包括中小学各学科的测验。这些测验不但用来诊断教学、评估教育进展，还可以开展教育实验研究，这也是国人追求教育研究科学化的努力和尝试。不过当时中国缺乏专业的教育测验人才和研究力量，教育测验的开发和应用都比较弱，这也就不难理解为什么教科书中的习题形式单一、唯知识导向了。

## 第二节　教科书的知识体系

教科书最基本的功能或者说价值，是将数千年来人类积累的最有价值的知识传递给后人。生物学教科书中的知识是人类对生物学研究的集中反映，同时也会随着生物学的发展而得到更新。但教科书的编写本身又会受到各个国家政治、文化、经济等因素的影响，使其中呈现的知识具有差异性或多元性。

### 一、世界现代生物学的发展及其传入

在19世纪末20世纪初，世界范围内的生物学蓬勃发展，而现代生物学知识也开始大量传入中国。

尽管人类对生物的研究可以追溯到古希腊时期，但是"Biology"（生物学）一词直到1800年以后才出现，一般认为法国动物学家拉马克在《动物学哲学》中创造了这一名词。拉马克意义上的生物学不同于此前的博物学，博物学注重生物的外部形态和地理分布，而生物学则侧重研究生命体的构造、发育过程及蕴含其中的规律①。不过，博物学并没有被生物学所取代，像达尔文就被认为是最后的博物学家。

1735年，瑞典植物学家林奈创立了纲、目、科、属、种的分类体系，并发明了双名法。李善兰等在《植物学》中采用了类、部、小部、

①威廉·科尔曼：《19世纪的生物学和人学》，严晴燕译，复旦大学出版社，2000。

科、族、种的分类体系。1880 年傅兰雅的《格致汇编》刊出了《西国植物学家林娜斯记（附图）》，介绍了林奈的事迹及其贡献。

早在 17 世纪，西方人就开始用显微镜研究生物的细微结构，1838—1839 年，德国植物学家施莱登和动物学家施旺建立了细胞学说。19 世纪下半叶，科学家相继发现了细胞的有丝分裂和减数分裂。1858 年，李善兰等的《植物学》将“细胞”等概念最早介绍给国人，书中也提到了显微镜的使用。1891 年，傅兰雅在《格致汇编》中详细介绍了显微镜的结构与使用方法。

1859 年，达尔文出版了《物种起源》。1897 年，严复根据赫胥黎的《进化论与伦理学》及其他论文编译的《天演论》在《国闻报》连载，由此开始将进化论介绍到中国。其中，被严复归纳为“物竞天择、适者生存”的进化论思想恰好与当时中国的社会状况相契合，进化论思想得到迅速普及。1903 年，马君武将《物种起源》的部分章节翻译出版，此后社会上出现了大量相关的文章和著作。1883 年，英国科学家高尔顿提出优生学，这一学说后来也被介绍到国内。

对于遗传与变异现象，拉马克提出了获得性遗传和用进废退的理论，达尔文在自然选择学说中也没能给出科学的解释。1865 年，奥地利神父孟德尔发表论文《植物杂交试验》，发现了遗传的分离定律和自由组合定律，但是当时并没有产生多大影响。1892 年，德国遗传学家魏斯曼提出种质论。1900 年，科伦斯、德弗里斯和丘歇马克重新发现了孟德尔定律，德弗里斯还创立了突变学说，由此遗传学开始迅速发展。紧接着就是染色体理论、基因概念的提出，1910 年摩尔根发现了伴性遗传，后来他出版了《基因论》。孟德尔、魏斯曼、摩尔根及其遗传学贡献在进入 20 世纪后陆续被介绍到中国。

“Ecology”（生态学）一词在 1866 年即被提出，但是直到 19 世纪的最后 10 年，生态学才逐渐发展成一门相对独立的学科，获得了与形态学和生理学并列的地位。1927 年，英国科学家埃尔顿（Charles

Elton）在《动物生态学》一书中第一次对食物链、生产者、消费者等概念作出明确界定。种群生态学的逻辑斯蒂方程（Logistic Equation）早在1838年就被提出来了，但是直到1920年被重新发现后才引起生态学家的兴趣。1935年，牛津大学的坦斯利（A. G. Tansley）提出了"Ecosystem"（生态系统）概念①。此后，生态学各个分支学科也发展起来。由于生态学成熟较晚，因此传入中国的时间也相对较晚。

现代生物学的其他分支学科，如胚胎学、微生物学、植物生理学主要也是在18—19世纪获得突破性进展的，这些知识随着第二次西学东渐传入中国。

与医学密切相关的解剖学和生理学在文艺复兴时期已经取得重大成就，在明末清初时期就已经传入中国，只是影响较小。第二次西学东渐之时，这些知识与西医一起再次传入中国，由于本研究暂不涉及生理卫生类教科书，因此暂不做讨论。

清季以来，国人海外留学主动获取生物学知识，进而将现代生物学带回国内，其影响至为深远。特别是有些生物学家在国外从事的生物学研究工作正是当时的前沿课题，生物学家在将最新的生物学知识、思想与研究方法带回国内的同时，也把生物学教育与科研管理的经验带了回来。

中华民国成立以后，相继有多位科学家来华讲学、从事研究，其中与生物学有关的包括美国昆虫学家尼登（James G. Needham，1868—1957）、生理学家坎农（Walter Bradford Cannon，1871—1945）和德国生物学家与哲学家杜里舒等，这些生物学家的到访，在一定程度上促进了中国生物学研究与教育的发展。民国时期的多种生物学教科书还介绍了杜里舒及其理论——生机论，如陈桢的《普通生物学》、

①罗·麦金托什：《生态学概念和理论的发展》，徐嵩龄译，中国科学技术出版社，1992。

费鸿年的《新中华生物学》等，不过中国的生物学家更倾向于与生机论相对的机械论。

## 二、近代中学生物学教科书中的知识体系

教科书中呈现什么知识，如何将这些知识组织在一起，这就是知识体系要解决的问题。由于教科书是用来传播本学科最核心、最有价值的知识的文本，所以教科书的知识体系安排，体现了教科书编写者对于什么样的知识对学生最有价值、对公民生活影响最大和对未来的生物学家最好引导的基本思考。

对于教科书中知识的排列，民国时期一般认为主要有系统的排列法、共存体排列法、季节的排列法、难易的排列法等四种排列法。①系统的排列法，先介绍具体的自然物，再根据生物类群的排列顺序，分为由低等到高等的原始的排列法和由高等到低等的经验的排列法。这种排列法主要是考虑生物学的内在逻辑和生物的演化，不太注意学生的经验。②共存体排列法，将生活在同一生境的生物作为一个群体进行介绍，如春之庭园、夏之水边、秋之田野、冬之森林等。这种排列法主要是考虑生物之间的生态关系，但是却忽视了生物学的内在逻辑，而且对于中小学生而言，也很难完全理解所谓的共存体之间的关系。③季节的排列法，将动植物的生长繁殖与学校教学的时间相协调来安排教材内容，如春天讲授植物开花、秋天讲授植物结果。这种排列法主要是方便学生对自然界及生物现象的观察，但是会显得知识支离破碎，学生对于整个生物界难以有系统的认识。④难易的排列法，将较为简单的知识放在低年级的教科书中，较难的则放在高年级的教科书中。这种排列法是考虑学生的认知水平及其变化做出的安排。

这四种排列法中，系统的排列法和共存体排列法主要是从生物之间的关系考虑的，季节的排列法和难易的排列法则主要是根据学生的学习与认知水平考虑的。在小学的博物或自然教科书中，各种排列法

的教科书都有，尤其以季节的排列法为多。但是对于中学教科书而言，则很难只按照一种排列法组织知识，通常是以一种为主，兼顾其他。最常见的是系统的排列法，并且采取以模式生物做代表详细介绍与类群总体介绍相结合的方式①。考虑到中学生物学教科书的作者在编写教科书时，没有局限于哪一种排列法，因此本研究也不硬性将其归类。

### （一）初中植物学教科书的知识体系

清末民初的植物学教科书一般包括四个主要部分，即植物形态学、植物解剖学（有的教科书称为“内部形态学”）、植物生理学和植物分类学。植物形态学部分主要介绍植物体各部分如根、茎、叶、花、果实、种子的外部形态、结构与主要类型等；植物解剖学部分介绍构成植物体的细胞、主要组织和器官，侧重细胞水平；植物生理学部分包括植物的营养（含光合作用、呼吸作用、蒸腾作用、物质的吸收与运输）、生长、运动和繁殖等；植物分类学部分列举植物的主要类群，有的会详细列举常见的科属，有的只是列举主要的门和纲。如山西大学堂出版、西师意翻译的《植物学教科书》，亚泉学馆编译的《最新中学教科书·植物学》，彭世芳编写的《中华中学植物教科书》，王兼善的《民国新教科书·植物学》等都是按照这种方式组织的。但是在具体内容上，各教科书的侧重点又有所不同。例如，杜亚泉的《中学校用·共和国教科书·植物学》将植物生态学和应用植物学作为单独的两章进行介绍；文明书局出版的华文祺译《中学植物学教科书》则分为4章，即形态及生态、解剖及生理、分类、分布及应用；黄明藻的《应用徙薪植物学》和马君武翻译的《实用主义植物学教科书》大部分内容都在介绍植物的主要类群，而对于形态结构与生理言之稍略。还有的教科书则不受形态学、解剖学、生理学、分类学这样的框架约束，而是将其杂糅在一起。如王明怀的《中学植物新教科书》和杜就田、

①杜亚泉：《教材的选择》，《自然界》1930年第5期。

孙佐的《新编植物学教科书》主要是根据植物开花的先后安排各种普通植物，并穿插介绍植物的形态、结构和生理，然后集中介绍植物的解剖、其他生理、分布、应用等知识。这一时期的植物学教科书，侧重形态、解剖、生理、分类，没有太多生态和应用的内容，更没有植物遗传与变异的内容。这些教科书大都编译自日本，明显受日本教科书的影响。

到了民国中期，由于出现了综合的高中普通生物学教科书，再加上课程标准的影响，植物学教科书的知识结构也发生了变化。有的教科书已经注意打破原来分开讲植物各部分构造与生理的传统，而是将其与植物的器官分离开单独论述。如杜就田的《新撰初级中学教科书·植物学》先讲普通植物，而后讲植物的形态、构造、生理、生态和应用，在构造部分介绍了细胞、组织和构造，在生理部分重点介绍了生长作用、运动作用和生殖作用。在 1929 年暂行课程标准颁布后，有的教科书则重视应用植物学。如北新书局吴元涤和王志清的《初级中学·北新植物学》，只有 1 章介绍植物外形生理和构造的大概，有 8 章分别介绍食用植物、工艺植物等各类植物，另有 1 章为植物学与遗传的关系。1930 年世界书局出版的徐克敏编《初中植物学》与此类似，这是完全遵照课程标准编写的。彭世芳的《实用教科书·植物学》将教科书分为普通植物示教、植物通说、植物之利用三大部分，既介绍了常见的植物、植物的一般知识，还突出了植物应用。更多的教科书则没有这样编写，而且 1932 年的正式课程标准就做出了调整：一般不再单独区分植物的形态、解剖和生理，而是将其融汇在一起，即介绍某一个器官的时候，就将其形态、解剖和生理一并介绍，至于分类则仍然独立。如童致棱的《复兴初级中学教科书·植物学》在“叶”这一章，就介绍了叶的外形、叶脉的种类、叶的内部构造、植物的营养（含光合作用和呼吸作用）、水的蒸发、叶的变态、叶的繁殖作用、叶与人生等若干内容。开明书店出版的贾祖璋的《初中植物学教本》、正中书局出版的王守成和方锡琛的《初级中学植物学》、世界书局出版的马光斗的《马氏初中植物学》等也是这样处理的。这些教科书在介绍植物分类上有一些差异，另外贾祖璋的《初中植物学教本》又单独一章介绍了变异遗传与进化，马光斗的《马氏初中植物学》单独介绍了植物的生态。这一时期的教科书已经打破了原来分立的形态、解剖、生理，而是按照植物体的主要器官将其融汇在一起，另外对于植物的应用、生态、遗传也都开始重视。文化学社在宣传李约的《初级中学植物学》时，还将此作为特色。关于这一变化，邹秉文等在《高等植物学》中也有说明："我国曩日之植物学教科书皆因袭日本之编制法，颇有陈旧之讥。对于通论则形态学组织学生理学三者分立，致学者觉其枯索无味，而于植物构造与作用相连互之理不能贯通……编者有鉴于此，故于通论则效法 Ganong，以形态组织生理融合为一片，庶学者既明植物之构造组织，即明其构造组织之作用而无破碎支离之病。"①需要指出的是，无论是在清末民初，还是在民国中期，这些教科书都没有将植物学实验作为单独的章节列出，大多数情况下是与其他内容融合在一起，特别是在植物生理学部分，有的直接将实验安排在附录中。

### （二）初中动物学教科书的知识体系

清末民初的动物学教科书一般包括通论和分论两部分，通论讲授动物的形态结构、组织、生理、生态及应用，分论则讲动物的分类。只是不同的教科书侧重点有所不同。商务印书馆出版的《最新中学教科书·动物学》侧重分类，没有通论部分，直接讲授各类动物。中华书局出版的华文祺的《中华中学动物学教科书》也侧重分类，只是在最后几章简单介绍了动物的生活、分布与进化论大意。商务印书馆出版的马君武的《实用主义动物学教科书》更甚，只是在前面略微提及动物的组织、重要生活现象和根本形状，此后98%以上的内容都是在

---

①邹秉文、胡先骕、钱崇澍编《高等植物学》。

介绍各类动物。商务印书馆出版的徐善祥编写的《中学校用·共和国教科书·动物学》则不同，全书分为6篇，分别是分类学、形态学、组织学、生理学、生态学和应用动物学，各篇比较均衡。曾经在英国学习动物学的地质学家丁文江在《民国新教科书·动物学》中，尽管同样将重心放在分类学上，但是在后面几章突出介绍了动物的分布、古动物学和天演（进化与遗传）。杜就田和许家庆翻译的《动物新论》则没有突出动物的类群，对于动物的解剖、组织、生殖、发生、生长、分布、体色等都分别以独立一章论述。

民国中期以后，在1929年暂行课程标准影响下，有的教科书突出动物与人类的关系，如王志清的《初中动物学教本》，在该书的各论部分，将动物分为家养昆虫、害虫、益农动物、爱玩动物、家畜、寄生动物等。但是大部分动物学教科书并没有采取这种体系，而且正式课程标准也发生了变化。动物学教科书的结构按照动物类群编排，只是增加了动物的遗传与进化、应用动物学、生命的一般特征、人类的演进等内容。如周建人的《复兴初级中学教科书·动物学》仍以分类为主，只在最后介绍生命的现象及特性、人类的演进。陈纶和华汝成的《初中动物》、贾祖璋的《初中动物学教本》、萧述宗的《新标准初中动物学》、薛德焴的《建国教科书·初级中学动物学》等都与周建人的类似。陈兼善的《新撰初级中学教科书·动物学》则在通论部分介绍了动物与人生、动物维持个体生命之方法、动物维持种族生命之方法及动物之进化。杜就田的《现代初中教科书·动物学》在动物通论部分，不但介绍了动物的形态结构，还介绍了动物的生殖与发生、习性与形态、进化与分布、动物与植物的关系，并且将应用动物学作为单独一章。张孟闻与秉志合编的《中国初中教科书·动物学》虽然也将动物的分类作为重点，但还是花了很大篇幅介绍动物的一般性知识，如将动物形态学与生理学作为单独一篇，分8章介绍消化系统、循环系统等各大系统；在动物通论一篇则着重于动物的适应、遗传与演化、分类法、与人类的关系、动物学的使命。与植物学教科书类似，动物学教科书一般将实验与课文融合，或者列入附录。

### （三）高中生物学教科书的知识体系

1922年民国政府学制改革后，初中与高中分开，但是起初课程纲要指定王兼善的《中学植物学教科书》和丁文江的《中学动物学教科书》作为高中生物学教科书。1929年不再指定，而是将《普通生物学》（陈桢）、《科学大纲》和《高等植物学》（邹秉文等）作为参考书。但是在1922年之后，民间已经开始出版普通高中生物学教科书了。与分科的动植物学教科书不同，高中生物学教科书不再将动植物类群作为重点，转而介绍适合于所有生物的一般知识，包括生物的构成（细胞、组织与器官）、营养与代谢、生殖发育与生长、感应与调节、遗传变异与分类演化、生物与环境的关系、生物与人类的关系等，如吴元涤的《高中及专科学校用·生物学》、陈兼善的《高中生物学》、郑勉的《建国教科书·高中生物学》、吴瑞庭的《高中教本·最新生物学》、王树鼎的《生物学》等。但在具体内容的编排上，不同教科书仍有差异，体现了教科书作者不同的教育理念。

王守成的《公民生物学》突出了实用主义，以培养身心健全的公民为目标，因此教科书的编排突出了生物的生活与适应，特别是生物与人类的关系。以下册为例，各篇分别是生物之改良、人类之生活、人类与他种生物之关系，每一篇又包括若干章，均围绕人类生活展开。与此类似，贾祖璋的《开明新编高级生物学》将生物体的疾病、生物体与厚生作为单独章节介绍。有一些教科书在抗日战争全面爆发后转向与生产相结合，如上述郑勉的教科书，后来编为《新中国教科书·高级中学生物学》，下册也增加了“生物体的疾病”“生物体与厚生”的内容。

费鸿年为高中师范科编写的《新中华生物学》为了满足师范教育的需要，特意安排了“生物学与教育学的关系”一章，列举了进化论、生理学与教育学的关系，后天性质遗传问题；此外，还有一章讨论小学自然科的生物学教学法。

中学生物学教科书中知识体系的变化，从另一方面反映了生物学从关注动植物类群的名称、形态转变为关注生物的生命现象及其原理，即从传统的博物学转变为现代生物学。

### （四）知识体系与课程标准

教科书中的知识体系的选择与安排，尽管受教科书作者个人观念的影响，但是受教育部颁布的课程标准的影响更大。这是因为按照近代的教科书政策，各出版商出版的教科书都要交给教育部审定通过后才准予发行；同时，出版社与教科书作者也会突出强调其教科书遵循课程标准编写，以适应学校及教师的要求。

1913年的中学校课程标准最早对生物学的具体教学内容作出要求，其中植物部分就包括普通植物的形态、分类、解剖、生理、生态、分布、应用等，动物部分包括动物的形态、分类、解剖、生理、习性、分布、应用等。民国初期的动植物学教科书知识体系基本上反映了这一要求。

1922年“壬戌学制”后，初高中分开，但直到1929年才颁布暂行课程标准。其中，初中植物学和动物学拟定的教材大纲是以实用主义的观点编排的，植物学要求讲授农产植物、日用植物、有害植物、药用植物与嗜好品、森林、观赏植物、无绿色植物、植物学与遗传学的关系；动物学要求讲授家畜、害虫、爬虫类、鱼类、甲壳动物、寄生动物、有益农作物的动物、鸟类、家养昆虫、池沼小动物、人类。尽管有一些教科书是按照这个大纲编写的，如大东书局出版的凌昌焕编写的《初中植物学教本》和王志清编写的《初中动物学教本》，但是种类不多。这种以习见动植物为核心的知识体系，固然能够让学生关注生物与人生的关系，且照顾到学生的认知水平，但显得比较零散，并不能让学生获得系统的生物学知识。王蕴如在《初级中学学生用·开明植物学教本》中就认为，教育部拟定的课程标准“似乎模式个体的说明较统系的叙述更为著重”，但“初中里应说及的几种植物，在高小的自然科大概已经说过”，因此作者注重了系统的描述。该书的知识编排是独具一格的，全书除绪论外，共分为13章，依次为种子的芽生、绿色植物的食料、绿叶、根、茎、水分关系和食料贮藏、变态荣养的植物、生长和运动、植物的生殖、种子和果实的分布、遗传和变异、植物的应用、植物的系统①。

随后教育部也认识到这一问题，并在此后的课程标准中做出了修订。1932年颁布的正式课程标准，初中植物学增加了植物根本组织及功用、各部形态构造与生活方法，而后才是分类大纲，分类部分尽管仍然沿袭实用主义的思路，但是总体上将植物分为低等植物和高等植物。初中动物学则完全按照动物演化顺序，从高等到低等排列。到1936年修订课程标准时，在分类部分，初中植物学按照从低等到高等、动物学从高等到低等排列，不再突出实用主义了，只是要求在涉及生物应用的地方随时提及。可以说，民国中期的大部分教科书都是按照这样的体系编写的，只是具体在列举低等、高等的代表物种上有所差异。

在高中生物学教科书方面，1929年的暂行课程标准就要求学生明了动植物与人类为同一生命现象，有基本相同处，受同一基本律支配，给出的教材大纲包括生物体的构造、代谢、动植物营养、感应、生殖、生长与发生、遗传、优生、适应、天演、分类、与人类关系等十几个方面。尽管在1932年和1936年有过微调，但是总的大纲变化不大，绝大部分高中生物学教科书也是按照这样的大纲编写的。

由此可以看出，近代中学生物学教科书的知识体系，在一定程度上受到了课程标准的影响，但是各出版社和作者又有发挥的余地，这里既有日本和欧美教科书的影响因素，也有作者自己的观念因素。同时，这也是由于当时社会动荡，教育主管部门对教科书编写与发行不

---

①王蕴如：《初级中学学生用·开明植物学教本》，开明书店，1931。

能实行有效控制的结果。

## 三、关于动植物类群的介绍

### （一）动植物类群知识的呈现方式

关于教科书中动植物类群的介绍，一般有三种方式，第一种可以叫作“举隅教学”，第二种则是“模范观念”①，第三种则是笼统介绍各个科属的主要特征及代表动植物，并不以某种生物为范例。前两种方法尽管都是采用典型动植物作为代表，但是“举隅教学”在概括类别特征外，只是列举某些物种，并就其本身作说明；而“模范观念”则是以一种或几种物种做代表，来说明一属、一科的生物有何特征。

华汝成的《新课程标准适用·初中植物》采用了第一种方式，以合瓣植物为例，列举了柿、菟丝子、甘薯、薄荷、茄、马铃薯等多种植物，只是在每种植物的最后点明其科属。宋崇义的《新中学教科书·植物学》采用了第二种方式，在第一编“普通植物各论”中，每一章选择 1 种代表性植物，详细介绍其特征，最后点明其科属，并列举同一科属的其他植物，如第一章详细介绍了向日葵的形态和效用，而后指出其属于菊科，并列举菊科的常见植物如蒲公英、莴苣等。杜亚泉的《中学校用·共和国教科书·植物学》则采取第三种方式，同样以合瓣植物为例，作者列举了攒聚花类、茜草类、钟状花类等，每一类言及主要特征和代表科，并没有详细展开。彭世芳的《中华中学植物教科书》、王兼善的《民国新教科书·植物学》等也是采用这种方式。

再以动物学教科书为例，陈纶、华汝成的《修正课程标准适用·初中动物》采用了“举隅教学”，如在哺乳动物一章，列举了猫、犬、牛、蝙蝠、鲸等十余种动物，尽管对猫的描述最完整，但是对每种动物的外形、习性、效用及同类动物都给出了较为详细的说明，在该章

---

①禹海涵：《中等学校生物学教法与教材》，商务印书馆，1946，第 61 页。

的最后概述了哺乳动物的主要特征及与人类的关系。杜就田的《现代初中教科书·动物学》也采取了类似的方式，只不过没有把同一纲的动物放在单独章节中，而是将所有动物按照相近关系大概排列在一起，在同一纲动物列举完之后，总括其特征。丁文江的《民国新教科书·动物学》采用的主要是“模范观念”，如在介绍哺乳动物的时候，详细描述了兔的形状、骨骼、神经感觉、食道、血脉、呼吸、排泄和生活，略述与人类的关系，而后列举哺乳动物的主要种类及代表动物多种。周建人的《复兴初级中学教科书·动物学》与此类似，只不过典型动物选择了猫。徐善祥的《中学校用·共和国教科书·动物学》则是采用第三种方式，对于哺乳动物、鸟类等各纲，只是简单描述其特征和主要类群。华文祺的《中华中学动物学教科书》也是采用类似的方式，尽管在概述哺乳类特征时以猫、犬为主要代表，但是并没有详述猫、犬的特征，如关于身体构造，会不时提及猫、犬之外的其他哺乳动物。

关于这三种呈现方式，可以说各有利弊。民国时期已经有人就此问题讨论过，特别是关于动物学教科书。丁文江在《民国新教科书·动物学》中指出，“模范观念”存在“举一概百”的弊端，而且“颇太偏重体功”。但是这种方式又被很多教科书采用，因为它可以让学生对某科生物有更深入的了解，而不只是浮光掠影、走马观花。陈兼善指出，只是关注一般原理并淡化类群的教科书，会让学生摸不着头脑；偏重系统分类的，要么可能挂一漏万，要么可能贻笑大方，徒增学生负担；而选择模式动物的办法需要对被选择的模式动物的内外部形态结构、生理发生等都有比较详细的、正确的记载才行，这比较适合大学生，对中学生还是太不适宜了。他认为，理想的中学动物学教科书，应该便于教授、便于学习，简明、正确，在内容上于形态学（含分类、解剖、组织、细胞）和生理学都有所涉及，不能偏废①。

①陈兼善：《中等动物学教科书之新趋势》，《教育杂志》1928年第1期。

在介绍生物类群的时候，有的采取归纳法，有的采用演绎法。所谓归纳法，即先介绍一般的动植物，在某一类群介绍完之后，再总结这一类群的特征；所谓演绎法，即先概述某一类群生物的特征，而后再列举该类群中的常见生物。如《复兴初级中学教科书・植物学》在介绍植物类群时，总是先给出该类群植物的通性，而后举例；但《复兴初级中学教科书・动物学》则是先介绍常见的动物，而后总括其所属类群的一般特征。

### （二）动植物类群的排列方式

关于动植物类群的介绍，还有一个如何排列的问题。各个科属的生物，在演化上具有一定的高低顺序，是按照从高等到低等排列，还是从低等到高等排列呢？排列的标准或原则，其实是生物的演化顺序或学生的经验。初中学生最熟悉的动植物往往是那些在演化上层级较高的，如动物里的哺乳动物，植物里的种子植物（特别是被子植物），因为这些生物与人类的关系最为密切。然而有的人却认为，教科书中的生物类群应该按照演化的顺序从低等到高等排列，这也有一定道理。1936 年的初中植物学课程标准是按照由低等到高等排列的，但初中动物学课程标准则是按照由高等到低等排列的。在教科书的具体编写过程中，不同的作者会根据自己的观点进行排列，大部分是按照一种线性顺序排列，从高等到低等，或者从低等到高等。不过，还有极少的教科书则从中间开始，选择昆虫等生物开篇，如杜就田的《现代初中教科书・动物学》。

早在清末，就有人在杂志上讨论这一问题，认为“教授动物之教材排列法，实最重要之问题，而大费研究者也”。作者列举了当时人们的几种观点，从高等动物到低等动物，从与人类关系最密切的入手，符合教育学的原理；从低等动物到高等动物，从结构最简单的开始，便于学生理解；但前两者都有利弊，不如从学生比较熟悉的、位于中间的昆虫或者两栖类开始①。到了民国时期，主要是前两种排列方式。同理，植物学教科书也存在类似的问题。考虑到初中生对于低等植物不如高等植物熟悉，有人建议逆演化顺序，从种子植物开始迄于低等植物，并认为细胞对于学生来说也难于掌握，不如先讲植物的宏观形态，再讲细微结构②。

### （三）近代植物学教科书中的植物分类体系

我国古代，对于植物的分类主要根据其外部形态及实用价值。如《尔雅》将植物分为草木两大类，木又分为乔木、灌木、檄木。明代李时珍在《本草纲目》中采用了“以纲统目”“析族区类”的方法，将药用植物分为草、谷、菜、果、木五类。清代吴其濬的《植物名实图考》对分类系统的名称稍做变化，分为谷类、蔬类、草类（含山草、隰草、蔓草、芳草、水草、石草、毒草）、群芳类、果类和木类。

西方植物科学的创始人德奥弗拉斯特（Theophrastus）也是根据经验将植物分为乔木、灌木和草本植物，或者一年生植物、二年生植物和多年生植物。这种分类体系一直延续到林奈时期。英国植物学家格鲁（Nehemiah Grew）发现雌雄蕊是植物的生殖器官，自此人们将花作为分类的重要依据。1735 年，瑞典分类学家林奈在《自然系统》中提出了新的分类系统，并将双名法确立为标准命名法，其体系包括纲、目、属、种几个级别，并将种作为分类的基本单位。林奈对于生物分类的研究主要是植物学方面，他以植物的生殖器官——花的结构作为主要分类依据，并参考其他性状，根据雌蕊的数目，将植物分为 24 纲，再依据雄蕊的数目特征分为若干目，直到种。到了近代，植物分类体系主要有两种，一种是恩格勒（Engler）分类法，另一种是艾希勒（Eichler）分类法。

---

①亦凡：《动物分类之变迁》，《教育杂志》1910 年第 5 期。

②王友西：《初中植物学教材管窥》，《浙江教育》1940 年第 10 期。

李善兰等人在《植物学》中将植物分为有花植物、无花植物两大类，进而根据生长方式分为外长类、内长类、上长类、通长类和寄生类，共303科。在分类阶元上，包括类、部、小部、科、族、种等。李善兰翻译的很多分类学名词被后世采用。亚泉学馆编译的《最新中学教科书·植物学》介绍了植物分类的人为分类法与自然分类法，林奈的人为分类法主要是根据雌雄蕊数及位置分类，自然分类法则是根据全体诸机关的位置形状及构造而分类。该书采用了自然分类法中由边沁和胡克确定的分类系统，将植物分为显花植物与隐花植物两部，部之下有门、亚门、类、科、属、种等阶元（表4-2）。

表4-2 《最新中学教科书·植物学》中的植物分类

| 植物分类 | 阶元 |
|---|---|
| 显花植物 | 被子门<br>　　双子叶亚门<br>　　　　离瓣花类<br>　　　　合瓣花类<br>　　　　单被花类<br>　　单子叶亚门<br>　　　　瓣状类<br>　　　　颖花类<br>裸子门 |
| 隐花植物 | 羊齿门<br>藓苔门<br>菌藻门 |

在增订版的《中学校用·共和国教科书·植物学》中，杜亚泉提到后来德国科学家对上述分类体系进行改良，提出了恩格勒—勃兰特(Engler-Prantl)分类法，尽管这种分类法应用颇为广泛，但是对于中学生来说较为复杂，吴元涤的《高中及专科学校用·生物学》、郑勉的《高级中学生物学》等教科书中也介绍了这种分类法（表4-3），

但大部分植物学教科书中并没有详细介绍。考虑到初中生的认知水平，当时的中学植物学教科书大多使用了较为简明的德国的艾希勒分类法，根据这种分类法，可以将植物按照表 4－4 分类。在采用这种分类体系时，有的教科书将显花植物部统称为“种子植物”，将隐花植物部统称为“胞子植物”（今作“孢子植物”），或者将羊齿门称为“蕨类植物”。

表 4－3　《中学校用·共和国教科书·植物学》（增订版）中的植物分类

- 分裂植物
- 黏菌植物
- 鞭毛植物
- 双鞭植物
- 矽藻植物
- 接藻植物
- 绿藻植物
- 轮藻植物
- 红藻植物
- 真菌植物
- 苔蕨植物
    - 苔藓植物
    - 羊齿植物
- 种子植物
    - 裸子植物
    - 被子植物
        - 单子叶植物
        - 双子叶植物
            - 离瓣类
            - 合瓣类

表 4－4　艾希勒植物分类法（部分）

| 植物分类 | 阶元 |
| --- | --- |
| 显花植物部 | 被子门<br>　　双子叶类<br>　　　　合瓣区<br>　　　　离瓣区<br>　　单子叶类<br>裸子门 |
| 隐花植物部 | 羊齿门<br>苔藓门<br>菌藻门 |

## （四）近代动物学教科书中的动物分类体系

我国古代，对于动物的分类主要根据动物的外部形态，如《尔雅》将动物分为虫、鱼、鸟、兽，《礼记》则将动物统称为“虫”，分为鳞、羽、毛、介、裸。这种分类方法一直被沿用。郑樵的《昆虫草木略》中，“昆虫”指的是动物，而非现代意义上的昆虫，他将动物分为虫鱼类、禽类和兽类。李时珍的《本草纲目》中，将动物分为虫、鳞、介、禽、兽、人 6 类。尽管与现代的分类体系不同，古人也会将相近的动物分在一起。这种分类体系考虑到了动物的外部形态、生活习性、不同动物之间的相似性，来源于生活经验，具有朴素的博物学性质。

西方早期的动物分类体系，以亚里士多德的理论影响最大。他将动物分为有血动物和无血动物：有血动物根据胎生、卵生，又分为人、鲸、四足兽和鸟、两栖类、蛇与爬虫、软骨鱼与硬骨鱼；无血动物还可以细分为卵生、蛆生、自发生成①。此外，他还有了属和种的概念。与中国古人不同的是，亚里士多德考虑到了动物的血液和生殖方式。英国博物学家约翰·雷（John Ray）以动物的趾和牙作为分类标准。

①亚里士多德：《动物志》，吴寿彭译，商务印书馆，2010，第 30－33 页。

瑞典的林奈将动物分为 6 纲——哺乳动物纲、鸟纲、两栖纲、鱼纲、昆虫纲和蠕形动物纲。法国动物学家拉马克将林奈的分类系统颠倒了顺序，从低等到高等排列，并且首次提出无脊椎动物的概念。法国的居维叶（Georges Cuvier）则根据动物的神经系统，将动物界分为脊椎动物、软体动物、关节动物和辐射动物。

近代中学动物学教科书也介绍了动物的人为分类法和自然分类法，但在教科书中采用的基本上都是自然分类法，少数按照动物的实用性分类，在分类阶元上，同样采用了界、门、纲、目、科、属、种。清末的《最新中学教科书·动物学》将动物分为原生动物、多孔动物、腔肠动物、芒刺动物、蠕形动物、软体动物、节足动物和脊椎动物，脊椎动物又分为鱼类、两栖类、蛇类、蜥蜴类、龟类、鳄鱼类、鸟类、乳哺类。王季烈的《动物学新教科书》则将无脊椎动物分为节足动物、环节动物、蠕形动物、软体动物、棘皮动物、腔肠动物、海绵动物和原生动物。中华民国成立后，徐善祥的《中学校用·共和国教科书·动物学》根据动物体内有无脊椎将其分为脊椎动物和无脊动物，脊椎动物又分为哺乳类、鸟类、爬虫类、两栖类和鱼类，无脊动物又分为节肢动物等 7 类（图 4－11），可以看出与现代教科书中的分类体系基本相同。近代的中学动物学教科书多采用基本相同的分类系统，差异较小，后来在无脊椎动物的蠕形动物中分出了环形动物、圆形动物和

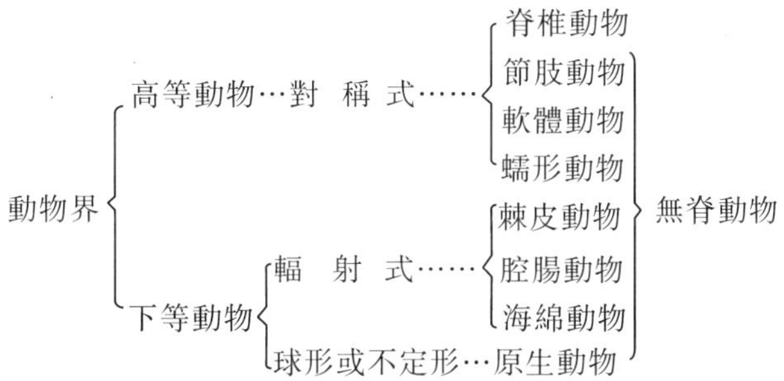


图 4－11　徐善祥的《中学校用·共和国教科书·动物学》中的动物分类图

扁形动物。考虑到节肢动物类群较多，有些教科书会详细介绍其中的昆虫类、甲壳类和蜘蛛类等代表性动物。

吴元涤在《高中及专科学校用·生物学》中给出了更新的动物分类体系，包括原生动物、腔肠动物、扁形动物、毛颚动物、环形动物、软体动物、节足动物、脊椎动物等共 15 类。郑勉的《高级中学生物学》在附文中也列出了不常见的动物门类。考虑到初中生的认知水平，只介绍那些比较常见的、数量较大的类群是比较合适的，不然会增加学生的负担。

总之，近代动植物学教科书中的生物分类体系，比较好地吸收了当时世界上的最新成果，同时又考虑到了中国的实际情况和中学的教学需要。

### （五）案例：教科书中的长颈鹿

近代生物学教科书对于具体动植物的介绍，主要体现在博物学教科书和分科的初中动物学教科书、植物学教科书中。由于地球上的生物种类非常丰富，教科书的容量有限，不可能也没有必要将每种生物的特征都介绍清楚，所以才需要选择一些代表性动植物，学生可以借此了解某一类生物的一般特征。如前所述，对于那些作为典范的代表性动植物，教科书会介绍得比较详细，如外部形态、内部结构、生理、生活习性、生态、与人类的关系等，但这毕竟只是少数。教科书的首要功能是传播新知识（针对学生而言），因此对于占绝大多数的、未被作为典范介绍的动植物，则需要有所遴选。那些各地的代表动植物或独具特点的动植物往往就会被选中，长颈鹿就是其中一个代表。

长颈鹿属于脊椎动物中的哺乳动物，主要分布在非洲。中国古代对于长颈鹿最早的记载可能是晋代李石的《续博物志》，书中称其为“驼牛”；稍晚的记载则是赵汝适在《诸蕃志》中将其称为“徂蜡”，这两种称谓分别来自长颈鹿的外形和发音（阿拉伯语）。不过这两本书中记载的都是见闻，其实当时长颈鹿尚未引入中国。明代郑和下西洋时，到达了长颈鹿的原产地非洲，并将长颈鹿购回国内，郑和称其为“祖剌法”，国人则称其为“麒麟”。此后又有国家将其作为贡品进献给明朝皇帝，并有《瑞应麒麟图》（图 4 - 12）留世。后来长颈鹿又多次被引入中国，国人对其认知逐渐增多，就名称而言以“麒麟”为多①。

图 4 - 12　瑞应麒麟图（局部）

鸦片战争后，西学进一步传入中国。英国传教士合信在《博物新编》中介绍了长颈鹿的外形和习性，称其为“麋类之特”，名为“之猎猢”，并说“中国无名”，说明他对长颈鹿早期入华之事不了解。近代的生物学教科书中，也有对于域外动物的介绍，其中就包括长颈鹿。不同的教科书对于长颈鹿的称谓有所不同，内容详略也有差异。清末传教士的教科书如前文所述艾约瑟的《动物学启蒙》在“倒嚼动物”中介绍了长颈鹿的外部形态，突出其“身形高，长至丈有八尺……居

①孙机、阎德发：《长颈鹿和麒麟》，《化石》1984 年第 2 期。

于斐洲南境”。该书没有强调长颈鹿的“长颈”特点，配图中颈部的比例也不恰当；将其称为“鹿豹”，并说“原名知拉夫”①。韦门道的《百兽图说》中也称呼长颈鹿为“鹿豹”，说其“又名知儿拉夫”，并强调了“其项最高举”的特征。潘雅丽的《动物学新编》单列一章，详细介绍了长颈鹿的外形特征、生活习性和科属分类，将其归属为有脊骨支派热血族乳哺部有四足小部有蹄科返嚼属长颈鹿种，并使用了“长颈鹿”的称谓。《动物学要》也称其为“长颈鹿”。

清末学制以后的中学动物学教科书对于长颈鹿的介绍分散于分类部分。如清学部编写的《博物学动物篇》（1908）将长颈鹿称为“麒麟”，并给出了学名（*Camelopardalis giraffa*，Cuvier），其学名的意思是“长着豹纹的骆驼”，对其外部形态进行了形象描述。还有一些教科书也将长颈鹿称为“麒麟”，如黄立猷的《最新动物学》（图 4-13）。王季烈在《动物学新教科书》中使用了“长颈鹿”这个现名，同时注明别名“芝猎夫”，并说疑似古代的麒麟。

中华民国成立后，由于教科书一般包括分类、形态、生理、生态、应用等几部分，动物分类所占的比重不像清末的教科书那么多，所以除典范动物外，对于其他列举的动物介绍也非常简略，其中有的教科书会提到长颈鹿，有的则没有。这些教科书基本上都使用了“长颈鹿”这个现名，如徐善祥的《中学校用·共和国教科书·动物学》、丁文江的《民国新教科书·动物学》、陈纶和华汝成的《修正课程标准适用·初中动物》、吴家煦的《新制动物学教本》、张孟闻和秉志的《中国初中教科书·动物学》。还有一些教科书使用了其他称谓，如华文祺的《中华中学动物学教科书》称其为“奇拉夫”。

---

①艾约瑟：《动物学启蒙》，上海图书集成印书局，1898，第 22 页。

第二百三十圖

麒麟

图 4－13　黄立猷的《最新动物学》将长颈鹿称为“麒麟”

从长颈鹿的例子可以看出，近代生物学教科书中的动物学知识花了较长的时间才逐渐达成一致。在同一时期内，不同教科书呈现出来的动物学知识是有差异的，如对域外动物的称谓。这是因为这些知识基本上都译自日本或欧美的教科书，国人并没有对其进行专门考察研究。当中国的生物学逐渐开始建制化，生物学的话语体系才趋于统一，这是一个长期的过程。

## 第三节　教科书中的插图

生物学研究生物的形态、结构、生理功能、繁殖、演化，以及生物与环境的关系等，如果要表现这些内容，单纯依靠文字是无法实现的，因此插图就显得十分必要。近代生物学教科书的作者都比较注意插图的使用。在李善兰和韦廉臣、艾约瑟合译的《植物学》中，就已经包括了大量的插图。传教士为中国学生编写的教科书中，也特别注意插图的使用，如傅兰雅不但在《植物须知》中放入了大量插图，而且他还编写了《植物图说》等围绕插图展开的教科书。关于使用插图的必要性，傅兰雅在《植物图说》序中就提到，在学堂内必须张挂大图，而且“图印画工必精准，形必真实，说亦必格外详细，如此则植物学初基妥立，不难实事考求”①。其他传教士编写的教科书，如艾约瑟的《植物学启蒙》和《动物学启蒙》等书，也都有大量插图。1902年之后，清政府实行新学制，新式中学堂纷纷建立起来。这些学堂使用的动植物学教科书，大部分是根据日本教科书翻译或改编而来，绝大部分的教科书保留了日本教科书中的插图，有的改编者还把其中一些插图替换成介绍中国动植物的插图。1912 年中华民国成立后，大量国人自编教科书开始取代传教士编写或根据日本教科书翻译、改编的教科书。这些自编教科书同样非常注重插图的使用，且注意使用本国的动植物资源。如动物学家陈桢编写的《普通生物学》有 168 幅插图，改编后的《复兴生物学》插图增加到 258 幅，且有不少是作者自己绘制的。

## 一、插图的类型

本研究所指的教科书插图包括了除课文文字部分外、以图像和表格等视觉形式呈现的信息。教科书中的插图类型很多，很难用一种标准将插图的属性都概括出来，因此，需要从多个不同角度对插图进行分类。比较常见的插图分类方法见表 4-5。

---

①傅兰雅：《植物图说》，益智书会，1895，序。

表 4-5 教科书插图的分类

| 分类标准 | 插图类型 |
| --- | --- |
| 颜　　色 | 黑白图、彩图（双色图、四色图等） |
| 表现形式 | 表格、曲线、实物图、示意图、模式图 |
| 组织形式 | 独立图（单幅）、组合图（多幅，时间序列、空间序列、逻辑关系） |
| 加工方式 | 照片（网纹图）、绘图（线条图） |
| 工具技法 | 国画、油画、水彩画、漫画、版画等 |
| 功　　能 | 背景与装饰图、补充说明图、解释图等 |

以上分类方法下的各种插图，几乎都可以在中国近代中学生物学教科书中找到，但是在不同历史时期、不同版本的教科书中，不同类型的插图数量和比例有所不同。大部分教科书中的插图都是黑白图，只有少量教科书会在正文之前有几张彩色插图，以便“学者按图观察，易于了解”①。就加工方式而言，绝大部分插图都是绘图，照片很少。照片相对于绘图，反映的是真实的生物特征，因此受到了一定的关注，如祁天锡在《英文生物学初桄》中就插入了不少在上海圣约翰大学拍摄的照片。但是受条件所限，且照相技术在近代尚未普及，而照片的作用也没有引起教科书编写者足够的重视，因此照片的应用非常不足。

考虑到生物学的学科特点，根据具体内容，可以将近代生物学教科书中的插图分为形态结构图、生理功能图、统计数据图、实验探究图、人物故事图、生态环境图、生产生活图、概念原理图等（表 4-6）。

①宋崇义编《新中学教科书动物学》，中华书局，1923，编辑大意。

表 4－6　生物学教科书插图的主要类型

| 插图类型 | 说明 | 举例 |
|---|---|---|
| 形态结构图 | 表现生物体的外部形态与内部结构 | 动植物的外形，根尖的结构，心脏的形态 |
| 生理功能图 | 表现生物的生理功能，而且这些生理功能是与生物体的形态结构相结合的 | 根毛吸水过程，血液循环过程 |
| 概念原理图 | 说明抽象的生物学概念和原理，与生理功能图不同，这些概念原理不与生物体的形态结构相结合 | 食物链，光合作用原理，中心法则，遗传谱系 |
| 生态环境图 | 表现生态系统、生物生存的生境 | 恐龙生活的环境，草原，农田 |
| 实验探究图 | 展示生物学实验的仪器及实验过程 | 显微镜，种子萌发实验设计，动物标本的制作 |
| 人物故事图 | 表现与生物学有关的人物及其故事 | 达尔文环球航行，孟德尔豌豆实验 |
| 生产生活图 | 表现与生物学有关的工农业生产和社会生活场景 | 人工传粉，采茶，养蚕 |
| 其他 | 以图表形式呈现与生物学有关的信息 | 统计数据图、地图 |

一幅插图究竟是属于哪一类，不能只是看插图本身，还要看插图的内容和图文关系，也就是教科书作者想要通过插图说明的问题。另外，按照不同的标准，同一幅插图可能兼具多种属性；同时，在教科书的编写过程中，也需要综合运用各种插图。

从生物学教育的角度来看，综合运用不同类型的插图可以起到不同的作用。中学生物学教育，其目标在于提高学生的生物学素养，而目标的达成可以从知识与技能、过程与方法、情感、态度与价值观等多方面入手。形态结构图、生理功能图和概念原理图等可以将生物学的事实、概念和原理以形象直观的方式呈现出来；实验探究图和生产生活图有助于学生了解生物学的研究方法及其在生产生活中的应用；人物故事图则通过生物学家的形象及其事迹，增加学生对生物学的学习兴趣。各种插图的使用还有助于学生感受生物界之美和科学研究的意趣。

## 二、插图的结构

关于插图的结构，一般认为包括图、图名、图注三要素。图是插图的主体；图名表明整幅图所要描述的对象，一般位于图的下方（如果是表格，则一般位于表格的上方）；图注是对图中各个部分的说明，注明的方式有多种，可以是直接在引出的横线末端注明（图 4－14），或者注明数字、字母，然后在图的下方或其他位置进行说明。近代生物学教科书中的插图，有的要素齐全，有的则不完整。

阿拉伯数字和英文字母也是在近代才逐渐被国人所接受并应用的，因此在早期的教科书中，图注使用的是汉语中可以表示序号的汉字，如汉字大写或小写的数字、天干、地支等（图 4－15），这样在图的结构方面就体现出了中国的特色，也方便国人接受。但是到了后来，随着阿拉伯数字和英文普及率的提高，教科书的作者就更倾向于采用阿拉伯数字或英文字母作图注了（图 4－16）。

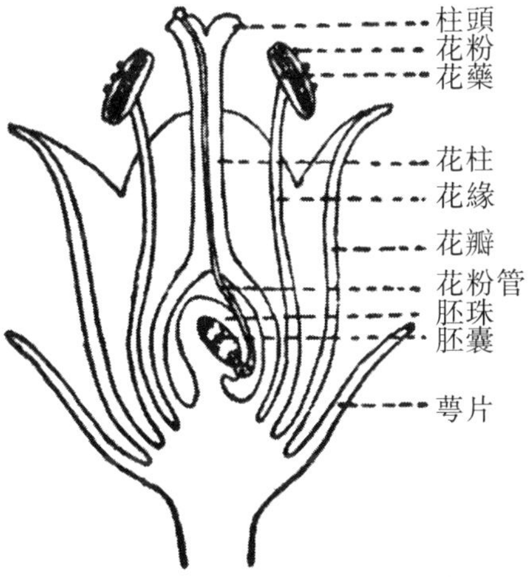


第一百七圖　雄精和卵的配合

图 4－14　童致棱的《复兴初级中学教科书・植物学》花的结构插图

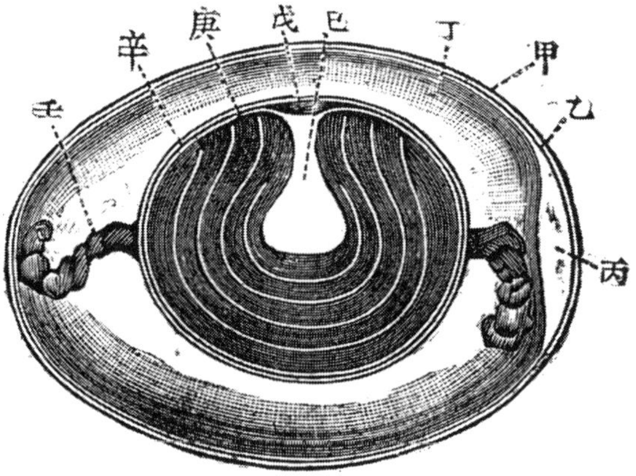


图 4－15　钱承驹的《中学教科书·动物学》使用天干作图注

第　61　圖

葉　之　斷　面

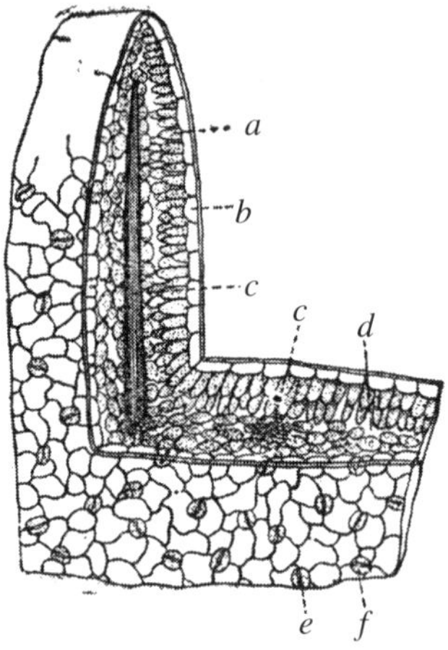


a 棚形細胞
b 表皮層
c 維管束
d 空氣
e 氣孔
f 氣孔細胞

图 4－16　陆费执、郦福畴的《新中学教科书·高级生物学》中使用英文字母作图注

插图结构的完整是教科书规范化和科学化的表现，在这个过程中，中国本土的元素起到的作用非常有限。

## 三、插图的来源

近代中学生物学教科书中的插图，大部分是间接来自其他图书、报刊，少量是编写者自己绘制的，还有些是出版社请绘图师专门绘制的，不过绘图师一般也是根据现成的图样绘制。至于直接翻译的教科书，则插图基本都来自底本，只是在作者改编的时候会增减插图，或者替换掉一些插图。

国人编写的教科书中，只有少量教科书会注明插图的来源，大部分则没有。西方的教科书一般都会注明其中插图的来源，这对国人编写的教科书产生了一定影响。曾在美国留学的陈桢在《复兴生物学》中就特别注意插图的来源，并且声明“凡是从别人书里抄来的，都在图注后面注明来源；凡是著者自制的，也在图注后面注明”①。其实，在 1924 年编写《普通生物学》一书时，陈桢就已经注明了其中插图的来源，《复兴生物学》是在《普通生物学》的基础上修改完善而成的，还增加了多幅自己绘制的插图（见前文）。不只是陈桢，其他作者在编写教科书时，如果想用图片说明本国本地的生物学资源，就会使用国人画的插图，或者干脆自己画。

在教科书中注明插图的来源，是对插图原作者的尊重，也是教科书规范化的体现，可以方便读者追根溯源。使用自己绘制的或本国其他人绘制的插图，可以方便地表现与本国本地有关的生物学资源，也是教科书本土化的体现。

## 四、插图内容的呈现：以竹子为例

教科书中的插图，除少量只是起装饰作用外，大部分是作为一种

---

①陈桢：《复兴高级中学教科书·生物学》。

有别于文字的知识传播媒介。保证科学性与准确性是插图传播科学知识的首要条件，在此前提下，还要注意构图、明暗等要求，以期达到科学性与艺术性兼具。西学东渐背景下的近代生物学教科书中的插图，同样遭遇了中西文化的冲突与融合，并在此过程中表现出一定的本土化倾向。

中国传统的工笔画绘画技法大多讲求写意，而西方的现代绘画更注重写实。中国古代的医学、本草书中也有对于动植物形态和人体结构细节描绘的插图，但是对于生物特征的细节描绘明显不足。自明末清初以来，中国的绘画就开始受到西方现代绘画的影响，到了近代就更加明显，这在生物学教科书中也有充分体现。

传播科学知识的生物学教科书插图，首先需要保证插图内容的科学性，即通过插图传播的知识是正确且准确的；其次需要考虑插图的艺术性，通过构图等技术处理给读者以美的享受。好的插图应该是科学性和艺术性兼具的，如在表现生物的外部形态时，还能体现生物生存的环境；在展示生物的内部结构时，同时表现其独特的生理功能。在科学性方面，西方绘画技法要略高一筹，因此近代以来的教科书插图更多是借鉴了西方绘画技法。不过中国传统绘画的影响也并未消失，在有些插图中可以找到中西交会的影子。

竹子是一种原产中国的植物，属于禾本科竹亚科，有上千种。在中国古代的文人语境下，竹子代表了正直、挺拔，是“四君子”和“岁寒三友”之一，因此在古代的花鸟画中，竹子是重要的题材，不过中国画中的竹子更多是写意，并不能将竹子的生物学特征进行充分描绘。下面主要通过竹子的以下特征，来考察教科书插图中对竹子的描述：分节，狭披针形叶，平行叶脉，叶互生，竹笋，生境。

在下面 3 幅关于竹子的插图中，每幅插图都表现了竹子分节的特点；基本可以体现披针形的叶形；图 4－17 则看不到叶脉，图 4－18 和图 4－19 表现出了平行叶脉；图 4－18 还表现了叶互生的特点，其他两幅则不够准确；每幅图都表现了竹笋的形态，并且图 4 - 18 和图 4 -19 还描述了更细致的结构；这些插图基本可以表现竹子的生长形态，在体现竹子的生境方面，图 4 - 17 的最强，图 4 - 19 的最弱。图 4 -18 在一丛竹子中选取了近景的一株，展示其生物学特征，对其他植株则采用了中国画的技法。尽管图 4 - 17 的教科书是根据日本教科书改编而成的，但是作者特意注明了插图中的竹子是在中国常见的孟宗竹（即毛竹，一种散生竹）。

图 4 - 17　王明怀的《中学植物学新教科书》中的竹

第六〇圖 竹

A 竹 B 筍

1 地上莖 2 地下莖 3 籜 4根

图 4－18 徐克敏的《初中植物学》中的竹

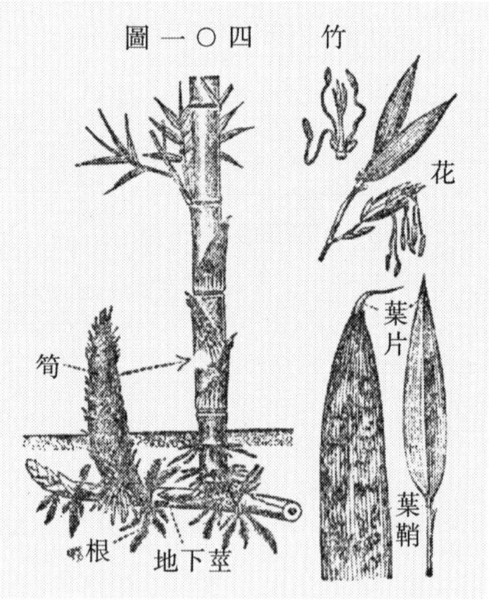


圖一〇四 竹

图 4－19 华汝成的《初中新植物学（下册）》中的竹

在教科书插图中实现科学性和艺术性的统一并非易事，一方面需要设计者能考虑到这一层面，另一方面也需要绘图者（或拍照者）具备相应的技术，其背后的影响因素则涉及生物学的发展、插图作者的科学素养与艺术素养及当时的文化背景、刻版技术等。要注重细节，体现生物结构与功能、生物的生境的前提是生物学已经发展成为一门科学。近现代科学对于生物及生命现象和规律的关注，远远超出了古代传统博物学的范围。中国古代传统的博物学除要求“多识草木鸟兽之名”外，更多地要求生物的实用性，因此，我们可以注意到即便是有大量插图的动植物谱录和本草著作，其中的插图也都只是宏观形态的描述，不注重细节的描绘，更不要说微观结构的描摹了。此外，插图知识的来源非常重要，比照实物绘图要比模仿和抄袭更可靠。

## 五、插图的使用

近代教科书的作者意识到了插图的作用，因此大量地使用了各种插图，但是要想达到预期的效果，还需要注意以下几个问题。

首先，要注意插图内容的科学性和准确性。对于生物形态结构、生理功能的描述要准确无误，对于概念原理的阐述要科学严谨，通过插图告诉学生的知识应该是正确的科学知识。在图 4 - 20 中，数字 9 指向的应该是胆总管，而非输膵（胰）管。前述竹子的几幅插图中，细节的缺失和模糊也会向学生传播错误的知识，非但不能起到按图索骥的作用，反而会误导学生。之所以产生这种现象，一方面是近代科学在中国尚未发展成熟，没有研究结果作为支撑；另一方面在于插图的绘制者并非比照实物而画，而是互相抄袭，甚至是草率绘制的，几乎都没有见到相应的实物。

第 66 圖
消 化 系

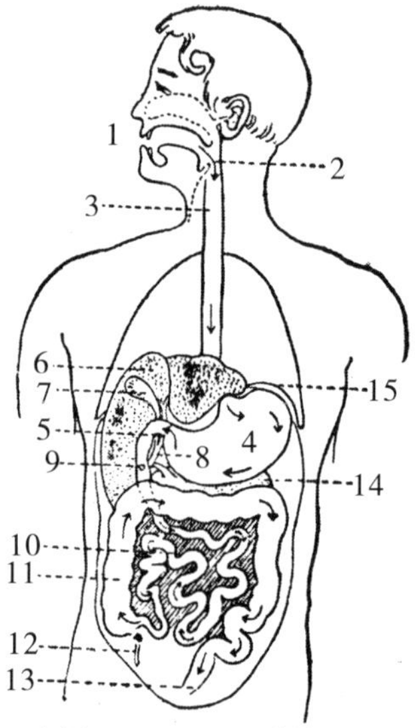


1 口
2 咽頭
3 食道
4 胃
5 幽門
6 肝
7 膽囊
8 輸膽管
9 輸膵管
10 小腸
11 大腸
12 蟲樣垂
13 直腸
14 膵
15 横隔膜

图 4-20　陆费执、郦福畴的《新中学教科书·高级生物学》中介绍消化系统的图

其次，插图只是对实物的补充。由于客观世界的多样性，插图并不能将生物的所有特征展示出来，所以学生仍然无法只是通过插图与客观世界建立联系。钱承驹在《中学动物学教科书》中强调“动物之考证，固必依乎实物，而补其缺者，莫如图画”①，指出插图只是补缺的。华文祺在《中学植物学教科书》中说得更明确：“本书所插之图，最精美新颖，非他本所及。然教课时尤宜采集实物，为实地观察之

①钱承驹译编《中学动物学教科书》，例言。

助。"[①] 在实物教学存在困难的情况下，就需要插图的内容与学生的生活比较接近，反映学生周围的生活环境，便于学生按图索骥、学以致用。清末民初的教科书要么是传教士编写的，要么是根据日本教科书翻译或改编的，国人自编的很少，因此有些插图所表现的动植物资源是中国比较少见甚至没有的，这势必会影响学生的学习。不过，后来有些编译者意识到了这个问题，就将其中的插图替换成本国的。如王葆真翻译改编的日本植物学家大久保三郎、斎田功太郎和染谷德五郎的《最新植物学教科书》，除原书的插图外，译者还补充了 20 余幅，并详细标注，"务令阅者一目了然，以养成植物界之观察力"[②]。不仅如此，译者还将原书中不适合的一些插图做了替换。丁文江编写的《民国新教科书·动物学》就声明"书中新制各图，如鸟如化石，大半皆本国产物"[③]。中华书局的《新制动物学教本》更是明确"材料概取国产，苟非中土所无，决不取材异国"[④]。

尽管有越来越多的作者意识到插图对于教科书的重要作用，但是近代生物学教科书中的插图仍然存在诸多问题，如选用失当、模糊不堪、注释错乱，或有插图却课文中不提及，或有插图不加注释，甚至应有插图却略去不用，这样就错失了插图在知识传播中的独特价值与重要作用[⑤]。

## 六、结论

受西方和日本教科书的影响，中国近代教科书中的插图也逐渐规范化、科学化。中国古籍或书画作品中的插图，其结构是不完整的，

①藤井健次郎：《中学植物学教科书》，译例。

②大久保三郎、斎田功太郎、染谷德五郎：《最新植物学教科书》，王葆真译编，大中学社，1907，译例。

③丁文江编《民国新教科书动物学》，商务印书馆，1914，编辑大意。

④吴家煦、吴德亮编《新制动物学教本》，中华书局，1917，编辑大意。

⑤袁修德：《生物教学合作的商讨》。

往往是只有插图本身，有的时候有图名，但基本都没有图注，这可能是因为图的作者意在表现插图整体的内容，而不是突出插图中的细节。近代教科书中插图的图、图名和图注逐渐完整，且图名的位置、图注的格式逐渐统一。就图注而言，也有中国本土元素的加入，如天干地支或汉字数字都被用来表示序号，只是后来基本都被阿拉伯数字和英文字母替代了。

近代生物学教科书中的大部分插图其实是转引自其他的教科书或者报刊，由教科书作者自己绘制或拍摄的比例很少，只有像陈桢、祁天锡等生物学家在编写教科书的时候，才专门绘制了一部分插图或拍摄了一些照片，而这些插图或照片反映的是中国科学家自己的研究成果或者中国本土的生物资源，是科学家注意将生物学插图本土化的表现。但是只有少量教科书比较注意插图的来源，会在图名后注明来源，这既体现出对插图原作者的尊重，也体现了教科书作者把教科书作为学术著作来对待的态度。

由于生物具有地域性，而生物学的学习需要接触实物，因此在教科书中有必要介绍本国的、本地的生物资源。近代教科书的作者注意到了这一点，会将某些只在国外出现，或者在本地不常见的生物替换成本国、本地的生物，不但在课文中有讲述，而且在插图上也进行了处理。随着现代生物学在中国的发展，插图中的本土元素日益增加。插图内容的本土化既体现了教科书编写者的生物教育理念，也体现了生物学的本土化。

教科书既是教学的主要材料，也是知识传播的重要载体，生物学教科书的发展反映了生物学教学的发展状况，同时也体现了生物学知识的传播历程。作为教科书的重要组成部分，插图起到了文字无法达到的效果。中国近代中学生物学教科书中的插图，类型多样，题材丰富，从结构、来源到形式、内容，在受到西方和日本教科书插图影响的同时又具有自身的特点，是中国近代科学与科学教育近代化和本土化的典型样本。

# 第四节　教科书中的实验与实验教科书

生物学是一门实验科学，实验之于生物学的作用不言而喻。在我国的教育体系中，自小学开始，生物学的知识与技能便进入了课堂。不过，一般而言，小学的生物学知识主要是对于生物现象的描述，较少涉及生物学的基本原理。一旦进入中学，生物分类、动植物结构、形态、生态、生理、遗传与进化、人体生理卫生等内容充实进来，这些基础性内容构成了中学生物学的主干。大学生物学系的专业课程，主要还是上述这些方面，但无论是广度还是深度，都是中学时代无法比拟的。而无论哪个方面，都离不开实验，分类需要调查和观察，形态结构需要解剖和观察，生理、遗传等更需要精细的控制实验。因此，生物学的教学不只是理论的传授，更要有实验操作。

## 一、教育法规和课程标准的规定

《钦定中学堂章程》要求设立特别讲堂提供图画、物理、化学等课程，并指出“其物理、化学，并须于讲堂之外另设试验房，为实习之所”。涉及生物学部分，只是说中学堂应该配备标本室，“标本模型，务令齐备”①。《奏定学堂章程》只是多了一项，即博物学也可以有专用讲堂，或者是与物理、化学“便宜兼用”②。文实分科后，中学堂的文科课程中，博物学（只包括动物、植物）属于通习，没有涉及实验部分，而实科中博物学为主课，要求授课内容包含植物、动物和动植物实验，矿物、生理卫生和矿物实验③。可以看出，清政府的学堂章

①舒新城：《中国近代教育史资料》（中册），第 492－500 页。

②同上书，第 500－512 页。

③同①，第 512－520 页。

程已经考虑到了生物学的学科性质，注意到了实验的地位。

中华民国成立后，教育部于1912年颁布《中学校令》及《中学校令施行规则》，规定无论是普通中学，还是女子中学，前三个学年都要学习博物学，“博物宜授以重要植物、动物、矿物、人身生理卫生之大要，兼课实验”。同样要求配备特别教室、器械标本室等①。但在1913年公布的《中学校课程标准》之博物学部分，对于实验却未加说明②。1919年，教育部要求女子中学课博物科第一、第二学年每周课时3小时，开设植物、动物实验，动物、人身生理及卫生实验③。

1922年，实行“壬戌学制”后，初中虽然没有明确说开设生物实验，但是在毕业最低限度的标准中，要求学生“能为简易之实验”④。高中开设生物学，动植物学部分都注重讨论与实验，并建议每学期“至少作郊外练习八次”，植物学实习最好是在“天气温和植物繁茂时行之，以便学生练习，观测，绘图，及采集标本等事”⑤。

1929年，在混合科⑥暂行课程标准的“目标”部分，即突出了实验，自然科其中一个目标就是“养成观察，考查及实验的能力与习惯”。主要作业包括了教师的实验示范，实验室作业，学生实验，制作简易标本、仪器，还要求随时开展野外观察、采集标本和实地参观。在教材大纲中，也明确列出了“植物标本采集保存法、春日植物发达之观察、饲育蝶类及各种幼虫之方法、植物环境观察”等。在教法与

---

①舒新城：《中国近代教育史资料》(中册)，第520－529页。

②课程教材研究所编《20世纪中国中小学课程标准·教学大纲汇编：课程（教学）计划卷》，第75－76页。

③同上书，第102－104页。

④课程教材研究所编《20世纪中国中小学课程标准·教学大纲汇编：生物卷》，第6－7页。

⑤同上书，第8页。

⑥包括了植物学、动物学、化学、物理学、矿物学、地质学、天文学、气象学。

毕业要求中对实验都有所强调①。而在分科的植物学和动物学暂行课程标准中，更是将实验摆在了首要的位置，无论是植物学教学还是动物学教学，都选择了常见的生物要求学生进行观察研究，如植物选择了各种粮食作物、瓜果蔬菜，动物选择了家畜、害虫和常见的爬行动物、鸟类、寄生虫等。编者当时就认识到，教学应该“以自然为教本”，书籍只是“补助实地观察及试验之不足，而不宜居首要地位”。因为一味地课堂灌输、死记硬背，“最足以摧毁学者研究自然之兴趣”。因此，“凡一切事实之可以由观察或实验及之者，均需给以自动观察及实验之机会，而教师仅处于辅导之地位”②。

高中生物学规定每学期可举行数次郊外采集或研究，要求学生在实验室能够用简单的仪器材料，“试验生理上诸现象，如光合作用，蒸腾作用，呼吸作用，感应运动等”；还要使用显微镜观察生物切片，在郊外采集标本，考察生物的生存环境，使学生养成“观察研究之能力，及爱好自然之兴趣”③。

1930年，第二次全国教育会议通过改进全国教育方案，规定“在各级各类的教育内，都注重科学实验，增加生产能力，养成职业技能”。于“中等教育”一章，专门强调要“注重科学实验”④。

1932年，正式版的课程标准⑤在实验教学方面基本上沿用了暂行课程标准的要求⑥。1936年，修正后的课程标准对于实验的要求没有降低，但是高中生物学的实验课时减少了，由原来的每周2小时减少

①课程教材研究所编《20世纪中国中小学课程标准·教学大纲汇编：生物卷》，第9－12页。

②同上书，第13－20页。

③同①，第24－27页。

④全国教育会议议决：《全国教育方案》，上海公民书局，1931。

⑤正式课程标准中，将高中卫生单列为一科。

⑥同①，第28－48页。

为1小时，不过，“如必要时，得延长实验一小时”①。

从上面可以看出，国民政府的课程标准经常调整，这些调整考虑到了当时的社会现状，兼顾了学科本身的要求，并注重与生产生活实际相结合。不过，生物学的实验教育明显没有得到足够的重视，实验的课时量经常被削减，更是没有明确的实验教学规范，在规定生物学教学内容要求的时候，没有给出明确的生物学实验教学内容和要求。

“工欲善其事，必先利其器”，生物学实验教学离不开教学仪器设备。考虑到当时生物学教员的实际情况，教育部为学校和教员制定了设备标准。

1934年7月，教育部中小学课程及设备标准编订委员会公布了《初中植物、动物和高中生物学设备标准》②，其中将设备分为7种，即仪器、保存标本、图表或模型、活的标本、药料、玻璃器皿和其他用品。对于设备的准备，该标准还特别指出，模型比图表更为逼真，但是价格更高；活的标本应该时常陈列，以便观察；仪器和药品的用量应该根据具体情况决定。该标准列出了初中动物、植物各16个实验，高中生物32个实验，分别给出了设备的详单。

> 初中动物学16个学生实验如下：研究兔之适应及习惯，鸟体外部之特点，明了六种野鸟冬季之生活，鸡之生长史，活金鱼及其食物，青蛙及蟾蜍之生活，蛙之生长史，园中蚯蚓之数目估计，蜗牛之生活，衣鱼、螳螂、蚁群、黄蜂、飞蛾、蝴蝶、水虱，昆虫饲养法，昆虫之采集，苍蝇及其防除，蚊虫及其防除，蜘蛛及其生活习惯，人体内之寄生物。

①课程教材研究所编《20世纪中国中小学课程标准·教学大纲汇编：生物卷》，第49－61页。

②教育部：《初、高级中学动植物学、生物学设备标准》，中华书局，1934。

初中植物学16个学生实验如下：花——各种结构——采集，种子——种苗及秋园——发芽时之必要条件，叶之种类，茎——种类——水分经过茎之何部，根之种类及每种之功用，植物食料之实验，细菌——所在地——各种消毒剂之杀菌能力，藓之生活史，羊齿类之生活史，茶及其用途，烟及其对于青年之害，大豆及其食用法，棉，麻，芝麻，落花生。

高中生物学32个学生实验如下：昆虫之生活史，昆虫之外部观察，昆虫之生理作用，蜈蚣之外部观察，虾之外部观察，蚯蚓之外部观察，蚯蚓之内部普通解剖，水螅之生活史，水螅体态之观察，草履虫之观察，眼虫之观察，鱼之内部普通解剖，蛙之内部普通解剖，猫或兔之解剖，益鸟害鸟之调查，鸽之普通解剖，水绵，黑霉，果实之种类及构造，根之构造，茎之构造，叶之构造，根瘤杆菌与豆根，陆地植物群，湿地植物群，水上植物群，地钱之观察，下等生物之感应作用，植物之感应作用，单性遗传，适应环境——蜜蜂、鸮、金鱼或其他材料，分类之研究——利用一切所采集之标本。

该清单表明，教育部注重在生物学教学中关注学生经验、生物学与人生的关系。商务印书馆和中华书局等机构还根据此标准创制了实验设备，分为教师演示用和学生实验用两组，根据设备数量分为“完备”“最低限度”等类别供各中学选购。

从上文可以看出，中学生物学教学需要实验已经被意识到了，至少在文件规定上是如此体现的。当然，实验不可能仅仅停留在纸面上，还需要落实到行动中，这首先就需要有实验的仪器设备。早在1901年，钟观光等人就成立了上海科学仪器公司，研制生产科学仪器、标本模型。1929年，中国科学社成立中国科学图书仪器公司，该公司不但出版、印刷图书杂志，而且生产、销售仪器设备，包括动植物标本、模型、挂图等。1935年开始，教育部与中央研究院物理研究所、中华教育文化基金董事会、管理中英庚子赔款退款董事会等机构协商拨款，委托物理研究所制造理化仪器①。抗日战争全面爆发后，1938 年在重庆合川成立生物标本制造厂，后改为制作所，制作动植物标本和模型；1942 年教育部在重庆设立科学仪器制造所，不过生产的大多是理化仪器，生物标本模型并不多②。

当时很多地方没有条件购买这些设备，更没有多少学校或教员能够制造仪器设备。其实在抗日战争前，教育部曾经组织各中学购买过一些国外生产的实验仪器设备，但是由于教师不怎么会用，加上使用和保管不当，很多仪器设备要么被尘封在仓库里，要么坏掉被废弃。

## 二、教科书及参考书

### （一）中学生物学教科书

教科书是传播知识的重要载体，同时体现着教育思潮与教育观念。如果说课程标准是教师教学和学生学习的纲领，那么教科书则是纲领的具体体现。考察近代教科书对于生物学实验的要求和内容安排，可以窥视教育当局、教材编写者、甚至是当时社会主流对于生物学实验教育的态度与思考。

清末商务印书馆出版的《最新中学教科书·动物学》就非常注重实验。在提到生物学研究方法时，作者认为："凡研究生物学，读书不如披图，披图不如观标本，标本现成者，不如自研究自制造。"因此，书中安排了大量实验，不过作者的实验主要是标本的采集与制作③。

---

①课程教材研究所编《20 世纪中国中小学课程标准·教学大纲汇编：课程（教学）计划卷》，第 142－143 页。

②王勇忠：《民国时期中小学科学仪器制造概况》，《教育史研究》2010 年第 1 期。

③白纳：《最新中学教科书动物学》，黄英译，商务印书馆，1905。

王兼善①在《民国新教科书·植物学》的“编辑大意”中指出：“书中所论各节，概可以实验证之，故教师讲授时，当酌量以相当之实验，演示诸生。不但可使易于领悟，且可引起其崇尚实际之心，而养成其精细考求之习惯。”书中不但涉及大量实验内容，并配以插图（图4-21），而且在书后还附有植物实验须知，介绍“截面之割法、显微镜之用法、截面之保存法”，以及“植物实验应用之器具及药品清单”②。

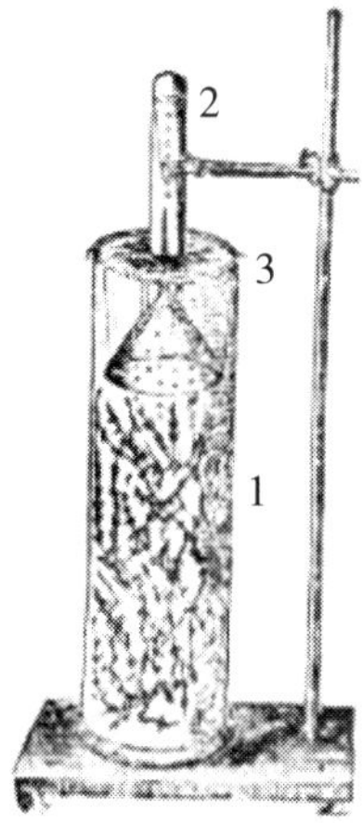


第一百零二圖　顯明光化作用時之放養

图 4-21　王兼善教科书中的实验插图

除上面介绍的教科书外，很多中学生物学教科书有专门内容介绍生物实验，如童致棱编著的《复兴初级中学教科书·植物学》对于实验非常重视，上下册共安排了 33 个实验，均集中在每章后面（图 4-

① 王兼善，时任北京大学化学系教授，编著有化学、生物、物理等多种中学教科书。实际上，王兼善同期的其他教科书也非常注重实验内容，故均十分受欢迎。王兼善毕业于英国爱丁堡大学，获得格致科（科学）学士、文艺科硕士学位，其教材重视实验或许与此求学经历有关。参见其编著的《民国新教科书·化学》(1913) 和《民国新教科书·物理学》(1913)。

② 王兼善：《民国新教科书·植物学》，商务印书馆，1913。

22）。书中的实验，既有室内的，也有野外的，而且实验中还设置了问题。这样做可以“补充讲授的不足，并引起学者自动研究的兴趣”①。吴家煦、吴德亮的《新制动物学教本》附有动物采集、昆虫饲养、鸟兽剥制、标本制作等实验方法；张国璘的《初级中学植物学》在植物生理学部分列举了大量实验。

有的教科书没有在正文中给出实验，但是在书后给出了实验建议，如吴元涤的《高中及专科学校用・生物学》和朱茂庭的《高中教本・现代生物学》（图 4－23）书后都有教学实验进度表。

第五章　葉　99

實驗十九　日光和光合作用

材料　生長很繁盛的植物。

方法　把受試驗的植物，放在黑暗的地方約二三日，使葉裏的儲藏食物都已用完。拿出後，用黑紙或葉夾遮蓋葉的一部份，然後放在陽光下，數小時後，將葉摘下，除去黑紙或葉夾，先用酒精溶去葉綠素，再浸在碘的溶液裏。

觀察　葉的那一部份變藍？那一部份不變？變藍的部份表示裏面含有澱粉，日光對於食物的製造有什麼關係？將結果作一簡單的報告。

實驗二十　光合作用的放氧

材料　生長很繁盛的水生植物。

方法　將水生植物放在玻璃缸裏，上面蓋一漏斗。漏斗的玻璃管外，套一盛滿水的試驗管（如右圖）。將全部裝置放在陽光裏。

觀察　水生植物的葉面有無氣泡發生？玻璃管裏的水完全被發生的氣體代替後，將玻璃管直立立刻插入燃着的木片，木片的燃燒是否加烈？氣體中只有氧有助燃的性質，由葉面發生的氣泡是那一種氣體？

第九十四圖　光合作用放氧的試驗

图 4－22　《复兴初级中学教科书・植物学（上册）》中关于植物光合作用的两个实验

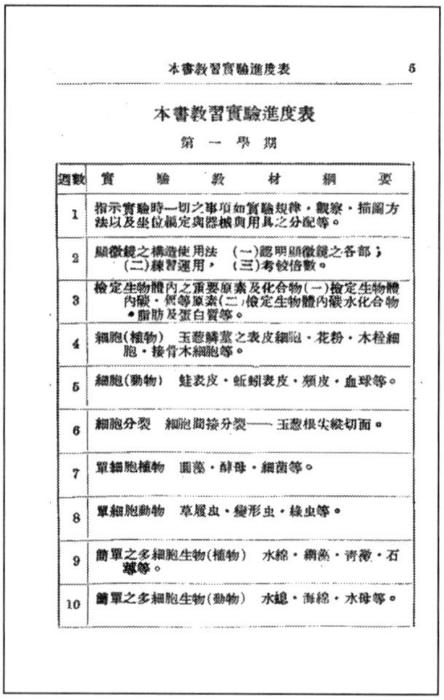
本書教習實驗進度表　5

本書教習實驗進度表

第一學期

| 週數 | 實驗教材綱要 |
|---|---|
| 1 | 指示實驗時一切之事項如實驗規律・觀察・描圖方法以及坐位編定與器械與用具之分配等。 |
| 2 | 顯微鏡之構造使用法　(一)說明顯微鏡之各部；(二)練習運用，(三)考較倍數。 |
| 3 | 檢定生物體內之重要原素及化合物(一)檢定生物體內碳・氫等原素(二)檢定生物體內碳水化合物・脂肪及蛋白質等。 |
| 4 | 細胞(植物)　玉葱鱗葉之表皮細胞・花粉・木栓細胞・接骨木細胞等。 |
| 5 | 細胞(動物)　蛙表皮・蚯蚓表皮・頰皮・血球等。 |
| 6 | 細胞分裂　細胞間接分裂——玉葱根尖縱切面。 |
| 7 | 單細胞植物　圓藻・酵母・細菌等。 |
| 8 | 單細胞動物　草履虫・變形虫・綠虫等。 |
| 9 | 簡單之多細胞生物(植物)　水綿・網藻・[illegible]・石蓴等。 |
| 10 | 簡單之多細胞生物(動物)　水螅・海綿・水母等。 |

图 4－23　朱茂庭的《高中教本・现代生物学》书后附有教学实验进度表

①童致棱：《复兴初级中学教科书・植物学》（上册），商务印书馆，1933，编辑大意。

在民国时期的生物学教科书中，能够突出强调生物学实验的并不多见，很多教科书只是在罗列生物学知识，即便是涉及实验，也是与知识融为一体，大部分属于介绍性的，而非学生实验。当然，还有一个问题是，即便有的教科书有专门的实验内容，但由于教师本身的原因（教师自己不会做实验等），或者缺少实验设备，实验教学的情况也不会按照教科书的安排进行。

### （二）生物学实验教科书

近代有人编写了专门的中学生物实验教科书，如江栋成的《复兴高级中学教科书·生物学实验》，龚礼贤、陈震飞的《高级中学教科书·生物学实验法》，吴瑞庭的《高中用·生物学实验》，禹海涵的《高级中学生物学实验教程》，程克让的《高中生物学实验教程》（后修订为《最新高中生物学实验》），范谦衷的《高中生物学实验教程》等。以下介绍其中几本实验教科书的主要内容。

江栋成①编写的《复兴高级中学教科书·生物学实验》认为，研究生物学一定要通过观察和实验才能得到正确的概念、阐明生物界的理法。这本教科书除介绍基本的实验注意事项、显微镜的使用、常用器械和药品、切片与标本的制作与保存、植物标本采集、动物剥制标本制作、昆虫采集与标本制作等一般性知识外，还列举了101个学生实验，包括基本实验、动植物营养、感应、生殖与发生、生长与再生、生物分类等方面。对于每个实验，编者都给出了实验目的、材料、用具、药品、实验步骤和整理等部分②。

吴瑞庭在《高中用·生物学实验》（图4－24）中指出，实验教本较少的原因主要有三个：高中学校设备简陋不能实验，遗传进化等部分无从实验，地域与季节关系增加了实验困难。他的这本实验教科书

---

①江栋成，时任江苏省立无锡师范学校生物教员。

②江栋成：《复兴高级中学教科书·生物学实验》，商务印书馆，1934。

是根据他在中山大学高中部任教的经验编写而成的，与其《最新高中生物学》相配套，都是由中华科学教育改进社出版的。全书分为15章，每章有若干个实验，总计84个实验和4个观察活动。该书虽然说是实验教科书，但也包括了野外观察、标本采集与制作的内容。对于每个实验，该书安排了目的、材料、用具、药品、方法、观察、问题、结论（主要是作图任务）等项。对于观察活动，则给出了时期、准备、一般观察、特殊观察和问题等项①。

龚礼贤、陈震飞的《高级中学教科书·生物学实验法》（图4-24）全书分为26章，每章有若干实验，包括野外采集与标本制作，最后附有实验室设备。该书多采取我国各地常见的普通动植物作为材料，还建议将有些材料先做成浸制标本备用②。

图4-24 吴瑞庭编《高中用·生物学实验》和龚礼贤、陈震飞编《高级中学教科书·生物学实验法》

①吴瑞庭编《高中用·生物学实验》，中华科学教育改进社，1936年改订三版。
②龚礼贤、陈震飞编《高级中学教科书·生物学实验法》，商务印书馆，1934年第2版。

除综合的实验教科书外，还有分科的实验教科书。如三好学著、杜亚泉译的《实验植物学教科书》（图 4 – 25），曹之彦的《新撰初中或师范学校教科书·实验植物学》（图 4 – 25），嵇联晋的《实验动物学》和《实验植物学》等。

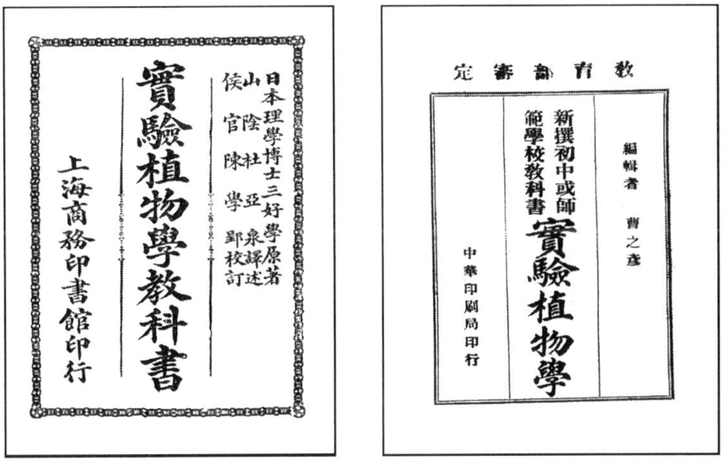


图 4 – 25 杜亚泉译《实验植物学教科书》与曹之彦编《新撰初中或师范学校教科书·实验植物学》

三好学的《实验植物学教科书》全书分为 6 章，分别是植物体记载法、实验用具药料及显微镜用材料调制法、植物解剖学及隐花植物实验、植物生理学实验、植物采集法腊叶制法及保存法、构设植物园法。商务印书馆在图书广告中，推荐该书“所举实验各事皆切要简明，于实科中学尤为合宜，诚中学教授中之别开生面者也”①。该书是根据三好学 1899 年出版的《植物学实验初步》翻译而成，后来三好学将该书修订后以《实验植物学》之名在 1902 年、1909 年等多次修订再版，杜亚泉并没有继续跟踪翻译修订。

三好学的《实验植物学教科书》是一本纯粹的实验教科书，曹之

① 王明怀译，严保诚改订《中学植物新教科书》，商务印书馆，1911 年 3 版，广告页。

彦的《新撰初中或师范学校教科书·实验植物学》则与之不同。曹氏教科书主要是一本植物学教科书，但是穿插了大量的实验，用作者的话说，该书“特别注重实验，故名实验植物学”。该书分为 2 篇，即形态与生理、分类。作者将某一植物器官的形态、解剖、生理混为一炉，同时每节辅以若干实验，便于学生对器官结构与功能的理解。需要指出的是，该书的实验范围较广，包括了简单的采集与观察。另外，该书更适合北方的教学①。

### （三）教学法与课外读物

杨寅初编写的《中等学校生物学教学法》有专门章节介绍生物学教学设备、实验的教学方法，在生物学实验法部分，介绍了生物学实验的意义与种类、材料的编配、指导实验时应注意的要点等。据该书介绍，1935 年江苏中学师范教育研究会针对教育部颁布的《初中植物、动物和高中生物学设备标准》开列的初高中生物实验，进行了充分的讨论，提出了修改意见。杨寅初根据该研究会的研究成果重新整理了一份实验教程大纲，涉及初中动物、植物各 16 个实验，高中生物 34 个实验，并给出了每个实验的实验材料、观察材料、参考图表、学生作业要项等②。

此外，有些出版社还出版了生物学实验的课外读物，如商务印书馆出版的《中学生自然研究丛书·动物采集保存法》（许家庆编译）、《中学生自然研究丛书·动物标本采集保存法》（陈劳薪编译），中华书局出版的《初中学生文库·动物标本简易制作法》（坂本喜一著，凌昌焕编译）、《中华文库·植物实验室》（童致棱著）等。

## 三、中学生物学实验教学的实施

无论是教育部的教学大纲或课程标准的规定，还是教科书与教学

---

①曹之彦：《新撰初中或师范学校教科书·实验植物学》，中华印书局，1927。
②杨寅初：《中等学校生物学教学法》，正中书局，1937。

法的编写，都要求中学生物学重视实验教学。然而，实际情况是，各地在执行上并不尽如人意，地区之间、学校之间，表现非常不平衡。条件较好、观念先进的学校执行得较好；条件较差、观念落后的学校则很差，依然是传统的教授方式，不能贯彻实验教学[①]。

中学生物学实验教育的开展涉及很多方面，除上面提及的教育法规和课程标准的要求及教科书对实验内容的介绍外，更重要的还是中学的实际状况，包括校长是否重视、有无配套的制度保障和资金支持、有无开展实验教学的场所和仪器设备，特别是有无确有能力且有意愿推行实验教育的教员。

天津南开中学一向重视实验教学（时任校长为著名教育家张伯苓，生物教员为南开大学毕业生殷宏章[②]、北平师范大学生物系毕业生赵枚和萧其青）。学生入学需要交纳实验费（化学 2 元，物理、生物各 1 元）。南开中学的课程设置遵守几项原则，即社会需要、个人需要、动作感受需要（即实际生活需要）、学科进步需要，特别注重实地观察，“使学生能自己求到生活的智识，并以养成其科学的观念”。其主要目标就是培养学生适应现代生活、解决实际问题的能力。“三三制”时期，初中的初级生物学使用学校自编的《生物学大纲》，学校重视观察实验，课外组织生物学会，让学生从事制图、剥制、切片、讨论问题及实验等，还组织郊外旅行，让学生采集标本，欣赏自然。高中普通部甲组[③]第三年开设生物学及实验，为选修课，每周课时 3 小时，实验 2 小时。当时南开中学有 5 个特别教室、1 个生物实验室、1 个生物

---

①王伦信、樊冬梅、陈洪杰等：《中国近代中小学科学教育史》，科学普及出版社，2007。

②殷宏章（1908—1992），植物生理学家，1948 年当选中央研究院院士，1955 年当选新中国成立后首批中国科学院学部委员（院士），曾任中国科学院上海植物生理研究所所长。

③高中分为三组，甲乙两组都为升学预备的普通部，分别偏文理科，丙组为职业部，培养应用人才。

标本室，还有1个花园、2个花房①。南开中学1929届毕业生、后来曾任校长的杨坚白对当时情形的回忆便是真实写照："……重学理科，必然重视实验课。学生入学交纳学费……还要交纳理科实验费二元，预偿费（损坏试验器皿和其他学校设备，预付的赔偿费用，期末多退少补）二元……当时我莫名其妙，一年后我明白了，学自然学科的课，都必须上实验课，学生都必须亲自动手做试验，并写实验报告，在功课表上，理化生每周都规定有两节连排课，每二人分得一组实验仪器，独立进行试验。"②

然而，条件比较好的中学校毕竟是少数，全国的总体状况还是比较落后的。美国教育家的调查，可以让国人对当时的科学教育状况，也包括生物实验的教育状况有所了解。在推士看来，中学的生物教员本身水平应该是不错的，他们大多毕业于高等师范院校，但教学方法可能不太科学，不能很好地利用既有的标本和模型，也很少做实验。有实验设备的学校，其仪器设备很多处于闲置或损坏未修复的状态，而教员中有很多根本不知道如何利用这些仪器或标本。他建议，教员应该更多地在课堂上做实验，并且让学生亲自动手完成一些实验，规范生物学实验室，利用手边的材料自制并充分利用仪器设备③。

1931年，国联教育考察团来中国调查教育状况2个多月，翌年发表《中国教育之改进》，其中提到中国的中学教育是最弱的环节，教师的教学方法主要是讲授，对于实验仪器的使用并不擅长。因此，他们建议增加教学中用于实验室的时间，在学校中制造一种氛围，即"全

---

①《天津南开学校中学部一览1929》，载孙燕京、张研编《民国史料丛刊·1112卷》，大象出版社，2009。

②杨坚白：《锲而不舍，再拓新境，南开中学建校八十周年纪念专刊》，天津教育出版社，1984。

③George Ransom Twiss：*Science and Education in China*，The Commercial Press Limited，1925.

人类采用实验方法及实验科学所表现者也”①。1932 年中等学校制度变革之前，教育部部长朱家骅谈到了当时中国教育的状况：“今日全国教育，其发展关系，失其均衡，而其实际内容，复流于空虚：高等教育，苦于浮滥，而初等教育，尚艰于推广，文法科教育，苦于骈设，而实科教育，尚艰于发展，中学日事推广，而职业与师资之训练，反形阙如，学校集于城市而缺于乡村，此全国教育发展关系之失其均衡也。各级学校，专事铺张，开支浪费，纷设课程，而不重其基本，缺乏设备，而不求其充实，教学不良，致学生程度日低，训育不良，致学校风纪日堕，此全国教育实际内容，流于空虚也。此两种现象，又复互为恶因，于是内容愈空虚，发展愈迅速，终至整个教育，成为浪费混乱之局面。”② 由此可见，中学教育发展不均衡、质量堪忧，实验教学的状况更是不会理想了。

植物学家胡先骕在谈到当时中学生物教育的状况时，也痛陈中学生物学不受重视，不但没有实验设备和专门的实验时间，就连中学生物教师也懒得操心实验的事情③。加之当年战火不断，经济落后，实验条件自然无法保证。有人在谈到抗日战争全面爆发后上海地区的中学实验教学时指出，“学校教课之最感困难者，当莫过于理科各门之实验课程……语及实验设备，能依照教育部课程标准之规定，而有实验课程者，可谓凤毛麟角，大多数学校则均付阙如”④。上海地区尚且如此，更不要说国内其他地区了。

考虑到实验教学的窘境，国民政府及各地教育主管部门采取了一些措施，如利用暑期科学教师讲习班培训教师的实验技能；在有些地方开办省立或市立科学馆，作为各学校公共实验场所。

①国联教育考察团：《中国教育之改进》。

②《教部九月来整理全国教育之说明》，《中华教育界》1933 年第 9 期。

③胡先骕：《植物学教学法》。

④阙疑生：《科学实验之重要》，《科学》1939 年第 2 期。

生物学是一门自然科学，需要观察自然现象、开展实验活动。学习生物学，自然离不开生物实验，借以训练研究能力。“教学是否立于实验室的基础之上，实为估量科学学程效价之先决条件。”① 这是因为，单从教科书上获得的知识是间接的，通过亲身实验获得的知识才是直接的，这样的知识也更容易记忆，并有利于下一步的学习。无论是教育行政部门，还是生物学家和生物学教师，大抵都认识到了这个问题，因此才有了相应的政策及教科书、辅导读物、实验设备。然而，对于生物实验的重要性，则于认识上并不一致，特别是从课程标准中实验课时量的减少，可见一斑。而一般校长、教师要么意识不到实验的重要，要么自身无从下手，即便有一些设备也是枉然，大多还是停留在纸上谈兵的层面。王云五直言：“我国学校教授科学向鲜实验，其从事实验者缺憾亦甚多。”② 然而，有意识地从制度上进行保障，有条件的学校积极地尝试，还是起到了一定的作用。近现代的很多生物学家便是在这样的环境中接受生物学启蒙教育，走上了从事生物研究的道路。

## 第五节　教科书与生物学名词的统一

专业名词术语的建立是学科建制化的重要标志，也是一个学科区分于其他学科的重要标志。在生物学的发展过程中，生物学家逐渐建立了一套自己的话语体系，其中就包括专业的名词术语。然而，毕竟语言文字是名词术语的载体，不同的国家有不同的语言文字，背后体现的是不同国家的文化差异，也映照着不同国家在某一学科上的发展水平。作为特殊语言文字的名词术语，自然要承载沟通交流的基本功

①《实验课业在科学教学上之地位》，《科学》1930 年第 9 期。

② 王云五：《中学之科学教育》，《科学》1922 年第 11 期。

能，不同语言文字的名词术语要想交流通畅，就需要保证翻译的科学性和准确性。这样看来，名词术语的统一就显得非常必要了。

## 一、近代生物学名词审定与统一的历程

### （一）清末生物学名词的翻译与统一

新学科的引入，必须解决名词术语的统一问题，这也是教科书的翻译和编写首先要解决的问题。从19世纪中后期到20世纪初，大量西方著作传入中国，名词的翻译处于各自为政的状态，通常译者会在书末附上中英文名词对照表，以方便读者参考。然而，由于不同的译者翻译名词的原则和方法不同，就会出现一词多译的混乱局面，令人莫衷一是，不利于知识的传播。在这种情况下，名词统一工作就显得十分必要了。

清末的生物学知识有一部分是通过传教士直接介绍到我国的，他们一方面创办报刊、译介西方书籍，另一方面兴办学校、编写教科书，这都涉及译名的问题。早期传教士的译名也不统一，直到1877年益智书会成立，才将译名统一作为重要工作。英国传教士傅兰雅被聘为益智书会的总编辑，负责教科书的编写。1890年，益智书会成立出版委员会，傅兰雅为秘书，负责译名工作。1896年，成立科技术语委员会，由狄考文（Calvin Wilson Mateer）、傅兰雅等人组成。由于傅兰雅于1896年赴美，这个委员会在名词统一方面成效甚微。1902年，狄考文、潘慎文、赫士等人编成《术语辞汇》（*Technical Terms, English and Chinese*），1904年由上海美华书馆出版，该书词条达12000余条，包括一些动植物学、生理学、解剖学、药学等名词。1910年师图尔对《术语辞汇》进行修订，由监理会书局再版。修订后

的《术语辞汇》删除了大部分医学名词，增补了一些生物学名词①。

国人也积极参与到译介西方科学书籍的行列中，但是初期都没有注意译名的统一。江南制造局于1867年设立翻译馆，开始翻译西方著作，傅兰雅被聘主持翻译工作。在生物学方面，据傅兰雅统计，该馆已刊成博物学著作6部计14本。江南制造局翻译馆对于科学名词的翻译十分重视，有一套翻译原则与方法，并制作了“中西名目字汇”，要求译者在“译书时所设新名，皆宜随时录于华英小簿，后刊书时可附于书末，以便阅者核察西书或问诸西人。而各书内所有之名，宜汇成总书，制成大部，则以后译书者有所核察，可免混名之弊”②。后来傅兰雅利用益智书会统一名词的机会，根据历年积累的名词，通过江南制造局刊行数种《中西名目表》，包括《西药大成药品中西名目表》(1887)，其中有一些动植物名的中英文对照。不过，江南制造局翻译馆并没有完全按照傅兰雅设想的来翻译西书，馆内译书名词仍未统一。

1905年清政府设立学部，1906年学部下设编译图书局，负责编译中小学教科书；编译图书局下设审定科，负责名词审定。1909年10月，学部奏请设立编订名词馆，专门负责名词翻译与统一工作。这个机构还是做了一些工作的：“编订名词馆，自上年奏设以来，于算学一门，已编笔算、几何及代数三项；博物一门，已编生理及草木等项；理化、史学、地学、教育、法政各门，已编物理、化学、历史、舆地及心理、宪法等项。凡已编者，预计本年四月可成；未编者，仍当挨次续办。”③ 在生物学名词方面，现存《植物名词中英对照表》④，只

①王扬宗：《清末益智书会统一科技术语工作述评》，《中国科技史料》1991年第2期。

②傅兰雅：《江南制造总局翻译西书事略》，载黎难秋编《中国科学翻译史料》，中国科学技术大学出版社，1996，第412－425页。

③陈学恂编《中国近代教育史教学参考资料》(上册)，第760－761页。

④笔者在国家图书馆及北京大学图书馆均找到了此书，北京大学图书馆馆藏题为《植物名词》。

是未来得及颁行[1]。学部编译的教科书无法满足当时全国学校的需要，只好允许各地编译出版，只是要送给学部审定。对于教科书中的科学名词，学部明确要求“科学名词，各书未能一律，暂仍其旧。俟本部编订名词书成后，再通行照改”[2]。但1911年清亡，学部的名词统一工作便无从继续了。

清末民初的很多译著，都在书末附有中西名词对照表，这些对照表可以说是一本本微型的词典，在一定程度上可以起到普及科学名词的作用，尤其是那些比较畅销的著作，更是效果显著。然而，译著及教科书后面的中西名词对照表，毕竟主要是编著者个人整理的，同一个出版社能够用同一套词汇已经很难办到，因此这些对照表在名词统一方面的作用也是有限的。

在生物学名词的译介和统一方面，清末的各类辞典也起到了一定的作用，如《英华萃林韵府》《生理学名词》等。此外，也有一些零星科学社团和个人的努力，如《农学报》上连载的“植物名汇”，《理学杂志》上刊载的“植物学语汇”等。不过，这些工作的影响都很有限。博医会对医学名词的统一做出了一些努力，其中包括少量生物学名词，但都是跟医学相关的[3]。

### （二）民国时期生物学名词的审定与统一

1912年中华民国成立后，并没有及时设立专门的科技名词审定机构，早期的相关工作主要是由民间组织的医学名词审查会和后来的科学名词审查会完成。尽管这两个名词审查会主要是由民间组织发起的，但是也曾得到教育部的支持。教育部不但派人参加名词审查活动，而

---

①黄兴涛：《新发现严复手批“编订名词馆”一部原稿本》，《光明日报》2013年2月7日第11版。

②《附录：学部第一次审定中学堂初级师范学堂暂用书目凡例》。

③张大庆：《早期医学名词统一工作：博医会的努力和影响》，《中华医史杂志》1994年第1期。

且还曾拨付经费，并将审查过的名词审定后向全国推广。除两个名词审查会外，中国科学社等民间科技社团也积极参与了科学名词的审查与统一。直到 1932 年国立编译馆成立后，科学名词的审定与统一工作才真正成为官方行为。

**1. 两个名词审查会**

1916 年 2 月 12 日中华医学会召开大会之际，博医会、江苏省教育会、中华医学会、中华民国医药学会分别派出代表组成医学名词审查会。1918 年 11 月，教育部批准医学名词审查会更名为科学名词审查会。由此，科学名词审查会审查的名词范围由医学扩大到自然科学的各个分支学科。

关于医学名词审查会及后来的科学名词审查会的详细情况，张大庆①、温昌斌②等已做过详细介绍。两个名词审查会有关生物学名词的审查活动，集中于 1921—1926 年的第七到第十二次名词审查大会③，参与讨论的机构有博医会、江苏省教育会、中华民国医药学会、中华医学会、理科教授研究会、华东教育会、中国博物学会、中国科学社、中国农学会、教育部等。每次讨论都分为动物学组和植物学组，分别由薛德焴、秉志、吴家煦等担任主席，审查了动植物学的名词，纲、目、属、种的名词，遗传进化论术语等（表 4 - 7）。

---

①张大庆：《中国近代的科学名词审查活动：1915—1927》，《自然辩证法通讯》1996 年第 5 期。

②温昌斌：《民国科技译名统一工作实践与理论》，商务印书馆，2011，第42 -51，115 - 116 页。

③1918 年，教育部批准该组织更名为科学名词审查会，本研究关注的主要是更名后的工作，因此下文中只用“科学名词审查会”的称谓。

表 4－7　科学名词审查会有关生物学名词的审查活动

| 名词类别 | 审查会议次别 | 审查本 | 审定本 |
| --- | --- | --- | --- |
| 动物学：分类名词、解剖学术语、胚胎学术语 | 7、8、9 | | 待印 |
| 植物学：术语及分类科目名词 | 8、9 | | 待印 |
| 植物学：种名 | 9 | | 待印 |
| 动物学：遗传学进化论术语、术语补遗、分科名词补遗、分科名词 | 10 | 出版 | |
| 动物学：哺乳类、鸟类种名 | 11 | 待印 | |
| 动物学：鸟类分类名词 | 12 | 待印 | |
| 植物学：种子植物属名 | 10 | 出版 | |
| 植物学：孢子植物属名 | 11 | 待印 | |
| 植物学：蕨类植物羊齿类属名 | 12 | 待印 | |
| 植物学：真菌类属名 | 12 | 待印 | |

注：本表参考温昌斌《民国科技译名统一工作实践与理论》整理。

从表 4－7 可以看出，在科学名词审查会对生物学名词的审查工作中，一般名词审查的不多，种属分类名词审查较多，进展比较缓慢。尽管每次审查大会都有几十人参加，但是具体到动物学组或植物学组的人数却很少。在 1927 年以后，科学名词审查会就没有再组织名词审查大会，已经通过审查或审定的生物学名词，较长一段时间都没有出版。1935 年，鲁德馨编辑的《动植物名词汇编（矿物名词附）》由科学名词审查会出版，涉及经过教育部审定的动植物学名词和未经审定的矿物学名词。其中，植物学名词包括植物学术语及分类科目名词、植物种名卷一、胞子植物①属名、蕨类植物分类名、真菌类植物属名等；动物学名词包括动物分类名、解剖学术语、胚胎学术语、遗传学进化论术语、动物分科名词、哺乳动物名（一部）、鸟类名词等。该书共 370 页，合计 10000 余条，每条名词都给出了拉丁名、英文名、德

①即孢子植物。

文名、参考名和决定名①。

### 2. 国立编译馆

1928年成立的大学院译名统一委员会逐渐完善了科学名词审定的组织与规章制度，但并没有开展实质性的名词审定工作。1932年国立编译馆成立，到1949年中华人民共和国成立之前的科学名词审定工作均由该馆负责。国立编译馆属于教育部成立的政府工作机关，无论是组织建设还是规章制度都比较健全，这就使得名词审定工作得到了保障。

截至1949年，国立编译馆编审、教育部公布了一些与医学有关的免疫学、发生学、解剖学译名，尚有大量生物学名词还处于已审定未出版或未审定的状态。其中，处于初审本整理中的包括昆虫学、植物病理学、植物生理学、植物生态学、植物组织学及解剖学名词；仍处于初稿编订中的包括生物化学、细胞学、组织学、普通动物分类学、脊椎动物分类学、植物形态学、植物园艺学、普通植物分类学名词②。

### 3. 科学社团——以中国科学社为例

正如两个名词审查会的运行一样，民国时期有诸多科学社团参与了科学名词的审定与统一工作，中国科学社就是一个典型。中国科学社于1914年在美国成立，其宗旨中即包括“审定名词”一项，社章规定设“书籍译著部”，认为“译述之事，定名为难。而在科学，新名尤多。名词不定，则科学无所依倚而立”③。中国科学社在《分股委员会章程》中规定了厘定名词的工作原则，并要求社员译著、非社员投稿都要遵循该社厘定的名词。1915年，中国科学社开始发行《科学》杂志，并为杂志配备了名词员；在杂志第2卷第12期刊出了《中国科学社现用名词表》。从1916年起，《科学》杂志开设科学名词论坛，由周

---

①鲁德馨编《动植物名词汇编（矿物名词附）》。
②温昌斌：《民国科技译名统一工作实践与理论》。
③《科学》1915年第1期，例言。

铭、胡刚复、顾维精、张准、赵元任负责，刊登社内外有关科学名词的讨论文章。这些文章涉及科学名词审定统一的必要性、翻译准则和译名统一方法、具体各个学科领域的名词翻译与审定等，其中涉及生物学名词的参见表 4-8。

表 4-8　《科学》杂志涉及生物学名词审定统一工作的文章

| 卷号 | 期号 | 题目 | 作者 |
|---|---|---|---|
| 2 | 9 | 万国植物学名定名例 | 邹秉文 |
| 3 | 3 | 植物名词商榷 | 钱崇澍、邹树文 |
| 3 | 8 | 植物名词商榷 | 吴元涤、钱崇澍、邹树文 |
| 8 | 7 | 遗传学名词之商榷 | 冯肇传 |
| 8 | 11 | 对于植物学名词之管见 | 岑铭恕 |
| 16 | 7 | 植物病理学术语及其解释 | 沈其益 |
| 18 | 12 | 昆虫译名之意见 | 杨惟义 |
| 24 | 3 | 昆虫之中文命名问题 | 陈世骧 |
| 30 | 3 | streptomycin 中文译名之商榷 | 潘德孚 |

注：本表参考 1915—1948 年各期《科学》杂志整理。

1922 年中国科学社第二次改组后，在学术组织机构中设立了科学名词委员会。中国科学社有年会制度，在年会上宣读的论文中，有时也有一些关于生物名词的。如在 1924 年南京第九次年会暨成立十周年纪念会上，陈焕镛做了题为《中国植物名词商榷》的报告。另外，中国科学社成员编写了大量大学和中学生物学教科书，如邹秉文、胡先骕、钱崇澍的《高等植物学》，吴元涤的《高等生物学》，陈桢的《普通生物学》《复兴生物学》等；此外，中国科学社成员秉志、胡先骕等还参与校订了很多生物学教科书。他们在编校教科书的过程中，十分注重生物学名词的翻译与统一，在书末都附有中英名词对照表。

科学名词审查会成立后，中国科学社从 1919 年开始参加，从第五次讨论会到第十二次讨论会都有出席。科学名词审查会解散后，中国科学社成员还参与过国立编译馆组织的名词审定工作。关于中国科学社参与科学名词审查会和国立编译馆名词审定工作的主要贡献，范铁权有较为详细的考察①。

中国科学社在科学名词审定方面取得了较大成就。温昌斌认为，这得益于中国科学社的重视，成员的优秀科学素质、坚韧的吃苦精神，中国科学社及其《科学》杂志的影响力②。

民国时期，还有其他的社团组织和个人参与生物学名词的统一工作。如中华博物学会的《博物学杂志》曾刊登审定后的植物学名词，1917年孙祖烈编纂了《生理学中外名词对照表》，1936年章熙林在《自然科学》发表了《古生物学译名草案》，1943年蒋涤旧在《中华农学会报》发表了《遗传学名词之译定及释义》，杜亚泉等人先后编出了《植物学大辞典》和《动物学大辞典》，辅仁大学农学系马条兹（Mathews G. B.）和郑葆珊合著了《普通生物学名辞》，郑作新编辑了《普通动植物学名辞》等。

## 二、生物学教科书与生物学名词的统一

相比于一般的科学书籍，科学教科书在名词统一方面具有得天独厚的优势：教科书的发行量大，动辄几千几万本；教科书的受众主要是学校教师和学生，特别是学生，这就保证了影响的持续性；民国时期的教科书审查制度逐步健全，获得教育部审定的教科书也就获得了科学名词的话语权。中国科学社成立之初发行《科学》杂志时，很多名词被指为自创，中国科学社同人认识到了这个问题，并多备粗浅教科书，避免多造生词。

当然，教科书在名词统一方面的作用也体现了各有关方面的互动。

①范铁权：《民国时期的科学名词审查活动——以中国科学社为中心》，《科学学研究》2005年第B12期。

②温昌斌：《中国科学社为统一科技译名而进行的工作》，《科学技术与辩证法》2005年第5期。

首先是教科书的作者多是当时知名的生物学家或生物教师，他们使用的名词具有一定的权威性；其次是出版社，在统一名词之前，出版社在名词方面具有很大的主导权，只是到了后来，特别是国立编译馆成立并加强教科书审查之后，出版社才全面采用教育部审定过的名词；最后是名词审定机构，如科学名词审查会和国立编译馆，他们审定的名词交由教育部审定颁行，并在教科书审定中得以执行，而科学名词审查会和国立编译馆聘请的名词审查委员也多是当时学界和教育界知名人士，其中不乏教科书编辑者。此外，国立编译馆要求送审的教科书需要附中西名词对照表以便检查。经过这样一个互动过程，名词的统一就得到了一定的保障。

### （一）中学生物学教科书对生物学名词的处理方式

由于现代生物学是舶来品，因此大部分的生物学名词或术语也都需要翻译。这需要考虑：中学生物学教科书中的生物学名词该采用什么样的译名？依据是什么？

有些生物学名词在古代汉语中就可以找到，是古人已经使用的。但有些名词则完全是新的，在翻译这些新名词的过程中就需要有所创造。早期传教士编译教科书，其中的生物学名词有很多是音译的，比如一些动物名称。日本人在翻译西方教科书和自编教科书的时候，参考汉语文法，使用汉字翻译创造了一些名词。国人在翻译和自编教科书的时候，也创造了一些新名词。

概括来说，教科书中的生物学译名主要有以下几种来源：一是使用教育部或科学名词审查会审定公布的名词，如吴元涤的《高中及专科学校用·生物学》中大部分的生物学名词采用的是科学名词审查会审定过的名词；二是使用早先已经存在的、国人译好的、通用的译名，如彭世芳的《新制植物学教本》中大部分名词采用旧籍已有名词和已经通用的名词；三是使用日本教科书或辞典中的译名，如亚泉学馆的《普通植物学教科书》中的名词就参考了松村任三的《植物名汇》和落合直文的《日本大辞典》；四是自创译名，如陈桢在《普通生物学》中自创的名词（见前文）。

只有译名还不够。对于教科书使用者来说，如果单纯阅读翻译后的文本，未必知道对应的英文如何表达，除非曾经有过专门训练；同时，不同的教科书对于同一个生物学名词可能有不同的译法，可能会让读者莫衷一是。另外，只是学习中文的生物学教科书，即便是学得很好，英文水平不错，也未必能看懂英文的生物学书籍或文章，因为许多的专业术语并非日常所见。在这种情况下，为了保证名词的准确，也为了今后学术研究的目的，或是为了与西方接轨，给出生物学名词的中英文表达（图 4－26）就显得十分必要了。

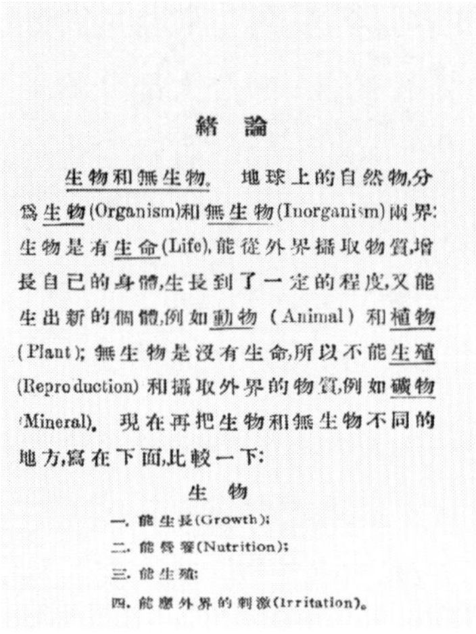

緒　論

生物和無生物。　地球上的自然物,分爲生物(Organism)和無生物(Inorganism)兩界:生物是有生命(Life),能從外界攝取物質,增長自己的身體,生長到了一定的程度,又能生出新的個體,例如動物（Animal）和植物(Plant);無生物是沒有生命,所以不能生殖(Reproduction)和攝取外界的物質,例如礦物(Mineral)。現在再把生物和無生物不同的地方,寫在下面,比較一下:

生　物

一. 能生長(Growth);
二. 能營養(Nutrition);
三. 能生殖;
四. 能應外界的刺激(Irritation)。

图 4－26　嵇联晋的《北新动物学》在正文中给出生物学名词的英文

在中华民国成立前，动植物学教科书中极少有注明英文的，书后也没有中英文对照表。这是因为大部分教科书是从日本教科书翻译来的，并非直接译自西方的教科书。杜亚泉根据三好学等人编著的植物学教科书编译了《新撰植物学》，后来改编为《最新中学教科书・植物学》，他自己又编译了《中学校用・共和国教科书・植物学》，书中的生物学名词都给出了英文，不过书后没有中英名词对照表。民国初年出版的丁文江编写的《民国新教科书·动物学》、王兼善编写的《民国新教科书·植物学》和陈桢的《普通生物学》，以及1926年出版的陆费执、郦福畴编写的《新中学教科书·高级生物学》，都在书中给出了生物学名词的英文，书后也都附有中西名词对照表（图4-27）。

附錄二

本書中西名對照表

| | | |
|---|---|---|
| absorption | 吸收作用 | 98 |
| Acanthia lectularia | 臭蟲 | 200 |
| accessory bud | 副芽 | 103 |
| accessory chromosome | 副染色體 | 152 |
| acquired character | 後天的形質 | 137 |
| Actinia | 海葵 | 35 |
| actinomorphic | 放射狀 | 62 |
| adventitious bud | 不定芽 | 103-104 |
| aecidiospore | 銹子 | 86 |
| aecidium | 銹子器 | 87 |
| Aedes calopus | 黃熱蚊 | 207 |
| Agkistrodon acutus | 五步蛇 | 198 |
| ahinetes | 休眠子 | 82 |
| Ailanthus | 臭椿 | 102 |
| albinism | 陽子 | 133 |
| Algae | 藻類 | 14 |
| alternation of generation | 世代交替 | 32 |
| amino acids | 亞密諾酸 | 92 |
| amitosis | 直接分裂 | 28 |

图4-27　陆费执、郦福畴的《新中学教科书·高级生物学》书后的中西名词对照表

有的教科书只是在文中有英文名词提示，但是书后没有对照表。如吴元涤和王志清编写的《初级中学·北新植物学》、王蕴如的《开明植物学教本》、杜就田的《现代初中教科书·动物学》、王志清的《初中动物学教本》、费鸿年的《新中华生物学》等。这是大多数民国时期的中学生物学教科书采用的方式。有的教科书在正文中没有注明英文，书后附有中西名词对照，如陈纶、华汝成的《修正课程标准适用·初中动物》，华汝成的《新课程标准适用·初中植物》等。

给出生物学名词的英文或动植物名的拉丁文是主流的方式，还有小部分教科书则给出了其他语种的对照名词。如1907年大中学社出版的大久保三郎等著、王葆真译的《最新植物学教科书》给出了“汉和植物名对照表”，以日语与汉语对照的方式列出植物名词。马君武的《实用主义植物学教科书》和《实用主义动物学教科书》给出了动植物

名词的拉丁名、德文名和译名。

### （二）关于“雌蕊、雄蕊”与“大蕊、小蕊”的争论

1917年钱崇澍和邹树文在《科学》杂志撰文《植物名词商榷》，认为蕊不是生殖器官，而是胞子体（即孢子体）的器官，没有雌雄分别，应该使用“大蕊、小蕊”①。此后，吴元涤提出质疑，认为“名词之审定与创始非武断杜撰藉成一家之私言也，必考之历史与习惯，证以学理而权其轻重，更与海内同人共同商榷以期斟酌妥善，方可垂诸久远耳”。就这两个名词而言，吴元涤认为应为“雌蕊、雄蕊”，其理由是雌蕊、雄蕊都是高等植物的生殖器官，分别是“产卵子之器”和“产精子之器”，并非对应卵子体和精子体，因此不能只是考虑与低等植物的对应和语源，而且雌蕊、雄蕊的说法由来已久，早在李善兰的《植物学》中即采此说，不宜变更；在同期杂志刊登出来的钱崇澍和邹树文的回应中，从植物体的世代交替出发，阐明大蕊、小蕊并非产生卵子和精子之器，既有名词误导公众，鉴于中国科学名词习用未久，应该及时纠正②。

此后在1923年邹秉文、胡先骕和钱崇澍合著的《高等植物学》教科书中，他们使用的是大蕊和小蕊。而吴元涤在其编著的多种教科书中，仍然沿用雌蕊、雄蕊之说，只是在1935年版的《高中及专科学校用·生物学》中，加括号标注了另一种说法。考察近代的初中植物学与高中普通生物学教科书，绝大部分都采用的是雌蕊、雄蕊的说法，只有《复兴初级中学教科书·植物学》（下册）等极少数教科书采用大蕊、小蕊说法，不过注明旧称为雌蕊、雄蕊。科学名词审查会最后也是采用雌蕊、雄蕊的说法③。

---

①钱崇澍，邹应萱：《植物名词商榷》，《科学》1917年第3期。相关名词：雌蕊（大蕊）Pistil；雄蕊（小蕊）Stamen。

②吴元涤：《植物名词商榷》。

③鲁德馨编《动植物名词汇编（矿物名词附）》。

从这个案例可以看出，尽管钱崇澍、邹树文等是生物学权威，也并没有完全左右生物学名词的统一。近代的科学名词就是在这种互相讨论和论争中前行。1948 年，吴元涤在《系统命名植物辞典序言》中仍旧针对中国植物学名词乱象，呼吁“中国植物名辞之厘定，为当前之急务”①。

其实，关于生物学名词的论争还有很多，从初期的沿用中国旧说到沿袭日本译名，再到从自己的研究出发，从学理上辨析，提出新的译名。译名的变化过程体现了生物学在中国植根发展的过程。

### （三）一组重要生物学名词的对照

表 4－9 中列举了部分近代中学生物学教科书中的重要生物学名词，据此分析这些重要的生物学名词在不同生物学教科书中的译名情况。

从表 4－9 可以看出，有的名词在个别教科书中没有出现，原因可能是该教科书没有介绍相关的知识，或者是采用了其他的名词，如王其澍的《近世生物学》就采用了“同化作用”一词涵盖了光合作用，因此就没有使用“光合作用”一词。对于同一个生物学名词，不同的教科书译法不一定相同。有些名词本身有多种译法，被不同的教科书所采用。但有些作者使用了单独翻译的名词，如陈桢在教科书中使用“体素”来翻译 tissue 一词。有的名词很早就与现代译法相同，如光合作用、苔藓植物；有的却多次反复，如蒸腾作用。从翻译名词的人来看，不同的人采取了不同的翻译标准，彼此不能完全信服、采用，即便是“集体讨论”产生的科学名词审查会出版的名词，也没有尽被采用，甚至有很多后来被淘汰了。由此不难看出，在教科书中或者书后附一个中西名词对照表是非常必要的。考虑到这些教科书的作者及名词的审定者大都是当时的生物学家，这种混乱的情况在一定程度上反映出现代生物学在中国仍不够成熟，生物学家共同体尚未完全建立。

①吴元涤：《系统命名植物辞典序言》，《科学》1948 年第 9 期。

表 4－9　部分近代中学生物学教科书中的重要生物学名词

| | 普通生物学 | 近世生物学 | 新中华高级生物学 | 复兴生物学 | 高中及专科学校用·生物学 | 动植物名词汇编 | 新中国教科书·高中生物学 | 现译 |
|---|---|---|---|---|---|---|---|---|
| 作者 | 陈桢 | 王其澍 | 陆费执 | 陈桢 | 吴元涤 | 科学名词审查会 | 郑勉 | |
| 出版社 | 商务印书馆 | 商务印书馆 | 中华书局 | 商务印书馆 | 世界书局 | 科学名词审查会 | 正中书局 | |
| 出版时间 | 1924 年 | 1925 年 | 1926 年 | 1933 年 | 1934 年 | 1935 年 | 1946 年、1943 年（上下） | |
| photosynthesis | 光合作用 | 无 | 光合作用 | 光合作用 | 光合作用 | 光合作用 | 光合作用 | 光合作用 |
| transpiration | 无 | 无 | 蒸腾作用 | 蒸散作用 | 蒸发作用 | 蒸腾作用 | 蒸散作用 | 蒸腾作用 |
| pteridophyta | 羊齿植物 | 羊齿植物 | 蕨类植物 | 羊齿植物 | 蕨薇植物 | 蕨类植物，蕨薇植物 | 羊齿植物 | 蕨类植物 |
| bryophyta | 苔藓植物 | 苔藓植物 | 苔藓植物 | 苔藓植物 | 苔藓植物 | 藓苔植物 | 苔藓植物 | 苔藓植物 |
| pistil | 雌蕊 | 雌蕊 | 雌蕊 | 大蕊，雌蕊 | 雌蕊（大蕊） | 雌蕊 | 雌蕊 | 雌蕊 |
| stamen | 雄蕊 | 雄蕊 | 雄蕊 | 小蕊，雄蕊 | 雄蕊（小蕊） | 雄蕊 | 雄蕊 | 雄蕊 |
| chloroplast | 叶绿质体 | 无 | 无（叶绿素） | 绿质体 | 叶绿体 | 叶绿粒 | 叶绿体 | 叶绿体 |
| gene | 因基 | 未译 | 无 | 因基 | 因基 | 要素，决定数，决定质类（同 factor） | 因基 | 基因 |

续表

| | 普通生物学 | 近世生物学 | 新中华高级生物学 | 复兴生物学 | 高中及专科学校用·生物学 | 动植物名词汇编 | 新中国教科书·高中生物学 | 现译 |
|---|---|---|---|---|---|---|---|---|
| Mendel | 孟德尔 | 蒙德尔 | 曼德尔 | 孟德尔 | 孟德尔 | 孟德尔 | 孟德尔 | 孟德尔 |
| tissue | 体素 | 组织 | 组织 | 体素 | 组织 | 组织 | 组织 | 组织 |
| enzyme | 酵精 | 无 | 酵素 | 酵精 | 醱酵素 | 酵素 | 酵素 | 酶 |
| development | 发成 | 发生 | 无 | 演发 | 发生 | 发生 | 无 | 发育 |
| hormone | 无 | 无 | 无 | 激素 | 刺激素 | 无 | 刺激素 | 激素 |
| evolution | 天演 | 进化 | 进化 | 演化 | 进化论 | 开展，进化 | 天演，进化 | 进化 |
| protein | 生质精 | 蛋白质 | 蛋白质 | 生质精 | 蛋白质 | 无 | 蛋白质 | 蛋白质 |
| vitamine | 养生特质 | 无 | 无 | 维他命 | 生活素 | 无 | 维他命，生活素 | 维生素 |

## 三、结论

近代生物学名词的审定与统一经历了很长时间，其间有众多组织、团体和个人的参与。除上面介绍过的工作外，还有一些其他的工作，如生物学家和各类学校的生物教师关于名词的讨论、出版社和个人编辑的综合或专科辞典等，这些工作也在一定程度上促进了生物学名词的统一。

在生物学名词的审定与统一方面，有外国传教士的努力，更多的则是国人自己的耕耘，从政府部门到出版机构，从科学社团到独立个体，既有合作，又有冲突。名词的统一是学科建制化的重要一环，自然离不开学科的发展。当一个学科发展起来了，有了相当数量的研究人员、大学和科研机构、专门学会和期刊，这个学科的建制化才趋于完善，这种条件下统一学科内的名词，既是必要的，也是可行的。同时，名词的统一又会促进学科的发展，二者是相互促进的关系。生物学名词的统一过程在一个侧面反映了现代生物学在中国的发展历程。

需要指出的是，清末民初之际，生物学名词的译介深受日本的影响。日本在明治维新后掀起了西学高潮，翻译了大量西方生物学的书籍，编写了数量可观的现代生物学教科书。中日甲午战争后，大量国人留学日本，一方面学习日本的科学技术，另一方面也将日本的科学著作引介到国内。由于日本已经将生物学的名词进行了翻译，且大都符合汉语的语法规则与语言习惯，因此经过日本人翻译的生物学名词也随之传入中国。尽管有一些发生了变化，但大量的日译生物学名词还是被国人所接受，在一定程度上促进了近代生物学名词的统一。

科学名词的统一需要一定的社会条件，而且绝不仅仅限于某个学科之内，不同学科之间会发生相互作用，科学家与社会之间更是不断互动。想要科学名词较快地得到大科学共同体乃至社会的认可与接受，政府的审定和颁行必不可少。1949 年中华人民共和国成立时，生物学的相关学科都已经基本完成了建制化，中国科学院编译局接管了原国立编译馆的工作，成立了学术名词统一工作委员会，经过十几年的时间，公布了几十种名词。全国自然科学名词审定委员会成立于1985年，1996年更名为全国科学技术名词审定委员会，中国的科学名词审定与统一工作更加科学、规范了。

## 本章小结

教科书的本质是通过学校和教师这一特殊媒介传播知识的一种文本。生物学教科书的结构主要包括知识系统、技能系统和认知系统等三大系统，每一个系统还可以细分为更多的子系统。在各大系统中，知识系统是核心，是所有生物学教科书都具备的；技能系统有的时候并不受重视，在有些教科书中并没有突出强调；认知系统是帮助教师教和学生学的辅助系统，在不同的教科书之间差异较大。三大系统的编排体现了教科书作者对如何传播生物学知识给中学生这一问题的理解，以及他们对解决这一问题作出的尝试。中国近代中学生物学教科书的发展过程，也是这三大系统走向成熟的过程。同时，三大系统的本土化，也体现了近代生物学教科书的本土化。

现代生物学是舶来品，近代生物学教科书也是舶来品，教科书中的知识与技能、编写体例、生物学名词等，也都是从西方国家或日本教科书借鉴而来的，可以说三大系统都是学习西方和日本教科书的产物。教科书的作者在学习的过程中，加以改编，加以创造，以适合本国的需要。

由于受到中国现代生物学发展仍不成熟、中国教育界对于教育问题仍然存在很多争执、近代中国的战争动荡与经济窘迫等因素的影响，中学生物学教科书的三大系统并没有形成严整的体系，教科书编写者尚未达成基本共识。这在另一个角度上，则表现为教科书的多元化。

教科书的编写者大部分并非中学生物教师，他们并不清楚中学的实际情况。在近代中国的教育体系中，中学是后来才受到重视的，但生物学却一直没有得到足够的重视。教师的水平不够，甚至并非专业出身，实验器材不够，即便有实验课也开设不足，这些状况导致了教科书的知识传播功能并不能很好地实现，或者说大打折扣。教科书能否满足中学生物学教学的需要，中学生物学教学能否实现教科书功能的最大化，这是两个彼此不同却密切相关的问题。遗憾的是，在近代中国，这两个问题都没能得到很好地解决。

# 第五章

# 近代中学生物学教科书的本土化

不但要中国科学化，同时也要科学中国化。

——张申府，《关于文化政策》，1938年

## 第一节　近代中学生物学教科书的发展特点及其本土化

回顾中国近代中学生物学教科书的发展历程，可以看出其有诸多特点，其中最为核心的是教科书的本土化。

### 一、近代中学生物学教科书的发展特点

#### （一）转换（翻译），模仿（编译），自主（编著）

中国近代中学生物学教科书的发展历程，经历了从转换到模仿再到自主的过程。

国人最早编写的中学生物学教科书，只是将欧美国家或日本的教科书直接翻译成浅近的文言文。在这个阶段，主要是转换了教科书中的语言文字，连内容都没有变化，国人的角色可以说是翻译者。

从清末开始，有一部分教科书编写者已经认识到教科书需要合乎中国国情，不但是语言文字、名词术语，就是教科书中的材料也要尽量采用中国本土的。他们或以一种外文教科书为主，或参考多种外文教科书，模仿它们的编写体例与知识体系，编写适合中国的教科书。但由于这些教科书作者自己没有科学研究的经历，也没有参考太多最

新的生物学进展，所以教科书的模样还是跟翻译的非常相像。这个阶段，国人的角色是编译者。

中华民国成立后，特别是20世纪20年代以后，大量国人自编的教科书面世。教科书的作者对于教科书中需要使用的语言、编写体例、知识体系与逻辑结构、动植物材料等，都有了自主看法，并参考国内外生物学的进展，用白话文自主编写适合中国国情的生物学教科书。他们的参考书已经不再局限于现成的外文生物学教科书，而是扩展到学术著作、研究论文、报刊等各个方面。这种情况下的教科书，已经是教科书作者的独立作品，国人的角色也已经是编著者了。

### （二）学习与移植

无论是现代生物学，还是近代教科书，都是在西学东渐的大背景下传入中国的，要么从西方直接传播进来，要么假道日本间接传播进来。尽管近代的生物学教科书经历了从翻译到编译再到自编的过程，但即便是自编的教科书也是参考了大量的西方国家或日本文献，包括他们的教科书。如黄立猷的《最新动物学》详细列出了参考的20种日文和西文教科书，并对它们做了简单评价。陈桢在编撰《普通生物学》时就在书后详细列出了西文、日文和中文参考书数十种，其中大部分是英文书籍。王守成的《公民生物学》虽然没有在书后列出详细的参考文献，但是在前面列出了主要的英文参考书。由于不同的教科书作者选择的参考书不尽相同，所以受到的影响也有很大差异。清末民初的教科书明显受到日本的影响，民国中期以后则明显受到欧美国家的影响，尤以美国的影响最大。由此可见，近代的中学生物学教科书，是国人向西方国家学习和移植的产物。

国人在学习的过程中，也并非完全照搬，除清末译自日本的教科书有一些是直译的外，近代的大部分教科书都经过了改编，要么是融汇多种教科书的内容，要么是以一种为主、其他为辅。在教科书的具体内容上，如动植物知识、插图等，则有越来越多中国本土的元素。

也就是说，在教科书的移植过程中，国人越来越自觉地实现教科书的本土化，关于这一点，将在后面详细论述。

### （三）多元化的传播媒介

近代中国的中学生物学教科书作为传播生物学知识、思想与方法的媒介，呈现出明显的多元化，表现在传播主体、介质、受体的各个方面。

教科书的编写者与出版发行者是传播的主体。中国近代的中学生物学教科书早期是传教士编译的，后来有国人根据外国教科书编译的，其中既有译自日本的，也有译自美国、英国、德国等欧美国家的，中华民国成立后则主要是国人自编的。与 1949 年之后中国实行的全国统编教科书政策不同，近代中国的教科书编写主体有国家和地方教育机关，如清学部、京师大学堂、教育部国立编译馆等，也有民间书坊的专业编辑和受雇于民间书坊的作者，还有留日学生、生物学家、中学生物教师等，而且民间的编写主体所占权重远大于政府教育机关的编写主体。在这种情况下，教育主管部门主要承担了教科书审定的角色。编写主体的多元化，使得编写理念、选材标准、知识呈现方式等表现出多元化。

近代中学生物学教科书不但编写主体不同，而且出版发行机构也是多元的。除少量的官办书局外，近代教科书的出版发行大都是依托民间书坊实现的。清末有一些教科书还是通过设在日本的书坊印刷出版后再在国内发行的，后来则主要依靠文明书局、商务印书馆及留日学生回国后成立的书坊发行。中华民国成立以后，主要的出版发行机构有商务印书馆、中华书局、世界书局、开明书店、大东书局等，这些书局出版的教科书种类多、质量较高，其发行网络更是覆盖全国大部分地区；北平文化学社、天津百城书局、长沙六合公司等在地区教科书市场卓有成效；具有政府背景的正中书局和国立编译馆在民国中后期占据了教科书市场的很大份额。

作为传播介质的教科书，无论在形式上还是内容上都具有多元性。语言方面，有完全使用日文或英文编写的教科书，更多的则是用中文编写的教科书，20 世纪 20 年代以后绝大部分是国人自编的中文生物学教科书；早先基本上都是浅近的文言文，后来大部分都是白话文，也有少量使用浅近文言文的；教科书的语言有的偏学术化，有的则偏生活化，生动有趣。装帧方面，早期的教科书类似中国古书，采用线装书，字体竖排、单面印刷、对折装订；后来的教科书则是洋装本，字体横排、双面印刷、内页装订。在图表运用上，有的教科书主要采用绘制的插图，有的则综合了照片、插图、概念图、表格等多种形式，而且图片的颜色也有黑白和彩色之分。各种教科书在一段时间内有过共存，长时段看则是发展变化的。

在教科书传播的具体内容上，不同的作者和出版社也是各显神通。有的教科书侧重学术，如陈桢的《复兴生物学》，有的则侧重应用，如王守成的《公民生物学》。在内容安排上，有的侧重介绍普通动植物，有的则注重逻辑体系，介绍一般的生命现象。在知识体系的安排上，有的考虑生物学教学与季节变化的协调，有的则考虑不同生物类群在演化史的顺序。在技能训练上，有的教科书通过介绍科学史上的经典实验，渗透生物学研究方法与技能，有的则是专门列出实验模块。另外，有的作者在教科书中安排了附文、参考书、植物系统检索表等内容，方便学生进一步学习。

中学生是中学生物学教科书的主要受众，但是由于现代生物学对于国人来讲是“新学”，所以社会上对生物学感兴趣的人也会阅读教科书，这在晚清时期表现得更明显。可以说，现代生物学在中国的传播经历了从全民“启蒙”到集体“科普”，再到系统教育的发展历程。与报刊等传媒介质相比，教科书的受众更基础，由于内容编排更系统，加上学校教育的强制性，所以传播的影响也更深远。

## （四）实用主义特色

中国近代的中学生物学教科书具有鲜明的实用主义特色，这与早期的西学为用、尚实，后来的实用主义、科学救国思想是一致的。回顾近代的学制变化，无论是在总的教育大纲中，还是在中学生物学课程标准中，无不强调在教学中关注生物学与人生的关系。因此，才会有典型的《公民生物学》教科书，以及按照生物的实用价值编排知识体系的教科书，还有更多的生物学教科书将应用动物学、应用植物学等单列为一章。抗日战争时期这一特色更加明显，生物学教学内容更加注重与国计民生和国防的关系。此外，政府还会以行政命令的方式要求教科书的编写符合实用的要求。如全国禁烟会议决议在中小学教科书中应加入拒毒教材，教育部通令各书坊在各种教科书中加入相关教材，包括在植物教科书中介绍罂粟等相关植物①。

生物学教科书的教学目标，一方面是使学生了解生物学常识，能够在日常生活中学以致用；另一方面，则是培养生物学的思维方式与研究方法。不过即便是后者，也深深地打上了科学救国的烙印。杜亚泉在《最新中学教科书·植物学》中就提到："今吾辈之所希望于吾国者，无非欲使吾国与欧美各国，列于对等之地位而已。"但是对于国内的植物，国人的认识尚不如外人，因此"吾国植物学中，可谓黑暗已极矣。若吾辈欲将此黑暗者光明之，则当有千百之植物学家，散布各地，苦心搜讨，联合学会，罗致书器，广费赀财，延旷时日，始能胜任"②。

## （五）科学家的参与

民国时期的生物学家直接编写了大量中学生物学教科书，包括普通生物学、动物学和植物学。另外，有些生物学家还校订了很多教科书。

---

①教育部：《为令发中学教科书应加入拒毒教材办法第一四五三条仰转饬各书坊遵照由》，《教育部公报》1929 年第 4 期。

②亚泉学馆编译《最新中学教科书·植物学》，商务印书馆，1903。

外国在华生物学家编写的生物学教科书主要有祁天锡 1913 年编写的《英文生物学初桄》、克立鹄 1926 年编写的《英文生物学实验教程》。

本国生物学家编写的生物学教科书主要有张孟闻、秉志的《中国初中教科书·动物学》（上下册），邹秉文、胡先骕、钱崇澍的《高等植物学》，陈桢的《普通生物学》《复兴生物学》，丁文江的《民国新教科书·动物学》，王兼善的《民国新教科书·植物学》，王守成的《公民生物学》等，其中有些教科书还是大学的生物学教科书，却被中学选用。

1927 年，邹秉文、胡先骕、秉志在致中基会干事长范源濂的信中，建议利用美国康奈尔大学生物系主任、昆虫学家尼登（J. G. Needham，1868—1957）访华之机，在北京设立生物研究所，其中一个目的就是贮备生物学的教材。他们认为，“吾国生物学之教材极少，各大学聘任此学之教授，颇感困难，大学此门功课既不甚佳，中等学校之教材遂益灭裂”①。1928 年，中基会成立科学教育顾问委员会，负责编写大学和中学教科书，其中生物组专家为胡经甫和胡先骕②。计划由尼登博士编写初中生物学教科书，胡先骕做翻译，王守成编写高中生物学教科书，钱崇澍编写高中植物学教科书，另物色人选编写高中动物学教科书③。后来改为尼登和李顺卿编写初中自然研究教科书，陈兆鹏编写混合理科教科书，胡先骕和钱崇澍编写高中植物学教科书，王守成编写高中生物学教科书，朱元鼎和蔡作屏编写高中动物学教科书及大学教科书。此后成立了编译委员会，这也意味着教科书从编写转向以翻译为主④。从后来的报告来看，编写完成的有陈杰夫的《初

①胡宗刚：《胡先骕先生年谱长编》，江西教育出版社，2008，第 122－124 页。
②《中华教育文化基金董事会报告（第三次）》，1929。
③《中华教育文化基金董事会报告（第四次）》，1929。
④《中华教育文化基金董事会报告（第五次）》，1930。

中混合自然教科书》[1]、陈兆鹏的《初中混合自然科》[2]，但是使用并不广泛，其他教科书也没有编写完成。

顺带一提，不只是生物学教科书，民国时期其他学科教科书的编写，也都有很多科学家的参与。如王兼善编写了《民国新教科书·物理学》《民国新教科书·化学》，严济慈编写了《高中物理学》《算术》，陈建功编写了《高中几何学》等。科学家参与中学教科书的编写，体现了他们对中学科学教育的重视。当然，还有一部分科学家在他们的青年时代参与教科书的编写与校订，是出于留学回国后不能马上开展科学研究，只好先从事中学教育或者图书编辑工作所致。

## 二、近代中学生物学教科书的本土化

教科书的本土化指的是编写和使用适合中国本土的教科书。由于中国幅员辽阔、地区差异显著，本土化还包括适合各地的不同需要。生物学教科书的本土化，源于近代的教育体系、教科书和现代生物学的东传。考虑到近代中国的国情，生物学教科书不可能全盘西化、“拿来”就行，要想在中国落地生根，就必须有一个本土化的过程。

### （一）教科书本土化的含义

教科书本土化是教育本土化的重要方面，由于教科书是传播文化的文本，所以教科书本土化也是文化本土化的重要方面。有人认为，所谓教科书的本土化，是指“本土化论述下，教科书如何反映本土的族群、生态、地理、历史、文化及社会发展”[3]。就中国而言，由于近代的教科书是舶来品，教科书作为一种文化教育的事物连同教科书中

---

①《中华教育文化基金董事会报告（第七次）》，1932。

②《中华教育文化基金董事会报告（第八次）》，1933。

③吴俊宪、黄政杰：《从本土化论教科书政策的演进与改进》，载“国家教育研究院”主编《开卷有益——教科书回顾与前瞻》，台湾高等教育出版社，2012，第95－119页。

的知识，绝大部分都是外来的，特别是介绍西学的教科书。正如前面所言，这种外来的教科书势必要经过转换、移植才能适应中国需要。

生物学教科书承担着传播现代生物学的功能，而生物学是科学的重要分支，从这个意义上讲，生物学教科书的本土化不仅是教育的本土化，还是科学的本土化。近代国人认识到，科学是无国界的，但是倘若中国人对于科学无所贡献，那么这种科学只能算作西洋的科学，而非中国的科学。若要变成中国的科学，科学上的理论和事实“须用本国的文字语言为适切的说明”，而且“须用我国民所习见的现象和固有的经验来说明”，同时这种理论和事实要能够用来“说明我国民所习见的现象和固有的经验”①。因此，从 20 世纪 20 年代开始，国人就已经致力科学的本土化。而此后 30 年代兴起的中国科学化运动，则把“科学社会化，社会科学化”作为核心理念，借此促进科学本土化。更有人直接提出了“不但要中国科学化，同时也要科学中国化”的主张②，这里的“科学中国化”即是科学本土化。

教科书的本土化不排斥教科书来源及其内容的多元化，其目的也并非排斥外来文化，而是将外来文化加以改造，以适应本土的需要。就全国范围而言，教科书的本土化即教科书的中国化；考虑到中国幅员辽阔，生物学教科书所用的材料本身又有地域性，因此教科书的本土化还要考虑地区差异。

### （二）中学生物学教科书本土化的表现

教科书的本土化涉及教科书的作者、语言文字、编写方针、知识来源、材料选择等诸多方面，其必要性及具体表现是相辅相成、联系在一起的。

#### 1. 从外国人编写到国人自编

早期教会学校的博物学和动植物学教科书，要么是传教士自己编

---

①《发刊旨趣》，《自然界》1926 年第 1 期。

②张申府：《关于文化政策》，《全民周刊》1938 年第 46 期。

写的，要么是翻译自其他西方人的。传教士组织成立的专事编写学校教科书的益智书会，出版了大量初等程度的动植物学教科书，但这些教科书无一不是外来的。如傅兰雅编写的《动物须知》《植物须知》《植物图说》等，以及潘雅丽编译的《动物学新编》，艾约瑟翻译的《动物学启蒙》《植物学启蒙》。教会出版机构如墨海书馆、美华书馆、广学会也都出版了很多译自外国的动植物学教科书。

甲午战争之后，大量国人东渡日本留学，开始将日本的教科书翻译后在国内发行，特别是在“壬寅·癸卯学制”之后，更是有大量的日本动植物学教科书被译介到国内。如留日学生成立的作新社、教科书译辑社等，翻译了不少日本动物学家和植物学家编写的教科书。当时教科书出版发行量较大的民间机构如文明书局和商务印书馆，其早期出版的教科书也多是译自日本的，有些教科书尽管不是直接译自日本的，也是参考多种日本教科书编写而成的。此时还有少量译自欧美的教科书。

中华民国成立后，很多译自日本的教科书仍在发行，但逐渐式微。随着民国政府颁布新的教育法令和课程标准，中学的动植物学教科书也发生了变化，国人自编的教科书开始占据主要市场，如中华书局的《中华新教科书》和《新制中华教科书》等都是国人自编的。但是由于在民国初年，中国本土的生物学研究还没有发展起来，所以这一时期的教科书仍是参考旧式教科书编写而成的，中国编著者主要还是起一个“编”的角色。

1922 年“壬戌学制”后，日本教科书基本淡出了教科书市场，取而代之的是国人自编的教科书。由于国内生物学研究开始发展起来了，此后编写的教科书也多了很多中国本土的元素，从教科书的体例到内容，从语言到材料，开始体现出教科书作者“著”的模样。

**2. 从使用英文教本到中文教本**

早期教会学校的教本很多都是英文教本。20 世纪 20 年代以后，尽管国人自编教科书日益增多，但是仍有不少中学和大学使用英文教本。一直到 30 年代，还有不少中学使用英文教本。

对于使用英文教本的弊端，教育界早就有所注意，且社会上颇多反对声音，主要是认为使用英文教科书会增加学生负担，并且认为使用不合中国国情的教科书是在灌输西方的价值观念。中学使用英文教本，有的是虚荣心在作怪，认为外国的比中国的好，使用英文故作高深；还有的则是认为国内自编的教科书质量太差，不敷使用。实际上，早在 1930 年，教育部就颁布了 578 号训令，要求初级中学除外国语教本外一律采用中文教科书①。此后各地教育行政机关在推荐教学用书的时候，也都是推荐中文教科书。但 20 世纪 30 年代前几年，国内使用英文教本的情况仍然存在，直到 1936 年，各地才基本上都使用中文教本②，甚至连教会中学也大都使用中文教本了③。到了全面抗日战争时期，由于战争影响了正常的出版、印刷和交通，各地采用的教科书就都是中文教本了。

教科书的语言问题还涉及科学名词的本土化问题，即如何在生物学教科书中用中文科学、恰当地表示生物学的专业术语和动植物名词。生物学名词的翻译与统一也有一个本土化的过程，这同样与生物学在中国的发展密切相关。国内教科书编著者在编写中学生物学教科书的时候，也注意到了名词需要统一，有些教科书在书后附有中英名词对照表。

### 3. 从应用外国材料到本国材料

清末民初的生物学教科书，由于大多是直接翻译自欧美国家或日本的教科书，所以教科书中的材料都是外国的。如直隶学校司鉴定、编译处译行、北洋官报局校印的《植物教科书》，原书是日本松村任

---

①教育部：《令初级中学除外国语教本外应一律采用中文教科书不得再用原本仰一体遵照由》，《市政月刊》1930 年第 8 期。

②《各校现用教本之调查》，《浙东》1936 年第 4 期。

③汪祥庆：《中等学校各科教学用书调查报告》。

三、斋田功太郎合著的。该书第一章54节介绍了各种普通植物，由于翻译者的生物学水平和眼界都有局限，完全是对日本原书的直译，当介绍日本的植物时，也称呼“我国”①。这种情况实受中国现代生物学发展的影响。当然，也有一些作者对教科书中的材料进行了加工，将外国的材料替换为中国的材料。如文明书局1906年出版的华文祺译、日本藤井健次郎著的《中学植物学教科书》，对于书中引用的例子，“凡有不适我国之用者，胥由译者参考他书，或增或芟……凡所称述者，皆有来历，非敢杜撰也”②。1927年，美国昆虫学家尼登曾一针见血地指出，“中国之生物科学尚完全为舶来品，既未能根据本地材料，亦未能适用于本地情形是也。不宁唯是，学生于生物学之观念亦多格格不入，因其在初等学校时素乏相当之预备也”③。

对于教科书中应该使用本国材料的问题，生物学家和中学教师早就注意到了。胡先骕在《植物学教学法》中直陈民国初年中学植物学教学的各种问题，其中在讲到教科书问题时提到：“而教科书上之所云，又多取材于外国，为教师者不知就近取相类之材料，以供试验之用，遂认为若是之试验以无材料，故不能举行焉。”对此，他举了多个例子加以说明④。陈兼善认为当时的中学博物学是“抄袭的博物教授”，“硬拿别人的材料来充数，甚至有些动植物的种类，非越过东海，渡过地中海不能见到的，也抄了进去”⑤。像这种例子也是很多的。

使用外国材料的弊端：一则外国材料与学生的现实生活脱离，学生不能获得真切的知识，即便是记住了，也是照本宣科的书本知识，不能用于实践；二则从科学研究角度来看，外国的材料毕竟与本国的

①直隶学校司鉴定，编译处译行《植物教科书》，北洋官报局校印。

②藤井健次郎：《中学植物学教科书》。

③尼登：《尼登博士之临别赠言》，《科学》1927年第4期。

④胡先骕：《植物学教学法》。

⑤陈兼善：《中学校之博物学教授》，《教育杂志》1922年第6期。

并不完全相同，学习以后，直接去研究本国的材料，便会遇到各种障碍，进而阻碍本国生物学研究的发展。

这种情况的产生，表面上看是由于教科书的编写者只是翻译外国教科书，更深层次的原因则是中国科学和生物学研究刚刚起步，能力不足。缺乏研究也就认识不到了解本国和本地生物资源的意义，对本国本地的动植物缺乏调查和研究，也就很难在教科书中介绍。后来这一问题得到了重视，课程标准也要求认识本土的和习见的动植物，重视野外考察和实验室研究。20 世纪 20 年代以后，中国的生物学研究开始起步，对于本国动植物资源的调查和实验室研究逐渐开展起来，并取得了越来越多的成果，这些成果也逐渐进入教科书中。王守成的《公民生物学》就是典型代表。后来的教科书更加注重本国材料的介绍，如陈桢在《复兴生物学》中使用了自己的金鱼实验研究成果来介绍遗传学知识。

**4. 从全国统一材料到地方补充材料**

中国幅员辽阔，各地的气候和地理环境差异显著，动植物资源千差万别。生物学教科书中的材料，即便都是取自中国的，也会有顾此失彼之嫌，很难照顾到全国各地的情形。使用全国统一的教科书，便于知识和思想的监管与控制，但在无形中限制了教师的教学，也不利于学生的学习，还会成为某些不求上进的教师偷懒的托辞。对于这个问题，民国时期也有人注意到了。为了避免“指鹿为马”，生物学教科书的材料应该使用日常容易看见的或者近地的，不只是选择中国才有的，还要考虑地方差异，不能全国通用一种教科书，而且还要考虑动植物习见的称呼①。要解决这个问题，一方面，在全国统一教科书时，教师需要因地制宜，选择本地教材辅助教学；另一方面，教育当局及教科书编写者，也可以编写适应各地不同需要的补充教材或乡土教材。

①建人：《关于生物学教科书》，《北新》1927 年第 27 期。

早在清末就有地方编写乡土格致教科书，民国时期也有类似的乡土教材。在1928年召开的全国教育会议上，还有建议各地中小学注重补充读物和乡土教材的提案①。

1935年，教育部发布第1600号训令，颁发初中动植物学课程标准地方性补充教材表，训令称：

> 查本部所颁初中动植物学课程标准内所举教材多数已能顾及南北各方情形，且均属中等学校学生应用上必须认识者，而在目标及教学要点编制注意中，关于地方性方面，本有“使学生认识本土的及习见的应用植物”，“以日常所见及与人生最有关系之各种动物为纬”，“对于本国或本土之特产动物材料务求丰富”，“以自然为教本，教师从旁启发，书籍仅用以补助观察及实验之不足，不宜居首要地位”等之规定，是则教授之时，教师本应将地方特产加以补充。但教者往往宥于书本，编者亦多挂漏之处，择要提示，亦属要图。兹将南北两方应行补充教材暨必须叙述之教材，列表如下，以供编辑及教学者之参考，仰即转发各书局及所属各初级中学知照。此令。

在附表中，分动物和植物，列出了适合北方和南方的补充材料和必须述及的教材，如大纲中列举了犬，对应地要求北方补充熊，必须述及狼和狐；大纲中列举了燕，对应地要求南方补充白鹭；农养植物方面，要求北方补充枣和荞麦，南方补充甘蔗、荔枝或龙眼、香蕉②。

抗日战争时期，福建省颁发《福建省中等学校各科补充教材选择要点》，目的在于除非常时期的普通教学外，“再予青年以战时必需的智识、技能、思想及情绪之陶冶与训练”，要求各科教员将普通教材与

---

①教育部中国教育年鉴编审委员会编《第一次中国教育年鉴·戊编》，第115-134页。

②《奉教育部令发初中动植物学课程标准地方性补充教材表由（附表）》，《宝山新教育》1935年第3期。

补充教材配合使用。其中，生物学要求增加关于植物性食物和动物性食物的知识，以及关于传染病预防的知识，而动植物食品的知识，则要求介绍本省重要农作物的种类形态及栽培方法，本省重要家畜的种类、形态及饲养方法和疫病预防等①。

从以上分析可以看出，中国近代中学生物学教科书的本土化并不彻底，这是因为教科书传播的现代生物学知识体系来自西方，而本土生物学家和教育学家并没有将中国传统的博物学和教育学知识与思想体系很好地、有机地融入其中，即中国的生物学和教育学尚未完成本土化。

## 第二节　近代中学生物学教科书发展的影响因素

在中学生物学教科书本土化的进程中，近代科学的发展、新教育思潮的兴起、实用主义和战争、中国悠久的博物学传统、教科书作者的个人素养等诸多因素都起到了影响作用，其中现代生物学在中国的发展是关键因素。

### 一、近代生物学教科书发展的影响因素

#### （一）中国传统博物学与生物学教科书

中国古代对于自然的认识，主要是辨名识物，对于生物的生长发育、遗传变异也有粗浅的认识，但不够系统，可以说基本停留在“博物”的层面。中国历史悠久、地大物博，积累了丰富的博物学知识，这些知识不但增长了国人的见识，在中医药、农业等相关行业也有实

①福建省政府教育厅：《福建省中等学校各科补充教材选择要点》，福建省政府教育厅编印，1937。

际应用。

在近代生物学教科书中，中国传统博物学的内容并不多。清末有些教科书引用了中国古籍中对一些生物的记载，或者引用了一些相关的成语典故，如《百兽图说集考》《理科通证》等，但这些教科书都是学制之前的普及性教科书。学制之后编写的教科书，起初深受日本教科书影响，后来又受欧美教科书影响，无论是知识体系还是名词术语，都与中国传统博物学有较大差异。

中国传统博物学没有被较好地融入新式教育和教科书中，这在一定程度上延缓了生物学及生物学教科书的本土化历程。国人学习生物学、从事生物学研究，要摈弃原有的知识和话语体系，重新接触一种新的知识和话语体系，就会产生分歧甚至冲突。举例而言，植物科属的名称，有一些就来自日本译名，像柑橘类的植物在中国是很多的，但它们被划为芸香科，其实中国人对于柑橘的熟悉程度远高于芸香。当然，这也与中国近代生物学发展滞后有较大关系，当中国生物学家开始本土化研究的时候，生物学教科书已经编写使用20余年了，无论是日本还是欧美国家的知识体系和话语体系都已经占了先机。

### （二）教科书的作者及其对教科书的影响

近代中学生物学教科书的作者，在不同历史时期有不同的来源，这些因素影响到了他们编写或翻译的教科书。

“壬寅・癸卯学制”之前的教科书，主要是来华传教士及其出版机构编写或翻译的，由于他们主要是以传教为目的，科学教育只是传教的手段。这些教科书大都是依据外国教科书筛选、删减、改编、翻译而成，介绍的生物学知识大都比较陈旧、简单。当然，其中有的教科书质量还是比较高的，如傅兰雅、艾约瑟编译的教科书，被清政府选用推荐。

“壬寅・癸卯学制”之后到“壬戌学制”之前，大部分教科书是根据日本教科书翻译或改编的，国人自编的教科书也深受日本教科书的影响。日本教科书的原作者大部分都是大学动植物学教授，学术水平较高，热心科学教育，他们编写的教科书注重介绍日本本土的生物资源，重视生物学的实践学习，这对中国的生物教育产生了正负两方面的影响。日本教科书的装帧设计、编写体例、知识编排、名词术语等，都对中国生物教育甚至生物学的发展产生了深远影响。日本教科书中列举的很多典型动植物都是日本人常见的，其中有一些不是中国人熟悉的，有些名词术语也与中国人的表达方式存在差异。从更深层次来看，由于日本生物学的发展同样落后于西方国家，所以日本教科书也是受到了西方国家教科书的影响，中国翻译改编日本教科书，其实是间接向西方国家学习。翻译改编日本教科书的中国人，有一些是留学过日本的，如何燏时、彭世芳等；还有一些是没有去过日本但学习过日语的，如樊炳清、杜亚泉等。他们编译教科书时的职业有留学生、编辑、中学教师等。总的来看，这些译者大部分没有生物学的较高造诣，翻译的水平也比较一般。尽管后来在自编教科书时，他们也注意将中国元素纳入教科书中，但教科书的本土化程度仍然比较低。

“壬戌学制”之后的教科书大部分都是国人自编的，当然无可避免地会受到此前教科书的影响，如编写体例、知识体系、名词术语等，但也出现了很多新变化，其中一个原因就是教科书的作者发生了较大变化。民国中期生物学教科书的作者，除中学生物学教师和编辑外，还加入了大量高等学校的生物学教师和研究人员，如陈桢、陈兼善、费鸿年、王守成、张珽、薛德焴、嵇联晋等。他们曾经受过高等教育，且曾在欧美国家或日本留学，回国后继续从事生物学研究和教学工作，是中国近代生物学的早期开拓者。他们编写的教科书更加注重生物学的内在逻辑，跳出了原来的动植物学“博物”框架，强调认识生物的一般特征和生物学的一般原理；同时，他们也更加注意将中国本土的动植物资源、中国科学家自己的科研成果融入教科书中，有力地推动了生物学教育的本土化。

### （三）教育政策及教科书政策的影响

教科书是教育教学的重要材料，在某种意义上可以认为是最重要的材料，因为近现代中学教育中教师和学生往往都是围着教科书转的，“课本”成为课堂之本。既然是教育教学的材料，理所当然地要受到教育政策及教科书政策的影响。

首先是学制改革的影响。学制是对学校教育的组织系统、课程、学习年限等的规定，是一种政府行为。教科书作为学校教育的重要材料，其编写、使用、出版、发行等行为都要遵守学制的规定。如《奏定中学堂章程》规定中学教科书要使用“官设编译局编纂、经学务大臣奏定之本”，自编的教科书也要经过学务大臣审定。辛亥革命后，中华民国颁布《普通教育暂行办法》，要求禁用清朝学部颁行的教科书，新编教科书都要送教育部审定。1922 年，《学校系统改革令》及配套课程纲要规定，中学分为初高两级，由此才有了初中的动植物教科书和高中生物学教科书之别。后来，国民政府建立了系统的教科书编审制度，颁布了一系列文件规定，并成立了国立编译馆，除审定全国各出版机构编写的教科书外，还组织编写了部分学科的“国定教科书”。

对于具体学科的教科书，影响最大的还是课程标准，因为课程标准对该学科的具体教学目标、教学内容、评价标准等作出了具体规定，是教学活动、教科书编写、考试评价的基本依据。在 1929 年之前，政府没有颁布过生物学科的课程标准，只是在学制要求里对生物学科的教学内容做概括性要求。在这种情况下，教科书的编写就有非常大的自由度，内容选择、呈现方式、程度要求等都由教科书编者和出版机构决定，导致的结果就是，要么沿袭日本教科书，要么自编的教科书质量参差不齐。1929 年教育部颁布各科暂行课程标准，1932 年颁布正式课程标准，1936 年和 1941 年进行了修订。生物学科的课程标准对于课程目标、教学内容、作业要项、课时安排等都作了具体细致的规定，各教科书出版机构也都积极响应，并在教科书封面注明是依据课程标准编写的。当然，也有个别教科书没有完全根据课程标准要求编写。

### （四）新教育思潮及实用主义的影响

中国近代社会思想激荡，各种新思潮不断涌现，新的教育思潮对教科书的编写也产生了深刻影响。尤其是清末民初的实利主义和杜威的实用主义，不仅对教科书的编写有影响，对近代的教育发展也产生了深远影响。

蔡元培提出的实利主义教育思想，目的在于增强国力。要增强国力就需要发展科学技术，因此蔡元培提出实利主义是智育，以科学技术为主要内容。在此思想下，蔡元培领衔的民国教育重视自然科学类课程，且提倡在教学中要注重理论联系实际。杜威的实用主义哲学在20世纪20年代的中国得到了迅速传播，1922年的学制改革也受到了杜威思想的影响。此后编写的生物教科书更加注重介绍本国的动植物资源，注意生物学与利用厚生的联系，提倡在实践中学习。在抗日战争时期，修订后的生物课程标准也强调与战争相关的动植物资源和急救知识的介绍，这也体现了实用主义的思想。

除实用主义外，其他教育思潮也对教科书的编写和使用产生了影响。如教育测验思想传入中国后，出版界编写出版了大量的教辅图书，尤其是习题和测验，同时教科书中的习题和测验也大幅增加。

### （五）科学及生物学观念的影响

生物学是作为自然科学的一个分支被近代国人所认识的。近代以来，尤其是新文化运动以来，中国社会日益认识到自然科学的重要性，并从晚清洋务运动时期的“师夷长技”转向学西方之“道”。科学之道，自然不只是科学知识，还包括科学思想、科学精神、科学方法、科学态度。但近代中国的科学传播主体上还是在传播科学知识，对于科学思想、科学精神、科学方法和科学态度的传播都是薄弱的。科学是以追求“真知识”为目标的，需要质疑，需要“大胆地假设，小心地求证”，在求证上可以借助观察、实验、逻辑推理等方法。反观近代生物学教科书，绝大部分都是在传授生物学知识，没有提及生物学作为科学的“求真”属性。尽管有些教科书指出了生物学的学习和研究需要观察、实验等方法，但都忽视了质疑、假设与检验、逻辑推理等思想方法。比较少的教科书，如陈桢和吴元涤的教科书，能够借助生物学发展史渗透科学精神和科学方法的教育，但显然也是很不够的。这一问题不只存在于生物学教育中，其他自然科学领域的教育都存在这一问题。可以说，中国近代的科学教育在结构上是不完整的，最核心的科学理性精神教育恰恰是最缺乏的。

从教科书传播的生物学知识来看，初中动植物学教科书侧重动植物的形态、结构、生理、分类、与人类的关系，有些增加了生态的内容；高中生物学教科书则从生物的一般特征着眼，介绍生物的基本结构、生理功能、遗传变异、生物与环境和人类的关系。在清末民初，教科书中的知识是比较陈旧的，到了民国中后期，教科书中的知识有了明显的更新。此外，在近代国弱民穷的国情下，教科书突出了与国计民生有关的生物学知识，这也是实用主义在教科书中的体现。

## 二、现代生物学的发展是生物学教科书本土化的关键因素

### （一）生物学的发展是生物学教科书本土化的关键因素

中国古代对于生物的认识带有浓厚的博物学特色，这与儒家提倡的多识鸟兽草木之名有关，对于动植物的研究，更多的则是体现在本草、农业生物和观赏动植物方面。这种博物学特色的认识与西方发展起来的现代生物学相比，缺乏对于生物细微结构和生理功能的认识，缺乏对于生物学基本原理的探究。即便是在认识动植物方面，近代之前的国人也有很大不足。西方人来华采集生物由来已久，特别是在鸦

片战争以后到民国时期，大量西方人在中国各地采集动植物资源，运回他们自己的国家，并且发表研究论文、出版研究专著①。尽管中国地大物博，生物资源丰富，但是当西方人在中国大肆采集和掠夺生物资源，甚至在国外科学杂志上发表相关成果时，国人对于其中的有些生物依然知之甚少。

中国人自己以现代科学的方法研究生物学，则是到了 20 世纪初才开始。早期只是零散的采集和研究，如北京大学钟观光的植物采集。后来随着国内大学生物学系的建立和中国科学社生物研究所等研究机构的成立，国内的生物学研究才开始发展起来。古生物学家杨钟健很早就指出，生物学与地质学、古生物学一样，属于带有地方性的科学，欧美科学家不远万里，来到中国研究，而国人自己却以“科学无国界”为借口踯躅不前②。到 20 世纪 30 年代的时候，中国的地方性科学主要还是停留在记述和讨论整理时期，对于专门问题的研究仍然非常落后③。中国科学社生物研究所的报告指出：“海通以还，外人竞遣远征队深入国土以采集生物，虽曰致志于学术，而藉以探察形势，图有所不利于吾国者，亦颇有其人。传曰，货恶其弃于地也，而况慢藏诲盗，启强暴觊觎之心。则生物学之研究，不容或缓焉。”④

在这种背景下再来考察中学生物学教科书，可以看出二者之间具有密不可分的关联。在中国现代生物学研究兴起之前，中学的生物学教科书要么是外国传教士和留日学生翻译来的，要么是直接使用英文教科书，即便是国人自编的教科书也几乎没有国人自己的研究成果。

---

①罗桂环：《近代西方识华生物史》，山东教育出版社，2005。

②杨钟健：《带有地方性的科学与研究此项科学者应有的责任》，《生物科学》1926 年第 1 期。

③杨钟健：《论研究有地方性科学之基本工作（第十八次年会论文）》，《科学》1934 年第 1 期。

④《中国科学社生物研究所概况——第一次十年报告》，中国科学公司，1933，第 1 页。

当中国现代生物学研究发展起来之后，国人自编的教科书才开始占据教科书市场主体，并且在教科书中出现了中国生物学家自己研究的成果。同时，正如前文所述，大量的生物学家积极投身到中学生物学教科书的编写与校订工作中。邹秉文、胡先骕和钱崇澍合编的《高等植物学》是一本大学教科书，也被部分中学采用。这本 1923 年出版的教科书中的植物分类部分，基本还是参考日本的《最新图说内外植物志》等书籍写成的。彼时胡先骕、钱崇澍等人才从美国回国不久，尚未开展多少研究，因此书中难免有多处翻译错误①。只有中国的生物学家成长起来，才有可能避免重蹈覆辙。1933 年陈桢在《复兴生物学》中不仅有自己创制的名词，还有自己实验研究的金鱼杂交的成果。在前面述及的任鸿隽的教科书调查中，各种理科教科书中生物学教科书采用中文教本的比例最高，这与当时各个科学门类中生物学的建制化程度更高、相对更发达不谋而合。因此，在一定程度上，生物学教科书的本土化也是生物学建制化的重要标志之一。当然，生物学的建制化也是一个长期的过程，这也可以从教科书的使用得到反映。一方面，正如任鸿隽调查所得，不少中学选用了大学的教科书；另一方面，一些大学生物学教科书中的知识其实仍然是相当于中学水平的，这反映出生物学教育在中学阶段的不成熟，至少还需要在初入大学时补补课。近代一直延续到 20 世纪 30 年代的大学预科也是在完成本该在中学完成的任务。

在 1949 年中华人民共和国成立前，中国的生物学已经得到了较好的发展，但是问题依然很多，建制化也有待进一步完善，特别是受到长期战争的影响，近代的生物学研究、人才培养、学科建设、社团活动都不同程度地遭到破坏。国内生物学界仍然没有一个统一的社团，不同留学背景的生物学家之间或多或少存在门户之见。具体而言，即

---

①《号称著作的高等植物学之勘校与商榷》。

便是生物学名词术语，也仍未统一。这在近代中学生物学教科书中也有所体现。中国近代生物学家取得的已经得到公认的成果大都没有介绍到教科书中，尽管不可能大量介绍，但是明显是不足的。

### （二）生物学教科书对现代生物学发展的作用

现代生物学的发展对于生物学教科书的本土化起到了关键作用。然而，中学生物学教科书的出现却要比我国近代生物学家的出现更早，后来的生物学家不少也是读着早期的生物学教科书进入大学、留学海外，以致后来从事生物学研究的。编写良好的教科书可以激发学生对生物学的兴趣，激励他们今后从事生物学研究。植物学家吴征镒就曾经提到陈桢的《高中生物学》和钱崇澍等人的《高等植物学》等教科书对他的影响①。昆虫学家蒋书楠在他的自传中回忆道："在苏州中学生物教师吴元涤先生的指引下，1932 年考入浙江大学农学院，从此决定了我从事农业科学的一生。"②

对于近代中国的国民来说，现代生物学知识与传统的鸟兽草木之学截然不同，可以说，现代生物学知识是对全体国民的"科普"。获取现代生物学知识的方式自然是多种多样的，报纸、杂志、各类普及书籍、演讲，等等。在各种传播生物学知识的途径中，学校教育则是最基本、最系统的，而教科书在学校教育中扮演了关键角色。用谁编写的教科书、什么语言文字写成的教科书、使用哪些材料组织教科书中的知识体系，这些问题是教科书编写、出版与使用中的基本问题，反映了国民对于教科书的基本认识。从传教士编写的教科书到翻译自日本和欧美国家的教科书，从英文文本的教科书到完全中文文本的教科书，从满纸都是海外动植物到穿插本国的动植物资源和研究成果，从全国统一的教材到适应各地具体情况的补充教材，中学生物学教科书

---

①吴征镒：《九十自述》，载《吴征镒文集》，科学出版社，2006，ii。
②蒋书楠：《蒋书楠小传》。

的发展折射出中国近代生物学教科书编写者、出版者与教育者的思想与实践的变迁。无论是单纯地普及生物学知识，还是为了培养未来的生物学家，国人自己编写的、使用中国本民族语言文字、应用本国动植物材料编写的本土化的、中国化的教科书才是最适合的。近代中学生物学教科书从形式到内容的变化发展，见证了中国现代生物学从无到有、落地生根、发展壮大的艰辛历程！生物学教科书本土化的过程，也是现代生物学本土化的重要组成部分。更深层次上，生物学教育的本土化，是现代生物学本土化和建制化的基础。

还有一点需要补充的是，教科书的本土化并非指教科书中所有的材料都使用中国的。科学知识是在人类的发展过程中，由世界各国的科学家经过成百上千年的不懈努力取得的，我们自然需要传承一切沉淀下来的科学成果。同时，科学又是发展的、前进的，我们也需要不断借鉴世界最新的科研成果。继承传统、吸纳新知与中国化并不冲突，将三者有机结合，编写出适合中国学生学习的教科书，才能满足中国教育发展的需要。

## 第三节　启示

中国近代中学生物学教科书的发展历程，对于今天教科书的编写、出版和管理都有一定的启示。具体来说，主要有以下几点。

### 一、教科书的多元化与质量保障

近代中国教科书的出版发行具有“一纲多本”的特点，即在同一套课程体系的要求下，同时出版发行多套中学生物学教科书。这种模式的产生是有历史原因的。最初清政府对于教育改革不甚积极，反而是传教士和民间出版机构占了先机，当清政府意识到这一问题后，尽管想实现对全国教科书的完全控制、推行全国统一的教科书，但由于其思想僵化、效率低下，加上社会动荡，直到清朝灭亡都没能编出一整套全国通用的教科书，无奈之下只好施行了教科书审定制。中华民国成立后，最初也是延续了清政府的审定制，后来也一直想编写国定本教科书，但由于各种原因，一直到抗日战争前都没能实现。全面抗日战争爆发后，商务印书馆等民间出版机构遭受战争的重创，教科书的编写、出版与发行都严重受挫。此时，国民政府才有机会编辑国定本教科书，但由于战争影响，各地又不可能完全遵照使用，有些地方还是在使用以前出版的教科书。总之，近代的中学生物学教科书基本上还是审定制下的“一纲多本”。也正是由于“一纲多本”，使得不同版本的教科书特色鲜明，不但有利于出版社之间的竞争，提高教科书的质量，而且给各地教科书使用提供了较多的选择空间。

中华人民共和国成立后，中央政府加强了对教科书的管控，很长一段时间内实行的都是统编教材，除北京、上海等少数地方外，全国都是“一纲一本”，且没有课程标准，而是教学大纲。1985 年，教育部颁布《全国中小学教材审定委员会工作条例（试行）》，1986 年正式成立全国中小学教材审定委员会，由此开始改革教科书的编审制度，实行编、审分离，探索“一纲多本”。20 世纪 90 年代初的“一纲多本”还是小规模的，地方特色的教科书只是适用于地方，没有在其他省份使用。2001 年，教育部颁布《基础教育课程改革纲要（试行）》，对基础教育进行全面改革。在此背景下，教育部于 2001 年印发《全日制义务教育生物课程标准（实验稿）》，2003 年又印发了《普通高中生物课程标准（实验）》，这是中华人民共和国成立后首次颁布课程标准。根据课程标准编写出版的教科书有多个版本供全国选用。其中，初中生物学教科书有人民教育出版社、江苏教育出版社、江苏科学技术出版社、北京师范大学出版社、河北少年儿童出版社、济南出版社、山东科技出版社等版本，高中生物学教科书有人民教育出版社、江苏教育出版社、中国地图出版社、浙江科技出版社、河北少年儿童出版社等版本。2011 年，教育部颁布《义务教育生物学课程标准（2011 年版）》，初中生物学教科书随之修订出版。2017 年，教育部颁布修订后的高中生物学课程标准，高中生物学教科书也开始修订。

就目前来看，依据课程标准已经有了多个版本的教科书，但是种类较少，而且教科书的发行与使用还存在行政干预等问题。另一方面，不同版本的教科书质量也有差异，特色亦不鲜明。这种状况并不能很好地促进教科书事业的发展。生物学教科书并不是意识形态属性强的教科书，但对于提高国民的科学素养能够起到非常重要的基础性作用。如何平衡教科书版本的数量与质量之间的关系，鼓励不同出版社出版各具特色的高质量的教科书，从而推动学生科学素养的提高，这是今后一段时间内需要教育主管部门和教科书编写出版机构认真思考的问题。

## 二、教科书要满足“两个任务”

中学阶段的生物学教学，主要是为了提高公民的生物科学素养。所谓生物科学素养，就是公民在个人发展和参与社会公共事务中所需要的与生物学相关的价值观念、必备品格和关键能力。同时，中学阶段的生物学教学还担负着培养学生对生物学的兴趣，激励学生在生物学领域深造的任务，也就是培养未来的生物学家。前一个任务是基础性的，后一个任务则是发展性的。

如何提高公民的生物科学素养，以及如何培养未来的生物学家，这是培养什么人、怎么培养人的问题，具体涉及教什么、怎么教的问题，也就是教学材料和教学方法的问题。教学材料问题与本研究讨论的教科书的知识系统关系最为密切。从近代中学生物学教科书发展来看，教科书的编写者都主要选择与学生经验比较接近的材料作为切入点，并以中国本土资源作为范例。另外，中学教科书中的知识是经过历史沉淀的、生物学的核心知识，这些也是公民科学素养的重要组成部分。当然，生物学是不断发展的，教科书也要与时俱进。不同历史时期的教科书，应该反映出当时生物学的核心知识。由于教科书的使用具有相对稳定性，不可能经常性地更换，所以还可以提供补充教材，适时反映最新的生物学进展。在新形势下，运用多种信息渠道，发挥教师和学生主观能动性，可以起到辅助教科书的作用。当前，世界各国都在提倡发展学生的核心素养，我国新一轮课程改革也强调学科教育要突出学科核心素养，即学科中对于个人生活和终身发展有益的观念、思想、能力和态度。这也为基础教育阶段的教科书编写指明了方向。

为了满足“两个任务”的要求，教科书的知识体系需要同时考虑系统性与应用性。所谓系统性，就是生物学的内在逻辑。生物学家或更大的科学共同体所认为的生物学的核心概念、学科分类、研究范式等，在一定时段内具有一定的稳定性，教科书编写者需要参考当时的实际状况，筛选材料，编写出与之相符的教科书。当过了一段时间，生物学已经获得了明显的发展，无论是核心概念、学科分类还是研究范式都出现了稳定的新变化的时候，教科书也要注意及时修订甚至重新编写。所谓应用性，即生物学与个人生活和社会发展的关系。生物学的价值不仅在于认识生物界，还在于将生物学知识服务于人类社会。人类不仅可以从中获取物质材料，还可以获得思想上的进步。因此，教科书中也要注意介绍生物学与人类的关系，以及如何应用生物学。

既然教科书具有基础和发展两方面的任务，其编写就需要有所兼顾。特别是对于生物学的研究方法和思维方式，需要在教科书中有所体现。目前的中学教科书分为必修和选修两个系列，相信可以较好地解决这个问题。需要注意的是，教科书并非教学的唯一依据，也不能指望一套教科书就可以解决“两个任务”的所有问题。改变“以教科书为纲”的思想，将教材的范围扩大，充分发挥报纸、杂志、网络和新媒体等各种传播介质的作用，与教科书的传播相互补充，相得益彰。此外，目前课程改革中实行的国家、地方和学校三级课程，模块化教学，走班制等形式，都为问题的解决提供了更多的方案。

## 三、发挥中国生物学家的作用

近代中学教科书的编写受到了中国现代生物学发展的影响，是中国现代生物学建制化、本土化的体现，也在另一方面促进了中国现代生物学的发展。在这个交互作用过程中，有一批生物学家早年是读着这些教科书成长成才的，其中有一部分生物学家后来热情参与中学生物教学，并编写或校订了大量教科书。生物学家参与中学科学教育，体现了他们对科学教育的关注和对科学救国的实践。与专业编辑、科普作家、中学生物教师相比，科学家编写的教科书体现了科学家对科学和教育的理解、对科学与社会关系的关注。他们见多识广，善于将有关的知识融会贯通，并将自己的研究有机地融入进去，编出来的教科书生动有趣，有吸引力，遗传学家陈桢编写的教科书就是一个很好的例子。生物学家参与教科书编写，有利于培养学生对科学的兴趣，掌握科学研究方法与思维方式。从一定程度上来看，生物学家编著的教科书能够体现其生物学思想和教育思想，也是其学术著作。

1949 年之后，中国实行的教科书编写制度发生了很大改变，其中一点就是成立了专门的教科书编写机构——人民教育出版社，并且由专业编辑编写教科书。科学家逐渐远离了科学教科书的编写，最多只是教科书的顾问而已。当然，这里还有科学家是否有兴趣、有时间、有能力参与的问题。有的科学家可能对此不感兴趣，或者由于科研任务重没有时间，还有的则擅长写学术论文、不善于编写中学教科书。但总有科学家对此感兴趣、愿意为科学教育做些事情，这些科学家应该得到鼓励。虽然教科书的编写不是科学家的本职工作，但也可以考虑纳入其工作成就进行评价，毕竟教科书是供数以万计的学生使用的，其影响不可估量。如果组织科学家与专业编辑、中学教师密切合作，相信可以编写出适合中学生的、水平更高的教科书。

## 四、借鉴吸收国际前沿成果

近代中学生物学教科书的发展史，是一部不断借鉴吸收国际经验的历史，是一部将外来的教科书编写理念、知识体系、呈现方式等本土化的历史，这个过程至今仍在延续。在全球化的今天，教科书的编写不可能闭门造车，必须要全面借鉴和吸收国际前沿成果。

首先是生物学的科研成果，那些最新的、举世公认的生物学新发现应该被及时介绍给学生，其中属于生物学核心的，需要纳入教科书的知识体系中。其次是教育教学的科研进展，那些有关学习与认知、教学与评价等方面较新的、在理论和实践上有所突破、能够促进中学生物教学的研究成果，值得研究并运用到教科书的编写中。最后是教科书编写的新成果，其他国家和地区编写的教科书，特别是那些有一定影响力的优秀教科书，也是值得研究、学习和借鉴的。

在研究、学习和借鉴的过程中，需要考虑中国的实际情况，将相关成果转化为适合中国中学生物教学的新成果。同时，在关注国际前沿的时候，教科书的编写还要兼顾中国本土科学家、教育家的新发现、新成就。

## 五、适当增加生物学史的内容

近代的中学生物学教科书，有不少使用了生物学史的素材，如陈桢的《普通生物学》和《复兴生物学》、吴元涤的《高等生物学》、朱茂庭的《高中教本·现代生物学》等，其中吴元涤在《高等生物学》中不仅介绍了西方的生物学史，还介绍了中国的生物学史。有的教科书是将生物学史作为单独的一章，有的是作为附录单列出来，更多的则是融汇在课文之中。陈桢在《普通生物学》的第八章“生物学发达的回顾与前瞻”中指出，“其实生物学并不是四书五经一般不变的学问；现代的生物学不过是前代和当代生物学者研究生物已经发现的知识……现代生物学既然是前代和当代生物学者研究的结果，将来的生物学既然要和现代的不同，凡是研究生物学的人自然都应该知道生物学发达史的大概，和当代生物学的趋势”。了解生物学史的意义还不限于此，“生物学史里以往的发达使我们增高用科学方法研究生物的信心”①。杨寅初在《中等学校生物学教学法》中把生物学史的内容作为第一章，他认为学习了解生物学史非常必要，因为“凡是事实，都不是偶然的”②。

科学史对于科学教育具有重要意义。通过科学史的介入，学生可以更好地理解科学的本质，借助于历史过程更深刻地理解科学原理与概念，还可以对科学家群体和作为一种社会建制的科学有更进一步的认识，同时可以激发学生学习科学、将来从事科学研究的兴趣。总之，科学史对于实现科学教育在知识与技能、过程与方法、情感态度与价值观的目标，提高学生的科学素养，具有重要作用。

1949 年以后的中学生物学教科书，生物学史的内容分量很小；2001 年课程改革后，在初中科学课程标准中，科学史作为“科学技术与社会”的重要方面被纳入其中；在 2011 年修订的科学课程标准中，科学史同样是“科学、技术、社会、环境”的一个主题。目前的中学生物学教科书中，也有一些科学史的内容，但是比重很小。同时，中学生物教师也意识到了生物学史在教学中的作用，但是要么认识不够，要么不知道如何更好地运用生物学史服务教学。教科书编写者可以与科学家、科学史家合作，探索将科学史融入教科书和中学教学的途径，以期充分发挥科学史的教育价值。

---

①陈桢：《普通生物学》。

②杨寅初：《中等学校生物学教学法》，正中书局，1937。

# 本章小结

中国近代中学生物学教科书的发展历程，经历了从转换到模仿再到自主的过程，是国人向西方学习和移植的产物。教科书是传播知识的特殊媒介，近代中国的中学生物学教科书作为传播生物学知识、思想与方法的媒介，其传播主体包括编写者和出版者，从早先的传教士及其出版机构到国人自己及其出版机构，编写主体的多元化，使得编写理念、选材标准、知识呈现方式等表现出多元化。作为传播介质的教科书，无论在形式上还是内容上都具有多元性，有中文，也有日文和英文，从文言文过渡到白话文，从线装书到洋装本，图书的编排越来越规范，越来越与世界接轨。近代中学生物学教科书的传播受体以中学生为主，但也辐射到了社会公众。

中国近代的中学生物学教科书具有鲜明的实用主义特色，强调生物学与人类生活和国家强盛的关系，教科书也被深深地烙上了科学救国的印记。致力发展本国生物学的生物学家们也积极投身到了生物学教科书的编写之中。

中国近代的中学生物学教科书具有明显的本土化发展特征，即使用本国的语言文字、现象经验、生物材料，适应本国生物教育的需要，这既是教育的本土化过程，也是科学的本土化过程。本土化的表现是多方面的，如教科书的编写者从外国人发展到本国人，教科书使用的语言文字从英文和日文到中文，教科书中使用的动植物材料从外国的替换为本国的，甚至为国内不同地区提供不同的材料。不过，生物学教科书的本土化并不彻底，而且本土化也不排斥多元化。

中国悠久的博物学传统、教科书编写者、教育政策和教科书政策、新教育思潮尤其是实用主义、生物学的发展等因素都影响了生物学教科书的本土化历程，其中现代生物学在中国的发展是关键因素。在一定程度上，生物学教科书的本土化也是生物学建制化的重要标志之一。此外，由于中国中学生物学教科书的出现要比中国近代生物学家的出现更早，因此在某种意义上，可以说生物学教科书促进了生物学在中国的发展。

中国近代中学生物学教科书的发展历程，启示我们进一步思考：如何平衡教科书版本的数量与质量之间的关系，从而促进学生素养的提高；中学生物学教科书的编写，如何能够平衡“两个任务”的诉求，在面向全体学生的同时，关注那些未来可能成为生物学家的群体。另外，如何吸引生物学家的参与，借鉴国际先进经验，也都是值得今天的教科书编写者深入思考的。

# 参考文献


[1] 北京图书馆，人民教育出版社图书馆. 民国时期总书目：中小学教材［M］. 北京：书目文献出版社，1995.

[2] 北京图书馆. 民国时期总书目：教育·体育［M］. 北京：书目文献出版社，1995.

[3] 北京图书馆. 民国时期总书目：自然科学·医药卫生［M］. 北京：书目文献出版社，1995.

[4] 刘洪权. 民国时期出版书目汇编［M］. 北京：国家图书馆出版社，2010.

[5] 谭汝谦. 中国译日本书综合目录［M］. 香港：香港中文大学出版社，1980.

[6] 王韬，顾燮光，等. 近代译书目［M］. 北京：北京图书馆出版社，2003.

[7] 王有朋. 中国近代中小学教科书总目［M］. 上海：上海辞书出版社，2010.

[8] 吴艳兰. 北京师范大学图书馆馆藏师范学校及中小学教科书书目：清末至1949年［M］. 北京：北京师范大学出版社，2002.

[9] 熊月之. 晚清新学书目提要［M］. 上海：上海书店出版社，2007.

[10] 张晓. 近代汉译西学书目提要：明末至1919［M］. 北京：北京大学出版社，2012.

[11]《北京出版史志》编辑部. 北京出版史志：第8辑［M］. 北京：北京出版社，1996.

[12] 陈元晖. 中国近代教育史资料汇编：十卷［M］. 上海：上海教育

出版社，2007.
［13］陈学恂. 中国近代教育史教学参考资料：上册［M］. 北京：人民教育出版社，1986.
［14］戴吉礼. 傅兰雅档案［M］. 桂林：广西师范大学出版社，2010.
［15］教育部中国教育年鉴编审委员会. 第一次中国教育年鉴［M］. 上海：开明书店，1934.
［16］璩鑫圭，唐良炎. 中国近代教育史资料汇编：学制演变［G］. 上海：上海教育出版社，1991.
［17］李桂林，戚名琇，钱曼倩. 中国近代教育史资料汇编：普通教育［G］. 上海：上海教育出版社，1995.
［18］课程教材研究所. 20世纪中国中小学课程标准·教学大纲汇编：生物卷［G］. 北京：人民教育出版社，2001.
［19］课程教材研究所. 20世纪中国中小学课程标准·教学大纲汇编：课程（教学）计划卷［G］. 北京：人民教育出版社，2001.
［20］课程教材研究所. 20世纪中国中小学课程标准·教学大纲汇编：自然·社会·常识·卫生卷［G］. 北京：人民教育出版社，2001.
［21］黎难秋. 中国科学翻译史料［M］. 合肥：中国科学技术大学出版社，1996.
［22］李楚才. 帝国主义侵华教育史资料：教会教育［M］. 北京：教育科学出版社，1987.
［23］上海商务印书馆编译所. 大清新法令（1901—1911）：第一卷［M］. 点校本. 上海：商务印书馆，2010.
［24］舒新城. 中国近代教育史资料［M］. 2版. 北京：人民教育出版社，1981.
［25］王学珍，张万仓. 北京高等教育文献资料选编：1861～1948［G］. 北京：首都师范大学出版社，2004.

[26] 王扬宗. 近代科学在中国的传播（上）：文献与史料选编 [M]. 济南：山东教育出版社，2007.
[27] 姚远，王睿，姚树峰，等. 中国近代科技期刊源流：1972～1949 [M]. 济南：山东教育出版社，2008.
[28] 杨学为，朱仇美，张海鹏，等. 中国考试制度史资料选编 [M]. 合肥：黄山书社，1992.
[29] 朱有瓛. 中国近代学制史料：第一辑 [M]. 上海：华东师范大学出版社，1986.
[30] 陈宝泉. 中国近代学制变迁史 [M]. 北京：北京文化学社，1927.
[31] 杜亚泉. 杜亚泉文存 [M]. 上海：上海教育出版社，2003.
[32] 方豪. 中国天主教史论丛：甲集 [M]. 重庆：商务印书馆，1944.
[33] 国联教育考察团. 中国教育之改进 [R]. 南京：国立编译馆，1932.
[34] 廖世承. 中学教育 [M]. 上海：商务印书馆，1924.
[35] 鲁德馨. 动植物名词汇编·矿物名词附 [G]. 上海：科学名词审查会，1935.
[36] 任鸿隽. 科学救国之梦：任鸿隽文存 [M]. 上海：上海科技教育出版社，2002.
[37] 吴征镒. 百兼杂感随忆 [M]. 北京：科学出版社，2008.
[38] 徐雉. 中国学校课程沿革史 [M]. 上海：太平洋书店，1929.
[39] 艾尔曼. 中国近代科学的文化史 [M]. 王红霞，姚建根，朱莉丽，等，译. 上海：上海古籍出版社，2009.
[40] 艾伦. 20世纪生命科学史 [M]. 田洺，译. 上海：复旦大学出版社，2000.
[41] 毕苑. 建造常识：教科书与近代中国文化转型 [M]. 福州：福建教育出版社，2010.
[42] 陈月茹. 中小学教科书改革研究 [M]. 北京：教育科学出版社，

2009.
[43] 董光璧. 中国近现代科学技术史 [M]. 长沙：湖南教育出版社，1997.
[44] 方豪. 中西交通史 [M]. 上海：上海人民出版社，2008.
[45] 傅国涌. 过去的中学：人生最关键阶段的教育和学习 [M]. 武汉：长江文艺出版社，2006.
[46] 教育大辞典编纂委员会. 教育大辞典：第1卷 [M]. 上海：上海教育出版社，1990.
[47] 郭郛，钱燕文，马建章. 中国动物学发展史 [M]. 哈尔滨：东北林业大学出版社，2004.
[48] "国家教育研究院". 开卷有益：教科书回顾与前瞻 [M]. 台北：台湾高等教育出版社，2012.
[49] 何晓夏，史静寰. 教会学校与中国教育近代化 [M]. 广州：广东教育出版社，1996.
[50] 胡宗刚. 胡先骕先生年谱长编 [M]. 南昌：江西教育出版社，2008.
[51] 贾祖璋. 碧血丹心 [M]. 桂林：桂林立体出版社，1942.
[52] 蒋贵麟. 康南海先生遗著汇刊（十一）日本书目志 [M]. 台北：宏业书局，1987.
[53] 蒋书楠文选编委会. 蒋书楠文选 [M]. 重庆：重庆出版社，2004.
[54] 《课程·教材·教法》编辑部. 中学生物教材和教法：第1集 [M]. 北京：人民教育出版社，1987.
[55] 课程教材研究所. 新中国中小学教材建设史（1949—2000）研究丛书·生物卷 [M]. 北京：人民教育出版社，2010.
[56] 郎宓榭，阿梅龙，顾有信. 新词语新概念：西学译介与晚清汉语词汇之变迁 [M]. 赵兴胜，等，译. 济南：山东画报出版社，2012.

[57] 李长之. 李长之文集：第八卷 [M]. 石家庄：河北教育出版社，2006.
[58] 梁启超. 饮冰室合集·集外文 [M]. 北京：北京大学出版社，2005.
[59] 刘华杰. 博物人生 [M]. 北京：北京大学出版社，2012.
[60] 麦金托什. 生态学概念和理论的发展 [M]. 徐嵩龄，译. 北京：中国科学技术出版社，1992.
[61] 罗桂环. 近代西方识华生物史 [M]. 济南：山东教育出版社，2005.
[62] 罗桂环. 中国近代生物学的发展 [M]. 北京：中国科学技术出版社，2014.
[63] 罗桂环，汪子春. 中国科学技术史：生物学卷 [M]. 北京：科学出版社，2005.
[64] 吕达. 中国近代课程史论 [M]. 北京：人民教育出版社，1994.
[65] 吕顺长. 晚清中国人日本考察记集成：教育考察记：上 [M]. 杭州：杭州大学出版社，1999.
[66] 玛格纳. 生命科学史 [M]. 李难，崔极谦，王水平，译. 天津：百花文艺出版社，2002.
[67] 木原均，等. 近代日本生物学者小伝 [M]. [出版地不详]：株式会社平河出版社，1988.
[68] 全国中小学教师远程教育研究中心组. 自然科学前沿简介：院士访谈录 [M]. 北京：科学出版社，2003.
[69] 第二届遗传学名词审定委员会. 遗传学名词 [M]. 北京：科学出版社，2006.
[70] 全国科学技术名词审定委员会. 细胞生物学名词 [M]. 北京：科学出版社，2009.
[71] 杉本勋. 日本科学史 [M]. 郑彭年，译. 北京：商务印书馆，

1999.

［72］沈国威. 六合丛谈：附解题·索引［M］. 上海：上海辞书出版社，2006.

［73］松浦章，内田庆市. 遐迩贯珍：附解题·索引［M］. 沈国威，译. 上海：上海辞书出版社，2005.

［74］石鸥. 百年中国教科书图说：1897—1949［M］. 长沙：湖南教育出版社，2009.

［75］石鸥. 教科书评论［M］. 北京：首都师范大学出版社，2014.

［76］石鸥，吴小鸥. 中国近现代教科书史［M］. 长沙：湖南教育出版社，2012.

［77］实藤惠秀. 中国人留学日本史［M］. 谭汝谦，林启彦，译. 北京：北京大学出版社，2012.

［78］宋恩荣，章咸. 中华民国教育法规选编：1912—1949［M］. 南京：江苏教育出版社，1990.

［79］寺岛柾史. 世界的日本科学者：现代篇［M］.［出版地不详］：泉书房，1944.

［80］孙邦华. 西学东渐与中国近代教育变迁［M］. 北京：中国社会科学出版社，2012.

［81］谈家桢. 中国现代生物学家传：第一卷［M］. 长沙：湖南科学技术出版社，1985.

［82］谈家桢，赵功民. 中国遗传学史［M］. 上海：上海科技教育出版社，2002.

［83］汪大勇，靳晓燕. 最忆是母校［M］. 北京：光明日报出版社，2010.

［84］汪家熔. 民族魂：教科书变迁［M］. 北京：商务印书馆，2008.

［85］汪向荣. 日本教习［M］. 北京：商务印书馆，2014.

［86］王建军. 中国近代教科书发展研究［M］. 广州：广东教育出版社

出版，1996.
［87］王伦信. 清末民国时期中学教育研究［M］. 上海：华东师范大学出版社，2002.
［88］王伦信，樊冬梅，陈洪杰，等. 中国近代中小学科学教育史［M］. 北京：科学普及出版社，2007.
［89］王树槐. 基督教与清季中国的教育与社会［M］. 桂林：广西师范大学出版社，2011.
［90］王有亮.《教育杂志》与近代教育考论［M］. 北京：中央民族大学出版社，2012.
［91］王余光，吴永贵. 中国出版通史 8：民国卷［M］. 北京：中国书籍出版社，2008.
［92］科尔曼. 19 世纪的生物学和人学［M］. 严晴燕，译. 上海：复旦大学出版社，2000.
［93］温昌斌. 民国科技译名统一工作实践与理论［M］. 北京：商务印书馆，2011.
［94］吴洪成. 中国学校教材史［M］. 重庆：西南师范大学出版社，1998.
［95］吴式颖，赵荣昌，黄学博，等. 外国教育史简编［M］. 北京：教育科学出版社，1988.
［96］吴小鸥. 中国近代教科书的启蒙价值［M］. 福州：福建教育出版社，2011.
［97］谢长法. 中国中学教育史［M］. 太原：山西教育出版社，2009.
［98］熊月之. 西学东渐与晚清社会：修订版［M］. 北京：中国人民大学出版社，2011.
［99］行龙. 山大往事［M］. 太原：山西人民出版社，2002.
［100］许纪霖，田建业. 一溪集［C］. 北京：生活·读书·新知三联书店，1999.

[101] 亚里士多德. 动物志 [M]. 吴寿彭, 译. 上海: 商务印书馆, 2010.

[102] 杨坚白. 南开中学建校八十周年纪念专刊 [G]. 天津: 天津教育出版社, 1984.

[103] 杨建华. 20世纪中国教育期刊史论 [M]. 杭州: 浙江工商大学出版社, 2012.

[104] 叶健馨. 抗战前中国中等教育之研究 [M]. 台北: 文史哲出版社, 1982.

[105] 叶钟铃, 黄佟葆. 新马印华校教科书发展回顾 [M]. 新加坡: 华裔馆, 2005.

[106] 尹文涓. 基督教与中国近代中等教育 [M]. 上海: 上海人民出版社, 2007.

[107] 俞筱尧, 刘彦捷. 陆费逵与中华书局 [M]. 北京: 中华书局, 2002.

[108] 元青. 杜威与中国 [M]. 北京: 人民出版社, 2001.

[109] 张运君. 晚清书报检查制度研究 [M]. 北京: 社会科学文献出版社, 2011.

[110] 张之洞. 劝学篇 [M]. 上海: 上海书店出版社, 2002.

[111] 赵晓兰, 吴潮. 传教士中文报刊史 [M]. 上海: 复旦大学出版社, 2011.

[112] 中国植物学会. 中国植物学史 [M]. 北京: 科学出版社, 1994.

# 附　录

## 附录1　晚清中小学生物类教科书目录

说明：本表收录的教科书为作者所见晚清（1860—1911）出版的适合中小学的生物类教科书，含动物学、植物学、博物学等教科书，不包括生理学和卫生学教科书，亦不包括各类教学参考书、辅导书。

| 书名 | 作者 | 出版机构 | 出版年 |
| --- | --- | --- | --- |
| 一、动物学教科书 | | | |
| 百鸟图说 | 韦门道 | 益智书会 | 1882 |
| 百兽图说 | 韦门道 | 益智书会 | 1882 |
| 动物学启蒙 | 艾约瑟 | 总税务司署 | 1886 |
| 动物浅说 | R. S. Williams | 广学会 | 1899 |
| 百兽图说集考 | 范约翰著，吴子翔译 | 美华书馆 | 1899 |
| 动物学新编 | 潘雅丽 | 益智书会 | 1899 |
| 普通动物学教科书 | 五岛清太郎著，樊炳清译 | 教育世界出版社 | 1901 |
| 普通问答教科书·人学问答 | 储丙鹑 | 南洋公学 | 1902 |
| 普通动物学 | 王建善 | 育材书塾 | 1902 |
| 动物学要 | 赫尔瞻、朱飞同辑 | 土山湾慈母堂印书局 | 1903 |
| 动物学教科书 | 屈德泽 | 湖北译书官局 | 1904 |
| 最新动物学教科书 | 大森千藏著，戴麟定之译 | 文明书局 | 1904 |
| 中学教科书·新编动物学 | 作新社 | 作新社 | 1905 |
| 师范教科丛编·动物学第十二种 | 山内繁雄讲授，陈炳炎、刘骞合编 | 湖北学务处 | 1905 |

续表

| 书名 | 作者 | 出版机构 | 出版年 |
|---|---|---|---|
| 普通教育·动物学教科书 | 安东伊三次郎、岩川友太郎、小幡勇治合著，张修爵、王官寿译 | 上海普及书局 | 1906 |
| 动物学教科书 | 安东伊三次郎讲述，金太仁作译 | 东京东亚公司 | 1907 |
| 最新中学教科书·动物学 | 马格里特尔·白纳著，黄英译 | 商务印书馆 | 1907 |
| 最新初等动物教科书 | 矢岛喜源次著，华文祺译补 | 文明书局 | 1907 |
| 普通教育新世纪教科书·动物学教科书 | 虞和寅 | 上海理科书社 | 1907 |
| 动物学详考 | 魏而斯著，宋传典译 | 美华书馆 | 1907 |
| 最新动物学 | 黄立猷 | 日华书局 | 1907 |
| 中等动物学讲义 | 汪鸾翔 | 湖北中学堂 | 1907 |
| 中学动物教科书 | 安东伊三次郎、岩川友太郎、小幡勇治合著，钱承驹译编 | 文明书局 | 1907 |
| 生物界动物篇 | 刘大绅 | 京华印书局 | 1908 |
| 蒙学动物教科书 | 华循 | 文明书局 | 1908 |
| 新撰动物学教科书 | 五岛清太郎著，许家庆、凌昌焕译述 | 商务印书馆 | 1908 |
| 中学堂用·博物学动物篇 | 前编书局编译 | 学部编译图书局 | 1908 |
| 理科通证·动物篇 | 钟观光 | 新学会社 | 1909 |
| 中学动物学教科书 | 安东伊三次郎、岩川友太郎、小幡勇治合著，钱承驹译编 | 文明书局 | 1909 |
| 普通教育·动物学教科书 | 曾彦 | 科学会编译部 | 1910 |
| 动物新论 | 箕作佳吉著，杜就田、许家庆译 | 商务印书馆 | 1910 |

续表

| 书名 | 作者 | 出版机构 | 出版年 |
|---|---|---|---|
| 中等博物教科・动物学 | 秦嗣宗 | 科学会编译部 | 1911 |
| 动物学教科书 | 西师意 | 山西大学堂译书院 | 1911 |
| 动物学 | 编译处 | 北洋官报局 | 不详 |
| 普通动物学教科书 | 五岛清太郎著，樊炳清译 | 教育世界出版社 | 不详 |
| 二、植物学教科书 | | | |
| 植物学 | 李善兰、韦廉臣、艾约瑟合译 | 墨海书馆 | 1859 |
| 植物学启蒙 | 艾约瑟 | 总税务司署 | 1886 |
| 植物图说 | 傅兰雅 | 益智书会 | 1895 |
| 植物须知 | 傅兰雅 | 益智书会 | 1898 |
| 中等植物教科书 | 松村任三、斋田功太郎合著，樊炳清译 | 教育世界出版社 | 1901 |
| 初等植物学教科书 | 斋田功太郎、染谷德五郎合著，文明书局译 | 文明书局 | 1902 |
| 普通植物学教科书 | 三好学著，亚泉学馆编译 | 商务印书馆 | 1903 |
| 师范教科丛编・植物学第十三种 | 铃木龟寿、山内繁雄讲授，沈增祺、刘人璪、吴赐宝编 | 湖北学务处 | 1905 |
| 应用徙薪植物学 | 黄明藻 | 峨眉教育部 | 1905 |
| 植物学教科书 | 西师意 | 山西大学堂译书院 | 1905 |
| 最新植物学教科书 | 藤井健次郎著，王季烈译 | 文明书局 | 1906 |
| 女子理科教科・植物编 | 滨幸次郎、河野龄藏合著，姚昶绪、杨传福译补 | （日）时中书局 | 1906 |
| 江苏师范讲义・植物第十三编 | 铃木龟寿讲授，江苏师范生编译 | 江苏宁属学务处，江苏苏属学务处 | 1906 |
| 最新中学教科书・植物学 | 亚泉学馆编译 | 商务印书馆 | 1906 |

续表

| 书名 | 作者 | 出版机构 | 出版年 |
|---|---|---|---|
| 普通教育·植物学教科书 | 彭树滋 | 上海普及书局 | 1906 |
| 中学植物新教科书 | 王明怀译，严保诚改订 | 商务印书馆 | 1906 |
| 新撰植物学教科书 | 杜亚泉 | 商务印书馆 | 1907 |
| 中学植物教科书 | 松村任三、斋田功太郎合著，杜亚泉、杜就田译订 | 商务印书馆 | 1907 |
| 最新初等植物教科书 | 矢岛喜源次著，华文祺译补 | 文明书局 | 1907 |
| 中学植物学教科书 | 藤井健次郎著，华文祺译 | 文明书局 | 1907 |
| 普通植物学教科书 | 钱承驹辑译 | 文明书局 | 1907 |
| 中学及师范用·最新植物学教科书 | 大久保三郎、斋田功太郎、染谷德五郎合著，王葆真译 | （日）大中学社等 | 1907 |
| 植物学 | 叶基桢 | 京师译学馆 | 1907 |
| 植物教科书 | 吴家煦 | 中国图书公司 | 1908 |
| 师范学校教科书·植物学 | 杜就田 | 商务印书馆 | 1909 |
| 普通教育·植物学教科书 | 曾彦 | 科学会编译部 | 1910 |
| 中学植物新教科书 | 王明怀译 | 商务印书馆 | 1911 |
| 中等博物教科·植物学 | 李天佐 | 科学会编译部 | 1911 |
| 胡尔德氏植物学教科书 | 胡尔德著，奚若、蒋维乔译述 | 商务印书馆 | 1911 |
| 实验植物学教科书 | 三好学著，杜亚泉译 | 商务印书馆 | 1911 |
| 植物教科书 | 松村任三、斋田功太郎合著，编译处译行 | 北洋官报局校印 | 不详 |
| 中等植物教科书 | 松村任三、斋田功太郎合著，樊炳清译 | 教育世界出版社 | 不详 |
| 三、博物学教科书 | | | |
| 博物新编 | 合信 | 墨海书馆 | 1855 |
| 近世博物教科书 | 藤井健次郎编纂，松村任三校阅，樊炳清译 | 教育世界出版社 | 1901 |

续表

| 书名 | 作者 | 出版机构 | 出版年 |
|---|---|---|---|
| 博物学教科书 | 饭冢启著，益智学社译 | 益智学社 | 1902 |
| 小学校用·理化博物教科书 | 新学会社译编 | 新学会社 | 1903 |
| 观物博异 | 普谢著，季理斐译，李鼎星述稿 | 广学会 | 1904 |
| 普通博物问答 | 商务印书馆 | 商务印书馆 | 1904 |
| 博物示教 | 杜就田 | 商务印书馆 | 1906 |
| 订正博物学大意 | 杜就田 | 商务印书馆 | 1906 |
| 新编博物学教科书 | 作新社 | 作新社 | 1906 |
| 博物学教科书 | 虞和寅 | 上海理科书社 | 1907 |
| 普通博物学教科书 | 华文祺 | 文明书局 | 1907 |
| 最新博物示教 | 山崎忠兴著，钱承驹译 | 文明书局 | 1908 |
| 最新博物示教 | 雪吹敏光著，王季烈译 | 商务印书馆 | 1911 |
| 动植物生理学教科书 | 廖世襄 | 商务印书馆 | 1902 |
| 新编博物教科书 | 藤井健次郎著，编译处编译 | 直隶编译局 | 不详 |
| 近世博物教科书 | 藤井健次郎编纂，樊炳清译 | 教育世界出版社 | 不详 |

# 附录 2　民国时期中学生物类教科书目录

说明：本表收录的教科书为作者所见民国时期（1912—1949）出版的适合中学的生物类教科书，含生物学、动物学、植物学、博物学、生物学实验等教科书，不包括生理学和卫生学教科书，亦不包括各类教学参考书、辅导书。

| 书名 | 作者 | 出版机构 | 出版年 |
| --- | --- | --- | --- |
| 一、生物学教科书 | | | |
| 英文生物学初桄 | 祁天锡 | 商务印书馆 | 1913 |
| 普通生物学 | 陈桢 | 商务印书馆 | 1924 |
| 高级中学教科书·公民生物学 | 王守成 | 商务印书馆 | 1924 |
| 近世生物学 | 王其澍 | 商务印书馆 | 1925 |
| 新中学教科书·初级生物学 | 陆费执、张念恃 | 中华书局 | 1925 |
| 新中学教科书·高级生物学 | 陆费执、郦福畴 | 中华书局 | 1926 |
| 高中英文生物学 | 陆费执 | 商务印书馆 | 1926 |
| 高等生物学 | 吴元涤 | 小说林书社 | 1926 |
| 高级中学师范科用·新中华生物学 | 费鸿年 | 新国民图书社 | 1932 |
| 高级中学用·新中华生物学 | 陈兼善 | 新国民图书社 | 1932 |
| 高级中学及后期师范教本·生物学 | 王树鼎 | 百城书局 | 1932 |
| 高中生物学选 | 李唐宪 | 安阳印刷局 | 1932 |
| 高中及专科学校用·生物学 | 吴元涤 | 世界书局 | 1932 |
| 最新高中生物学 | 曹非 | 长沙六合公司 | 1932 |
| 高中教本·最新生物学 | 吴瑞庭 | 中华科学教育改进社 | 1933 |

续表

| 书名 | 作者 | 出版机构 | 出版年 |
| --- | --- | --- | --- |
| 复兴高级中学教科书・生物学 | 陈桢 | 商务印书馆 | 1933 |
| 新课程标准适用・高中生物学 | 陈兼善 | 中华书局 | 1934 |
| 吴氏高中生物学 | 吴元涤 | 世界书局 | 1935 |
| 高中教本・现代生物学 | 朱庭茂 | 兼声编译出版合作社 | 1935 |
| 新课程标准适用・高级中学生物学 | 郑勉 | 正中书局 | 1936 |
| 新课程标准世界中学教本・高中新生物学 | 赵楷、楼培启 | 世界书局 | 1937 |
| 建国教科书・高级中学生物学 | 郑勉 | 正中书局 | 1937 |
| 修正课程标准适用・高中生物学 | 陈兼善、华汝成 | 中华书局 | 1937 |
| 高中生物学 | (伪)教育总署编审会 | (伪)教育总署编审会 | 1939 |
| 新中国教科书・高级中学生物学 | 郑勉 | 正中书局 | 1945 |
| 高中生物学 | 周晦庵 | 上海北新书局 | 1947 |
| 新课程标准适用・高中生物学 | 朱庭茂 | 龙门联合书局 | 1947 |
| 生物学简编 | 贾祖璋 | 开明书店 | 1947 |
| 开明新编高级生物学 | 贾祖璋 | 开明书店 | 1948 |
| 高中生物学纲要 | 贾祖璋 | 开明书店 | 1948 |
| 二、高中生物学实验 | | | |
| 英文生物学实验教程 | 克立鹄 | 商务印书馆 | 1926 |
| 高中用生物学实验 | 吴瑞庭 | 中华科学教育改进社 | 1931 |
| 生物学实验 | 李象元 | 世界书局 | 1932 |
| 高中生物学实验指导 | 顾瑞岩 | 厦门大学 | 1933 |
| 高中生物学实验教程 | 程克让 | 南京中山书局 | 1933 |
| 复兴高级中学教科书・生物学实验 | 江栋成 | 商务印书馆 | 1934 |

续表

| 书名 | 作者 | 出版机构 | 出版年 |
|---|---|---|---|
| 高级中学教科书·生物学实验法 | 龚礼贤、陈震飞 | 商务印书馆 | 1934 |
| 高中生物学实验教程 | 张家俊 | 新亚书店 | 1935 |
| 高级中学用·普通生物学实验指导 | 顾昌栋 | 北平国立清华大学生物学馆 | 1936 |
| 高中生物学实验指导 | 王儒林 | 中华书局 | 1940 |
| 高级中学生物学实验教程 | 禹海涵 | 商务印书馆 | 1947 |
| 三、动物学教科书 | | | |
| 动物学讲义 | 杜亚泉、杜就田 | 商务印书馆 | 1912 |
| 动物学新教科书 | 箕作佳吉著，王季烈译订 | 商务印书馆 | 1913 |
| 中华中学动物学教科书 | 华文祺 | 中华书局 | 1913 |
| 最新动物学教科书 | 丘浅次郎著，唐英译 | 上海科学会编译部 | 1914 |
| 中学动物学教科书 | 杜就田、孙佐 | 商务印书馆 | 1914 |
| 民国新教科书动物学 | 丁文江 | 商务印书馆 | 1914 |
| 新体动物学教科书 | 丁文江 | 商务印书馆 | 1915 |
| 中学校用·共和国教科书·动物学 | 徐善祥、杜亚泉、杜就田 | 商务印书馆 | 1915 |
| 中学校用·普通教科书·动物学 | 徐善祥、杜亚泉、杜就田 | 商务印书馆 | 1915 |
| 新制动物学教本 | 吴家煦、吴德亮 | 中华书局 | 1917 |
| 实用主义动物学教科书 | 马君武 | 科学会编译部 | 1918 |
| 现代初中教科书·动物学 | 杜就田 | 商务印书馆 | 1923 |
| 新中学教科书·动物学 | 宋崇义 | 中华书局 | 1923 |
| 初级中学动物学 | 李约 | 北京求知学社 | 1924 |
| 天津南开学校用·动物学卷 | 不详 | 不详 | 1924 |
| 新撰初级中学教科书·动物学 | 陈兼善 | 商务印书馆 | 1925 |
| 动物学 | 袁绍舜 | 不详 | 1927 |

续表

| 书名 | 作者 | 出版机构 | 出版年 |
|---|---|---|---|
| 初中动物学 | 王采南 | 世界书局 | 1930 |
| 初级中学动物学 | 萧述宗 | 百城书局 | 1931 |
| 初级中学动物学 | 李约 | 北平文化学社 | 1932 |
| 初中师范动物学 | 萧述宗 | 百城书局 | 1932 |
| 王氏初中动物学 | 王采南 | 世界书局 | 1933 |
| 初级中学北新动物学 | 嵇联晋 | 北新书局 | 1933 |
| 新建设时代·初中动物学 | 梁修仁 | 建设图书馆 | 1933 |
| 新亚教本·初中动物学 | 缪瑞生、于景让 | 新亚书店 | 1933 |
| 徐氏初中动物学 | 徐琨、马光斗、华汝成 | 世界书局 | 1933 |
| 初中动物学教本 | 王志清 | 大东书局 | 1933 |
| 初级中学用·新中学动物学 | 宋崇义 | 中华书局 | 1933 |
| 新课程标准适用·初中动物 | 陈纶 | 中华书局 | 1933 |
| 初中师范新标准·动物学 | 李约 | 北平文化学社 | 1933 |
| 初中师范教科书·动物学 | 朱隆勋、张起焕 | 北平文化学社 | 1933 |
| 复兴初级中学教科书·动物学 | 周建人 | 商务印书馆 | 1933 |
| 中国初中教科书·动物学 | 张孟闻、秉志 | 中国科学图书仪器公司 | 1933 |
| 初级中学实用动物学 | 步毓森 | 不详 | 1933 |
| 新标准初中教本·动物学 | 周建人 | 开明书店 | 1934 |
| 初中动物学 | 嵇联晋 | 北新书局 | 1934 |
| 新标准·初中动物学 | 萧述宗 | 百城书局 | 1934 |
| 初级中学动物学 | 薛德焴 | 正中书局 | 1935 |
| 修正课程标准适用·初中动物学教本 | 贾祖璋 | 开明书店 | 1936 |
| 初中实用动物学 | 曹非 | 长沙分丰馆 | 1936 |
| 修正课程标准适用·初中动物 | 陈纶、华汝成 | 中华书局 | 1937 |
| 初中动物学 | 教育部编审会 | 教育部编审会 | 1938 |

续表

| 书名 | 作者 | 出版机构 | 出版年 |
|---|---|---|---|
| 修正课程标准适用·初中新动物学 | 赵楷、楼培启 | 世界书局 | 1938 |
| 建国教科书·初级中学动物学 | 薛德焴 | 正中书局 | 1939 |
| 初中动物学 | （伪）教育总署编审会 | （伪）教育总署编审会 | 1941 |
| 新中国教科书·初级中学动物学 | 薛德焴 | 正中书局 | 1943 |
| 新编初中动物学 | （伪）教育总署编审会 | （伪）教育总署编审会 | 1944 |
| 初级中学动物 | 国立编译馆（倪达书） | 商务印书馆 | 1948 |
| 实验动物学 | 嵇联晋 | 北新书局 | 1930 |
| 四、植物学教科书 | | | |
| 中学植物学教科书 | 杜亚泉、杜就田 | 商务印书馆 | 1912 |
| 中等博物教科·植物学（改订本） | 李天佐 | 科学会编译部 | 1912 |
| 中学校用·共和国教科书·植物学 | 杜亚泉 | 商务印书馆 | 1913 |
| 新编植物学教科书 | 杜就田、孙佐 | 商务印书馆 | 1913 |
| 民国新教科书·植物学 | 王兼善 | 商务印书馆 | 1913 |
| 中华中学植物教科书 | 彭世芳 | 中华书局 | 1913 |
| 增订最新中学教科书·植物学 | 甘惠德 | 商务印书馆 | 1915 |
| 新制植物学教本 | 吴家煦、彭世芳 | 中华书局 | 1916 |
| 中学校用·共和国教科书·植物学（增订本） | 杜亚泉 | 商务印书馆 | 1917 |
| 实用主义植物学教科书 | 司瑞尔著，马君武编译 | 商务印书馆 | 1918 |
| 新中学教科书·植物学 | 宋崇义 | 中华书局 | 1923 |
| 现代初中教科书·植物学 | 凌昌焕 | 商务印书馆 | 1923 |
| 中学校用·实用教科书·植物学 | 彭世芳 | 商务印书馆 | 1923 |
| 高等植物学 | 胡先骕、邹秉文、钱崇澍 | 商务印书馆 | 1923 |
| 初级中学植物学 | 李约 | 北平文化学社 | 1924 |

续表

| 书名 | 作者 | 出版机构 | 出版年 |
| --- | --- | --- | --- |
| 新撰初级中学教科书·植物学 | 杜就田 | 商务印书馆 | 1926 |
| 初中植物学 | 徐克敏 | 世界书局 | 1930 |
| 初级中学植物学 | 张国璘 | 百城书局 | 1931 |
| 初级中学学生用·开明植物学教本 | 王蕴如 | 开明书店 | 1931 |
| 初级中学北新植物学 | 吴元涤、王志清 | 北新书局 | 1932 |
| 初中师范教科书·植物学 | 朱隆勋、张起焕 | 北平文化学社 | 1932 |
| 初中师范新标准初中植物学 | 李约 | 文化学社 | 1933 |
| 新课程标准适用·初中植物 | 华汝成 | 中华书局 | 1933 |
| 复兴初级中学教科书·植物学 | 童致棱 | 商务印书馆 | 1933 |
| 初中植物学教本 | 凌昌焕 | 大东书局 | 1933 |
| 新生活初中教科书·植物 | 韦琼莹 | 大东书局 | 1933 |
| 徐氏初中植物学 | 徐克敏 | 世界书局 | 1934 |
| 马氏初中植物学 | 马光斗、徐琨、华汝成 | 世界书局 | 1934 |
| 新标准·初中植物学 | 张国璘 | 百城书局 | 1934 |
| 初中实用植物学 | 曹非 | 长沙分丰馆 | 1934 |
| 初级中学植物学 | 王守成、方锡琛 | 正中书局 | 1935 |
| 初级中学植物学 | 黄长才 | 新亚书店 | 1936 |
| 复兴初级中学教科书·植物学 | 童致棱原编，周建人改编 | 商务印书馆 | 1937 |
| 初中新植物学 | 李咏章 | 世界书局 | 1937 |
| 初中植物学教本 | 贾祖璋 | 开明书店 | 1937 |
| 初中植物学 | 教育部编审会 | 新民印书馆 | 1938 |
| 初中植物学 | 华汝成 | 中华书局 | 1941 |
| 新中国教科书·初级中学植物学 | 张珽 | 正中书局 | 1943 |
| 初级中学植物 | 国立编译馆（单人骅） | 正中书局 | 1948 |

续表

| 书名 | 作者 | 出版机构 | 出版年 |
|---|---|---|---|
| 新撰初中或师范学校教科书·实验植物学 | 曹之彦 | 中华印刷局 | 1927 |
| 实验植物学 | 嵇联晋 | 北新书局 | 1932 |
| 五、博物学教科书 | | | |
| 开明新编初中博物教本·植物 | 贾祖璋 | 开明书店 | 1945 |
| 开明新编初中博物教本·动物 | 贾祖璋 | 开明书店 | 1945 |
| 初中博物纲要 | 贾祖璋 | 开明书店 | 1947 |
| 复兴初级中学教科书·博物第一册植物 | 周太玄、邓仲眉 | 商务印书馆 | 1948 |
| 复兴初级中学教科书·博物第二册动物 | 周太玄、罗世炯 | 商务印书馆 | 1948 |
| 博物学实验教程 | 怀桂琛 | 商务印书馆 | 1920 |

# 后　　记

本书是在笔者的博士学位论文基础上补充、修改完成的。第一章第三节、第三章第六节、第四章第三节是新增的，其他章节内容也有不少改动。

2012年，我考入中国科学院自然科学史研究所，有幸成为罗桂环研究员的学生。先生学养深厚、治学严谨，能够跟随这样的导师学习研究，我感到非常荣幸。进入研究所后，从论文选题到开题和答辩，从文章构思到标点符号，先生对我的论文提供了全方位的指导，倾注了大量心血。每次与先生交流，都如沐春风、茅塞顿开。先生经常引用傅斯年先生的“上穷碧落下黄泉，动手动脚找东西”和胡适先生的“大胆假设，小心求证”，勉励我既要有所创新、敢想敢做，更要脚踏实地、严谨求实，要以历史学家的标准严格要求自己。先生还支持我撰写科普文章、参加公益活动，并提出了许多宝贵的意见和建议。先生在生活上对我也是关怀备至，本书的出版也得到了先生的全力支持。对先生的感激，无以言表！

在自然科学史研究所学习期间，研究所的多位老师都给予了我各方面的帮助。张柏春所长非常关心我的学业和论文进展，时有过问；王扬宗研究员是近现代科技史的专家，给我提出了很多建议；汪子春研究员是研究生物学史的前辈，他的论著给了我很多启发，他在我论文开题时提出的意见和建议也让我受益匪浅；王广超副研究员一直在从事近代物理教科书的研究，指点我找到了很多文献，在论文撰写的思路上也让我多有借鉴；张九辰研究员多次对我的论文提出修改意见，她的认真和高效令人钦佩；艾素珍研究员在我的投稿上花费了大量心力，我从未见过如此认真的编辑。此外，韩健平、田淼、韩毅、袁江洋、胡维佳、曾雄生、何涓、刘益东、熊卫民、关晓武、张佳静等也都给了我很多帮助。图书馆的孙显斌馆长及诸位老师为我的学习和研究提供了高效而丰富的文献支持。感谢研究所各位老师的热忱帮助！

在论文撰写过程中，我专门请教了近现代科技史专家、中国科学院科技政策所樊洪业研究员，以及近现代教科书研究专家、首都师范大学石鸥教授，他们各自从不同的视角提出了宝贵的建议。感谢清华大学冯立昇教授、北京大学刘华杰教授、日本关西大学沈国威教授、中国科学院微生物所程光胜研究员、北京林业大学戴思兰教授、广西民族大学汪常明副教授、首都师范大学白欣副教授、人民教育出版社生物室主任谭永平编审，他们都给我提出了宝贵的建议或提供了诸多资料。

同门颜宜葳、李昂、郑术、刘亮、徐丁丁、张钫、李菁博诸位，都是我的良师益友，他们的勤奋和博学也是我学习的榜样。研究所的其他同窗，也都是我学业和生活上的好伙伴，他们都非常优秀，感谢他们的陪伴。

在查阅资料的过程中，国家图书馆、首都图书馆、中国科学院文献情报中心、中国科学院植物所图书馆、中国农业科学院国家农业图书馆、北京大学图书馆、中国人民大学图书馆等单位提供了文献服务。感谢这些图书馆的老师热情而周到的服务。

2015 年博士毕业后，我来到浙江师范大学工作。周跃良院长、钱旭升副院长、金生鈜教授、张振新教授、陈秉初教授、黄良英老师等学院领导和老师对我的工作和生活也很关心，给我提供了诸多帮助。浙江师范大学基础教育质量监测中心的曾平飞教授、康春花副教授对我关怀备至，能在这样一个团队工作是我的荣幸。

博士论文完成以后，笔者一直想有机会能够出版，因此一直没有停止对书稿的修改和补充。由于近代中学生物学教科书数量较多，可资研究的内容又非常广泛，笔者只能在有限的时间内尽量补充完善。感谢丛书主编王扬宗先生对书稿修改完善提出的宝贵建议，限于时间因素，未能完全实现，殊为遗憾。不出书不知编辑难，本书能够顺利出版，离不开广西科学技术出版社黄敏娴副总编辑和各位编辑老师的辛苦工作，从策划选题到书籍加工，他们都花了很多心血。期待与他们今后有更多的合作！

弱冠之年求学去，从此故乡无春秋。最应该感谢的是我父母和弟弟，没有他们的理解与支持，我无法安心读书完成学业、在外工作。千言万语也无法表达我对他们的感激之情，唯有自己加倍努力，才能回报他们。

笔者水平有限，本书也仍有改进的空间。欢迎读者对本书提出意见或建议，笔者邮箱为：sciencehistory@163. com。

2015 年 5 月初稿于北京

2020 年 6 月修订于金华